de Gruyter Studienbuch

Ansgar Beckermann
Einführung in die Logik

W0181161

Ansgar Beckermann

Einführung in die Logik

2., neu bearbeitete und erweiterte Auflage

Walter de Gruyter · Berlin · New York
2003

♾ Gedruckt auf säurefreiem Papier,
das die US-ANSI-Norm über Haltbarkeit erfüllt.

ISBN 3-11-017965-2

Bibliografische Information Der Deutschen Bibliothek

Die Deutsche Bibliothek verzeichnet diese Publikation in der Deutschen
Nationalbibliografie; detaillierte bibliografische Daten sind im Internet über
http://dnb.ddb.de abrufbar.

Für Tiger & Co.

Vorwort zur zweiten Auflage

Zur zweiten Auflage ist dieses Buch gründlich überarbeitet worden. Zum einen wurden Fehler (leider nicht nur Druckfehler) ausgemerzt und manche Erläuterungen hinzugefügt, die das Verständnis erleichtern sollen. So wird nun in einem eigenen Kapitel die Korrektheit und Vollständigkeit des Wahrheitsbaumverfahrens für die Sprachen AL und PL bewiesen. Zweitens enthält das Buch jetzt Übungsaufgaben und ein Register, womit ein Mangel behoben wird, der in manchen Rezensionen angesprochen worden ist. Drittens wurden die Abschnitte, die in der ersten Auflage im Anhang zusammengefasst waren, an geeigneten Stellen in den Text integriert. Am wichtigsten ist aber vielleicht ein vierter Punkt. Bei Vorlesungen, die ich auf der Grundlage der ersten Auflage gehalten habe, hat sich herausgestellt, dass nicht nur die Beweise für die Korrektheit und die Vollständigkeit der Kalküle AK und PK, sondern auch die formale Semantik der Sprache PL für viele Anfänger eine zu große Hürde darstellen. Alle Teile, die ein stärker mathematisches Verständnis voraussetzen, sind deshalb im Teil IV zusammengefasst worden. Die Teile I–III sind auch ohne entsprechende Vorkenntnisse lesbar. Vielleicht gilt das allerdings schon für die Kapitel über die Kalküle AK und PK nicht ohne Einschränkungen. Diese Kapitel sind deshalb – ebenso wie der Teil IV – mit einem '*' gekennzeichnet. Damit soll kenntlich gemacht werden, dass sie beim ersten Lesen überschlagen werden können.

Aus der Verlagerung der formalen Semantik der Sprache PL in den Teil IV ergab sich allerdings das Problem, wie im Teil III die Semantik der Sprache PL eingeführt werden kann. Die Lösung, die ich gewählt habe, ist, insbesondere die Wahrheitsbedingungen für quantifizierte Sätze nur anhand von Beispielen und Diagrammen zu erläutern. Ich hoffe, dass dies ausreicht, um den Leserinnen und Lesern ein 'Gefühl' für die Wahrheitsbedingungen quantifizierter Sätze zu vermitteln und sie in die Lage zu versetzen, die Wahrheit zumindest nicht allzu komplexer quantifizierter Sätze richtig zu beurteilen.

Auch bei der zweiten Auflage haben mir viele Personen ge-
holfen. Erstens möchte ich Henning Moritz danken für seine
Hinweise auf Druckfehler in der ersten Auflage. Zweitens sind
Roland Bluhm, Vanessa Morlock, Katrin Raschke und Peter
Schulte zu nennen. Sie haben die Druckvorlage mit großer
Sorgfalt durchgesehen, und Vanessa Morlock hat darüber hinaus das Register erstellt. Besonderen Dank schulde ich aber
Wolfgang Schwarz für seine vielfältige Unterstützung. Er hat
mich auf eine ganze Reihe von Fehlern in der ersten Auflage
hingewiesen und mir zahlreiche sehr nützliche Hinweise zur
Verbesserung und Neustrukturierung des Buches gegeben. Er
hat die Aufgaben und die Lösungen zusammengestellt, und er
hat die Grundlage für die Beweise der Korrektheit und Vollständigkeit des Wahrheitsbaumverfahrens für die Sprachen AL
und PL geliefert.

In diesem Zusammenhang noch ein Hinweis. Da die Lösungen der Übungsaufgaben so umfangreich sind, dass es nicht
möglich ist, sie alle in diesem Buch abzudrucken, haben wir
folgendes Verfahren gewählt. Einige Lösungen werden – sozusagen als Beispiellösungen – abgedruckt; alle anderen finden
sich im Internet unter der URL http://www.uni-bielefeld.de/
philosophie/personen/beckermann/logikaufgaben.html.

Bielefeld, Juni 2003

Vorwort

Diese Einführung in die Logik ist das Ergebnis einer ganzen Reihe von Vorlesungen, die ich in den vergangenen Jahren mehr oder weniger regelmäßig gehalten habe. In diesen Vorlesungen habe ich zum Teil sehr unterschiedliche Ansätze ausprobiert, bis sich letztlich das Konzept ergeben hat, das diesem Buch zugrunde liegt. Zwei Dinge sind im Laufe der Jahre jedoch immer gleich geblieben.

Erstens war ich immer bemüht, den Studierenden des Fachs Philosophie deutlich vor Augen zu führen, worum es in der Logik eigentlich geht. Dabei waren mir zwei Dinge besonders wichtig: (a) Thema der Logik ist die deduktive Gültigkeit von Argumenten oder, wie man mit Frege auch sagen könnte, Thema der Logik sind die *Gesetze des Wahrseins* (also Gesetze wie „Wenn die Sätze A_1, ..., A_n wahr sind, muss auch der Satz A wahr sein"); (b) die Gesetze des Wahrseins ergeben sich aus der Bedeutung der logischen Ausdrücke der Sprache, in der die Sätze A_1, ..., A_n und A formuliert sind. Hieraus folgt jedoch sofort, dass man Gesetze des Wahrseins nur für solche Sprachen angeben kann, in denen die Bedeutung der logischen Ausdrücke völlig geklärt ist. Und dies ist, zumindest bis heute, z. B. für die deutsche Umgangssprache nicht der Fall.

Zweitens war es mir deshalb wichtig, klar zu machen, dass man in der Logik *nicht* von der deutschen (oder einer anderen) Umgangssprache ausgeht, sondern dass in der Logik die Gesetze des Wahrseins für bestimmte *künstliche* Sprachen untersucht werden – Sprachen, die so konstruiert sind, dass die Bedeutung der in ihnen vorkommenden logischen Ausdrücke absolut klar ist.

In anderen Einführungen in die Logik wird diese Tatsache häufig verschleiert. Dies geschieht in der Regel, indem gesagt wird, dass umgangssprachliche Sätze neben ihrer grammatischen Oberflächenstruktur auch noch eine logische Tiefenstruktur besitzen und dass diese Tiefenstruktur mehr oder weniger genau der Struktur von Sätzen einer der gerade erwähnten künstlichen Sprachen entspricht. Dieser Auffassung zufolge steht also hinter jedem umgangssprachlichen Satz *A* ein Satz *A'* einer anderen Sprache, in dem sich die 'wirkliche' logische Struktur von *A* manifestiert. Dies scheint mir eine pure Fiktion – eine Fiktion, die sich sofort als solche erweist, wenn man sich überlegt, wie man eigentlich herausfinden will, welcher Satz *A'* die logische Struktur von *A* ausdrückt und zu welcher Sprache *A'* gehört. Auf diese Fragen gibt es meiner Meinung nach keine Antwort, die nicht in der einen oder anderen Weise willkürlich oder zirkulär wäre. (Zirkulär in dem Sinne, dass man voraussetzt, dass man schon weiß, welche Sätze aus *A* logisch folgen.) Aus diesem Grunde scheint es mir am besten, von vornherein ehrlich zu sein und zu sagen: Wir können in der Logik nicht von der deutschen Umgangssprache ausgehen, denn sowohl die logische Struktur als auch die Bedeutung der logischen Ausdrücke dieser Sprache ist zu unklar; Gesetze des Wahrseins können wir nur für von uns selbst geschaffene künstliche Sprachen angeben.

Wie sich zeigen wird, bedeutet dies allerdings nicht, dass wir aus den logischen Eigenschaften der Sätze dieser künstlichen Sprachen nichts über die logischen Eigenschaften von umgangssprachlichen Sätzen lernen können. Dieser Punkt kann hier allerdings noch nicht im Detail erläutert werden. Hier kommt es mir nur darauf an, noch einmal zu betonen, dass die Idee, man könnte umgangssprachliche Sätze, wie häufig gesagt wird, 'mit logischen Mitteln formalisieren', in meinen Augen eine reine Fiktion ist – eine Fiktion, die man aus Gründen der Klarheit nicht aufrechterhalten sollte.

Bei der Vorbereitung der Vorlesungen und bei der Durchsicht dieses Buches haben mir so viele Personen geholfen, dass ich nicht sicher bin, mich noch an alle zu erinnern. Besonders danken möchte ich Antonia Barke, Ulrich Brandt, Matthias Günther, Volker Meurer, Christian Nimtz, Ulrich Nortmann, Martin Rechenauer, Michael Schütte und Achim Stephan. Ich denke allerdings, dass es nur fair ist, anzufügen, dass zumindest einige der genannten Personen diese Einführung in die Logik sicher anders geschrieben hätten.

Bielefeld, Juli 1997

Inhaltsverzeichnis

I Grundbegriffe

1 Logik und Argumentation

An fast allen Universitäten gehört heute eine Einführung in die
Logik als fester Bestandteil zum Philosophiestudium. Überall –
oder doch zumindest fast überall – scheint man sich darüber
einig zu sein, dass Logik und Philosophie in einem sehr engen
Verhältnis zueinander stehen und dass ein Studium der Logik
für das Betreiben von Philosophie daher nützlich, vielleicht
sogar unerlässlich ist.

Woher kommt diese Einigkeit? Was ist der Grund dafür, dass
man (fast) überall vom Wert der Logik für die Philosophie so
überzeugt ist? Logik ist für viele doch etwas rein Formales, ein
Hantieren mit bloßen Symbolen, das man eher zur Mathematik
als zur Philosophie rechnen sollte. Was sollen diese Zeichen
und Formeln mit den inhaltlichen Problemen zu tun haben, mit
denen sich die Philosophie beschäftigt oder doch zumindest beschäftigen sollte? Was haben die Formeln der Logik etwa mit
der Frage nach dem Sinn des Lebens zu tun, mit der Frage, ob
es eine Seele gibt und ob wir auf ein Leben nach dem Tode
hoffen können, mit der Frage, wie wir leben sollen, oder mit
der Frage nach dem Schönen und Guten?

Tatsächlich wird man zugeben müssen, dass die Logik mit
diesen Fragen *direkt* nicht allzu viel zu tun hat. Indirekt hat sie
jedoch mit allen Fragen der Philosophie zu tun; denn sie hat
sehr viel zu tun mit der Art und Weise, in der Philosophie versucht, Antworten auf diese Fragen zu finden. Logik ist nämlich
unter anderem ein grundlegender Teil der Lehre vom richtigen
Argumentieren. Und Philosophie unterscheidet sich (zusammen mit den Wissenschaften überhaupt) von anderen Arten der
Weltdeutung gerade dadurch, dass sie versucht, *begründete*
Antworten auf die von ihr behandelten Fragen zu geben, d. h.
durch gute Argumente gestützte Antworten. Die Klärung, was
gute Argumente sind, ist für die Philosophie daher von ganz
zentraler Bedeutung. Und wenn man Logik als einen grund-

legenden Teil der Lehre von den Methoden, Prinzipien und Kriterien versteht, mit deren Hilfe man gute von schlechten Argumenten unterscheiden kann, dann ist damit auch die Rolle klar, die die Logik im Rahmen des Studiums der Philosophie spielt. Wenn Philosophie gut begründete Antworten auf die ihr gestellten Fragen geben will, dann kann sie auf Logik als einen grundlegenden Teil der Theorie des guten Argumentierens nicht verzichten.

Damit soll jedoch nicht gesagt sein, dass jedermann Logik studieren muss, um gut argumentieren zu können, oder andersherum: dass jeder, der keine Logik studiert hat, nicht gut argumentieren kann. Implizit – d.h., ohne darüber Rechenschaft geben zu können, wie wir es anstellen – beherrschen wir alle das Geschäft des Argumentierens, die einen besser, die anderen schlechter. So, wie wir die Schuhe zubinden, gehen, laufen oder Rad fahren können. Wir wissen nicht genau, wie es geht, und dennoch geht es. Logik versucht jedoch, über diesen Zustand des bloßen Könnens (des 'Wissens wie') hinauszukommen; sie versucht, das explizit zu machen, was implizit schon mehr oder weniger gut beherrscht wird. Dafür gibt es im Wesentlichen drei Gründe: Erstens soll auf diese Weise die Fähigkeit des Argumentierens verbessert werden – denn besonders in schwierigen Fällen hilft uns unsere Intuition allein oft nicht weiter; zweitens soll die Fähigkeit zu argumentieren auf diese Weise lehrbar werden; und drittens soll uns die Logik einen reflektierten Umgang mit den Prinzipien und Kriterien des Argumentierens ermöglichen – d.h., in der Logik sollen diese Prinzipien und Kriterien explizit gemacht werden, damit sie selbst zum Gegenstand der Analyse und Kritik werden können.

2 Argumente

So wie Logik bisher charakterisiert wurde, geht es in ihr um die Unterscheidung zwischen guten und schlechten Argumenten. Zunächst müssen wir deshalb zu klären versuchen, was überhaupt ein *Argument* ist. Betrachten wir die folgenden beiden Texte:

(1) Im 18. Jahrhundert vollzog sich der Aufstieg Englands zur Weltmacht. Bis etwa 1760 waren für die englische Wirtschaft Schafzucht und Getreidebau sowie handwerkliche Manufakturen kennzeichnend. In der zweiten Jahrhunderthälfte wurde England als erster Staat ein Land der Fabriken, ein Industrieland. Großgrundbesitzer kauften die kleinen Bauernstellen auf. Die Bauern gingen als Arbeiter in die Städte. (Vgl. *Taschenhandbuch zur Geschichte.* Bearb. von E. Goerlitz. Paderborn: Schöningh 1979, 51)

(2) [...] starke Hitze ist nichts anderes als eine bestimmte Form schmerzhafter Empfindung, und Schmerz kann nur in einem wahrnehmenden Wesen existieren. Also folgt, dass starke Hitze niemals wirklich in einer nicht wahrnehmenden körperlichen Substanz sein kann. (Berkeley, *Drei Dialoge zwischen Hylas und Philonous*)[†]

Im Hinblick auf die äußere Form sind sich diese beiden Texte sehr ähnlich. Bei beiden handelt es sich um die Aneinanderreihung von Aussagesätzen, in denen bestimmte Behauptungen aufgestellt werden. Und doch gibt es zumindest einen wesentlichen Unterschied. Der erste Text dient hauptsächlich dem Zweck, den Leser zu informieren. In den einzelnen Sätzen des Textes werden jeweils Tatsachen berichtet, die uns in groben Zügen ein Bild über die wirtschaftliche und soziale Lage Englands im 18. Jahrhundert vermitteln. Dieser Text hat also den Charakter eines *Berichts*.

Mit dem zweiten Text verfolgt der Verfasser Bischof Berkeley (1685-1753) ein ganz anderes Ziel: Er will den Leser nicht informieren, er will ihn *auf eine bestimmte Weise* dazu bringen, eine Aussage – nämlich die Aussage, dass starke Hitze niemals in einer nicht wahrnehmenden körperlichen Substanz existieren kann – für wahr zu halten. Und diese bestimmte Weise ist dadurch charakterisiert, dass Berkeley andere Aussagesätze anführt, von denen er annimmt, dass sie die Aussage, die wir akzeptieren sollen, in gewisser Weise stützen. Insgesamt scheint also Christian Thiel Recht zu haben, wenn er in

---

[†] Quellennachweise für die Beispielargumente am Ende des Buches.

einem großen Philosophielexikon zum Stichwort 'Argumentation' schreibt:

> Argumentation, eine Rede mit dem Ziel, die Zustimmung [...]
> wirklicher oder fiktiver Gesprächspartner zu einer Aussage [...]
> durch den schrittweisen und lückenlosen Rückgang auf bereits
> gemeinsam anerkannte Aussagen [...] zu erreichen [.... D]ie ein-
> zelnen Schritte heißen die für [...] die zur Diskussion gestellte
> Aussage [...] vorgebrachten 'Argumente'. (J. Mittelstraß (Hg.)
> *Enzyklopädie Philosophie und Wissenschaftstheorie. Band 1.*
> Mannheim: Bibliographisches Institut 1980, 161)

Einige Punkte in diesem Lexikoneintrag sind jedoch nicht
sehr hilfreich. Erstens wird Argumentation hier als eine Kette
von Argumenten definiert; über den Begriff des Arguments
selbst erfahren wir wenig. Zweitens wird Argumentation als
eine Form der 'Rede' eingeführt. 'Rede' bedeutet jedoch im
Allgemeinen 'gesprochener Text', und sicherlich sind nicht nur
gesprochene Texte Argumentationen. Es scheint mir daher
sinnvoller, Argumentationen bzw. Argumente allgemeiner als
Texte bzw. als Folgen von (gesprochenen oder geschriebenen)
Aussagesätzen aufzufassen. Drittens schließlich sagt Thiel in
seinem Beitrag, dass in Argumentationen eine Aussage auf
andere 'lückenlos zurückgeführt' wird, ohne weiter zu erläutern, was damit gemeint ist. Entscheidend für einen argumen-
tativen Text ist jedoch, dass der Satz, für den argumentiert wird
(die **Konklusion**), durch die Sätze, auf die er zurückgeführt
werden soll (die **Prämissen**), gestützt wird oder dass zumindest
der Anspruch erhoben wird, dass die Prämissen die Konklusion
stützen. Es scheint deshalb angemessener, den Begriff 'Argument' so zu definieren:

Definition 2.1

Ein **Argument** ist eine Folge von Aussagesätzen,
mit der der Anspruch verbunden ist, dass ein Teil
dieser Sätze (die *Prämissen*) einen Satz der Folge
(die *Konklusion*) in dem Sinne stützen, dass es rational ist, die Konklusion für wahr zu halten, falls
die Prämissen wahr sind.

Wenn wir von dieser Definition† ausgehen, liegt bei der Analyse argumentativer Texte die erste Aufgabe offenbar darin, die Prämissen und die Konklusionen der vorgetragenen Argumente zu identifizieren. Betrachten wir zwei weitere Beispiele.

(3) Wenn sich etwas bewegt, dann bewegt es sich entweder an dem Ort, wo es ist, oder an dem, wo es nicht ist. Weder aber, wo es ist [...], noch, wo es nicht ist [...]. Also bewegt sich nichts. (Sextus Empiricus, *Grundriß der pyrrhonischen Skepsis*)

(4) Da nun der Krieg mit den Grenznachbarn ein Übel und der Krieg mit den Thebanern ein solcher gegen Grenznachbarn ist, so ist es offenbar ein Übel, mit den Thebanern zu kriegen. (Aristoteles, *Erste Analytik*, 69a)

Wenn man diese beiden Beispiele und das Beispiel (2) miteinander vergleicht, dann wird deutlich, dass es in diesen Tex-

---

† Es wäre nicht glücklich, in der Formulierung dieser Definition die Klausel 'mit der der Anspruch verbunden ist' wegzulassen und statt der Definition 2.1 die einfachere und auf den ersten Blick vielleicht näher liegende Alternative zu wählen:

Definition 2.1′
Ein *Argument* ist eine Folge von Aussagesätzen, in der ein Teil dieser Sätze (die *Prämissen*) einen Satz der Folge (die *Konklusion*) in dem Sinne stützen, dass es rational ist, die Konklusion für wahr zu halten, falls die Prämissen wahr sind.

Denn *dieser* Definition zufolge könnte es in einem bestimmten Sinne gar keine *schlechten* Argumente geben. Argumente, mit denen zwar der Anspruch verbunden ist, dass die Prämissen die Konklusion stützen, bei denen dies aber tatsächlich nicht der Fall ist, wären nämlich dieser Definition zufolge keine schlechten, sondern gar keine Argumente.

Noch ein zweiter Punkt ist wichtig. In der Definition 2.1 gehen wir von folgendem Begriff der Stützung aus: Die Prämissen stützen die Konklusion, wenn es rational ist, die Konklusion für wahr zu halten, falls die Prämissen wahr sind. Das ist jedoch nicht ganz richtig. Korrekt müsste es heißen: Die Prämissen stützen die Konklusion, wenn es *für eine Person, die nur über die in den Prämissen enthaltenen Informationen verfügt,* rational ist, die Konklusion für wahr zu halten. Da dieser Unterschied nur bei nicht-deduktiven Argumenten (s.u. Kapitel 6) relevant ist und es in diesem Buch fast ausschließlich um deduktive Argumente geht, können wir ihn hier aber außer Acht lassen.

ten klare Hinweise auf ihre argumentative Struktur gibt. Die Konklusionen z. B. sind jeweils durch unübersehbare sprachliche Partikel kenntlich gemacht – durch die Ausdrücke 'also folgt', 'also' und 'ist es klar, dass'.[†] Und im letzten Beispiel wird auch auf die Prämissen durch den sprachlichen Ausdruck 'da' hingewiesen. (Eine ähnliche Funktion haben in anderen Texten die Ausdrücke 'weil', 'denn' usw.) Im Argument (2) lautet die Konklusion somit

Starke Hitze kann niemals wirklich in einer nicht wahrnehmenden körperlichen Substanz sein.

Und die Prämissen

Starke Hitze ist nichts anderes als eine bestimmte Form schmerzhafter Empfindung

und

Schmerz kann nur in einem wahrnehmenden Wesen existieren.

Für das Argument (3) dagegen lautet die Konklusion

Nichts bewegt sich.

Und die Prämissen lauten hier

Wenn sich etwas bewegt, dann bewegt es sich entweder an dem Ort, wo es ist, oder an dem Ort, wo es nicht ist

Nichts bewegt sich, wo es ist

und

Nichts bewegt sich, wo es nicht ist.

Beim Argument (4) schließlich lautet die Konklusion

Der Krieg gegen die Thebaner ist ein Übel.

Und die Prämissen lauten

Der Krieg gegen Grenznachbarn ist ein Übel

und

[†] Wenn wir über einen sprachlichen Ausdruck reden, ihn also nicht *verwenden*, sondern *erwähnen*, müssen wir diesen Ausdruck in Anführungszeichen setzen. Zur Unterscheidung von Verwenden und Erwähnen vgl. unten Abschnitt 10.1.

Der Krieg gegen die Thebaner ist ein Krieg gegen Grenznachbarn.

Wenn man diese Formulierungen der Prämissen und Konklusionen mit den zuvor angeführten Originalargumenten vergleicht, wird deutlich, dass insbesondere die Formulierungen der Prämissen des Arguments (3) zum Teil erheblich vom Originaltext abweichen. Diese Abweichungen sind jedoch unvermeidlich, da die Prämissen im Originalargument nur angedeutet bzw. nicht vollständig ausformuliert sind. Bei der expliziten Angabe der Prämissen und der Konklusion eines Arguments kann jedoch auf eine solche vollständige Ausformulierung nicht verzichtet werden. Sie ist unerlässlich, um den Gehalt eines Arguments richtig einschätzen zu können. Die explizite Ausformulierung der Prämissen und der Konklusion eines Arguments kann also als ein erster Schritt hin zur Angabe der Normalform eines Arguments verstanden werden, wobei unter einer solchen Normalform die Form verstanden werden soll, bei der die Struktur dieses Arguments völlig durchsichtig wird. Im Einzelnen kann die Normalform eines Arguments durch drei Bedingungen charakterisiert werden:

Normalform eines Arguments

1. In der Normalform eines Arguments sind alle Prämissen und die Konklusion explizit ausformuliert.

2. In der Normalform stehen die Prämissen getrennt voneinander am Anfang des Arguments.

3. In der Normalform steht die Konklusion – durch ein 'Also:' gekennzeichnet – am Ende des Arguments.

Wenn man für die zuvor angeführten Argumente (2), (3) und (4) die Normalform angeben will, kommt man offenbar zu den folgenden Ergebnissen:

(2') Starke Hitze ist nichts anderes als eine bestimmte Form
schmerzhafter Empfindung.
Schmerz kann nur in einem wahrnehmenden Wesen existieren.
Also: Starke Hitze kann niemals wirklich in einer nicht
wahrnehmenden körperlichen Substanz sein.

(3') Wenn sich etwas bewegt, dann bewegt es sich entweder
an dem Ort, wo es ist, oder an dem Ort, wo es nicht ist.
Nichts bewegt sich, wo es ist.
Nichts bewegt sich, wo es nicht ist.
Also: Nichts bewegt sich.

(4') Der Krieg gegen Grenznachbarn ist ein Übel.
Der Krieg gegen die Thebaner ist ein Krieg gegen Grenz-
nachbarn.
Also: Der Krieg gegen die Thebaner ist ein Übel.

Am Beispiel des Arguments (4) wird deutlich, dass die grammatische Form der Normalform eines Arguments nicht unbedingt mit der grammatischen Form des Originalarguments
übereinstimmen muss. Denn die Normalform (4') besteht aus
drei Sätzen, während das Originalargument des Aristoteles nur
aus einem Satz besteht. Doch dieser eine Satz enthält drei deutlich voneinander unterscheidbare Teilsätze, von denen offensichtlich der letzte aus den vorangehenden folgen soll ('da ...,
so ist es offenbar ...'). Bei der Angabe der Normalform müssen
diese Teilsätze um der angestrebten Klarheit der Struktur des
Arguments willen einzeln angeführt werden, wobei zugleich
Prämissen und Konklusion identifiziert werden müssen. Dass
es nicht immer leicht ist, die Normalform eines in philosophischer Umgangssprache formulierten Arguments zu finden,
zeigen die folgenden beiden Beispiele.

(5) Aus diesem [zweifellosen] Einfluß der Sittlichkeit auf
unsere Handlungen und Neigungen nun folgt, daß dieselbe nicht aus der Vernunft hergeleitet werden kann, da ja
die Vernunft allein, wie wir schon bewiesen haben, niemals einen solchen Einfluß haben kann. (Hume, *Ein Traktat über die menschliche Natur*)

(6) [Wir] können […] einen metaphysischen Satz als einen Satz definieren, der vorgibt, eine echte Proposition auszudrücken, in Wirklichkeit aber weder eine Tautologie noch eine empirische Hypothese ausdrückt. Da aber Tautologien und empirische Hypothesen die vollständige Klasse bedeutsamer Propositionen bilden, ist unsere Schlußfolgerung gerechtfertigt, daß alle metaphysischen Behauptungen unsinnig seien. (Ayer, *Sprache, Wahrheit und Logik*)

Das Problem des Arguments (5) ist, dass der erste Satz einerseits eine Prämisse, andererseits aber auch – angekündigt durch die Wörter 'nun folgt' – die Konklusion enthält, während im folgenden Nebensatz eine zweite Prämisse angeführt wird, die Hume mit der Bemerkung 'wie wir schon bewiesen haben' kommentiert. Dieser Kommentar gehört selbst nicht zum Argument, da er weder eine Prämisse noch die Konklusion ist. Als Normalform des Arguments (5) bietet sich daher an:

(5′) Die Sittlichkeit hat einen Einfluss auf unsere Handlungen und Neigungen.
Die Vernunft allein kann niemals einen Einfluss auf unsere Handlungen und Neigungen haben.
Also: Die Sittlichkeit kann nicht aus der Vernunft hergeleitet werden.

Beim Argument (6) ist die Sache noch schwieriger. Denn hier ist es gar nicht so einfach festzustellen, was zum Argument gehört und was nicht. Nehmen wir etwa den ersten Satz '[Wir] können […] einen metaphysischen Satz als einen Satz definieren, der …'. Gehört der ganze Satz zu den Prämissen des ayerschen Arguments? Offenbar nicht. Denn die Wörter 'Wir können definieren' sind selbst nicht Teil der Prämisse; sie haben vielmehr den Zweck, den Grund für diese Prämisse anzugeben. Es ist in philosophischen Texten durchaus üblich, Argumente nicht isoliert zu formulieren, sondern in ihre Formulierung zugleich noch Begründungen für einzelne Prämissen zu integrieren. Bei der Angabe der Normalform von Argumenten müssen diese Begründungen jedoch entfernt (bzw. als eigene Argumente rekonstruiert) werden, damit die Struktur der Argumente nicht verwischt wird.

Auch wenn wir die Wörter 'Wir können definieren' weglassen, ist jedoch noch nicht klar, wie die erste Prämisse genau
aussieht. Eine Möglichkeit scheint zu sein, den ganzen ersten
Satz des Originalarguments (ohne die Wörter 'Wir können
definieren') als eine Prämisse aufzufassen, so dass die erste
Prämisse der Normalform des Arguments (6) lauten würde:

> Ein metaphysischer Satz ist ein Satz, der vorgibt, eine ech-
> te Proposition auszudrücken, in Wirklichkeit aber weder
> eine Tautologie noch eine empirische Hypothese aus-
> drückt.

Offenbar sind in dem so umformulierten ersten Satz des ayerschen Arguments aber zwei ganz verschiedene Teilsätze enthalten, so dass es nahe liegt, diesen Satz nicht als eine, sondern
als zwei Prämissen aufzufassen, die dann so formuliert werden
könnten:

> Ein metaphysischer Satz ist ein Satz, der vorgibt, eine ech-
> te Proposition auszudrücken.

Und:

> Ein metaphysischer Satz drückt weder eine Tautologie
> noch eine empirische Hypothese aus.

Angesichts dieser Formulierungen stellt sich jedoch die Frage, ob der erste dieser beiden Sätze tatsächlich als Prämisse zu
dem von Ayer angeführten Argument gehört. Zwei Dinge
scheinen gegen diese Annahme zu sprechen. Erstens ist der
Satz 'Ein metaphysischer Satz ist ein Satz, der vorgibt, eine
echte Proposition auszudrücken' für die Argumentation Ayers
offenbar irrelevant. Zweitens – und das scheint noch wichtiger
– ist dieser Satz wohl am besten als eine rhetorische Vorweg-
nahme der Konklusion zu verstehen. Denn da Ayer davon ausgeht, dass sinnvolle Sätze gerade die Sätze sind, die eine (echte) Proposition ausdrücken, besagt der Satz, dass metaphysische Sätze nur vorgeben, eine Proposition auszudrücken, offenbar schon, dass sie tatsächlich keine sinnvollen Sätze sind.
(Außerdem kann es auch nach Ayer kaum zur Definition metaphysischer Sätze gehören, dass sie nur vorgeben, eine Proposition auszudrücken.) Mir scheint deshalb, dass auch der

Relativsatz 'der vorgibt, eine Proposition auszudrücken' nicht zum Argument Ayers gehört und dass die erste Prämisse dieses Arguments einfach lautet:

> Ein metaphysischer Satz drückt weder eine Tautologie noch eine empirische Hypothese aus.

Damit sieht die Normalform des Arguments (6) so aus:

(6') Ein metaphysischer Satz drückt weder eine Tautologie noch eine empirische Hypothese aus.
Tautologien und empirische Hypothesen bilden die vollständige Klasse bedeutsamer Propositionen.
Also: Alle metaphysischen Behauptungen sind unsinnig.

Wenn man die Überlegungen mit berücksichtigt, die im nächsten Kapitel angesprochen werden, ist jedoch auch noch eine andere Interpretation möglich. Denn diese Überlegungen lassen es zumindest denkbar erscheinen, dass Ayer mit der Wendung 'Ein metaphysischer Satz ist ein Satz, der vorgibt, eine echte Proposition auszudrücken' zum Ausdruck bringen wollte, dass es sich bei metaphysischen Sätzen um eine bestimmte Art von Sätzen, nämlich um Aussagesätze handelt, und dass er mit seinem Argument zeigen wollte, dass metaphysische Sätze sinnlos sind, da sie nicht die für diese Art von Sätzen einschlägigen Sinnbedingungen erfüllen. So verstanden hätte Ayers Argument die Normalform:

(6'') Ein metaphysischer Satz ist ein Satz, der vorgibt, eine echte Proposition auszudrücken (also ein Aussagesatz).
Ein metaphysischer Satz drückt weder eine Tautologie noch eine empirische Hypothese aus.
Tautologien und empirische Hypothesen bilden die vollständige Klasse bedeutsamer Propositionen.
Also: Alle metaphysischen Behauptungen sind unsinnig.

Wenn man Ayers Argument in diesem Sinne versteht, ist klar, dass es offenbar auch noch eine versteckte Prämisse enthält, nämlich die Prämisse:

> Ein Aussagesatz ist dann und nur dann sinnvoll, wenn er eine echte Proposition ausdrückt.

Hier wird deutlich, dass es bei der Angabe der Normalform eines Arguments manchmal nicht nur um eine Umformulierung, sondern um eine *Rekonstruktion* dieses Arguments geht, bei der wir uns zwischen alternativen Formulierungen entscheiden müssen. In der Tat besteht eine wesentliche Aufgabe bei der Interpretation philosophischer Texte in der Rekonstruktion der in ihnen enthaltenen Argumente. Darauf kann an dieser Stelle nicht ausführlich eingegangen werden. Aber es soll doch erwähnt werden, dass ein Kriterium bei der Rekonstruktion von philosophischen Argumenten immer sein sollte, dem jeweiligen Autor ein möglichst gradliniges, von allem überflüssigen Ballast befreites und – soweit es geht – auch ein möglichst gutes Argument zuzuschreiben. Dabei darf jedoch nie außer Acht gelassen werden, dass jede Rekonstruktion immer so eng wie möglich am Originaltext orientiert sein muss.

Aufgaben 2

1. Welche der folgenden Texte sind Argumente? Bringen Sie die Argumente in Normalform.

   a) Dies muß man denken und sagen: <*Nur*> *das Seiende gibt es.* Denn es ist möglich, daß es wirklich vorhanden ist; das Nichtseiende aber ist unmöglich; das heiße ich dich bedenken. (Parmenides, *Lehrgedicht*)

   b) Es gibt die Eigenschaft des Rundseins und die Eigenschaft des Viereckigseins; es gibt auch die Eigenschaft des Nichtrundseins und die Eigenschaft des Nichtviereckigseins; aber es gibt keinen Grund für die Annahme, daß es die Eigenschaft des Rund-und-Viereckigseins gibt. (Chisholm, *Die erste Person*)

   c) Wenn der Determinismus wahr ist, dann sind unsere Handlungen bestimmt durch Naturgesetze und längst vergangene Ereignisse. Aber längst vergangene Ereignisse hängen ebenso wenig von uns ab wie die Naturgesetze. Folglich hängt auch das, was durch diese bestimmt wird (einschließlich unserer gegenwärtigen Handlungen), nicht von uns ab. (van Inwagen, *An Essay on Free Will*)

   d) Doch da sehe ich zufällig vom Fenster aus Menschen auf der Straße vorübergehen, von denen ich […] gewohnt bin zu sagen: ich sehe sie, und doch sehe ich nichts als die Hüte und

Kleider, unter denen sich ja Automaten verbergen könnten! (Descartes, *Meditationen*)

e) [D]ie Eigentümlichkeit des Geruchs liegt nicht so offen da wie die des Schalls oder der Farbe. Ursache davon ist, daß dieser Sinn bei uns nicht scharf ist, sondern schlechter als bei vielen Tieren. (Aristoteles, *Über die Seele*, 421a)

f) Alle Menschen [...], gute gleicherweise wie schlechte, streben [...], zum Guten zu gelangen. – So, sagte ich, ist es folgerichtig. – Aber es ist gewiß, dass man gut wird durch Erlangung des Guten. – Das ist gewiß. – Die Guten erlangen also, was sie erstreben? – So scheint es. – Die Bösen aber würden, wenn sie erreichten, was sie erstreben – das Gute nämlich –, nicht böse sein können. – So ist es. – Da also beide das Gute erstreben, aber diese es erreichen, jene hingegen nicht, ist es dann etwa zweifelhaft, daß die Guten mächtig sind, die aber böse sind, schwach? (Boethius, *Trost der Philosophie*)

g) Man nennt den Äquator oft eine *gedachte* Linie; aber es wäre falsch, ihn eine *erdachte* Linie zu nennen; er ist nicht durch Denken entstanden, das Ergebnis eines seelischen Vorgangs, sondern nur durch Denken erkannt, ergriffen. Wäre das Erkanntwerden ein Entstehen, so könnten wir nichts Positives von ihm aussagen in Bezug auf eine Zeit, die diesem vorgeblichen Entstehen vorherginge. (Frege, *Grundlagen der Arithmetik*)

3 Aussagesätze

Im letzten Kapitel sind Argumente als Folgen von **Aussagesätzen** definiert worden. In diesem Kapitel soll deshalb zunächst etwas genauer erläutert werden, was in diesem Zusammenhang unter einem Aussagesatz verstanden werden soll. Betrachten wir die folgenden vier Sätze:

(1) Schon wieder Verona Feldbusch!

(2) Hat die Vorlesung schon angefangen?

(3) Würden Sie mir bitte zeigen, wie ich zur Haltestelle der Linie 4 komme.

(4) Vor einem Jahr waren an der Universität Bielefeld 891 Studierende für das Fach Philosophie eingeschrieben.

Grammatisch gesehen sind alle diese sprachlichen Gebilde Sätze. Dennoch gibt es zwischen ihnen erhebliche Unterschiede; denn vom Standpunkt des Logikers aus ist höchstens der letzte dieser Sätze ein 'wirklicher' Satz, d.h. ein Satz, der wahr oder falsch ist und der daher einen Aussagesatz darstellt.

Bei dem *Ausruf* (1) z.B. hat es einfach keinen Sinn zu fragen, ob er wahr oder falsch ist. Er kann angemessen oder unangemessen, aufrichtig oder unaufrichtig sein, aber eben nicht wahr oder falsch. Aus diesem Grund ist er kein Aussagesatz.

Ähnlich verhält es sich mit dem Satz (2). Zwar ist es auch hier eine Sache von Wahrheit und Falschheit, ob die Vorlesung schon angefangen hat oder nicht. Der Satz

(2') Die Vorlesung hat schon angefangen

ist also ein Aussagesatz. Auf die *Frage* (2) kann man die Ausdrücke 'wahr' und 'falsch' aber grundsätzlich nicht anwenden, was sich auch daran zeigt, dass es bei dieser Frage – ebenso wie bei allen anderen Fragen – keinen Sinn hat, zu antworten: 'Das glaube ich nicht. Bist Du sicher?' Und da das Gleiche auch für Satz (3) gilt, können wir festhalten: Bitten, Fragen, Ausrufe usw. sind keine Aussagesätze im Sinne der Logik. Aussagesätze sind nur solche Sätze, die prinzipiell entweder wahr oder falsch sind (ob wir das nun wissen oder nicht).

Allerdings: Auch innerhalb der Aussagesätze gibt es einen logisch äußerst relevanten Unterschied. Denn bei dem Beispielsatz (4) kann man zwar sagen, dass jede Äußerung dieses Satzes entweder wahr oder falsch ist. Doch, ob eine solche Äußerung wahr oder falsch ist, hängt davon ab, *wann* sie gemacht wird. Wenn ich den Satz in diesem Semester (im Wintersemester 2002/03) äußere, ist meine Äußerung wahr. (Jedenfalls ergibt sich das aus den Angaben des Statistischen Jahrbuchs der Universität.) Wenn ich ihn vor zwei Jahren (im Wintersemester 2000/01) geäußert hätte, wäre die Äußerung jedoch falsch gewesen. Denn im Wintersemester 1999/2000 waren an der Universität Bielefeld 901 Studierende für das Fach Philosophie eingeschrieben.

Ähnliche Probleme gibt es auch bei anderen Sätzen, z.B. bei dem Satz

(5)   Karl der Große wurde *hier* im Jahre 800 n. Chr. zum Kai-
      ser gekrönt.

Allerdings hängt die Wahrheit von Äußerungen dieses Satzes
nicht vom Zeitpunkt, sondern vom Ort der Äußerung ab: in
Rom geäußert ist er wahr, überall sonst geäußert dagegen
falsch. Ein drittes Beispiel für Sätze dieser Art ist:

(6)   *Ich* bin Professor für Neuroinformatik an der Universität
      Bielefeld.

Die Wahrheit von Äußerungen dieses Satzes hängt zwar nicht
davon ab, wo er geäußert wird; doch sie hängt davon ab, wer
ihn äußert. Auf mich z. B. trifft der Satz (6) nicht zu; würde ich
ihn äußern, wäre meine Äußerung also falsch. Würde ihn jedoch mein Kollege Helge Ritter äußern, wäre seine Äußerung
wahr.

   Ausdrücke wie 'in diesem Jahr', 'heute', 'morgen', 'hier',
'dort', 'links von mir', 'ich', 'mein Vater', 'du' usw. nennt
man **indexikalische Ausdrücke**. Das Kennzeichen dieser Ausdrücke ist, dass sie einen eindeutigen Bezug erst durch den
Äußerungskontext erhalten, d. h. dadurch, dass sie zu einem bestimmten Zeitpunkt, an einem bestimmten Ort oder von einer
bestimmten Person verwendet werden. Und genau aus diesem
Grund hängt der Wahrheitswert der **Äußerungen** von Sätzen,
in denen indexikalische Ausdrücke vorkommen, vom Äußerungskontext ab. Denn der Wahrheitswert der Äußerung eines
Satzes wird entscheidend vom Bezug der in diesem Satz vorkommenden Ausdrücke bestimmt.

   Da es in der Logik um die Frage geht, ob es rational ist, einen
Satz für wahr zu halten, wenn bestimmte andere Sätze wahr
sind, stiften Sätze, deren Äußerungen je nach Kontext unterschiedliche Wahrheitswerte haben, aber nur Verwirrung. Aus
diesem Grund muss man einen Weg finden, mit Sätzen, die
indexikalische Ausdrücke enthalten, auf die eine oder andere
Weise fertig zu werden. Grundsätzlich sind dafür zwei Lösungen angeboten worden.

   Der erste Vorschlag geht von der Auffassung aus, dass eigentlich nicht Sätze wahr oder falsch sind, sondern nur die
Aussagen, die mit Hilfe von Äußerungen dieser Sätze gemacht

werden (bzw. die **Propositionen**, die sie ausdrücken). Dies
führt zu einer Lösung des Problems indexikalischer Ausdrücke,
da man vernünftigerweise annehmen kann, dass etwa mit dem
Satz

(7)   Heute ist Dienstag

in verschiedenen Äußerungskontexten verschiedene Aussagen
gemacht werden. Wenn er am 25.03.2003 geäußert wird, wird
mit dieser Äußerung die Aussage gemacht, dass der 25.03.2003
ein Dienstag ist; wenn er einen Monat später geäußert wird,
dagegen die Aussage, dass der 25.04.2003 ein Dienstag ist. Mit
Äußerungen des Satzes (7) wird also manchmal etwas Wahres
und manchmal etwas Falsches gesagt. Aber was mit diesen
Äußerungen gesagt wird, die Aussage, die mit ihnen gemacht
wird, ist immer entweder wahr oder falsch. Bei Aussagen haben wir daher nicht das Problem, dass sie manchmal wahr und
manchmal falsch sein können.

Der zweite Vorschlag bedient sich der Unterscheidung zwischen Sätzen als **Satztypen** und einzelnen **Vorkommnissen**
dieser Sätze – so genannten **Satztoken**. Bei

(8)   Isaac Newton veröffentlichte 1687 sein Hauptwerk *Philo-
      sophiae Naturalis Principia Mathematica*

und

(9)   Isaac Newton veröffentlichte 1687 sein Hauptwerk *Philo-
      sophiae Naturalis Principia Mathematica*

handelt es sich um zwei verschiedene Vorkommnisse (Token)
desselben Satztyps. Nach dem zweiten Vorschlag sind nun
nicht Satztypen, sondern nur ihre einzelnen Vorkommnisse
wahr oder falsch. Diesem Vorschlag zufolge wäre also nicht
der Satz (7) selbst wahr oder falsch, sondern nur die einzelnen
Vorkommnisse dieses Satzes zu verschiedenen Zeiten (und an
verschiedenen Orten).

Beide Vorschläge helfen in der Logik allerdings wenig. Denn
Aussagen oder Propositionen können nicht den Gegenstand der
Logik bilden, da völlig unklar ist, wie man ihre logische Form
bestimmen soll (und auf die logische Form von Sätzen/Aus-
sagen kommt es, wie sich noch zeigen wird, in der Logik ent-

scheidend an). Und auch Satztoken (einzelne Vorkommnisse von Sätzen) können nicht den Gegenstand der Logik bilden, da man über sie keine allgemeinen Aussagen treffen kann.

Halten wir zunächst noch einmal fest: Mit Bezug auf Sätze muss man zunächst zwischen *Satztypen* und *Satztoken* (einzelnen Vorkommnissen von Sätzen) unterscheiden. Von Satztypen und Satzvorkommnissen sind des Weiteren die *Äußerungen* von Sätzen zu unterscheiden. Äußerungen sind Handlungen, bei denen ein Satzvorkommnis hervorgebracht wird. Viertens schließlich ist von Satztypen, Satzvorkommnissen und Äußerungen noch das zu unterscheiden, was mit einer Äußerung gesagt wird – die *Aussage*, die mit dieser Äußerung gemacht wird, bzw. die *Proposition*, die durch diese Äußerung ausgedrückt wird.

Wenn Hans und Ina beide sagen 'Ich bin krank', dann äußern beide *denselben* Satz (verstanden als Satztyp). Mit ihren Äußerungen erzeugen sie jedoch *verschiedene* Vorkommnisse dieses Satztyps, und sie machen mit ihren Äußerungen *verschiedene* Aussagen. Hans sagt, dass Hans krank ist; und Ina sagt, dass Ina krank ist. Die beiden Äußerungen drücken also *verschiedene* Propositionen aus.

Von Satztypen, von Satzvorkommnissen, von Äußerungen und auch von Propositionen kann man sagen, dass sie wahr oder falsch sind. Als Gegenstand der Logik kommen jedoch nur Sätze als Satztypen in Frage. Denn: Erstens geht es in der Logik um Zusammenhänge der Art 'Wenn die Sätze $A_1, \ldots, A_n$ alle wahr sind, muss auch der Satz A wahr sein'; dabei können Sätze aber nur als Satztypen und nicht als Satzvorkommnisse verstanden werden. Und zweitens geht es in der Logik entscheidend um logische Formen; Äußerungen und Propositionen haben aber keine eigene logische Form; jedenfalls ist nicht klar, wie man ihre logische Form unabhängig vom entsprechenden Satztyp bestimmen soll. Satztypen, die indexikalische Ausdrücke enthalten, haben allerdings den Nachteil, dass die Wahrheit ihrer Äußerungen mit dem Äußerungskontext variiert. Wie kann man mit diesem Problem fertig werden?

Nun, in der Logik behilft man sich im Allgemeinen damit, dass man Sätze mit indexikalischen Ausdrücken einfach beiseite lässt und den Gegenstandsbereich der Logik auf solche Aussagesätze (verstanden als Satztypen) einschränkt, deren Äußerungen immer dieselbe Aussage ausdrücken bzw. deren einzelne Token (Vorkommnisse) immer denselben Wahrheitswert haben. Mit anderen Worten: Die Logik beschränkt sich in ihren Untersuchungen auf Aussagesätze, die keine indexikalischen Ausdrücke enthalten und deren Äußerungen daher – unabhängig von den jeweiligen Äußerungskontexten – entweder alle wahr oder alle falsch sind.

Darin liegt jedoch keine wesentliche Einschränkung; denn wie auch die Beispielsätze (4) bis (6) zeigen, lassen sich Aussagesätze mit indexikalischen Ausdrücken in aller Regel ohne große Probleme in gleichwertige Aussagesätze ohne solche Ausdrücke umformen. Für die angeführten Beispielsätze kann man das z. B. dadurch erreichen, dass man im Satz (4) den Ausdruck 'vor einem Jahr' durch einen Namen für das entsprechende Semester (also z. B. durch den Ausdruck 'im Wintersemester 2001/02') ersetzt, im Satz (5) den Ausdruck 'hier' durch einen Namen des Ortes, an dem man den Satz ausspricht, und im Satz (6) den Ausdruck 'ich' durch den Namen des jeweiligen Sprechers.

Für uns genügt es jedoch festzuhalten:

- Aussagesätze sind Sätze, die prinzipiell entweder wahr oder falsch sind.
- Die Logik beschäftigt sich nur mit Aussagesätzen, deren Wahrheit nicht von den Umständen ihrer Äußerung abhängt.

Aufgaben 3

1. Welche der folgenden Sätze sind Aussagesätze?
   a) Wo sind wir?
   b) $2 + 3 = 5$.

c) Entweder alles fließt oder nichts.

d) Herrlich, der Regen!

e) Lass uns spazieren gehen.

f) Die giftigste aller Beeren ist die Himbeere.

2. Geben Sie einen Aussagesatz an, von dem niemand je herausfinden wird, ob er wahr ist oder falsch.

3. Kennzeichnen Sie alle indexikalischen Ausdrücke in den folgenden Sätzen.

a) Heute sind wir hier, doch morgen schon könnten wir dort sein.

b) Wenn Sie dies lesen können, sind Sie kein Analphabet.

c) 'Dies' ist ein indexikalischer Ausdruck.

d) Jetzt ist endlich alles so, wie es sein sollte.

4. Dieses Buch enthält fast eine halbe Million Buchstaben, und doch gibt es nur 30 Buchstaben im deutschen Alphabet. Wie ist das möglich?

5. Warum sind die folgenden Sätze problematisch?

a) Es regnet.

b Bielefeld ist eine große Stadt.

c) Beispielsatz (c) ist falsch.

d) Sherlock Holmes wohnte in der Baker Street.

4   Gute Argumente – Gültigkeit und Schlüssigkeit

In den letzten Kapiteln sind wir bei dem Versuch, den Begriff des Arguments zu klären, zu dem Ergebnis gekommen, dass ein Argument eine Folge von Aussagesätzen ist, mit der der – in der Normalform durch ein 'Also:' gekennzeichnete – Anspruch verbunden ist, dass die Prämissen die Konklusion in dem Sinne stützen, dass es rational ist, die Konklusion für wahr zu halten, wenn die Prämissen wahr sind. Nach dieser Klärung können wir jetzt zur Ausgangsfrage zurückkommen, zur Frage nach der Unterscheidung zwischen guten und schlechten Argumenten. Welche Bedingungen muss ein Argument erfüllen, um als ein gutes Argument gelten zu können?

Um diese Frage beantworten zu können, ist es sinnvoll, sich noch einmal auf den Zweck von Argumenten zurückzubesinnen: Argumente sollen als Begründungen für Aussagesätze dienen. Offenbar sind Argumente also genau dann gute Argumente, wenn ihre Prämissen die Konklusionen tatsächlich begründen. Und das ist genau dann der Fall, wenn aus den Prämissen hervorgeht, dass es *tatsächlich* rational ist, die zu begründenden Aussagesätze (die Konklusionen der Argumente) für wahr zu halten. In Argumenten geht es um die Wahrheit der jeweiligen Konklusionen. Sie sind gute Argumente, wenn aus ihnen hervorgeht, dass ihre Konklusionen wahr sind oder dass es zumindest rational ist, ihre Konklusionen für wahr zu halten. Damit ist aber sofort klar, dass eine notwendige Bedingung[†] für gute Argumente darin besteht, dass der mit ihnen verbundene Anspruch, dass die Prämissen die Konklusion in dem Sinne stützen, dass es rational ist, die Konklusion für wahr zu halten, wenn die Prämissen wahr sind, nicht nur erhoben, sondern zu Recht erhoben wird. Ein Argument ist also nur dann gut, wenn es tatsächlich rational ist, die Konklusion für wahr zu halten, falls die Prämissen wahr sind. Betrachten wir als ein krasses Gegenbeispiel das folgende Argument:

(1)   Im Jahre 79 wurde Pompeji durch einen Ausbruch des Vesuv zerstört.
       Also: Albert Einstein starb 1955 in Princeton.

Obwohl die Konklusion dieses Arguments ebenso wahr ist wie seine Prämisse, wird wohl niemand auf die Idee kommen, dieses Argument für eine Begründung seiner Konklusion zu halten. Denn die Wahrheit der Prämisse hat mit der Wahrheit der Konklusion überhaupt nichts zu tun. Und aus genau diesem Grund wäre es sicher nicht rational, diese Konklusion für wahr zu halten, nur weil die Prämisse wahr ist. Wir können also festhalten: Ein Argument ist nur dann ein gutes Argument, wenn der mit ihm verbundene Anspruch zu Recht erhoben wird, d.h.,

---

[†] Eine Bedingung *B* heißt 'notwendig' für einen Sachverhalt, wenn der Sachverhalt nur bestehen kann, wenn die Bedingung erfüllt ist. (Die Bedingung kann aber auch erfüllt sein, ohne dass der Sachverhalt besteht.) Eine Bedingung *B* heißt 'hinreichend' für einen Sachverhalt, wenn der Sachverhalt bestehen muss, wenn die Bedingung erfüllt ist. (Der Sachverhalt kann aber auch bestehen, wenn die Bedingung nicht erfüllt ist.) Vgl. hierzu auch unten Abschnitt 15.4.

wenn es tatsächlich rational ist, die Konklusion dieses Arguments für wahr zu halten, falls seine Prämissen wahr sind.

Um dies etwas einfacher ausdrücken zu können, wollen wir den Begriff der Gültigkeit einführen, der wie folgt definiert ist:

Definition 4.1

Ein Argument heißt genau dann **gültig**, wenn es *tatsächlich* rational ist, die Konklusion für wahr zu halten, falls die Prämissen wahr sind.

Mit Hilfe dieses Begriffs können wir unser erstes Ergebnis nun so formulieren: *Ein Argument kann nur dann ein gutes Argument sein, wenn es gültig ist.*

Gültigkeit ist also eine notwendige Bedingung für gute Argumente. Aber ist sie nicht vielleicht auch schon hinreichend? Reicht die Gültigkeit eines Arguments nicht auch aus, um es als gutes Argument bezeichnen zu dürfen? Betrachten wir ein weiteres Beispiel:

(2)   Alle Wale sind Fische.
        Alle Delfine sind Wale.
        Also: Alle Delfine sind Fische.

Auch dieses Argument ist offensichtlich kein gutes Argument. Denn seine Konklusion ist falsch. Aber woran liegt es diesmal? Offenbar nicht an mangelnder Gültigkeit. Denn ein kurzes Nachdenken zeigt, dass in diesem Argument die Konklusion wahr sein *müsste*, *wenn* alle seine Prämissen wahr wären. Es wäre daher sicher rational, die Konklusion für wahr zu halten, *falls* es die Prämissen wären. Mit anderen Worten: Das Argument ist gültig. Aber seine Konklusion ist nicht wahr, sondern falsch. Es muss also einen anderen Fehler haben.

Offensichtlich handelt es sich hier nicht um ein 'Problem der Logik', sondern um ein 'Problem der Tatsachen'. Denn das Problem des Arguments (2) liegt einfach darin, dass – so wie die Dinge nun einmal sind – seine erste Prämisse falsch ist. Gültigkeit bedeutet aber nur, dass es rational ist, die Konklusion eines Arguments für wahr zu halten, *wenn* seine Prämissen wahr sind. Wenn diese Voraussetzung nicht zutrifft, d. h., wenn wenigstens eine seiner Prämissen falsch ist, kann also auch ein gültiges Argument keine Begründung für seine Konklusion liefern. Denn auch in diesem Fall zeigt das Argument nicht, dass es tatsächlich rational ist, von der Wahrheit der Konklusion überzeugt zu sein. Da es bei guten Argumenten um die Begründung der Konklusionen geht, sind somit auch solche Argumente zu nichts nütze, die auf der einen Seite zwar gültig sind, die auf der anderen Seite aber zumindest eine falsche Prämisse enthalten. Als zweite Bedingung, die jedes gute Argument erfüllen muss, ergibt sich daher: Alle Prämissen dieses Arguments müssen wahr sein. Wenn ein gültiges Argument nur wahre Prämissen enthält, nennen wir es 'schlüssig'. D.h., wir definieren 'schlüssig' wie folgt:

Definition 4.2

Ein Argument heißt **schlüssig** genau dann, wenn es gültig ist und alle seine Prämissen wahr sind.

Als Ergebnis unserer Überlegungen können wir somit festhalten: *Ein Argument ist dann und nur dann ein gutes Argument, wenn es schlüssig ist, d. h., wenn es erstens gültig ist und wenn zweitens alle seine Prämissen wahr sind.*

An dieser Stelle muss jedoch angemerkt werden, dass wir den Ausdruck 'gut' hier nur in einem sehr schwachen Sinn gebrauchen. Denn in diesem Sinn ist jedes Argument gut, bei dem es erstens rational ist, von der Wahrheit seiner Konklusion überzeugt zu sein, falls seine Prämissen wahr sind, und das zweitens nur wahre Prämissen enthält. Auch das folgende Argument ist in diesem Sinn also ein gutes Argument:

(3)   Bielefeld liegt am Teutoburger Wald und hat über 300.000 Einwohner.
        Also: Bielefeld liegt am Teutoburger Wald.

Denn offensichtlich ist es erstens tatsächlich rational, den Aussagesatz, dass Bielefeld am Teutoburger Wald liegt, für wahr zu halten, wenn es wahr ist, dass Bielefeld am Teutoburger Wald liegt und über 300.000 Einwohner hat. Und zweitens ist dieser letzte Aussagesatz tatsächlich wahr. Aber trotzdem scheint das Argument (3) kein wirklich gutes Argument zu sein.

In diesem Fall liegt das daran, dass die Wahrheit der Prämisse die Wahrheit der Konklusion schon voraussetzt. Das Argument ist also zirkulär. In ihm wird zur Begründung der Konklusion eine Prämisse angeführt, von deren Wahrheit man nur überzeugt sein kann, wenn man schon von der Wahrheit der Konklusion überzeugt ist. Oder anders ausgedrückt: Das Argument (3) ist deshalb kein gutes Argument, weil es uns keinen *unabhängigen* Grund für die Annahme liefert, dass Bielefeld am Teutoburger Wald liegt. In einem stärkeren Sinne 'gut' ist ein Argument also offenbar erst dann, wenn es nicht nur schlüssig, sondern auch informativ im Sinne von nicht zirkulär ist. In diesem Zusammenhang wollen wir jedoch diese zusätzliche Forderung nach Informativität nicht stellen, sondern von dem skizzierten schwachen Sinn von 'gut' ausgehen, dem zufolge ein Argument schon dann gut ist, wenn es schlüssig ist.

Aufgaben 4

1. Was unterscheidet schlüssige von gültigen, aber nicht schlüssigen Argumenten? Warum steht in der Logik vor allem die Gültigkeit im Vordergrund?
2. Entscheiden Sie bei jedem der folgenden Argumente, ob es gültig und ob es schlüssig ist. Wenn das Argument zwar schlüssig, aber trotzdem nicht gut ist, versuchen Sie zu erklären, woran das liegt.
   a) Wale sind Säugetiere.
      Seesterne sind keine Wale.
      Also: Seesterne sind keine Säugetiere.
   b) Schon Platon lehrte, dass der Leib ein Kerker der Seele ist.
      Also: Der Leib ist ein Kerker der Seele.
   c) Schon Platon wusste, dass der Leib ein Kerker der Seele ist.
      Also: Der Leib ist ein Kerker der Seele.

d) Das Breitmaulnashorn ist vom Aussterben bedroht.
   Also: Es regnet oder es regnet nicht.
e) Das Breitmaulnashorn ist vom Aussterben bedroht.
   Also: Das Breitmaulnashorn ist vom Aussterben bedroht.

5   Noch einmal: wahr, gültig, schlüssig

Da die Unterscheidung zwischen 'Wahrheit', 'Gültigkeit' und
'Schlüssigkeit' dem Anfänger aller Erfahrung nach einige
Schwierigkeiten bereitet, sollen in diesem Kapitel diese drei
Begriffe noch etwas weiter erläutert werden.

In der Alltagssprache wird im Allgemeinen nicht klar unterschieden zwischen den Ausdrücken 'wahr' und 'falsch' auf der
einen und 'gültig' und 'nicht gültig' auf der anderen Seite. Man
spricht ebenso oft von falschen Argumenten und nicht gültigen
Konklusionen wie umgekehrt von nicht gültigen Argumenten
und falschen Konklusionen. Dieser unentschiedene Sprachge-
brauch, der im Alltag meist nicht weiter stört, erschwert jedoch
das Verständnis erheblich, wenn wir uns genauer mit der Theorie des logischen Schließens beschäftigen. Aussagesätze z.B.
können wir – grob gesprochen – dann wahr nennen, wenn das,
was sie besagen, der Fall ist. Wie aber soll man dieses Kriterium auf Argumente übertragen? Argumente selbst besagen
nichts, was der Fall oder nicht der Fall sein könnte. Sie dienen
nicht dazu, Aussagen zu machen, sondern haben die Funktion,
Aussagen bzw. Aussagesätze zu begründen. Im Hinblick auf
Argumente lautet die zentrale Frage daher, ob sie dieser Be-
gründungsfunktion gerecht werden oder nicht. Die Antwort auf
diese Frage hängt zu einem wesentlichen Teil davon ab, ob
zwischen den Prämissen und der Konklusion eine bestimmte
Beziehung besteht, nämlich die Beziehung, dass es rational ist,
die Konklusion für wahr zu halten, falls die Prämissen wahr
sind. Die Frage nach dem Bestehen dieser Beziehung zwischen
verschiedenen Aussagesätzen ist aber etwas ganz anderes als
die Frage danach, ob das, was ein einzelner Aussagesatz besagt, der Fall ist oder nicht. Und eben deshalb ist es unange-

messen, auf Argumente die Ausdrücke 'wahr' und 'falsch' anzuwenden, die nur da einen Sinn haben, wo etwas ausgesagt wird – also bei Aussagesätzen.

Der zweite Punkt betrifft die Unterscheidung von 'gültig' und 'schlüssig', die auf den ersten Blick vielleicht noch schwerer zu durchschauen ist. Dies hat seinen Grund zunächst darin, dass die Termini 'gültig' und 'schlüssig' in ihrer Anwendung auf Argumente in der Alltagssprache bei weitem nicht so verwurzelt sind wie die Termini 'wahr' und 'falsch' in ihrer Anwendung auf Aussagesätze. Die Ausdrücke 'gültig' und 'schlüssig' wirken daher im Deutschen etwas schwerfällig und vielleicht auch willkürlich; sie sind im Wesentlichen auch nur als der Versuch zu verstehen, für die sehr viel eingespielteren englischen Ausdrücke 'valid' und 'sound' möglichst brauchbare deutsche Äquivalente zu finden. Die Frage der Terminologie ist jedoch letztlich zweitrangig. Entscheidend ist allein, dass mit den beiden Ausdrücken, so wie wir sie nun einmal gewählt haben, ein wichtiger Unterschied in der Sache bezeichnet wird. Dies wird deutlich, wenn wir uns noch einmal klarmachen, dass man im Hinblick auf die Güte eines Arguments immer zwei Fragen zu beantworten hat:

1. Ist es tatsächlich rational, die Konklusion für wahr zu halten, *falls* die Prämissen wahr sind?
2. Sind die Prämissen wahr?

Erst wenn die Antwort auf beide Fragen 'Ja' lautet, haben wir es mit einem Argument zu tun, aus dem hervorgeht, dass es tatsächlich rational ist, die Konklusion für wahr zu halten, und das in diesem Sinne eine Begründung für diese Konklusion darstellt. Ein 'Ja' als Antwort auf nur eine der Fragen allein reicht dafür nicht aus.

Dennoch ist es wichtig, diese beiden Fragen klar voneinander zu unterscheiden, da mit ihnen zwei ganz verschiedene Merkmale von Argumenten angesprochen werden. Die erste Frage bezieht sich auf die schon angesprochene Beziehung zwischen den Prämissen und der Konklusion, während es in der zweiten Frage direkt um die Wahrheit der Prämissen geht. Die erste Frage ist also die eigentlich logische Frage, während die zweite

Frage eher eine 'Frage der Tatsachen' ist. Und genau dieser Unterschied soll durch die beiden Ausdrücke 'gültig' und 'schlüssig' festgehalten werden. Wenn die Antwort auf die erste – die im eigentlichen Sinne logische – Frage 'Ja' lautet, dann ist das zur Debatte stehende Argument gültig. Gültigkeit bedeutet jedoch nur, dass die Konklusion dieses Arguments begründet ist, *falls* seine Prämissen wahr sind. D. h., Gültigkeit allein garantiert noch nicht, dass diese Konklusion tatsächlich begründet ist. Dafür ist auch noch die Wahrheit der Prämissen erforderlich, d. h. eine positive Antwort auf die zweite Frage. Nur wenn auch die Antwort auf diese Frage 'Ja' lautet, ist ein Argument nicht nur gültig, sondern auch schlüssig und stellt damit eine wirkliche Begründung seiner Konklusion dar.

Der dritte Punkt, der hier Schwierigkeiten bereiten kann, hängt mit der Tatsache zusammen, dass mit der Gültigkeit eines Arguments keine kategorische, sondern nur eine *hypothetische* Behauptung über die Beziehung der Wahrheit von Prämissen und Konklusion verbunden ist: *Wenn* die Prämissen wahr sind, *dann* ist es rational, die Konklusion für wahr zu halten. Aus der Wahrheit oder Falschheit der Prämissen allein kann man daher ebenso wenig auf die Gültigkeit oder Ungültigkeit eines Arguments schließen wie aus der Wahrheit oder Falschheit der Konklusion allein. Denn da, wie gesagt, die Gültigkeit eines Arguments nur eine hypothetische Behauptung über die Wahrheit von Prämissen und Konklusion beinhaltet, gibt es (wie die folgenden Beispiele zeigen) nicht nur gültige Argumente mit wahren Prämissen und wahrer Konklusion, sondern auch gültige Argumente mit falschen Prämissen und wahrer Konklusion und ebenso auch gültige Argumente mit falschen Prämissen und falscher Konklusion:

(1)   Aristoteles war ein Philosoph oder ein Musiker.
       Aristoteles war kein Musiker.
       Also: Aristoteles war ein Philosoph.

(2)   Alle Katzen sind Fische.
       Alle Fische sind Säugetiere.
       Also: Alle Katzen sind Säugetiere.

(3) $2 + 2 = 4$ und $2 + 2 = 5$.
       Also: $2 + 2 = 5$.

Trotz der unterschiedlichen Wahrheit bzw. Falschheit der
Prämissen und Konklusionen sind alle diese Argumente gültig.
Denn alle erfüllen die Bedingung: *Wenn* die Prämissen wahr
wären, *dann* wäre es rational, die Konklusion für wahr zu halten. Und dies allein ist für die Gültigkeit eines Arguments entscheidend. D.h., über die Gültigkeit eines Arguments entschei-
det nur die *Beziehung* zwischen der Wahrheit der Prämissen
und der Wahrheit der Konklusion, nicht diese Wahrheit selbst.
Auch wenn die Prämissen und die Konklusion eines Arguments alle wahr sind, besagt dies daher noch nichts über die
Gültigkeit dieses Arguments. Denn ebenso wie es gültige Argumente mit falschen Prämissen und falscher Konklusion gibt
(siehe oben Beispiel (3)), gibt es auch nicht gültige Argumente
mit wahren Prämissen und wahrer Konklusion:

(4)   Einige Deutsche leben in Bielefeld.
       Einige Deutsche sind Lehrer.
       Also: Einige Lehrer leben in Bielefeld.

Und – um noch ein besonders krasses Beispiel zu nehmen:

(5)   Bielefeld liegt am Teutoburger Wald.
       Also: Bielefeld ist eine Großstadt.

Ich denke, diese Beispiele zeigen noch einmal ganz deutlich,
dass man Wahrheit und Gültigkeit streng auseinander halten
muss. Zum Schluss dieses Abschnitts können wir daher festhalten:

- Ein Aussagesatz ist *wahr* genau dann, *wenn
  das, was er besagt, der Fall ist.*

- Ein Argument ist *gültig* genau dann, wenn es
  die Bedingung erfüllt: *Wenn* die Prämissen
  wahr sind, *dann* ist es rational, auch die Konklusion für wahr zu halten.

- Ein Argument ist genau dann *schlüssig*, wenn
  es gültig ist *und* alle seine Prämissen wahr sind.

Aufgaben 5

1. Welche dieser Aussagen sind wahr, welche falsch?
   a) Wenn alle Prämissen eines Arguments falsch sind, dann ist das Argument nicht gültig.
   b) Alle schlüssigen Argumente sind gültig.
   c) Ein Argument ist wahr, wenn sowohl seine Prämissen als auch die Konklusion wahr sind.
   d) Wenn ein Argument nicht gültig ist, dann ist seine Konklusion falsch.
   e) Bei einem gültigen, aber nicht schlüssigen Argument ist mindestens eine der Prämissen falsch.
2. Geben Sie ein gültiges Argument an, bei dem Sie nicht wissen, ob die Prämissen wahr sind.
3. „Mit Argumenten lässt sich alles beweisen." – Stimmt das? Kann man für jede beliebige These ein Argument konstruieren? Ein gültiges Argument? Ein schlüssiges?

6   Deduktiv und nicht-deduktiv gültige Argumente

Im Kapitel 4 hatten wir gesehen: Ein Argument ist dann und nur dann ein gutes Argument, wenn es schlüssig ist, d. h., wenn es gültig ist und wenn alle seine Prämissen wahr sind. Dabei hatte sich allerdings auch schon ergeben, dass die Frage, ob die Prämissen eines Arguments wahr sind, im Allgemeinen keine 'Frage der Logik', sondern eine 'Frage der Tatsachen' ist. D. h., in der Logik geht es nur um das erste Merkmal guter Argumente – ihre Gültigkeit. Thema der Logik ist also die Frage, unter welchen Bedingungen es tatsächlich rational ist, die Konklusion eines Arguments für wahr zu halten, wenn seine Prämissen wahr sind.

Im Hinblick auf die Gültigkeit von Argumenten müssen nun aber zwei Arten von gültigen Argumenten voneinander unterschieden werden: *deduktiv* gültige und *nicht-deduktiv* gültige Argumente. Logik im engeren Sinne ist nur die Theorie der deduktiv gültigen Argumente. Jedenfalls wird Logik im Allgemeinen so verstanden. Was also sind deduktiv gültige Argumente? Durch welche Eigenschaften zeichnen sich diese Argumente vor anderen Argumenten aus?

Der entscheidende Punkt ist, dass bei deduktiv gültigen Argumenten die Konklusion in dem Sinne logisch aus den Prämissen folgt, dass sie wahr sein *muss*, wenn die Prämissen wahr sind. Genau dies ist gemeint, wenn manchmal gesagt wird, dass in deduktiv gültigen Argumenten die Prämissen zwingende Gründe für die Konklusion darstellen oder dass in diesen Argumenten die Prämissen die Konklusion logisch implizieren. Dem Begriff des deduktiv gültigen Arguments liegt also der Begriff der logischen Folgerung zu Grunde.

Definition 6.1

In einem Argument **folgt** die Konklusion genau dann **logisch** aus den Prämissen, wenn die Konklusion wahr sein muss (nicht falsch sein kann), falls alle Prämissen wahr sind.

Ausgehend von diesem Begriff der logischen Folgerung kann man den Begriff des deduktiv gültigen Arguments so definieren:

Definition 6.2

Ein Argument ist genau dann **deduktiv gültig**, wenn in ihm die Konklusion logisch aus den Prämissen folgt.

Es bedarf offenbar keiner besonderen Begründung, dass deduktiv gültige Argumente im Sinne dieser Definition auch gültige Argumente im Sinne der Definition 4.1 sind. Denn wenn die Konklusion in einem deduktiv gültigen Argument logisch aus den Prämissen folgt, d.h., wenn die Konklusion wahr sein muss, falls alle Prämissen wahr sind, dann ist es offensichtlich rational, die Konklusion für wahr zu halten, falls alle Prämissen wahr sind. Bessere Gründe für die Wahrheit der Konklusion eines Arguments kann man gar nicht haben. Deduktiv gültig sind zum Beispiel die folgenden beiden Argumente:

(1)   Alle Menschen sind sterblich.
      Sokrates ist ein Mensch.
      Also: Sokrates ist sterblich.

(2)   Gerda ist die Freundin von Fritz oder die Freundin von Paul.
      Gerda ist nicht die Freundin von Fritz.
      Also: Gerda ist die Freundin von Paul.

Im Folgenden soll, da Logik im engeren Sinne die Theorie der deduktiv gültigen Argumente ist, nur noch von diesen die Rede sein. Zuvor jedoch wenigstens noch eine kurze Bemerkung zu den Argumenten, die zwar gültig, aber eben nicht deduktiv gültig im Sinne der Definition 6.2 sind.

Nach dem bisher Gesagten kann man den Begriff des nicht-deduktiv gültigen Arguments offenbar so definieren:

Definition 6.3

Ein Argument ist genau dann **nicht-deduktiv gültig**, wenn es rational ist, die Konklusion dieses Arguments für wahr zu halten, wenn alle seine Prämissen wahr sind, obwohl die Konklusion nicht logisch aus den Prämissen folgt.

Gültige Argumente, die nicht deduktiv gültig sind, werden häufig auch **induktive** (bzw. genauer: induktiv gültige) Argumente genannt, wobei angenommen wird, dass in einem induktiven Argument die Konklusion zwar nicht wahr sein *muss*, falls alle Prämissen wahr sind, dass bei einem solchen Argument die Konklusion jedoch in gewissem Sinne *wahrscheinlich* ist, falls die Prämissen wahr sind. (Aus diesem Grund spricht man in diesem Zusammenhang auch oft von 'Wahrscheinlichkeitsschlüssen'.)

Diese Redeweise kann jedoch sehr leicht irreführen; denn man kann nicht in demselben Sinne von einem Satz sagen, er sei wahrscheinlich, in dem man von ihm sagen kann, er sei wahr. Erstens nämlich ist Wahrscheinlichkeit immer relativ; ein Satz bzw. das, was er besagt, hat nicht einfach eine bestimmte Wahrscheinlichkeit r. Vielmehr hat er eine bestimmte Wahrscheinlichkeit immer nur bzgl. einer bestimmten Menge anderer Sätze. Und zweitens unterscheiden sich Wahrheit und Wahrscheinlichkeit auch in folgender Hinsicht: Wenn wir von einem Satz sagen, er sei wahr, dann impliziert dies, dass etwas Bestimmtes der Fall ist, d.h., dass die Welt auf eine bestimmte Weise beschaffen ist. Wenn wir von einem Satz sagen, er habe die Wahrscheinlichkeit r, gilt jedoch nichts Entsprechendes. Dass ein Satz A eine bestimmte Wahrscheinlichkeit hat, besagt nichts über die Beschaffenheit der Welt, sondern nur etwas über uns als epistemische Subjekte. Denn es besagt letzten Endes nichts weiter, als dass es für uns – gegeben die Wahrheit einiger anderer Sätze – in einem bestimmten Grade rational ist, A für wahr zu halten.

Genau deshalb ist es sinnvoll, auf den Begriff der Wahrscheinlichkeit in diesem Zusammenhang ganz zu verzichten und stattdessen die Formulierung zu wählen, die wir auch bisher schon verwendet haben: Das Charakteristikum nicht-deduktiv gültiger Argumente liegt darin, dass es bei diesen Argumenten rational ist, die Konklusion für wahr zu halten, wenn alle Prämissen wahr sind, obwohl die Konklusion nicht logisch aus den Prämissen folgt. Als einfache Beispiele für nicht-deduktiv gültige Argumente können also die folgenden Argumente dienen:

(3)   Anfänger haben im Allgemeinen Schwierigkeiten mit der Logik.
      Hans ist ein Anfänger.
      Also: Hans hat Schwierigkeiten mit der Logik.

(4)   Kühe sind Säugetiere und haben Lungen.
        Pferde sind Säugetiere und haben Lungen.
        Hamster sind Säugetiere und haben Lungen.
        Löwen sind Säugetiere und haben Lungen.
        ...
        Also: Alle Säugetiere haben Lungen.

Noch einmal: Der Unterschied zwischen deduktiv gültigen
und nicht-deduktiv gültigen Argumenten kann – etwas salopp –
so formuliert werden. Bei deduktiv gültigen Argumenten ist es
rational, die Konklusion für wahr zu halten, wenn alle Prämissen wahr sind, *weil* die Konklusion logisch aus den Prämissen
folgt. Bei nicht-deduktiv gültigen Argumenten ist es dagegen
rational, die Konklusion für wahr zu halten, wenn alle Prämissen wahr sind, *obwohl* die Konklusion nicht logisch aus den
Prämissen folgt. In der Literatur findet sich jedoch häufig die
These, dass sich deduktive und nicht-deduktive bzw. induktive
Argumente vor allem dadurch unterscheiden, dass in deduktiven Argumenten vom Allgemeinen aufs Besondere und in
nicht-deduktiven Argumenten umgekehrt vom Besonderen aufs
Allgemeine geschlossen wird. Vor dieser Auffassung muss
man jedoch ausdrücklich warnen; denn sie ist grundfalsch und
verdeckt den wirklichen Unterschied zwischen deduktiven und
nicht-deduktiven Argumenten, anstatt ihn zu erhellen.

Die Unhaltbarkeit der genannten Auffassung zeigt sich ganz
einfach daran, dass es auf der einen Seite viele Beispiele für
deduktiv gültige Argumente gibt, die nicht vom Allgemeinen
zum Besonderen, sondern vom Allgemeinen zum Allgemeinen,
vom Besonderen zum Besonderen oder sogar vom Besonderen
zum Allgemeinen führen, und dass man auf der anderen Seite
ebenso leicht Beispiele für nicht-deduktiv gültige Argumente
finden kann, die nicht vom Besonderen zum Allgemeinen,
sondern umgekehrt vom Allgemeinen zum Besonderen führen
oder vom Besonderen zum Besonderen. Die folgenden fünf
Argumente geben je ein Beispiel für jeden der genannten Fälle.

(5)   Alle Katzen sind Tiere.
        Alle Löwen sind Katzen.
        Also: Alle Löwen sind Tiere.

(6)   Wenn Hans der Mörder ist, war er am Tatort.
        Hans war nicht am Tatort.
        Also: Hans ist nicht der Mörder.

(7)   Hans ist nicht blond.
        Hans ist Schwede.
        Also: Nicht alle Schweden sind blond.

(8)   Fast alle Schweden sind blond.
        Hans ist ein Schwede.
        Also: Hans ist blond.

(9)   Beim ersten Würfeln ist eine Sechs gefallen.
        Beim zweiten Würfeln ist eine Sechs gefallen.
        ...
        Beim neunten Würfeln ist eine Sechs gefallen.
        Also: Beim zehnten Würfeln wird eine Sechs fallen.

Im Anschluss an die Unterscheidung zwischen deduktiver und nicht-deduktiver Gültigkeit kann man auch zwischen deduktiver und nicht-deduktiver Schlüssigkeit unterscheiden. Dabei soll ein Argument genau dann 'nicht-deduktiv schlüssig' heißen, wenn es nicht-deduktiv gültig ist und alle seine Prämissen wahr sind.

Aufgaben 6

1. Wenn ein Argument nicht-deduktiv gültig ist, dann ist es nicht deduktiv gültig. Und wenn es nicht deduktiv gültig ist, dann ist es nicht-deduktiv gültig. – Stimmt das?

2. Ist dieses Argument deduktiv oder nicht-deduktiv gültig?
    Bisher ist jeden Tag die Sonne aufgegangen.
    Also: Sie wird auch morgen aufgehen.
    Wenn Sie glauben, dass es nicht deduktiv gültig ist, beschreiben Sie mögliche Umstände, unter denen die Prämisse wahr, die Konklusion aber falsch wäre.

3. Was halten Sie von dem folgenden Argument?
    Bisher endeten alle Fußballspiele, die ich im Fernsehen sah, unentschieden.
    Also: Auch das nächste Fußballspiel, das ich sehe, wird unentschieden enden.

4. Das folgende Argument ist nicht gültig. Mit welcher zusätzlichen
Prämisse wäre es nicht-deduktiv gültig? Mit welcher wäre es deduktiv gültig?

> Die erste aus der Urne gezogene Kugel ist rot.
> Die zweite aus der Urne gezogene Kugel ist rot.
> …
> Die zehnte aus der Urne gezogene Kugel ist rot.
> Also: Die nächste aus der Urne gezogene Kugel ist grün.

7   Gültigkeit und die logische Form von Argumenten

Versuchen wir kurz zusammenzufassen, was bisher über Logik
gesagt worden ist. Erstens hatten wir festgestellt, dass Logik als
Teil der Argumentationstheorie aufgefaßt werden kann, d. h. als
Teil der Theorie, die sich bemüht, die Kriterien und Prinzipien
zu analysieren, mit deren Hilfe wir gute von schlechten Argumenten unterscheiden können. Zweitens hatten wir gesagt, dass
sich das Gebiet der Logik im Rahmen dieser Theorie auf einen
speziellen Aspekt der Güte von Argumenten beschränkt, auf
die Frage nach ihrer Gültigkeit. Und schließlich hatten wir
dann drittens gesehen, dass es bei der Logik im engeren Sinne
sogar nur um eine der beiden Arten von Gültigkeit geht – nämlich um die deduktive Gültigkeit. Nach den bisherigen Überlegungen haben wir jetzt also ein einigermaßen klares Bild davon, was den Gegenstand der Logik bildet.

> Der **Gegenstand der Logik** ist die deduktive Gül-
> tigkeit von Argumenten, d. h. die logische Folge-
> rungsbeziehung, die zwischen den Prämissen und
> der Konklusion eines Arguments bestehen muss,
> wenn dieses Argument deduktiv gültig sein soll.

Im Folgenden werden wir daher den Begriff der deduktiven
Gültigkeit und den damit eng zusammenhängenden Begriff der
logischen Folgerungsbeziehung genauer untersuchen, wobei
wir der Einfachheit halber statt von deduktiver Gültigkeit nur

noch von Gültigkeit reden werden. D.h., im Folgenden ist 'gültig' immer im Sinne von 'deduktiv gültig' zu verstehen.

Im Kapitel 6 hatten wir (deduktive) Gültigkeit zunächst so definiert, dass ein Argument genau dann 'gültig' heißen soll, wenn in ihm die Konklusion logisch aus den Prämissen folgt, d.h., wenn die Konklusion wahr sein muss, falls alle Prämissen wahr sind. Bei dieser Formulierung ergibt sich jedoch sofort die Frage, was hier mit dem Ausdruck 'muss' gemeint sein soll. Was bedeutet es, wenn wir sagen, dass bei einem gültigen Argument die Konklusion wahr sein *muss*, falls alle Prämissen wahr sind? Oder anders ausgedrückt: Unter welchen Bedingungen ist der Satz 'Wenn die Prämissen alle wahr sind, muss die Konklusion wahr sein' wahr und unter welchen Bedingungen falsch? Betrachten wir wieder zwei Beispielargumente:

(1) Wenn Franz Beckenbauer der Vater von Helmut Kohl ist, dann ist Franz Beckenbauer älter als Helmut Kohl. Franz Beckenbauer ist nicht älter als Helmut Kohl. Also: Franz Beckenbauer ist nicht der Vater von Helmut Kohl.

(2) Kein Papagei ist ein Säugetier. Kein Säugetier ist ein Fisch. Also: Kein Papagei ist ein Fisch.

Bei diesen beiden Argumenten sind sowohl die Prämissen als auch die Konklusionen wahr. Und dennoch scheint intuitiv sofort klar zu sein, dass das erste Argument gültig ist, das zweite Argument dagegen nicht. Wie lässt sich diese Intuition begründen? Worin liegt der Unterschied zwischen diesen Argumenten? Welche Eigenschaften sind es, die für die Gültigkeit des ersten und die Ungültigkeit des zweiten Arguments verantwortlich sind? Betrachten wir zwei weitere Argumente:

(3) Wenn 11 kleiner ist als 5, dann ist 9 kleiner als 5. 9 ist nicht kleiner als 5. Also: 11 ist nicht kleiner als 5.

(4) Keine Katze ist ein Vogel. Kein Vogel ist ein Säugetier. Also: Keine Katze ist ein Säugetier.

Wenn wir die Argumente (1) und (3) und die Argumente (2) und (4) miteinander vergleichen, zeigt sich, dass diese Argumente – trotz der verschiedenen Teilsätze in den Argumenten (1) und (3) und trotz der verschiedenen Begriffe in den Argumenten (2) und (4) – jeweils etwas gemeinsam haben: ihre *logische Form*. Diese logische Form kann man sehr einfach deutlich machen, indem man in den Argumenten (1) und (3) die jeweiligen Teilsätze durch die Buchstaben 'p' und 'q' und in den Argumenten (2) und (4) die in ihnen vorkommenden Klassenbegriffe durch die Buchstaben 'S', 'M' und 'P' ersetzt. Auf diese Weise erhält man, wenn man im Argument (1) den Teilsatz 'Franz Beckenbauer ist der Vater von Helmut Kohl' durch 'p' und den Teilsatz 'Franz Beckenbauer ist älter als Helmut Kohl' durch 'q' ersetzt, als logische Form von (1):

(1')   Wenn p, dann q
        Nicht q
        Also: Nicht p.

Entsprechend erhält man, wenn man den Teilsatz '11 ist kleiner als 5' durch 'p' und den Teilsatz '9 ist kleiner als 5' durch 'q' ersetzt, als logische Form des Arguments (3):

(3')   Wenn p, dann q
        Nicht q
        Also: Nicht p,

was offenbar dasselbe ist wie (1'). Die Argumente (1) und (3) haben also dieselbe logische Form; sie sind – wie man auch sagt – Einsetzungsinstanzen derselben Argumentform.

Dasselbe gilt für die Argumente (2) und (4). Denn wenn man im Argument (2) den Begriff 'Papagei' durch 'S', den Begriff 'Säugetier' durch 'M' und den Begriff 'Fisch' durch 'P' ersetzt, erhält man als logische Form von (2):

(2')   Kein S ist M
        Kein M ist P
        Also: Kein S ist P.

Und wenn man im Argument (4) 'Katze' durch 'S', 'Vogel' durch 'M' und 'Säugetier' durch 'P' ersetzt, dann ergibt sich als logische Form von (4):

(4')　　Kein S ist M
　　　　Kein M ist P
　　　　Also: Kein S ist P,

was wiederum dasselbe ist wie (2')!

Der Unterschied zwischen den Argumenten (2) und (4) ist jedoch, dass (2) ein Argument mit wahren Prämissen und wahrer Konklusion ist, während es sich bei dem Argument (4) um ein Argument mit wahren Prämissen und falscher Konklusion handelt.

Genau diese Beobachtung liefert den Schlüssel für die Beantwortung der Frage, warum das Argument (1) ein gültiges Argument ist, das Argument (2) dagegen nicht. Es ist die Tatsache, dass alle Argumente der Form (1') mit wahren Prämissen auch eine wahre Konklusion haben, die das Argument (1) – ebenso wie das Argument (3) – zu einem gültigen Argument macht; und es ist die Tatsache, dass es – wie das Argument (4) zeigt – Argumente der Form (2') mit wahren Prämissen und falscher Konklusion gibt, die das Argument (2) zu einem nicht gültigen Argument macht. Gültigkeit ist also eine Sache der logischen Form. Ein Argument ist genau dann gültig, wenn alle Argumente der gleichen logischen Form (alle strukturgleichen Argumente) mit wahren Prämissen auch eine wahre Konklusion haben. Oder anders ausgedrückt: Ein Argument ist genau dann gültig, wenn es kein strukturgleiches Argument mit wahren Prämissen und falscher Konklusion gibt. Und umgekehrt: ein Argument ist genau dann nicht gültig, wenn es mindestens ein strukturgleiches Argument mit wahren Prämissen und falscher Konklusion gibt.

Systematisch können wir diese Überlegung zusammenfassen, indem wir die Definition 6.1 folgendermaßen präzisieren:

Definition 7.1

In einem Argument **folgt** die Konklusion genau dann **logisch** aus den Prämissen, wenn alle strukturgleichen Argumente mit wahren Prämissen auch wahre Konklusionen haben.

Die Tatsache, dass es bei der Frage, ob die Konklusion eines
Arguments logisch aus seinen Prämissen folgt, und damit auch
bei der Frage nach der Gültigkeit eines Arguments nur auf dessen logische Form ankommt, ist der Grund dafür, dass die deduktive Logik häufig als '**formale Logik**' bezeichnet wird.
Hinter diesem Ausdruck verbirgt sich also gar nichts Geheim-
nisvolles. Und aus dem Ausdruck 'formale Logik' darf man auf
keinen Fall schließen, dass man in der Logik – oder besser: mit
Hilfe der Logik – niemals zu inhaltlichen Aussagen kommen
kann. Er macht vielmehr nur deutlich, dass die Gültigkeit von
Argumenten allein von ihrer logischen Form abhängt. Diese
Tatsache wurde im übrigen schon von Aristoteles entdeckt.
Und Aristoteles war auch der erste, der zur Kennzeichnung der
logischen Form von Aussagesätzen und Argumenten Buchstaben als Platzhalter verwendete.

Aufgaben 7

1. Welche der folgenden Argumente haben dieselbe logische Form?
   a) Keine philosophische Frage ist endgültig gelöst.
      Einige Fragen der Logik sind endgültig gelöst.
      Also: Nicht alle Fragen der Logik sind philosophische Fragen.
   b) Alles, was dem Allgemeinwohl dient, ist gut.
      Einiges, was allgemein anerkannt wird, dient nicht dem All-
      gemeinwohl.
      Also: Nicht alles, was allgemein anerkannt wird, ist gut.
   c) Kein Vogel kann fliegen.
      Einige Hubschrauber können fliegen.
      Also: Nicht alle Hubschrauber sind Vögel.
   d) Mord ist niemals moralisch geboten.
      In einigen Fällen ist Abtreibung moralisch geboten.
      Also: Abtreibung ist nicht immer Mord.
   e) Hunde, die bellen, beißen nicht.
      Einige Hunde beißen.
      Also: Nicht alle Hunde bellen.
2. Konstruieren Sie zwei Argumente der Form
   p oder q
   Nicht p
   Also: q.

8 Logische Form und die Bedeutung der in einem Argument enthaltenen logischen Ausdrücke

Im letzten Kapitel sind wir zu dem Schluss gekommen, dass die Konklusion eines Arguments genau dann aus seinen Prämissen folgt, wenn alle Argumente der gleichen logischen Form mit wahren Prämissen auch eine wahre Konklusion haben. Aber aus dieser Formulierung ergibt sich sofort die nächste Frage: Wie kann man feststellen, ob das für alle Argumente der gleichen logischen Form gilt? Genügt es, wenn wir kein Gegenbeispiel angeben können? Oder müssen wir nicht vielmehr nachweisen, dass es keine Gegenbeispiele geben kann? Aber wenn das so ist, wie können wir diesen Nachweis führen?

Um einer Antwort auf diese Frage näher zu kommen, ist es sinnvoll, die Wahrheit von Aussagesätzen noch einmal genauer unter die Lupe zu nehmen. Denn auch bei wahren Aussagesätzen machen wir eine Unterscheidung zwischen wahren und logisch wahren Sätzen, d.h. eine Unterscheidung zwischen Sätzen, die einfach nur wahr sind, und Sätzen, die nicht nur wahr sind, sondern auch wahr sein *müssen*. Auch für Aussagesätze stellt sich somit die Frage, wie denn dieses 'müssen' genau zu verstehen ist.

Betrachten wir drei Beispielsätze:

(1)   Hans ist blond.
(2)   Alle Junggesellen sind unverheiratet.
(3)   Hans ist blond oder Hans ist nicht blond.

Wenn man nach den Wahrheitsbedingungen dieser drei Sätze fragt, dann werden deutliche Unterschiede zwischen ihnen sichtbar. Der erste Satz etwa ist genau dann wahr, wenn Hans blond ist. Die Wahrheit des ersten Satzes hängt also offenbar davon ab, wie die Realität beschaffen ist. Um feststellen zu können, ob dieser Satz wahr ist, müssen wir daher nicht nur wissen, was die Ausdrücke 'Hans' und 'blond' bedeuten, sondern auch, ob die Realität wirklich so ist, wie der Satz besagt, d.h., ob die durch den Ausdruck 'Hans' bezeichnete Person tatsächlich die durch den Ausdruck 'blond' bezeichnete Eigenschaft hat. Sätze dieser Art werden traditionell **synthetische Aussagesätze** genannt.

Der zweite Satz gehört nicht zu diesen synthetischen Sätzen. Denn die Wahrheit dieses Satzes ist offenbar ganz unabhängig von irgendwelchen Tatsachen 'in der Realität'; sie ergibt sich schon allein aus der Bedeutung der in diesem Satz enthaltenen Ausdrücke 'Junggeselle' und 'unverheiratet'. Um die Wahrheit von (2) feststellen zu können, brauchen wir deshalb keine Untersuchungen über die Welt anzustellen; es genügt festzustellen, dass 'Junggeselle' im Deutschen (wenigstens seit dem 16. Jahrhundert) 'unverheirateter Mann' bedeutet. Zur Feststellung der Wahrheit von (2) reicht es also aus, wenn wir uns die Bedeutung der in diesem Satz enthaltenen Ausdrücke klarmachen. Sätze wie (2) werden daher – in Abgrenzung gegen Sätze wie (1) – **analytische Aussagesätze** genannt.

Noch anders als bei (2) liegen die Dinge jedoch bei dem Satz (3). Denn die Wahrheit dieses Satzes hängt nicht einmal mehr von der Bedeutung der Ausdrücke 'Hans' und 'blond' ab. Dies zeigt sich schon daran, dass sich am Wahrheitswert von (3) nichts ändert, wenn man in ihm 'Hans' durch 'Paul' und 'blond' durch '1,80 m groß' ersetzt. D.h., die Wahrheit dieses Satzes ist nicht nur unabhängig von den 'Tatsachen in der Realität', sie ist nicht einmal mehr abhängig von der Bedeutung der in diesem Satz enthaltenen **deskriptiven Ausdrücke** 'Hans' und 'blond'. Auf der anderen Seite kann sich der Wahrheitswert von (3) jedoch verändern, wenn wir in diesem Satz nicht die Ausdrücke 'Hans' und 'blond', sondern die **logischen Ausdrücke** 'oder' und 'nicht' durch andere Ausdrücke der gleichen Art ersetzen. Denn im Gegensatz zu Satz (3), der offensichtlich wahr ist, ist der Satz

(4) Hans ist blond und Hans ist nicht blond

offensichtlich falsch. Für die Wahrheit von (3) kommt es also zwar nicht auf die Bedeutung der deskriptiven Ausdrücke 'Hans' und 'blond' an, wohl aber auf die Bedeutung der in ihm enthaltenen logischen Ausdrücke 'oder' und 'nicht'. Tatsächlich ist es sogar so, dass es bei der Wahrheit von (3) *nur* auf die Bedeutung der logischen Ausdrücke ankommt: *Dieser Satz ist wahr allein auf Grund der Bedeutung der in ihm enthaltenen logischen Ausdrücke.* Sätze, deren Wahrheit oder Falschheit auf diese Weise nur von den in ihnen vorkommenden logischen Ausdrücken abhängt, also Sätze wie den Satz (3), nennt man **logisch determinierte Aussagesätze.**

In der Tatsache, dass logisch determinierte Sätze Sätze sind, deren Wahrheit oder Falschheit allein von der Bedeutung der in ihnen vorkommenden logischen Ausdrücke abhängt, liegt nun der Schlüssel zur Beantwortung der am Anfang des Kapitels gestellten Fragen. Denn wenn z. B. der Satz (3) unabhängig von der Bedeutung der in ihm enthaltenen deskriptiven Ausdrücke allein auf Grund der Bedeutung der in ihm vorkommenden logischen Ausdrücke wahr ist, dann bedeutet das natürlich auch, dass alle Sätze wahr sind, die die gleiche logische Form wie dieser Satz haben, also alle Sätze, deren logische Form sich durch die Satzform

(3′)   *a* ist *F* oder *a* ist nicht *F*

darstellen lässt.

Man könnte also genauso gut sagen, dass der Satz (3) auf Grund seiner logischen Form wahr ist. Denn die logische Form eines Satzes wird gerade durch die in ihm enthaltenen logischen Ausdrücke bestimmt. Dies zeigt sich auch an der Satzform (3′). Denn diese Satzform ist deshalb ein Ausdruck der logischen Form des Satzes (3), weil man sie aus diesem Satz dadurch gewinnen kann, dass man in ihm alle deskriptiven Ausdrücke durch Platzhalter ersetzt, während die logischen Ausdrücke erhalten bleiben. Wenn der Satz (3) unabhängig von der Bedeutung der deskriptiven Ausdrücke 'Hans' und 'blond' allein auf Grund der Bedeutung der in ihm enthaltenen logischen Ausdrücke 'oder' und 'nicht' wahr ist, dann heißt das also auch, dass alle Sätze, die aus (3) entstehen, indem man die in diesem Satz vorkommenden deskriptiven Ausdrücke durch andere Ausdrücke desselben Typs ersetzt, ebenfalls wahr sind. Und das wiederum heißt nichts anderes, als dass alle Sätze der Form (3′) wahr sind.

Im Hinblick auf Argumente folgt aus diesen Überlegungen, dass die Konklusion eines Arguments offenbar genau dann aus seinen Prämissen folgt, wenn sich allein aus der Bedeutung der in den Prämissen und der Konklusion vorkommenden logischen Ausdrücke ergibt, dass alle Argumente der gleichen logischen Form mit wahren Prämissen auch eine wahre Konklusion haben. Die Definition 6.1 kann daher noch weiter präzisiert werden.

Definition 8.1

In einem Argument **folgt** die Konklusion genau dann **logisch** aus den Prämissen, wenn sich allein aus der Bedeutung der in den Prämissen und der Konklusion vorkommenden logischen Ausdrücke ergibt, dass alle strukturgleichen Argumente mit wahren Prämissen auch eine wahre Konklusion haben.

Und aus dieser Definition ergibt sich auf Grund von Definition 6.2:

Definition 8.2

Ein Argument ist genau dann **(deduktiv) gültig**, wenn sich allein aus der Bedeutung der in den Prämissen und der Konklusion vorkommenden logischen Ausdrücke ergibt, dass alle strukturgleichen Argumente mit wahren Prämissen auch eine wahre Konklusion haben.

Aufgaben 8

1. Klassifizieren Sie die folgenden Sätze in synthetische, analytische und logisch determinierte Sätze. Gibt es Grenzfälle?
   a) Alle roten Gegenstände sind farbig.
   b) Manche Hüte sind rot.
   c) Papierhüte haben sich nie durchgesetzt, weil sie nicht wasserdicht sind.

d) Wenn es regnet, dann regnet es.
e) Bleistifte bestehen aus Blei.
f) Blei ist ein Metall.
g) Analytisch wahre Sätze sind wahr allein auf Grund der Bedeutung der in ihnen vorkommenden Ausdrücke.
2. Sind alle logisch determinierten Sätze analytisch?
3. Welche dieser Ausdrücke würden Sie als logisch einstufen, welche als deskriptiv? Gibt es Grenzfälle?
  a) alle
  b) identisch
  c) zwischen
  d) Fagott
  e) trotzdem
  f) oder
  g) weil
  h) Logik
  i) heilig
  j) wahr

9 Die Problematik der logischen Form umgangssprachlicher Aussagesätze

Auf Grund der Überlegungen der letzten Kapitel müssen bei der Untersuchung, ob etwa das Argument

(1) Alle Menschen sind sterblich
Sokrates ist ein Mensch
Also: Sokrates ist sterblich

gültig ist, d.h., ob in diesem Argument die Konklusion logisch aus den Prämissen folgt, drei Punkte geklärt werden:

1. Es muss festgestellt werden, welche logische Form dieses Argument hat, d.h., man muss herausfinden, welche logischen Ausdrücke in ihm vorkommen und auf welche Weise diese Ausdrücke in den Prämissen und der Konklusion des Arguments mit den in diesen Sätzen enthaltenen deskriptiven Ausdrücken verbunden sind.

2. Es muss geklärt werden, welche Bedeutung die in dem Argument vorkommenden logischen Ausdrücke haben.

3. Schließlich muss die Frage beantwortet werden, ob sich aus der Bedeutung dieser Ausdrücke ergibt, dass alle strukturgleichen Argumente mit wahren Prämissen auch eine wahre Konklusion haben.

Tatsächlich ist es bei umgangssprachlich formulierten Argumenten aber kaum möglich, diese Klärungen durchzuführen. Das hat zwei Hauptgründe. Der erste Grund ist, dass es im Allgemeinen schwierig und manchmal sogar unmöglich ist, die logische Form umgangssprachlich formulierter Argumente eindeutig zu bestimmen. Und der zweite Grund ist, dass die logischen Ausdrücke in der Umgangssprache oft mehrdeutig sind, auf jeden Fall aber eine nur schwer bestimmbare Bedeutung haben.

Um dies deutlich zu machen, sollen zwei einfache Beispiele genügen, in denen jeweils der logische Ausdruck 'und' eine wichtige Rolle spielt. Betrachten wir zunächst die folgenden beiden Sätze:

(2)   Hans ist blond und 1,80 m groß

und

(3)   Hans ist blond und Hans ist 1,80 m groß.

Wenn wir in diesen beiden Sätzen die deskriptiven Ausdrücke 'Hans', 'blond' und '1,80 m groß' durch entsprechende Buchstaben als Platzhalter ersetzen, dann ergeben sich als Ausdruck der logischen Form der Sätze (2) und (3) die beiden Satzformen

(2′)   a ist F und G

und

(3′)   a ist F und a ist G.

Wenn wir nur von diesen Formeln ausgehen, scheinen die beiden Sätze (2) und (3) also verschiedene logische Formen zu haben.

Im Allgemeinen wird jedoch oft die Auffassung vertreten, dass den beiden Sätzen (2) und (3) dieselbe logische Form zu

Grunde liegt (und dass diese logische Form am besten durch die Satzform (3') wiedergegeben wird).

Diese Auffassung kann sich auf die folgende Überlegung stützen. Wenn man sich fragt, unter welchen Bedingungen die beiden Sätze (2) und (3) wahr sind, dann wird schnell klar, dass sie dieselben Wahrheitsbedingungen besitzen – dass nämlich für beide Sätze gilt: Sie sind genau dann wahr, wenn es wahr ist, dass Hans blond ist, und wenn es wahr ist, dass Hans 1,80 m groß ist. Also ist es plausibel anzunehmen, dass beide Sätze dieselbe logische Form haben, und zwar die Form eines Satzes, in dem die beiden Teilsätze 'Hans ist blond' und 'Hans ist 1,80 m groß' durch ein 'und' miteinander verbunden sind.

Doch bei dieser Überlegung bleibt ein Unbehagen. Denn natürlich könnte man ebenso gut argumentieren, dass die Sätze (2) und (3) beide genau dann wahr sind, wenn es wahr ist, dass Hans sowohl blond als auch 1,80 m groß ist, und dass die logische Form beider Sätze daher am besten durch die Formel (2') wiedergegeben wird.

Wichtiger ist aber Folgendes: Wenn es nur auf die Identität der Wahrheitsbedingungen ankäme, müssten auch die beiden Sätze

(3)   Hans ist blond und Hans ist 1,80 m groß

und

(4)   Es ist nicht der Fall, dass Hans nicht 1,80 m groß oder dass Hans nicht blond ist

die gleiche logische Form haben. Auch der Satz (4) ist nämlich genau dann wahr, wenn es wahr ist, dass Hans blond ist, und wenn es wahr ist, dass Hans 1,80 m groß ist.[†] Bei diesen Sätzen gibt es jedoch nach übereinstimmender Meinung aller Logiker keinen Zweifel daran, dass ihre logische Form verschieden ist. Es muss also offen bleiben, ob die beiden Sätze (2) und (3)

[†] Denn wenn das so ist, ist es falsch, dass Hans nicht 1,80 m groß ist, und ebenso falsch, dass Hans nicht blond ist; und dann ist es daher auch falsch, dass Hans nicht 1,80 m groß oder dass Hans nicht blond ist; und das bedeutet schließlich, dass es wahr ist, dass es nicht der Fall ist, dass Hans nicht 1,80 m groß oder dass Hans nicht blond ist.

dieselbe logische Form haben oder ob sie nur dieselben Wahrheitsbedingungen besitzen, ohne deshalb auch strukturgleich zu
sein.[†]

Das zweite Beispiel, das hier angeführt werden soll, lässt das
Problem der Analyse der logischen Form umgangssprachlicher
Aussagesätze und umgangssprachlich formulierter Argumente
vielleicht noch deutlicher werden. Betrachten wir die folgenden
beiden Sätze:

(5)   Hans und Paul sind Fußballfans

und

(6)   Fritz und Inge sind Geschwister.

Auf den ersten Blick scheint klar zu sein, dass diese beiden
Sätze dieselbe logische Form haben. Wenn man in dem Satz
(5) die Namen 'Hans' und 'Paul' durch die Platzhalter 'a' und
'b' und den Ausdruck 'Fußballfan' durch den Platzhalter 'F'
ersetzt, dann erhält man als Ausdruck der logischen Form von
(5) die Satzform

(5')   a und b sind F.

Und genau dieselbe Satzform ergibt sich, wenn man in dem
Satz (6) 'Fritz' und 'Inge' durch 'a' und 'b' und 'Geschwister'
durch 'F' ersetzt.

Tatsächlich liegen die Dinge jedoch nicht so einfach. Denn
während es ohne weiteres möglich ist, aus dem Satz (5) auf den
Satz

(7)   Hans ist ein Fußballfan

zu schließen, ist der entsprechende Schluss von (6) auf den
Satz

[†] Eine andere Methode, die häufig angewendet wird, um zu entscheiden, ob
zwei Sätze *A* und *B* dieselbe logische Form haben, besteht darin, zu prüfen,
ob aus ihnen dieselben Konklusionen˺ folgen. Aber diese Methode ist
gleich mit zwei Problemen konfrontiert: Zum einen führt sie zu denselben
Ergebnissen wie die Methode, bei der geprüft wird, ob *A* und *B* dieselben
Wahrheitsbedingungen besitzen. Und zum anderen benötigen wir Aus-
künfte über die logische Form von Sätzen, weil wir wissen wollen, welche
Sätze aus ihnen folgen. Wir können also nicht voraussetzen, dass uns das
schon bekannt ist.

(8)   Fritz ist ein Geschwister

offenbar nicht möglich. Denn (8) ist nicht einmal ein grammatisch korrekter Satz.

Aber wie ist das möglich? Wenn man aus dem Satz (5) logisch auf den Satz (7) schließen kann, dann bedeutet das doch nichts anderes, als dass das Argument

(9)   Hans und Paul sind Fußballfans
        Also: Hans ist ein Fußballfan

ein gültiges Argument ist.

Und nach den Überlegungen der letzten Kapitel ist dieses Argument genau dann gültig, wenn alle Argumente der Form

(9′)   a und b sind F
        Also: a ist F

mit wahren Prämissen auch eine wahre Konklusion haben. Offenbar hat das Argument

(10)   Fritz und Inge sind Geschwister
        Also: Fritz ist ein Geschwister

aber dieselbe Form wie das Argument (9) – nämlich (9′). Und trotzdem ist seine Konklusion auch dann unsinnig, wenn seine Prämisse wahr ist. Wie kann das sein?

Die Antwort auf diese Frage kann man finden, indem man sich die Sätze (5) und (6) noch einmal genauer ansieht. Denn dann wird deutlich, dass diese beiden Sätze trotz ihrer grammatisch gleichen Struktur ganz verschiedene Wahrheitsbedingungen besitzen. Der Satz (5) ist genau dann wahr, wenn Hans und Paul beide *eine bestimmte Eigenschaft haben* – nämlich die Eigenschaft, ein Fußballfan zu sein. Der Satz (6) dagegen ist genau dann wahr, wenn zwischen Fritz und Inge *eine bestimmte Beziehung besteht* – nämlich die Beziehung, Kinder derselben Eltern zu sein. Die Wahrheitsbedingungen der Sätze (5) und (6) sind also nicht nur inhaltlich, sondern auch strukturell ganz verschieden. Der Satz (5) ähnelt mehr den Sätzen 'Hans und Paul sind blond' und 'Hans und Paul sind 1,80 m groß'; der Satz (6) dagegen mehr den Sätzen 'Fritz und Inge sind verwandt' und 'Fritz und Inge sind Geschäftspartner'.

Streng genommen müssen wir deshalb sagen, dass in den beiden Sätzen (5) und (6) nicht derselbe logische Ausdruck 'und' vorkommt, sondern zwei verschiedene Arten des 'und' – sozusagen ein 'und$_1$' und ein 'und$_2$'. Wenn das so ist, dann ist aber auch die logische Form der beiden Sätze verschieden. Denn wenn man unter diesen Voraussetzungen im Satz (5) 'Hans' und 'Paul' durch 'a' und 'b' und 'Fußballfan' durch 'F' und im Satz (6) 'Fritz' und 'Inge' durch 'a' und 'b' und 'Geschwister' durch 'F' ersetzt, erhält man im ersten Fall die Satzform

(5″)   a und$_1$ b sind F

und im zweiten Fall die Satzform

(6″)   a und$_2$ b sind F.

Und diese beiden Satzformen sind offenbar verschieden.

Im Falle der Sätze (5) und (6) lässt sich die Unklarheit also noch relativ leicht beseitigen. Es gibt jedoch Sätze, bei denen es so einfach nicht geht. Nehmen wir etwa den Satz

(11)   Fritz und Inge sind verheiratet.

In diesem Satz kann das 'und' sowohl im Sinne von 'und$_1$' als auch im Sinne von 'und$_2$' gemeint sein. Der Satz kann bedeuten, dass Fritz und Inge beide verheiratet sind – aber nicht unbedingt miteinander. Aber er kann auch bedeuten, dass Fritz und Inge miteinander verheiratet sind. Es ist also nicht klar, welche logische Form dieser Satz hat, weil nicht klar ist, was das in ihm enthaltene 'und' bedeuten soll.

Ich hoffe, dass an den eben diskutierten Beispielen zumindest andeutungsweise klar geworden ist, wie schwierig es in vielen Fällen ist, die logische Form umgangssprachlicher Sätze bzw. die Bedeutung der in diesen Sätzen vorkommenden logischen Ausdrücke genau zu bestimmen. Und ich hoffe, dass an diesen Beispielen zugleich die beiden Hauptgründe für dieses Problem deutlich geworden sind. Im ersten Beispiel ging es nämlich um zwei Sätze – die Sätze (2) und (3) –, die auf den ersten Blick trotz unterschiedlicher grammatischer Form dieselbe logische Form zu haben scheinen. Angesichts dieser beiden Sätze musste sich daher sofort die Frage stellen, ob dies überhaupt möglich ist, d. h., ob es tatsächlich Sätze geben kann, die trotz ver-

lich ist, d.h., ob es tatsächlich Sätze geben kann, die trotz verschiedener grammatischer Form die gleiche logische Form
haben. Diese Frage haben wir nicht entscheiden können. Aber
eines lässt sich doch sagen: Falls es tatsächlich solche Sätze
geben sollte, dann steht man vor dem Problem, die logische
Form dieser Sätze unabhängig von ihrer grammatischen Form
zu bestimmen, d.h., dann stellt sich die Frage nach einem von
der grammatischen Form unabhängigen Verfahren zur Bestimmung der logischen Form von Aussagesätzen.

Beim zweiten Beispiel dagegen lag das Problem genau umgekehrt: Hier hatten wir es mit zwei Sätzen zu tun, die zwar die
gleiche grammatische, aber nicht die gleiche logische Form haben, was in diesem Fall offenbar auf der mangelnden Eindeu-
tigkeit – bzw., genauer gesagt, auf der Homonymie – der in
diesen Sätzen vorkommenden logischen Ausdrücke beruht.
Auch das zweite Beispiel macht damit eine verfahrenstechni-
sche Schwierigkeit bei der Bestimmung der logischen Form
von umgangssprachlichen Sätzen deutlich. Wenn es möglich
ist, dass derselbe logische Ausdruck in verschiedenen Sätzen
verschiedene Bedeutung hat, dann ergibt sich daraus die Frage,
auf welche Weise man feststellen kann, ob ein in zwei verschiedenen Aussagesätzen vorkommender logischer Ausdruck
in diesen Sätzen dieselbe oder eine unterschiedliche Bedeutung
hat.

Was kann man angesichts dieser Situation tun? Grundsätzlich
gibt es zwei Möglichkeiten. Auf der einen Seite kann man versuchen, der komplizierten logischen Form umgangssprachlicher Ausdrücke nachzuspüren und eine logische Grammatik
der Umgangssprache zu entwickeln. Diese Grammatik hätte
unter anderem die Aufgabe, die Bedeutung der in der Umgangssprache vorkommenden logischen Ausdrücke durch die
Angabe von Wahrheitsbedingungen für alle Satzformen zu klären, in denen diese Ausdrücke eine Rolle spielen. Diesen Weg
können wir hier jedoch nicht gehen. Denn er ist zu schwierig,
und er hat auch bis heute noch nicht zu Ergebnissen geführt,
die einer auf die Umgangssprache bezogenen Logik als feste
Grundlage dienen könnten. Also bleibt nur die andere Mög-

lichkeit. Wir werden an dieser Stelle die Umgangssprache verlassen und unsere Zuflucht bei künstlichen Sprachen suchen, die so konstruiert sind, dass Probleme der zuvor geschilderten Art gar nicht erst auftreten können. D.h., diese Sprachen erfüllen die folgenden beiden Bedingungen:

1. In allen Sätzen dieser Sprachen entspricht die logische Form genau der grammatischen Form.
2. Die in diesen Sprachen vorkommenden logischen Ausdrücke haben jeweils nur eine klar definierte Bedeutung.

Aufgaben 9

1. Bilden Sie für jedes der folgenden Argumente ein gültiges Argument mit derselben *grammatischen* Form.
   a) Niemand ist schneller als der Bote des Königs.
      Also: Jemand ist schneller als der Bote des Königs.
   b) Computer sind weit verbreitet.
      Deep Blue ist ein Computer.
      Also: Deep Blue ist weit verbreitet.
   c) Kurt Gödel und Gerhard Gentzen sind nicht identisch.
      Also: Kurt Gödel ist nicht identisch.
   d) Nichts ist besser als ewiges Glück.
      Ein Butterbrot ist besser als nichts.
      Also: Ein Butterbrot ist besser als ewiges Glück.
2. Ein greiser König, berühmt für seine Schweigsamkeit, verkündete: „Eines Tages wird jemand kommen und durch ein (deduktiv) schlüssiges Argument beweisen, dass ich nicht immer die Wahrheit sagte. Dieser wird mein Königreich erben." Nach einigem Grübeln fand der Hofnarr das Argument. Wie lautet es?
   (Tipp: Entweder ist die Ankündigung des Königs wahr oder nicht. Was würde aus ihrer Wahrheit folgen? Was aus ihrer Falschheit?)
3. Kurz darauf starb der König, und es wurde bekannt, dass jene Ankündigung die einzigen Worte waren, die der König je geäußert hatte. Daraufhin wurde dem Hofnarren die Krönung verweigert – aus rein logischen Gründen. Warum?

II Aussagenlogik

10 Die Sprache AL

In diesem und im nächsten Teil werden wir die Sprachen AL und PL kennen lernen, die beide die gerade genannten Bedingungen erfüllen. Da wir uns nur für Argumente interessieren, werden diese Sprachen nur Aussagesätze enthalten. Außerdem sollen sie eine gewisse Ähnlichkeit zur deutschen Umgangssprache aufweisen. Wie sich noch zeigen wird, wollen wir nämlich die logischen Eigenschaften der Sätze dieser Sprachen auch dazu benutzen, um etwas über die logischen Eigenschaften umgangssprachlicher Sätze und Argumente zu erfahren.

Die Sprache AL, um die es in diesem Teil gehen soll, ist allerdings sehr viel ärmer als die deutsche Umgangssprache; ihr Vokabular ist sehr beschränkt. Sie enthält im Wesentlichen nur Ausdrücke, die ganzen Sätzen entsprechen – diese Ausdrücke werden 'Satzbuchstaben' genannt – und eine bestimmte Art von Satzoperatoren, mit deren Hilfe aus schon vorhandenen Sätzen neue gebildet werden können. Aber gehen wir die Sache etwas systematischer an.

Grundsätzlich interessieren wir uns hier für zwei zentrale Aspekte der Sprachen, die wir betrachten – ihre **Syntax** und ihre **Semantik**.[†] In der Syntax geht es um die beiden Fragen:

1. Welche *Grundzeichen* oder Grundausdrücke enthält die Sprache?
2. Wie erzeugt man aus diesen Grundausdrücken die komplexen Ausdrücke und insbesondere die *Sätze* der Sprache?

In der Semantik geht es dagegen um die beiden Fragen:

1. Was *bedeuten* die Grundausdrücke der Sprache?

[†] Auf die *Pragmatik*, die ansonsten ebenfalls ein wichtiger Aspekt ist, kommt es für unsere Interessen nicht an.

2. Wie ergeben sich aus den Bedeutungen der Grundausdrücke
    die Bedeutungen der komplexen Ausdrücke und insbeson-
    dere die *Wahrheitsbedingungen* der Sätze dieser Sprache?

Bevor wir diese beiden Fragen für die Sprache AL ausführlich beantworten, muss zuvor noch eine Unterscheidung erläutert werden, die immer, wenn über Sprachen geredet oder geschrieben wird, von größter Bedeutung ist: die Unterscheidung
von Objekt und Metasprache.

10.1   Verwenden und Erwähnen – Objekt- und
          Metasprache

Das Argument

(1)   Bielefeld ist eine Großstadt.
        Bielefeld ist die größte Stadt Ostwestfalens.
        Also: Die größte Stadt Ostwestfalens ist eine Großstadt.

ist offenbar gültig. Aber wie steht es mit dem folgenden Argument?

(2)   Bielefeld hat neun Buchstaben.
        Die größte Stadt Ostwestfalens hat mehr als neun Buch-
        staben.
        Also: Bielefeld ist nicht die größte Stadt Ostwestfalens.

Auf den ersten Blick scheint auch dieses Argument gültig zu
sein. Andererseits klingt es aber doch äußerst merkwürdig.
Was soll es wohl heißen, dass Bielefeld neun Buchstaben oder
dass die größte Stadt Ostwestfalens mehr als neun Buchstaben
hat?

Bielefeld ist eine Stadt, und Städte haben Einwohner, aber
keine Buchstaben. Wörter haben Buchstaben: Das Wort, der
Name, 'Bielefeld' hat neun Buchstaben. Der Ausdruck 'Die
größte Stadt Ostwestfalens' hat mehr als neun Buchstaben.
Also sind die *Ausdrücke* 'Bielefeld' und 'Die größte Stadt
Ostwestfalens' verschieden, selbst wenn Bielefeld und die
größte Stadt Ostwestfalens identisch sind. Das Argument (2) ist
also ein gültiges Argument, wenn es in ihm nicht um Bielefeld

und die größte Stadt Ostwestfalens, sondern um die sprachlichen Ausdrücke 'Bielefeld' und 'Die größte Stadt Ostwestfalens' geht.

Wir müssen also die *Stadt* Bielefeld von dem *Ausdruck* 'Bielefeld' unterscheiden. Soweit scheint alles klar zu sein. Aber wie können wir überhaupt über den Ausdruck 'Bielefeld' reden, wenn wir uns *mit* diesem Ausdruck doch immer auf die Stadt Bielefeld beziehen? Nun, wir müssen einen *neuen* Ausdruck bilden, mit dem wir uns nicht auf die Stadt, sondern auf den Ausdruck 'Bielefeld' beziehen können. Und dies tun wir, indem wir den Ausdruck, mit dem wir uns auf die Stadt Bielefeld beziehen, in *Anführungszeichen* setzen. Korrekt muss das Argument (2) deshalb lauten:

(2') 'Bielefeld' hat neun Buchstaben.
  'Die größte Stadt Ostwestfalens' hat mehr als neun Buchstaben.
  Also: 'Bielefeld' ist nicht 'Die größte Stadt Ostwestfalens'.

Dies illustriert eine für die Logik (wie für die Philosophie) sehr wichtige Unterscheidung – die Unterscheidung zwischen der **Verwendung** und der **Erwähnung** eines Ausdrucks. Wenn man sagt „Bielefeld ist eine Großstadt", dann *verwendet* man den *Ausdruck* 'Bielefeld', um etwas über die *Stadt* Bielefeld zu sagen. Wenn man dagegen sagt „'Bielefeld' hat neun Buchstaben", dann *erwähnt* man den Ausdruck 'Bielefeld', d.h., man sagt etwas *über* diesen Ausdruck. Um einen Ausdruck erwähnen, um über ihn reden zu können, benötigt man aber einen Namen für diesen Ausdruck, und diesen schafft man, wie gesagt, indem man den Ausdruck selbst in Anführungszeichen setzt. Wenn wir über den Ausdruck 'Bielefeld' reden, diesen Ausdruck *erwähnen* wollen, *verwenden* wir also den Ausdruck ''Bielefeld''.

Die Unterscheidung von Verwendung und Erwähnung hängt eng zusammen mit der Unterscheidung von **Objektsprache** und **Metasprache**. Wenn wir *über* eine Sprache reden, machen wir diese Sprache zum Objekt unserer Überlegungen. Eine Sprache ist also eine Objektsprache, wenn wir über sie reden.

Wenn wir über eine Sprache reden, benötigen wir jedoch auch eine Sprache, *in* der wir dies tun. Diese Sprache ist die Metasprache. Eine Objektsprache ist also eine Sprache, über die geredet wird; eine Metasprache eine Sprache, in der wir über eine andere Sprache reden. (Dies allein macht schon klar, dass die Unterscheidung zwischen Objekt- und Metasprache immer auf einen bestimmten Kontext bezogen ist. Eine Metasprache kann in einem anderen Kontext selbst untersucht und damit zur Objektsprache werden; und eine Objektsprache kann, wenn sie dazu geeignet ist, auch als Metasprache verwendet werden.)

In diesem Kapitel wird die Sprache AL eingeführt und beschrieben. Es wird also in der normalen Umgangssprache des Deutschen (der Metasprache) erklärt, wie die Objektsprache AL aussieht. Deshalb tauchen die Ausdrücke von AL – also die Satzbuchstaben, die Junktoren und die komplexen Ausdrücke von AL – typischerweise in Anführungszeichen auf. Denn die Zeichen der Objektsprachen werden nicht gebraucht, sondern erwähnt.

Es ist sehr wichtig, sich des Unterschieds von Verwendung und Erwähnung und von Meta- und Objektsprache stets bewusst zu sein. Andernfalls gerät man nur allzu leicht in Fehlschlüsse. Wenn wir Pferde 'Schafe' nennen würden, würde dann die Kavallerie ihre Attacken auf Schafen reiten? Wer die Frage mit 'Ja' beantwortet, macht sich eines solchen Fehlschlusses schuldig. Natürlich hätten wir Pferde 'Schafe' nennen können. Aber selbst dann würde man immer noch auf Pferden reiten. Denn dadurch, dass man etwas 'Schaf' nennt, macht man es noch lange nicht zu einem Schaf.

Aufgaben 10.1

1. Ergänzen Sie die fehlenden Anführungszeichen.
   a) Die Tüte enthält sieben Buchstaben.
   b) Alle metaphysischen Sätze sind sinnlos ist ein metaphysischer Satz.
   c) Berlin bezeichnet Berlin, aber Bielefeld bezeichnet nicht Bielefeld.
   d) Suppe angehängt an Erbsen ergibt Erbsensuppe.

e) angehängt an sein eigenes Zitat angehängt an sein eigenes Zitat ist ein Ausdruck, der sich selbst bezeichnet.

2. Kann ein und dieselbe Sprache in demselben Kontext sowohl Objekt- als auch Metasprache sein? Finden Sie ein Beispiel?

10.2 Die Syntax von AL

Auf die Frage, aus welchen Grundzeichen die Sätze von AL aufgebaut sind, hatten wir schon eine vorläufige Antwort gegeben. Präziser formuliert lautet diese Antwort folgendermaßen. In AL gibt es folgende Grundzeichen:

1. **Satzbuchstaben**; dies sind die kleinen Buchstaben 'p', 'q', 'r' usw., wenn nötig auch mit Indizes: 'p_1', 'p_2', ..., 'q_1', 'q_2', ... Satzbuchstaben sind die **deskriptiven Zeichen** von AL.

2. Die **Satzoperatoren** '$\neg$', '$\wedge$', '$\vee$', '$\rightarrow$' und '$\leftrightarrow$'. Diese sind die **logischen Zeichen** von AL.

Außerdem enthält AL noch eine dritte Gruppe von Zeichen:

3. Als **Hilfszeichen** die beiden Klammern '(' und ')'.

Die fünf Satzoperatoren '$\neg$', '$\wedge$', '$\vee$', '$\rightarrow$' und '$\leftrightarrow$', werden '**Junktoren**' genannt. Sie sollen – zumindest *cum grano salis* – den umgangssprachlichen Ausdrücken 'nicht', 'und', 'oder', 'wenn, dann' und 'genau dann, wenn' entsprechen. Das Zeichen '$\neg$' wird '**Negationszeichen**' genannt, das Zeichen '$\wedge$' '**Konjunktionszeichen**', das Zeichen '$\vee$' '**Adjunktionszeichen**', das Zeichen '$\rightarrow$' '**Subjunktionszeichen**' und das Zeichen '$\leftrightarrow$' '**Bisubjunktionszeichen**'.[†]

Den ersten Teil der Syntax von AL können wir damit so zusammenfassen:

[†] In der Logikliteratur findet sich statt des Negationszeichens '$\neg$' häufig auch die Tilde '$\sim$', statt des Konjunktionszeichens '$\wedge$' das kaufmännische '&' oder einfach der Punkt '.', statt des Subjunktionszeichens '$\rightarrow$' der Doppelpfeil '$\Rightarrow$' oder der so genannte *horseshoe* '$\supset$' und statt des Bisubjunktionszeichens '$\leftrightarrow$' der doppelte Doppelpfeil '$\Leftrightarrow$' oder das Zeichen '$\equiv$'.

AL enthält als *deskriptive Zeichen*

die Satzbuchstaben 'p', 'q', 'r' usw. – wenn nötig auch mit Indizes: 'p_1', 'p_2', 'p_3', ..., 'q_1', 'q_2', ...;

als *logische Zeichen*

die *Junktoren* '$\neg$', '$\wedge$', '$\vee$', '$\rightarrow$' und '$\leftrightarrow$';

und als *Hilfszeichen*

die beiden Klammern '(' und ')'.

Damit kommen wir zur zweiten Frage – der Frage, wie man aus den Grundzeichen von AL *Sätze* aufbaut. Einige Dinge verstehen sich nach dem, was wir über die verschiedenen Zeichenarten gesagt haben, von selbst.

Erstens: Alle Satzbuchstaben sind Sätze. Sätze sind also z.B. die Ausdrücke 'p', 'q' und 'r', aber auch die Ausdrücke 'p_9', 'q_{17}', 'r_3' und 's_{231}'.

Zweitens: Mit Hilfe von Junktoren (und den beiden Hilfszeichen) kann man aus Sätzen neue (komplexe) Sätze bilden, entweder indem man *vor* einen Satz das Negationszeichen '$\neg$' schreibt oder indem man *zwischen* zwei Sätze das Konjunktionszeichen '$\wedge$', das Adjunktionszeichen '$\vee$', das Subjunktionszeichen '$\rightarrow$' bzw. das Bisubjunktionszeichen '$\leftrightarrow$' schreibt, wobei – außer bei der Anwendung des Negationszeichens – der neu erzeugte Satz in Klammern gesetzt werden muss.

Präzise können wir den Begriff eines Satzes von AL so definieren:

Definition 10.1

A ist genau dann ein **Satz von AL**, wenn eine der beiden folgenden Bedingungen erfüllt ist:

(i)   *A* ist ein Satzbuchstabe;

$\Rightarrow$

> (ii) B und C sind Sätze von AL, und A ist gleich
> $\neg B$, $(B \wedge C)$, $(B \vee C)$, $(B \rightarrow C)$ oder $(B \leftrightarrow C)$.[†]

Sätze der Form $\neg A$ heißen 'Negationen', Sätze der Form $(A \wedge B)$ 'Konjunktionen', Sätze der Form $(A \vee B)$ 'Adjunktionen', Sätze der Form $(A \rightarrow B)$ 'Subjunktionen' und Sätze der Form $(A \leftrightarrow B)$ 'Bisubjunktionen'. Bei einer Subjunktion $(A \rightarrow B)$ nennt man A das 'Vorderglied' ('Antecedens') und B das 'Hinterglied' ('Konsequens') der Subjunktion.

Zum Schluss dieses Abschnitts soll noch folgende Verabredung getroffen werden.

[†] Streng genommen ist ein Satz wie

(1)   Wenn B und C Sätze von AL sind, ist auch $(B \wedge C)$ ein Satz von AL

natürlich nicht korrekt. Denn '$(B \wedge C)$' ist kein Ausdruck, der einen Satz von AL bezeichnet. Allerdings wäre auch

(1')   Wenn B und C Sätze von AL sind, ist auch '$(B \wedge C)$' ein Satz von AL

nicht korrekt. Denn ''$(B \wedge C)$'' bezeichnet auch keinen Satz von AL. Das Problem ist, dass nur die Ausdrücke '(', '$\wedge$' und ')' Ausdrücke von AL sind, während es sich bei den Ausdrücken 'A' und 'B' um metasprachliche Ausdrücke – also Ausdrücke des Deutschen – handelt, mit denen wir über beliebige Sätze von AL reden können. Der Ausdruck '$(B \wedge C)$' ist also ein Hybridausdruck, der sowohl metasprachliche als auch objektsprachliche Ausdrücke enthält. Wenn wir ganz korrekt sein wollten, müssten wir statt (1) daher schreiben:

(1'')   Wenn B und C Sätze von AL sind, dann ist auch der Ausdruck ein Satz von AL, der dadurch entsteht, dass man zuerst das Zeichen '(' schreibt, dann den Satz B, dann das Zeichen '$\wedge$', dann den Satz C und schließlich das Zeichen ')'.

Quine hat, um diese umständliche Ausdrucksweise vermeiden zu können, die beiden Quasi-Anführungszeichen '⌜' und '⌝' (cornerquotes) eingeführt. Statt (1'') könnten wir also auch schreiben:

(1''') Wenn B und C Sätze von AL sind, dann ist auch $⌜(B \wedge C)⌝$ ein Satz von AL.

Tatsächlich werden wir jedoch – wie fast alle Autoren von Logikbüchern – überall dort, wo sich die Dinge eigentlich von selbst verstehen, Quasi-Anführungszeichen einfach weglassen. D. h., statt Sätze wie (1'') oder (1''') werden wir weiter Sätze wie (1) verwenden – im Vertrauen darauf, dass der Leser sie schon richtig versteht.

Klammerersparnisregeln

1. Äußerste Klammern dürfen weggelassen werden.
2. '∧' und '∨' binden stärker als '→' und '↔'.[†]

Aufgaben 10.2

1. Welche der folgenden Zeichenketten sind Sätze von AL, welche nicht?

a) c

b) q

c) $\neg p$

d) a, b, c

e) $(p \land q)$

f) $(r \lor s)$

g) $(\neg q)$

h) $(q \leftrightarrow t)$

i) $(p \neg q)$

j) $\neg(p \rightarrow q)$

k) $\neg(\neg\neg B \land C)$

l) $(t \land \neg q)$

m) $(s - t)$

n) $\neg\neg(\neg p \rightarrow s)$

o) $((p \rightarrow q))$

p) $((p \land r) \rightarrow q))$

q) $(p \rightarrow (q \lor p))$

r) $((\neg(\neg p \rightarrow s) \lor p) \land (t \leftrightarrow \neg q))$

[†] Ebenso wie der arithmetische Ausdruck '2 · 3 + 4' im Sinne von '(2 · 3) + 4' und nicht im Sinne von '2 · (3 + 4)' zu verstehen ist, sind dieser Regel zufolge also die Ausdrücke '$p \land q \rightarrow r$' und '$p \leftrightarrow q \lor r$' im Sinne von '$(p \land q) \rightarrow r$' und '$p \leftrightarrow (q \lor r)$' und nicht im Sinne von '$p \land (q \rightarrow r)$' und '$(p \leftrightarrow q) \lor r$' zu verstehen.

2. Wie lassen sich die Zeichenketten aus Aufgabe 1, die Sätze von AL sind, durch die Klammerersparnisregeln vereinfachen?

3. Setzen Sie bei den folgenden Sätzen alle Klammern wieder ein, die durch die Klammerersparnisregeln wegfielen.

a) $\quad \neg p \rightarrow q$

b) $\quad \neg\neg q$

c) $\quad p \wedge q \rightarrow p$

d) $\quad (\neg p \leftrightarrow \neg q) \leftrightarrow (p \leftrightarrow q) \vee r$

e) $\quad p \vee \neg(\, p \wedge p \rightarrow p \vee \neg\neg\neg p) \rightarrow \neg\neg p$

4. Jeder Satz von AL, der kein Satzbuchstabe ist, geht nach Definition 10.1 durch Anwendung genau eines Junktors auf einen oder zwei weitere Sätze von AL hervor. Der Satz '$p \wedge q \rightarrow p$' – also '$((p \wedge q) \rightarrow p)$' – geht zum Beispiel durch Anwendung von '$\rightarrow$' auf die Sätze '$(p \wedge q)$' und 'p' hervor, *nicht* jedoch durch Anwendung von '$\wedge$' auf 'p' und '$q \rightarrow p$', denn das ergäbe den völlig anderen Satz '$(p \wedge (q \rightarrow p))$'. Weil der *Hauptsatzoperator* von '$p \wedge q \rightarrow p$' also '$\rightarrow$' ist und nicht '$\wedge$', ist dieser Satz eine Subjunktion, keine Konjunktion (obwohl er eine Konjunktion enthält). Geben Sie für jeden Satz von Aufgabe 3 an, ob es sich um eine Negation, Konjunktion, Adjunktion, Subjunktion oder Bisubjunktion handelt.

10.3 Die Semantik von AL

Nachdem wir im letzten Abschnitt die Sätze von AL nur syntaktisch, d.h. nur als uninterpretierte Zeichenketten betrachtet haben, soll es in diesem Abschnitt um die Semantik dieser Sprache gehen – also um die beiden Fragen, was die Grundzeichen von AL *bedeuten* und unter welchen Bedingungen ihre Sätze *wahr* sind.

Worin besteht die Bedeutung von Satzbuchstaben? Nun, Satzbuchstaben sind Sätze. Also kann man auch allgemeiner fragen: Worin besteht die Bedeutung von Sätzen? Das Problem ist, dass die Antwort auf diese Frage nicht ganz einfach ist. Eine plausible und für unsere Zwecke sehr hilfreiche Antwort lautet aber: Man kennt die *Bedeutung* eines Satzes, wenn man weiß, unter welchen Bedingungen er wahr ist. Die Bedeutung von Sätzen besteht also in ihren Wahrheitsbedingungen – den Bedingungen, unter denen sie wahr sind.[†] Und dies soll auch für Satzbuchstaben gelten.

Wenn wir sagen wollen, was die Satzbuchstaben von AL bedeuten, können wir dies also tun, indem wir ihnen Wahrheitsbedingungen zuweisen. Dies geschieht durch Zuordnungen, die '*Bewertungen*' genannt werden. Der Begriff der Bewertung lässt sich daher so definieren:

Definition 10.2

Eine **Bewertung** V von AL ist eine Zuordnung von Wahrheitsbedingungen zu allen Satzbuchstaben von AL.

Die Wahrheitsbedingungen, die den Satzbuchstaben von AL zugeordnet werden, werden dabei selbst einfach durch deutsche Sätze angegeben, die dieselben Wahrheitsbedingungen haben.

Beispiel einer Bewertung

Die Bewertung V_1 sei wie folgt definiert:

$V_1(p)$	=	8 ist durch 2 teilbar
$V_1(q)$	=	6 ist das Produkt von 2 und 4
$V_1(r)$	=	Alle geraden Zahlen sind durch 3 teilbar
$V_1(s)$	=	Es gibt Primzahlen
$V_1(t)$	=	8 ist eine Primzahl
$V_1(u)$	=	Keine Zahl ist größer als 7
$V_1(v)$	=	3 ist ungerade

Die Bewertung aller anderen Satzbuchstaben sei beliebig.

[†] „4.024 Einen Satz verstehen, heißt, wissen was der Fall ist, wenn er wahr ist." (L. Wittgenstein, *Tractatus logico-philosophicus*)

Die *Wahrheit* der Sätze von AL hängt natürlich von der Bewertung der Satzbuchstaben ab. Sätze von AL sind nicht einfach wahr oder falsch; sie sind *wahr bzgl. einer Bewertung* V oder *falsch bzgl. einer Bewertung* V.[†] Unter dieser Voraussetzung verstehen sich allerdings einige Dinge wieder von selbst.

Erstens: Das, was ein Satz A besagt, kann zutreffen oder nicht zutreffen; seine Wahrheitsbedingungen können erfüllt sein oder nicht erfüllt sein. Offenbar ist ein Satz A genau dann wahr, wenn es so ist, wie er sagt, d.h., wenn seine Wahrheitsbedingungen erfüllt sind. Das soll auch für *Satzbuchstaben* gelten: Ein Satzbuchstabe A soll bzgl. einer Bewertung V genau dann wahr sein, wenn die Wahrheitsbedingungen, die V A zuordnet, erfüllt sind. Der Satz 'p' ist also wahr bzgl. der Bewertung V_1. Seine Wahrheitsbedingung ist erfüllt; denn 8 ist durch 2 teilbar. Und der Satz 'q' ist falsch[‡] bzgl. V_1. Seine Wahrheitsbedingung ist nicht erfüllt, da 6 nicht das Produkt von 2 und 4 ist.

Zweitens: Die Wahrheit oder Falschheit *komplexer*, d.h. mit Hilfe von Junktoren gebildeter Sätze soll nur von der Wahrheit oder Falschheit ihrer Teilsätze abhängen. Aus diesem Grund nennt man die Junktoren '¬', '∧', '∨', '→' und '↔' **wahrheitsfunktionale Satzoperatoren**'. Auf Grund der Tatsache, dass die Junktoren *cum grano salis* den umgangssprachlichen

---

[†] Spätestens nach dieser Definition ist klar, dass es sich bei AL genau genommen nicht um eine Sprache, sondern um eine ganze Familie von Sprachen handelt. Denn es gibt nicht nur eine Bewertung für die Satzbuchstaben von AL, sondern beliebig viele. Und jedes Mal, wenn die Satzbuchstaben neu bewertet werden, ergibt sich daraus eine neue Sprache. Präzise müsste man sich daher so ausdrücken: AL ist eine Familie von Sprachen, die alle dieselbe Syntax haben, die sich jedoch in ihrer Semantik unterscheiden.
Da sich die verschiedenen Sprachen, die zur Sprachfamilie AL gehören, aber nur durch die zu ihnen gehörenden Bewertungen und d.h. nur *durch die Bedeutung ihrer deskriptiven Zeichen* unterscheiden, ist die Logik all dieser Sprachen dieselbe. Aus diesem Grund und aus Gründen der Einfachheit wird im Folgenden weiter nur von der Sprache AL die Rede sein.

[‡] Den Ausdruck 'falsch' verwenden wir hier und im Folgenden einfach als Abkürzung für 'nicht wahr'!

Ausdrücken 'nicht', 'und', 'oder', 'wenn, dann' und 'genau dann, wenn' entsprechen, soll Folgendes gelten:

- Eine Negation – ein Satz der Form $\neg A$ – ist bzgl. einer Bewertung V genau dann wahr, wenn der Satz A falsch ist bzgl. V.
- Eine Konjunktion – ein Satz der Form $(A \land B)$ – ist bzgl. einer Bewertung V genau dann wahr, wenn die Sätze A und B beide wahr sind bzgl. V.
- Eine Adjunktion – ein Satz der Form $(A \lor B)$ – ist bzgl. einer Bewertung V genau dann wahr, wenn von den Sätzen A und B mindestens einer wahr ist bzgl. V.
- Eine Subjunktion – ein Satz der Form $(A \to B)$ – ist bzgl. einer Bewertung V genau dann wahr, wenn der Satz A falsch ist bzgl. V und/oder der Satz B wahr ist bzgl. V.
- Eine Bisubjunktion – ein Satz der Form $(A \leftrightarrow B)$ – ist bzgl. einer Bewertung V genau dann wahr, wenn die Sätze A und B entweder beide wahr oder beide falsch sind bzgl. V.

Wenn wir das Gesagte zusammentragen, ergibt sich somit die folgende Definition für den Begriff der Wahrheit der Sätze der Sprache AL:

Definition 10.3

Ist V eine Bewertung der Sprache AL, dann ist ein Satz A von AL genau dann **wahr bezüglich** V, wenn eine der folgenden Bedingungen erfüllt ist:

(i) A ist ein Satzbuchstabe, und die Wahrheitsbedingung, die $V\,A$ zuordnet, ist erfüllt;

(ii) A ist eine Negation, d.h. $A = \neg B$, und B ist falsch bzgl. V;

(iii) A ist eine Konjunktion, d.h. $A = (B \land C)$, und B und C sind beide wahr bzgl. V;

$\Rightarrow$

(iv) A ist eine Adjunktion, d.h. $A = (B \vee C)$, und von den Sätzen B und C ist mindestens einer wahr bzgl. V;

(v) A ist eine Subjunktion, d.h. $A = (B \rightarrow C)$, und B ist falsch bzgl. V oder C ist wahr bzgl. V oder beides;

(vi) A ist eine Bisubjunktion, d.h. $A = (B \leftrightarrow C)$, und die Sätze B und C sind beide wahr oder beide falsch bzgl. V.

Die auf den ersten Blick etwas kompliziert klingenden Bedingungen der Definition 10.3 lassen sich mit Hilfe der folgenden Tabellen etwas anschaulicher darstellen:

A	$\neg A$
W	F
F	W

Eine Negation ist wahr, wenn der negierte Satz falsch ist; sie ist falsch, wenn der negierte Satz wahr ist.

A	B	$A \wedge B$
W	W	W
W	F	F
F	W	F
F	F	F

Eine Konjunktion ist wahr, wenn beide Konjunktionsglieder wahr sind; in allen anderen Fällen ist sie falsch.

A	B	$A \vee B$
W	W	W
W	F	W
F	W	W
F	F	F

Eine Adjunktion ist falsch, wenn beide Adjunktionsglieder falsch sind; in allen anderen Fällen ist sie wahr.

A	B	$A \rightarrow B$
W	W	W
W	F	F
F	W	W
F	F	W

Eine Subjunktion ist falsch, wenn das Vorderglied wahr und das Hinterglied falsch ist; in allen anderen Fällen ist sie wahr.

A	B	$A \leftrightarrow B$
W	W	W
W	F	F
F	W	F
F	F	W

Eine Bisubjunktion ist wahr, wenn beide Teilsätze wahr oder beide Teilsätze falsch sind; in den anderen Fällen ist sie falsch.

Beispiele

Die folgenden Sätze von AL sind wahr bzgl. V_1:

(1) $\neg r$

Nicht alle geraden Zahlen sind durch 3 teilbar; also ist die Wahrheitsbedingung, die V_1 dem Satzbuchstaben 'r' zuordnet, nicht erfüllt. Also ist der Satz 'r' falsch und damit der Satz '$\neg r$' wahr bzgl. V_1.

(2) $\neg(p \wedge q)$

Wir hatten schon gesehen, dass 'p' wahr und 'q' falsch ist bzgl. V_1. Damit ist '$p \wedge q$' falsch bzgl. V_1. Und hieraus ergibt sich, dass '$\neg(p \wedge q)$' wahr ist bzgl. V_1.

(3) $(\neg r \rightarrow \neg q) \rightarrow \neg r$

Da der Satz '$\neg r$' wahr ist bzgl. V_1, ist auch die gesamte Subjunktion wahr bzgl. V_1.

(4) $\neg q \leftrightarrow \neg r$

Die Sätze 'q' und 'r' sind beide falsch bzgl. V_1, also sind die Sätze '$\neg q$' und '$\neg r$' beide wahr bzgl. V_1; also ist auch '$\neg q \leftrightarrow \neg r$' wahr bzgl. V_1.

Aufgaben 10.3

1. Vervollständigen Sie:
   a) $(A \rightarrow B)$ ist genau dann *falsch* bzgl. einer Bewertung V, wenn …
   b) $(A \leftrightarrow B)$ ist genau dann *falsch* bzgl. einer Bewertung V, wenn …

2. Welche dieser Sätze sind wahr bzgl. V_1?
   a) t
   b) $p \wedge s$
   c) $r \vee \neg s$
   d) $p \rightarrow r$
   e) $r \rightarrow p$
   f) $(r \vee \neg s) \vee p$
   g) $\neg t \leftrightarrow \neg(r \vee \neg s)$

3. Geben Sie eine Bewertung an, bzgl. deren der folgende AL-Satz wahr ist, und eine, bzgl. deren er falsch ist.
   $$\neg(p \wedge q) \rightarrow p \wedge \neg q$$

4. Welche dieser deutschen Satzoperatoren sind wahrheitsfunktional? Gibt es Grenzfälle? (Bilden Sie unterschiedliche Beispielsät-

ze und prüfen Sie so, ob die Wahrheit der Sätze lediglich von der Wahrheit der eingesetzten Teilsätze abhängt.)

a)   Es ist nicht der Fall, dass ....

b)   ... und ....

c)   ... folgt logisch aus ....

d)   Es ist absolut sicher, dass ....

e)   Der Papst glaubt, dass ....

f)   Entweder ... oder eben nicht.

5. Unsere Wahl der Operatoren '¬', '∧', '∨', '→', '↔' für AL ist ein wenig beliebig. Zum Beispiel könnten wir noch einen weiteren Operator '|' – den so genannten 'Sheffer-Strich' – einführen und wie folgt definieren:

    Ein Satz der Form $(A \mid B)$ ist wahr bzgl. einer Bewertung V genau dann, wenn A falsch ist bzgl. V oder B falsch ist bzgl. V.

    Zeichnen Sie die Wahrheitstafel für $(A \mid B)$.

6. Satzoperatoren, die wie '∧', '∨', '→', '↔' und '|' auf zwei Sätze angewandt werden, heißen *zweistellige Satzoperatoren*. Das Negationszeichen '¬' dagegen ist ein *einstelliger Satzoperator*, weil er nur auf einen einzelnen Satz angewandt wird. Wie viele, in ihrer Bedeutung verschiedene, wahrheitsfunktionale einstellige Satzoperatoren kann man definieren? Das heißt: Wie viele mögliche Wahrheitstafeln gibt es für einstellige Satzoperatoren? (Zeichnen Sie die Tafeln!) Wie viele sind es bei den zweistelligen Satzoperatoren? Finden Sie eine generelle Antwort für n-stellige Satzoperatoren?

11   Grundbegriffe der Logik der Sprache AL

Im Kapitel 8 hatten wir gesagt, dass ein Satz genau dann *logisch wahr* ist, wenn er *allein auf Grund der Bedeutung der in ihm vorkommenden logischen Ausdrücke* wahr ist, und entsprechend hatten wir den Begriff der logischen Folgerung definiert: In einem Argument folgt die Konklusion genau dann logisch aus den Prämissen, wenn sich *allein aus der Bedeutung der in den Prämissen und der Konklusion vorkommenden logischen Ausdrücke* ergibt, dass alle strukturgleichen Argumente mit wahren Prämissen auch eine wahre Konklusion haben.

Diese Definitionen können problemlos auf die Sprache AL übertragen werden.

Definition 11.1

Ein Satz A der Sprache AL ist genau dann **logisch wahr**, wenn sich allein aus der Bedeutung der in ihm vorkommenden Junktoren ergibt, dass A bzgl. aller Bewertungen von AL wahr ist.

Definition 11.2

Ist A ein Satz von AL und M eine Menge von Sätzen von AL, dann **folgt** der Satz A genau dann **logisch** aus M, wenn sich allein aus der Bedeutung der in diesen Sätzen vorkommenden Junktoren ergibt, dass für alle Bewertungen V gilt: Sind die Sätze von M alle wahr bzgl. V, dann ist auch A wahr bzgl. V.

Doch damit ist die Frage noch nicht beantwortet, wie sich denn feststellen lässt, ob die Bedingungen dieser beiden Definitionen erfüllt sind. Und diese Frage führt zu der noch grundlegenderen Frage, worin die Bedeutung der logischen Zeichen der Sprache AL eigentlich besteht. Von den deskriptiven Zeichen wissen wir, dass ihre Bedeutung durch die jeweiligen Bewertungen festgelegt wird; über die logischen Zeichen wird in diesen Bewertungen aber gar nichts gesagt. Und das hat auch seinen Sinn. Denn die Bedeutung dieser Zeichen soll unabhängig von jeder speziellen Bewertung der Sprache AL sein. Doch damit ist die Frage, worin diese Bedeutung besteht, natürlich noch nicht beantwortet.

Eine Antwort auf diese Frage ergibt sich aber sofort, wenn wir von dem Grundsatz ausgehen: *Die Bedeutung eines Ausdrucks kennen, heißt wissen, wann ein Satz wahr ist, in dem dieser Ausdruck vorkommt.* Denn die Wahrheitsbedingungen von Sätzen, in denen logische Ausdrücke vorkommen, sind umfassend und vollständig in der Definition 10.3 festgelegt worden. Die Definitionen 11.1 und 11.2 kann man daher auch so formulieren:

Definition 11.3

Ein Satz A der Sprache AL ist genau dann **logisch wahr** (symbolisch: $\vDash_{AL} A$), wenn sich allein aus den Bedingungen der Definition 10.3 ergibt, dass A bzgl. aller Bewertungen von AL wahr ist.

Definition 11.4

Ist A ein Satz von AL und M eine Menge von Sätzen von AL, dann **folgt** der Satz A genau dann **logisch aus** M (symbolisch: $M \vDash_{AL} A$), wenn sich allein aus den Bedingungen der Definition 10.3 ergibt, dass für alle Bewertungen V gilt: Sind die Sätze von M alle wahr bzgl. V, dann ist auch A wahr bzgl. V.

Unbeschadet der gerade angegebenen Definitionen sollen hier außerdem folgende sprachliche Verabredungen getroffen werden:

1. Ein Satz A der Sprache AL soll genau dann eine 'Tautologie' heißen, wenn er logisch wahr ist;
2. ein Satz A der Sprache AL soll genau dann eine '**Kontradiktion**' ('**logisch falsch**') heißen, wenn sich allein aus der Bedeutung der in ihm vorkommenden Junktoren ergibt, dass A bzgl. aller Bewertungen von AL falsch ist.

Neben den Begriffen der logischen Wahrheit und der logischen Folgerung ist der Begriff der logischen Äquivalenz ein weiterer Grundbegriff der Logik der Sprache AL.

Definition 11.5

Zwei Sätze A und B der Sprache AL heißen genau dann **logisch äquivalent** (symbolisch: $A \models\!\!=\!\!\mid_{AL} B$), wenn sich allein aus den Bedingungen der Definition 10.3 ergibt, dass für alle Bewertungen V von AL gilt: A ist genau dann wahr bzgl. V, wenn B wahr ist bzgl. V.

Aus dieser Definition ergeben sich sofort drei Folgerungen:

1. Die Relation der logischen Äquivalenz ist symmetrisch, d.h., wenn $A \models\!\!=\!\!\mid_{AL} B$ gilt, gilt auch $B \models\!\!=\!\!\mid_{AL} A$.[†]

2. Sind A und B Sätze der Sprache AL, dann sind A und B genau dann logisch äquivalent, wenn B logisch aus A und A logisch aus B folgt.

3. Sind A und B Sätze der Sprache AL, dann gilt $A \models\!\!=\!\!\mid_{AL} B$ genau dann, wenn die Bisubjunktion $A \leftrightarrow B$ logisch wahr ist.

Im folgenden Satz 11.6 sind einige wichtige Äquivalenzbeziehungen zusammengefasst.

Satz 11.6

Sind A, B und C Sätze der Sprache AL, dann gelten die folgenden Äquivalenzen:

1. $A \models\!\!=\!\!\mid_{AL} \neg\neg A$
   (Gesetz der doppelten Negation)

2. $A \wedge A \models\!\!=\!\!\mid_{AL} A$
   (Idempotenz der Konjunktion)

$\Rightarrow$

[†] Zum Begriff der symmetrischen Relation siehe unten Abschnitt 23.1.5.

3. $A \wedge B \vDash \dashv_{AL} B \wedge A$
    (Kommutativität der Konjunktion)

4. $A \wedge (B \wedge C) \vDash \dashv_{AL} (A \wedge B) \wedge C$
    (Assoziativität der Konjunktion)

5.a $A \wedge B \vDash \dashv_{AL} \neg(\neg A \vee \neg B)$

5.b $\neg(A \wedge B) \vDash \dashv_{AL} \neg A \vee \neg B$
    (Erstes Gesetz von De Morgan)

6. $A \wedge B \vDash \dashv_{AL} \neg(A \rightarrow \neg B)$

7. $A \vee A \vDash \dashv_{AL} A$
    (Idempotenz der Adjunktion)

8. $A \vee B \vDash \dashv_{AL} B \vee A$
    (Kommutativität der Adjunktion)

9. $A \vee (B \vee C) \vDash \dashv_{AL} (A \vee B) \vee C$
    (Assoziativität der Adjunktion)

10.a $A \vee B \vDash \dashv_{AL} \neg(\neg A \wedge \neg B)$

10.b $\neg(A \vee B) \vDash \dashv_{AL} \neg A \wedge \neg B$
    (Zweites Gesetz von De Morgan)

11. $A \vee B \vDash \dashv_{AL} \neg A \rightarrow B$

12. $A \wedge (B \vee C) \vDash \dashv_{AL} (A \wedge B) \vee (A \wedge C)$
    (Erstes Distributivgesetz)

13. $A \vee (B \wedge C) \vDash \dashv_{AL} (A \vee B) \wedge (A \vee C)$
    (Zweites Distributivgesetz)

14. $A \rightarrow B \vDash \dashv_{AL} \neg B \rightarrow \neg A$
    (Gesetz der Kontraposition)

15. $A \rightarrow B \vDash \dashv_{AL} \neg(A \wedge \neg B)$

16. $A \rightarrow B \vDash \dashv_{AL} \neg A \vee B$

17. $A \rightarrow (B \rightarrow C) \vDash \dashv_{AL} A \wedge B \rightarrow C$
    (Importation und Exportation)
    $\Rightarrow$

18. $A \leftrightarrow B \models\!=\!\models_{AL} B \leftrightarrow A$

(Kommutativität der Bisubjunktion)

19. $A \leftrightarrow (B \leftrightarrow C) \models\!=\!\models_{AL} (A \leftrightarrow B) \leftrightarrow C$

(Assoziativität der Bisubjunktion)

20. $A \leftrightarrow B \models\!=\!\models_{AL} \neg A \leftrightarrow \neg B$

21.a $\neg(A \leftrightarrow B) \models\!=\!\models_{AL} \neg A \leftrightarrow B$

21.b $\neg(A \leftrightarrow B) \models\!=\!\models_{AL} A \leftrightarrow \neg B$

22. $A \leftrightarrow B \models\!=\!\models_{AL} (A \to B) \wedge (B \to A)$

Der Satz 11.6 kann mit Hilfe der in den nächsten beiden Kapiteln beschriebenen Methoden leicht bewiesen werden. Dieser Beweis soll deshalb dem Leser überlassen bleiben.

Wir beschließen dieses Kapitel mit zwei äußerst nützlichen Sätzen, die hier allerdings nicht bewiesen werden sollen. (Der Beweis des Satzes 11.7 ist allerdings sehr einfach.)

Satz 11.7

Sind A, B und C Sätze der Sprache AL, dann gilt:

Wenn $A \models\!=\!\models_{AL} B$ und $B \models\!=\!\models_{AL} C$,

dann auch $A \models\!=\!\models_{AL} C$.

Satz 11.8 (Äquivalente Ersetzung)

Ist A ein Satz der Sprache AL, der den Satz B als Teilsatz enthält, und A' der Satz, den man aus A erhält, indem man in A den Teilsatz B durch den Satz C ersetzt, dann gilt:

Wenn $B \models\!=\!\models_{AL} C$, dann auch $A \models\!=\!\models_{AL} A'$.

Mit Hilfe dieser beiden Sätze lässt sich Satz 11.6 (17.) z. B. so beweisen:

Auf Grund von Satz 11.6 (16.) gilt

(i) $B \to C \models\exists_{AL} \neg B \vee C,$

und ebenso

(ii) $A \to (B \to C) \models\exists_{AL} \neg A \vee (B \to C).$

Aus (i) folgt nach Satz 11.8

(iii) $\neg A \vee (B \to C) \models\exists_{AL} \neg A \vee (\neg B \vee C).$

Und hieraus und aus (ii) folgt nach Satz 11.7

(iv) $A \to (B \to C) \models\exists_{AL} \neg A \vee (\neg B \vee C).$

Weiter gilt nach Satz 11.6 (9.)

(v) $\neg A \vee (\neg B \vee C) \models\exists_{AL} (\neg A \vee \neg B) \vee C,$

und hieraus und aus (iv) folgt wieder auf Grund von Satz 11.7

(vi) $A \to (B \to C) \models\exists_{AL} (\neg A \vee \neg B) \vee C.$

Auf Grund von Satz 11.6 (5.b.) gilt

(vii) $\neg(A \wedge B) \models\exists_{AL} \neg A \vee \neg B,$

und hieraus folgt nach Satz 11.8

(viii) $(\neg A \vee \neg B) \vee C \models\exists_{AL} \neg(A \wedge B) \vee C.$

Auf Grund der Symmetrie der Relation der logischen Äquivalenz gilt wegen Satz 11.6 (16.) weiter

(ix) $\neg(A \wedge B) \vee C \models\exists_{AL} (A \wedge B) \to C.$

Und aus (vi), (viii) und (ix) ergibt sich durch zweifache Anwendung von Satz 11.7 schließlich

(x) $A \to (B \to C) \models\exists_{AL} (A \wedge B) \to C.$

Diese Überlegung zeigt ganz allgemein, dass man mit logischen Äquivalenzen ähnlich 'rechnen' kann wie mit arithmetischen Gleichungen. Oder mit anderen Worten: Die Logik der Sprache AL kann man in Analogie zur elementaren Arithmetik auch *algebraisch* betreiben, wobei sich die 'Rechengesetze' der Logik der Sprache AL (vgl. Satz 11.6) jedoch zum Teil deut-

lich von denen der Arithmetik unterscheiden.[†] Diesen algebra-
ischen Ansatz, der sich exemplarisch bei George Boole findet,
wollen wir hier aber nicht weiter verfolgen. Stattdessen sollen
in den nächsten beiden Kapiteln zwei sehr nützliche Methoden
vorgestellt werden, mit deren Hilfe man herausfinden kann,
welche Sätze von AL logisch wahr sind, welche Sätze aus welchen Sätzen folgen und welche Sätze von AL äquivalent sind.

Aufgaben 11

1. Wenn ein Satz A von AL logisch wahr ist, welche der folgenden
   Aussagen treffen dann zu?
   a) A ist eine Kontradiktion.
   b) A ist keine Kontradiktion.
   c) A ist eine Tautologie.
   d) Es gibt eine Bewertung, bzgl. deren A wahr ist.
   e) Es gibt eine Bewertung, bzgl. deren A falsch ist.
   f) A ist gültig.
   g) A ist wahr.

2. Welche dieser Bedingungen sind genau dann erfüllt, wenn ein
   Satz A von AL aus einem Satz B von AL logisch folgt?
   a) B ist wahr bzgl. aller Bewertungen von AL.
   b) Es gibt eine Bewertung von AL, bzgl. deren A und B beide
       wahr sind.
   c) Es gibt keine Bewertung von AL, bzgl. deren A und B beide
       falsch sind.
   d) Es gibt keine Bewertung von AL, bzgl. deren A wahr und B
       falsch ist.
   e) Es gibt keine Bewertung von AL, bzgl. deren A falsch und B
       wahr ist.

3. Sind alle Kontradiktionen logisch äquivalent?

[†] So gilt das Distributivgesetz in der Arithmetik zwar für die Multiplikation,
aber nicht für die Addition. D.h., es gilt allgemein: $a \cdot (b + c) = a \cdot b +
a \cdot c$; aber nicht $a + (b \cdot c) = (a + b) \cdot (a + c)$. Die algebraische Behandlung
der Logik geht insbesondere zurück auf George Boole, *The Mathematical
Analysis of Logic*. Cambridge 1847.

4. Erklären Sie anhand der im Text angegebenen Definitionen, warum Folgendes gilt.

   a) Wenn A eine Tautologie ist und B ein beliebiger Satz von AL, dann folgt A logisch aus B.

   b) Wenn A eine Tautologie ist und $A \vDash_{AL} B$, dann ist auch B eine Tautologie.

5. Zeigen Sie, dass der Satz '$p \rightarrow p$' (auf Grund von Definition 10.3) wahr ist bzgl. jeder Bewertung V von AL.

6. Verwechseln Sie nicht die Zeichen '$\rightarrow$' und '$\vDash_{AL}$'! Das erste, '$\rightarrow$', ist ein Zeichen von AL, während das zweite, '$\vDash_{AL}$', ein Ausdruck unserer Metasprache ist, mit der wir über AL reden. Es gibt jedoch eine interessante Beziehung zwischen den beiden, nämlich diese:

   a) $A \vDash_{AL} B$ genau dann, wenn $\vDash_{AL} A \rightarrow B$.

   Entsprechend gilt für die Zeichen '$\vDash\!=\!\vDash_{AL}$' und '$\leftrightarrow$' (vgl. Korollar 3 von Definition 11.5):

   b) $A \vDash\!=\!\vDash_{AL} B$ genau dann, wenn $\vDash_{AL} A \leftrightarrow B$.

   Überprüfen Sie diese Behauptungen mit Hilfe der Definitionen 10.3, 11.3, 11.4 und 11.5.

12   Die Wahrheitstafelmethode

In der Definition 11.3 ist zwar eine klare *Bedingung* für die logische Wahrheit von Sätzen der Sprache AL angegeben worden, aber noch kein *Verfahren*, mit dessen Hilfe überprüft werden kann, ob diese Bedingung im Einzelfall erfüllt ist oder nicht. Als Nächstes benötigen wir daher möglichst einfache und effektive Verfahren zur Überprüfung der logischen Wahrheit vorgelegter Sätze.

Das bekannteste und einfachste Verfahren dieser Art ist die **Wahrheitstafelmethode**, die im Folgenden genau beschrieben werden soll. Diese Methode beruht darauf, dass die Wahrheit oder Falschheit eines komplexen Satzes nur von der Wahrheit oder Falschheit der Teilsätze abhängt, aus denen dieser Satz aufgebaut ist, und dass es immer nur endlich viele Möglichkeiten der Wahrheitswertverteilung auf diese Teilsätze gibt.

Betrachten wir z. B. den Satz

(1) $p \wedge q \rightarrow p$.

Sei V eine beliebige Bewertung von AL, dann gibt es offenbar genau vier Möglichkeiten:

1. Fall: Die Satzbuchstaben 'p' und 'q' sind beide wahr bzgl. V.

2. Fall: Der Satzbuchstabe 'p' ist wahr und der Satzbuchstabe 'q' falsch bzgl. V.

3. Fall: Der Satzbuchstabe 'p' ist falsch und der Satzbuchstabe 'q' wahr bzgl. V.

4. Fall: Die Satzbuchstaben 'p' und 'q' sind beide falsch bzgl. V.

Im 2., 3. und 4. Fall ist die Konjunktion '$p \wedge q$' falsch, da auf Grund der Bedingung (iii) der Definition 10.3 eine Konjunktion falsch ist, wenn mindestens eines der beiden Konjunktionsglieder falsch ist; in diesen Fällen ist der Satz (1) also wahr, da auf Grund der Bedingung (v) der Definition 10.3 eine Subjunktion wahr ist, wenn ihr Vorderglied falsch ist. Im ersten Fall ist der Satz (1) aber ebenfalls wahr, weil sich aus derselben Bedingung ergibt, dass eine Subjunktion wahr ist, wenn ihr Hinterglied wahr ist. Aus den Bedingungen der Definition 10.3 ergibt sich somit zwingend, dass der Satz (1) bzgl. jeder beliebigen Bewertung V wahr ist, da er ganz unabhängig davon wahr ist, ob die Teilsätze 'p' und 'q' bzgl. V wahr oder falsch sind. (1) *ist also logisch wahr*; (1) *ist eine Tautologie*.

Überlegungen, wie wir sie für den Satz (1) angestellt haben, werden wir im Folgenden dadurch abkürzen, dass wir für die Sätze, die wir untersuchen, Wahrheitstafeln erstellen – Tafeln, aus denen sich für jeden möglichen Fall der Wahrheit bzw. Falschheit der Teilsätze bzgl. einer Bewertung V ergibt, ob der gesamte Satz bzgl. dieser Bewertung wahr oder falsch ist.

Die Erstellung einer Wahrheitstafel erfolgt ganz schematisch in mehreren Schritten, die hier am Beispiel des Satzes

(2) $((p \rightarrow q) \wedge \neg p) \rightarrow \neg q$

ausführlich erläutert werden sollen.

Der Satz (2) enthält als selbst nicht komplexe Teilsätze die
beiden Satzbuchstaben '*p*' und '*q*'. Im *ersten* Schritt beginnen
wir deshalb damit, in den ersten beiden Spalten der Wahrheitstafel die vier möglichen Fälle der Wahrheit bzw. Falschheit dieser beiden Satzbuchstaben bzgl. beliebiger Bewertungen aufzulisten.

1. Schritt

(2*)	p	q	$((p \to q)$	$\wedge$	$\neg p)$	$\to$	$\neg q$
	W	W					
	W	F					
	F	W					
	F	F					
	(a)						

In den nächsten Schritten tragen wir nun für die Teilsätze, die
durch Anwendung eines Junktors auf die Satzbuchstaben '*p*'
und '*q*' entstehen – also für die Teilsätze '$(p \to q)$', '$\neg p$' und
'$\neg q$' – unter die jeweiligen Junktoren für jeden dieser vier Fälle ein 'W' oder ein 'F' ein, je nachdem, ob diese Teilsätze in
diesen Fällen wahr bzw. falsch sind bzgl. einer entsprechenden
Bewertung.

Im *zweiten* Schritt tragen wir also in einer neuen Spalte (b)
unter dem Junktor '$\to$' in dem Teilsatz '$(p \to q)$' in der ersten

2. Schritt

(2*)	p	q	$((p \to q)$	$\wedge$	$\neg p)$	$\to$	$\neg q$
	W	W	W				
	W	F	F				
	F	W	W				
	F	F	W				
	(a)		(b)				

Zeile ein 'W' ein, da dieser Satz wahr ist bzgl. jeder Bewertung V, für die die Teilsätze 'p' und 'q' beide wahr sind; dann in der zweiten Zeile ein 'F', da dieser Satz falsch ist bzgl. jeder Bewertung V, bzgl. deren der Teilsatz 'p' wahr und der Teilsatz 'q' falsch ist, und schließlich wieder je ein 'W' in der dritten und vierten Zeile, da der Satz '$(p \to q)$' wahr ist bzgl. jeder Bewertung V, für die der Teilsatz 'p' falsch ist.

Im *dritten* Schritt tragen wir entsprechend in einer weiteren Spalte – der Spalte (c) – unter dem Negationszeichen in dem Teilsatz '$\neg p$' in der ersten und der zweiten Zeile ein 'F' ein, da dieser Satz falsch ist bzgl. jeder Bewertung V, für die der Teilsatz 'p' wahr ist, und in der dritten und vierten Zeile ein 'W', da der Satz '$\neg p$' wahr ist bzgl. jeder Bewertung V, für die der Teilsatz 'p' falsch ist.

3. Schritt

(2*)	p	q	$((p \to q)$	$\wedge$	$\neg p)$	$\to$	$\neg q$
	W	W	W		F		
	W	F	F		F		
	F	W	W		W		
	F	F	W		W		
		(a)	(b)		(c)		

Der *vierte* Schritt (siehe nächste Seite) entspricht genau dem dritten. In diesem Schritt tragen wir in der Spalte (d) unter dem Negationszeichen in dem Teilsatz '$\neg q$' in der ersten und der dritten Zeile je ein 'F' ein, da dieser Satz falsch ist bzgl. jeder Bewertung V, für die der Teilsatz 'q' wahr ist, und in der zweiten und vierten Zeile je ein 'W', da der Satz '$\neg q$' wahr ist bzgl. jeder Bewertung V, für die der Teilsatz 'q' falsch ist.

Im *fünften* Schritt geht es nun um die Konjunktion aus den beiden Teilsätzen '$(p \to q)$' und '$\neg p$'. In diesem Schritt tragen wir in der Spalte (e) unter dem '$\wedge$' in dieser Konjunktion daher ein 'W' oder ein 'F' ein – je nachdem, ob diese Konjunktion bzgl. der entsprechenden Bewertungen wahr oder falsch ist.

4. Schritt

(2*)	p	q	$((p \to q)$	$\wedge$	$\neg p)$	$\to$	$\neg q$
	W	W	W		F		F
	W	F	F		F		W
	F	W	W		W		F
	F	F	W		W		W
	(a)		(b)		(c)		(d)

Dabei benutzen wir die schon zuvor erreichten Ergebnisse. Die Spalte (c) enthält in den ersten beiden Zeilen ein 'F', da der Satz '$\neg p$' bzgl. jeder Bewertung V falsch ist, für die der Satz 'p' wahr ist. Bzgl. dieser Bewertungen ist also auch der Satz '$(p \to q) \wedge \neg p$' falsch, da eine Konjunktion schon dann falsch ist, wenn ein Konjunktionsglied falsch ist. Auch in der Spalte (e) müssen wir daher in der ersten und in der zweiten Zeile ein 'F' eintragen. In der dritten und vierten Zeile enthalten jedoch die Spalten (b) und (c) beide nur 'W's. Also müssen wir in der Spalte (e) in diesen Zeilen ebenfalls je ein 'W' eintragen, da eine Konjunktion bzgl. aller Bewertungen wahr ist, für die beide Konjunktionsglieder wahr sind.

5. Schritt

(2*)	p	q	$((p \to q)$	$\wedge$	$\neg p)$	$\to$	$\neg q$
	W	W	W	F	F		F
	W	F	F	F	F		W
	F	W	W	W	W		F
	F	F	W	W	W		W
	(a)		(b)	(e)	(c)		(d)

Da wir nun alle Teilsätze des Satzes (2) behandelt haben, geht es im *sechsten* und letzten Schritt um den Satz (2) selbst. D.h., in einer neuen Spalte (f) tragen wir zum Abschluss der

Wahrheitstafel des Satzes (2) unter dem Hauptjunktor dieses Satzes, dem zweiten Vorkommnis des Subjunktionszeichens '→', wieder ein 'W' oder ein 'F' ein – je nachdem, ob dieser Satz bzgl. der entsprechenden Bewertungen wahr oder falsch ist. Dabei steht schließlich in den ersten beiden Zeilen ein 'W', weil eine Subjunktion schon dann wahr ist, wenn ihr Vorderglied falsch ist. Entsprechend steht auch in der vierten Zeile ein 'W', weil eine Subjunktion auch schon dann wahr ist, wenn ihr Hinterglied wahr ist. Nur in der dritten Zeile steht in der Spalte (f) ein 'F'. Denn eine Subjunktion ist falsch, wenn ihr Vorderglied wahr und ihr Hinterglied falsch ist. Und aus den dritten Zeilen der Spalten (d) und (e) ergibt sich, dass das Vorderglied von (2) wahr ist bzgl. aller Bewertungen V, für die der Satz 'p' falsch und der Satz 'q' wahr ist, und dass das Hinterglied von (2) bzgl. aller dieser Bewertungen falsch ist.

6. Schritt

(2*)	p	q	((p	→	q)	∧	¬p)	→	¬q
	W	W		W		F	F	W	F
	W	F		F		F	F	W	W
	F	W		W		W	W	F	F
	F	F		W		W	W	W	W
	(a)			(b)		(e)	(c)	(f)	(d)

Die Spalte (f), die man den *Wahrheitswertverlauf* des Satzes (2) nennt, zeigt also, bzgl. welcher Bewertungen dieser Satz wahr bzw. falsch ist:

(a) Er ist wahr bzgl. aller Bewertungen, für die die Teilsätze 'p' und 'q' beide wahr sind;

(b) er ist wahr bzgl. aller Bewertungen, für die der Teilsatz 'p' wahr und der Teilsatz 'q' falsch ist;

(c) er ist falsch bzgl. aller Bewertungen, für die der Teilsatz 'p' falsch und der Teilsatz 'q' wahr ist;

(d) er ist wahr bzgl. aller Bewertungen, für die die Teilsätze 'p' und 'q' beide falsch sind.

Da es für den Satz (2) sowohl wahre als auch falsche Bewertungen gibt, ist dieser Satz weder eine Tautologie noch eine Kontradiktion. Wenn der Wahrheitswertverlauf eines Satzes A aber nur 'W's enthält, dann bedeutet das, dass A bzgl. *aller* Bewertungen wahr ist – mit anderen Worten, dass A logisch wahr bzw. eine Tautologie ist.

Betrachten wir den Satz

(3) $((p \to q) \wedge \neg q) \to \neg p.$

Auch für diesen Satz wollen wir eine Wahrheitstafel erstellen. Dabei wollen wir zugleich zeigen, dass man beim Erstellen von Wahrheitstafeln häufig auch dann zum gewünschten Ergebnis kommt, wenn man nur einige Spalten vollständig ausfüllt.

Wir beginnen wieder damit, in den ersten beiden Spalten der Wahrheitstafel die vier möglichen Fälle der Wahrheit bzw. Falschheit der beiden Satzbuchstaben 'p' und 'q' bzgl. beliebiger Bewertungen aufzulisten.

(3*)	p	q	$((p \to q)$	$\wedge$	$\neg q)$	$\to$	$\neg p$
	W	W					
	W	F					
	F	W					
	F	F					

Da wir wissen, dass eine Subjunktion schon dann wahr ist, wenn ihr Hinterglied wahr ist, tragen wir als Nächstes in der letzten Spalte unter dem Teilsatz '$\neg p$' die entsprechenden Wahrheitswerte ein. Dabei erhalten wir:

(3*)	p	q	$((p \to q)$	$\wedge$	$\neg q)$	$\to$	$\neg p$
	W	W					F
	W	F					F
	F	W					W
	F	F					W

Daraus ergibt sich sofort, dass die gesamte Subjunktion wahr ist bzgl. aller Bewertungen, bzgl. deren 'p' falsch ist. Entsprechend können wir schon jetzt unter dem Junktor '$\rightarrow$' in der dritten und vierten Zeile ein 'W' eintragen.

(3*)	p	q	$((p \rightarrow q)$	$\wedge$	$\neg q)$	$\rightarrow$	$\neg p$
	W	W					F
	W	F					F
	F	W				W	W
	F	F				W	W

Bzgl. des Vorderglieds des Satzes (3) braucht uns jetzt nur noch die erste und die zweite Zeile zu interessieren. '$\neg q$' ist falsch bzgl. aller Bewertungen, bzgl. deren 'q' wahr ist, und wahr bzgl. aller Bewertungen, bzgl. deren 'q' falsch ist. Also tragen wir unter dem Teilsatz '$\neg q$' in der ersten und der zweiten Zeile die entsprechenden Wahrheitswerte ein:

(3*)	p	q	$((p \rightarrow q)$	$\wedge$	$\neg q)$	$\rightarrow$	$\neg p$
	W	W			F		F
	W	F			W		F
	F	W				W	W
	F	F				W	W

Hieraus ergibt sich sofort, dass unter dem Konjunktionszeichen des Vordergliedes in der ersten Zeile ein 'F' stehen muss. Denn eine Konjunktion ist falsch, wenn ein Konjunktionsglied falsch ist. Und wenn die Konjunktion '$(p \rightarrow q) \wedge \neg q$' falsch ist, ist der gesamte Satz (3) wahr. Also können wir (siehe nächste Seite) in der ersten Zeile unter dem '$\rightarrow$' wieder ein 'W' eintragen.

Nun ist nur noch die zweite Zeile offen. Hier können wir zunächst unter dem Teilsatz '$(p \rightarrow q)$' ein 'F' eintragen. Denn die Subjunktion '$(p \rightarrow q)$' ist falsch bzgl. aller Bewertungen, bzgl.

(3*)	p	q	((p → q)	∧	¬q)	→	¬p
	W	W		F	F	W	F
	W	F			W		F
	F	W				W	W
	F	F				W	W

deren '*p*' wahr und '*q*' falsch ist. Wenn '(*p* → *q*)' falsch ist, ist aber auch die Konjunktion '(*p* → *q*) ∧ ¬*q*' falsch und damit der gesamte Satz (3) wahr. Wir können also in der zweiten Zeile unter dem Konjunktionszeichen '∧' ein 'F' und unter dem Subjunktionszeichen '→' ein 'W' eintragen. Und damit sind wir fertig. Der Wahrheitswertverlauf von (3) enthält nur 'W's; also ist (3) eine Tautologie.

(3*)	p	q	((p → q)	∧	¬q)	→	¬p
	W	W		F	F	W	F
	W	F	F	F	W	W	F
	F	W				W	W
	F	F				W	W

Das Berechnen des Wahrheitswertverlaufs eines Satzes stellt somit eine äußerst effektive Methode dar, wenn man feststellen möchte, ob dieser Satz eine Tautologie oder eine Kontradiktion ist: Enthält der Wahrheitswertverlauf nur 'W's, handelt es sich um eine Tautologie, enthält er nur 'F's, um eine Kontradiktion, und enthält er sowohl 'W's als auch 'F's, dann ist der Satz keins von beidem.

Hier noch als Beispiel für eine Kontradiktion der Satz

(4) $(p \to q) \leftrightarrow (\neg q \land p)$.

Für diesen Satz sieht die Wahrheitstafel so aus:

(4*)	p	q	$(p \rightarrow q)$	$\leftrightarrow$	$(\neg q$	$\wedge$	$p)$
	W	W	W	F	F	F	W
	W	F	F	F	W	W	W
	F	W	W	F		F	F
	F	F	W	F		F	F

Der Wahrheitswertverlauf enthält nur 'F's; also ist der Satz (4) logisch falsch.

Aus den Wahrheitstafeln (3*) und (4*) ergibt sich jedoch nicht nur die logische Wahrheit von (3) bzw. die logische Falschheit von (4), sondern indirekt auch die logische Wahrheit aller Sätze der Form

(3') $(A \rightarrow B) \wedge \neg B \rightarrow \neg A$

und die logische Falschheit aller Sätze der Form

(4') $(A \rightarrow B) \leftrightarrow (\neg B \wedge A)$.

Denn für alle Sätze mit zwei Teilsätzen A und B gibt es bzgl. einer Bewertung V ebenfalls nur die vier Möglichkeiten:

1. Fall: Die Teilsätze A und B sind beide wahr bzgl. V.

2. Fall: Der Teilsatz A ist wahr und der Teilsatz B falsch bzgl. V.

3. Fall: Der Teilsatz A ist falsch und der Teilsatz B wahr bzgl. V.

4. Fall: Die Teilsätze A und B sind beide falsch bzgl. V.

D.h., für Sätze der Form (3') lässt sich eine zu (3*) analoge Wahrheitstafel angeben, aus der hervorgeht, dass alle Sätze dieser Form bzgl. aller Bewertungen wahr sind:

(3*')	A	B	$(A \rightarrow B)$	$\wedge$	$\neg B$	$\rightarrow$	$\neg A$
	W	W		F	F	W	F
	W	F	F	F	W	W	F
	F	W				W	W
	F	F				W	W

Und für Sätze der Form (4') lässt sich eine zu (4*) analoge Wahrheitstafel angeben, aus der hervorgeht, dass alle Sätze dieser Form bzgl. aller Bewertungen falsch sind:

(4*')	A	B	$(A \to B)$	$\leftrightarrow$	$(\neg B$	$\wedge$	$A)$
	W	W	W	F	F	F	W
	W	F	F	F	W	W	W
	F	W	W	F		F	F
	F	F	W	F		F	F

Mit Hilfe solcher Wahrheitstafeln kann man den folgenden Satz leicht beweisen:

Satz 12.1

Sind A, B und C Sätze der Sprache AL, dann gilt:

1. $\models_{AL} \quad A \to A$ (Satz der Identität)

2. $\models_{AL} \quad A \vee \neg A$
   (Satz vom ausgeschlossenen Dritten)

3. $\models_{AL} \quad \neg(A \wedge \neg A)$
   (Satz vom ausgeschlossenen Widerspruch)

4. $\models_{AL} \quad (A \to \neg A) \to \neg A$
   (Satz des Clavius)

5. $\models_{AL} \quad \neg A \to (A \to B)$
   (Satz des Duns Scotus)

6. $\models_{AL} \quad A \wedge B \to A$
   (Satz des Petrus Hispanus)

7. $\models_{AL} \quad A \to A \vee B$

8. $\models_{AL} \quad A \wedge B \to (A \to B)$

$\Rightarrow$

9.	$\models_{AL}$	$A \rightarrow (B \rightarrow A)$
10.	$\models_{AL}$	$(\neg B \rightarrow \neg A) \rightarrow (A \rightarrow B)$
11.	$\models_{AL}$	$(A \rightarrow (B \rightarrow C)) \rightarrow$
		$((A \rightarrow B) \rightarrow (A \rightarrow C))$

Die Wahrheitstafeln für 1., 4., 5. und 9. sehen so aus:

1.*

A	A	$\rightarrow$	A
W	F	W	W
F	F	W	F

4.*

A	$(A \rightarrow \neg A)$		$\rightarrow$	$\neg A$
W	F	F	W	F
F			W	W

5.*

A	B	$\neg A$	$\rightarrow$	$(A \rightarrow B)$
W	W		W	W
W	F	F	W	F
F	W		W	W
F	F		W	W

9.*

A	B	A	$\rightarrow$	$(B \rightarrow A)$
W	W		W	W
W	F		W	W
F	W	F	W	F
F	F		W	W

Die restlichen Wahrheitstafeln seien dem Leser überlassen.

Wahrheitstafeln für Sätze mit einem einzigen Teilsatz enthalten nur zwei Zeilen, während Wahrheitstafeln für Sätze mit zwei Teilsätzen immerhin schon vier Zeilen umfassen. Dies liegt daran, dass es bei einem Teilsatz nur zwei Möglichkeiten gibt: Bzgl. einer beliebigen Bewertung V kann dieser Teilsatz wahr oder falsch sein. Bei zwei Teilsätzen gibt es dagegen schon vier Möglichkeiten: Bzgl. einer beliebigen Bewertung V können beide Teilsätze wahr, der erste wahr und der zweite falsch, der erste falsch und der zweite wahr oder beide Teilsätze falsch sein. Allgemein gilt, dass die Wahrheitstafel eines Satzes, der n verschiedene nicht komplexe Teilsätze enthält, 2^n Zeilen enthalten muss, da es genau 2^n verschiedene Möglichkeiten der Wahrheit bzw. Falschheit dieser Teilsätze bzgl. beliebiger Bewertungen gibt.

Um die logische Wahrheit eines Satzes der Form

11. $\qquad (A \to (B \to C)) \to ((A \to B) \to (A \to C))$

nachzuweisen, benötigt man daher schon eine Wahrheitstafel mit $2^3 = 8$ Zeilen:

11.*	A	B	C	$(A \to (B \to C)) \to$		$((A \to B)$	$\to$	$(A \to C))$
	W	W	W		**W**		W	W
	W	W	F	F F	**W**	W	F	F
	W	F	W		**W**		W	W
	W	F	F		**W**	F	W	F
	F	W	W		**W**		W	W
	F	W	F		**W**		W	W
	F	F	W		**W**		W	W
	F	F	F		**W**		W	W

Auch diese Wahrheitstafel zeigt aber, dass der Wahrheitswertverlauf des Satzes 11. – die eingerahmte Spalte in der Tafel 11.* – nur 'W's enthält und dass dieser Satz daher logisch wahr ist.

Mit Hilfe von Wahrheitstafeln kann man nicht nur entscheiden, ob ein Satz A eine Tautologie, eine Kontradiktion oder keins von beidem ist; ebenso gut lässt sich auf diesem Weg auch die Frage beantworten, ob ein Satz A logisch aus der Satzmenge M folgt, wenn diese Menge nur endlich viele Sätze $A_1, \ldots, A_n$ enthält.[†] Dabei gibt es zwei Vorgehensweisen. Bei der ersten Vorgehensweise zieht man die Wahrheitstafeln für die Prämissen $A_1, \ldots, A_n$ und die Konklusion A sozusagen in eine Wahrheitstafel zusammen, damit man die Wahrheitswertverläufe dieser Sätze direkt vergleichen kann. Wenn man z.B. vor der Frage steht, ob der Satz

(5) q

logisch aus den Sätzen

(6) $p \vee q$

und

(7) $\neg p$

folgt, berechnet man in diesem Fall also zuerst die folgende Wahrheitstafel:

(5*)	p	q	$p \vee q$	$\neg p$	q
	W	W	W	F	W
	W	F	W	F	F
	F	W	W	W	W
	F	F	F	W	F

Aus dieser Wahrheitstafel kann man dann sofort ersehen, dass für alle Bewertungen V, für die die Prämissen (6) und (7) beide wahr sind (die entsprechende[n] Zeile[n] ist [sind] eingerahmt),

---

[†] Wenn A logisch aus einer Satzmenge M folgt, die nur die Sätze $A_1, \ldots, A_n$ enthält, müssen wir das eigentlich so ausdrücken:

$\{A_1, \ldots, A_n\} \models_{AL} A$ (vgl. zu dieser Schreibweise Kapitel 23).

Stattdessen werden wir hier aber auch die vereinfachte Schreibweise

$A_1, \ldots, A_n \models_{AL} A$

verwenden.

auch die Konklusion (5) wahr ist. D.h., aus dieser Wahrheitstafel ergibt sich, dass der Satz (5) tatsächlich logisch aus den
Sätzen (6) und (7) folgt. D.h., es gilt:

$$p \vee q, \neg p \models_{AL} q.$$

Mit der gerade geschilderten Methode lässt sich der folgende
Satz leicht beweisen.

Satz 12.2

Sind A, B und C Sätze der Sprache AL, dann gilt:

1. $A \rightarrow B, A \models_{AL} B$
2. $A \rightarrow B, B \rightarrow C \models_{AL} A \rightarrow C$
3. $A \vee B, \neg B \models_{AL} A$
4. $A \rightarrow B, \neg B \models_{AL} \neg A$

Für die Behauptungen 2. und 3. sehen die entsprechenden
Wahrheitstafeln so aus:

2.* A	B	C	$A \rightarrow B$	$B \rightarrow C$	$A \rightarrow C$
W	W	W	W	W	W
W	W	F	W	F	F
W	F	W	F	W	W
W	F	F	F	W	F
F	W	W	W	W	W
F	W	F	W	F	W
F	F	W	W	W	W
F	F	F	W	W	W

3.*

A	B	$A \vee B$	$\neg B$	A
W	W	W	F	W
W	F	W	W	W
F	W	W	F	F
F	F	F	W	F

Die restlichen Wahrheitstafeln seien wieder dem Leser überlassen.

Die zweite Möglichkeit zu überprüfen, ob ein Satz A logisch aus den Sätzen A_1, ..., A_n folgt, besteht darin, festzustellen, ob die Subjunktion, deren Vorderglied aus der Konjunktion der Prämissen A_1, ..., A_n und deren Hinterglied aus der Konklusion A besteht, also ob die Subjunktion

(8) $A_1 \wedge \dots \wedge A_n \to A$

logisch wahr ist.

Denn wenn diese Subjunktion nicht logisch wahr ist, dann gibt es zumindest eine Bewertung V, bzgl. deren sie falsch ist. Dies ist nach den Bestimmungen der Definition 10.3 aber genau dann der Fall, wenn die Konjunktion $A_1 \wedge \dots \wedge A_n$ bzgl. V wahr und A bzgl. V falsch ist. Und die Konjunktion $A_1 \wedge \dots \wedge A_n$ ist genau dann wahr bzgl. V, wenn die Sätze A_1, ..., A_n alle wahr sind bzgl. V. Wenn die Subjunktion (8) nicht logisch wahr ist, gibt es somit zumindest eine Bewertung V, für die die Prämissen A_1, ..., A_n alle wahr sind und für die die Konklusion A falsch ist. In diesem Fall folgt A also nicht logisch aus A_1, ..., A_n.

Wenn andererseits A nicht logisch aus A_1, ..., A_n folgt, dann gibt es mindestens eine Bewertung V, für die die Prämissen A_1, ..., A_n alle wahr sind und für die die Konklusion A falsch ist. Für diese Bewertung ist die Konjunktion $A_1 \wedge \dots \wedge A_n$ wahr und daher – wegen der Falschheit von A – die Subjunktion (8) falsch. Wenn A nicht logisch aus A_1, ..., A_n folgt, gibt es somit mindestens eine Bewertung V, für die die Subjunktion (8) falsch ist. In diesem Fall ist diese Subjunktion also nicht logisch wahr.

Mit Hilfe der zweiten Methode können wir den Satz 12.2 beweisen, indem wir zeigen, dass die Subjunktionen

1.' $(A \rightarrow B) \wedge A \rightarrow B$
2.' $(A \rightarrow B) \wedge (B \rightarrow C) \rightarrow (A \rightarrow C)$
3.' $(A \vee B) \wedge \neg B \rightarrow A$
4.' $(A \rightarrow B) \wedge \neg B \rightarrow \neg A$

logisch wahr sind. Dies kann für 2.' und 3.' mit Hilfe der folgenden Wahrheitstafeln geschehen.

2.'*	A	B	C	$(A \rightarrow B)$	$\wedge$	$(B \rightarrow C)$	$\rightarrow$	$(A \rightarrow C)$
	W	W	W				W	W
	W	W	F	W	F	F	W	F
	W	F	W				W	W
	W	F	F	F	F	W	W	F
	F	W	W				W	W
	F	W	F				W	W
	F	F	W				W	W
	F	F	F				W	W

3.'*	A	B	$(A \vee B)$	$\wedge$	$\neg B$	$\rightarrow$	A
	W	W				W	W
	W	F				W	W
	F	W		F	F	W	F
	F	F	F	F	W	W	F

Aufgaben 12

1. Prüfen Sie für jeden der folgenden Sätze mit der Wahrheitstafel-methode, ob er eine Tautologie, eine Kontradiktion oder keins von beidem ist. (Bei komplexen Tafeln kann es hilfreich sein, wenn Sie die Spalten durchstreichen, die Sie nicht mehr benötigen.)

   a) $(p \rightarrow q) \vee (q \rightarrow p)$
   b) $\neg(p \rightarrow q) \wedge \neg p$
   c) $p \rightarrow \neg((p \vee q) \wedge \neg q)$
   d) $((p \rightarrow q) \rightarrow p) \rightarrow p$
   e) $(p \leftrightarrow q) \leftrightarrow (p \vee q \rightarrow p \wedge q)$
   f) $(p \rightarrow r) \vee (q \rightarrow r) \rightarrow (p \vee q \rightarrow r)$

2. Überprüfen Sie die folgenden Aussagen mit der Wahrheitstafel-methode:

   a) $p \models_{AL} \neg p \vee q$
   b) $p \rightarrow q \models_{AL} p \wedge r \rightarrow q$
   c) $p \vee q \rightarrow r \models_{AL} (p \rightarrow r) \vee (q \rightarrow r)$
   d) $p \leftrightarrow q, \neg(p \vee q) \models_{AL} p \wedge q$
   e) $\neg p \vee q \models \dashv_{AL} \neg q \vee p$

3. Auf S. 79 wurde erklärt, wie sich aus der Wahrheitstafel eines Satzes ablesen lässt, unter welchen Bewertungen der Satz wahr ist und unter welchen nicht: Der Satz '$(p \rightarrow q) \wedge \neg p \rightarrow \neg q$' z.B. erweist sich als falsch bzgl. aller Bewertungen, für die der Teilsatz 'p' falsch und der Teilsatz 'q' wahr ist. Die folgende Bewertung V erfüllt diese Bedingung:

   $V(p)$ = Kühe können fliegen
   $V(q)$ = Kühe sind Säugetiere.

   Geben Sie nach derselben Methode je eine Bewertung an, bzgl. deren die Sätze (c) und (f) aus Aufgabe 1 falsch sind.

4. Finden Sie einen möglichst kurzen Satz von AL, der logisch äqui-valent ist mit '$(p \wedge q) \vee \neg(\neg p \rightarrow q)$'. (Tipp: Konstruieren Sie die Wahrheitstafel für den Satz und suchen Sie dann einen kurzen AL-Satz mit derselben Wahrheitstafel.)

5. In Aufgabe 10.1 wurde der Operator '|' vorgestellt, den es in AL nicht gibt. Wir wollen nun zeigen, dass dies kein Mangel ist, weil sich '|' mit den AL-Operatoren definieren lässt: Geben Sie eine Satzform von AL an, die genau denselben Wahrheitswertverlauf wie $(A \mid B)$ hat.

6. So wie '|' lassen sich alle wahrheitsfunktionalen Satzoperatoren durch die AL-Operatoren definieren. Die AL-Operatoren heißen

deshalb *funktional vollständig*. Darin sind sie jedoch nicht einzig-
artig. Erstaunlicherweise ist zum Beispiel auch der Operator '|'
ganz allein funktional vollständig: Geben Sie für '$\neg A$', '$A \wedge B$',
'$A \vee B$', '$A \to B$' und '$A \leftrightarrow B$' jeweils eine Satzform mit demsel-
ben Wahrheitswertverlauf an, die nur den Operator '|' enthält.

7. Aus den beiden vorangegangen Aufgaben ergibt sich, dass einige
   der AL-Operatoren im Prinzip verzichtbar sind: Geben Sie drei
   funktional vollständige Paare von AL-Operatoren an.

13   Die Wahrheitsbaummethode

Neben der Wahrheitstafelmethode gibt es noch ein anderes
wichtiges Verfahren zur Beurteilung der logischen Wahrheit
von Sätzen der Sprache AL, das auf der Methode des **indirekten Beweises** beruht. Man nennt einen Beweis 'indirekt',
wenn man von der Annahme ausgeht, dass die zu beweisende
These falsch ist, dann nachweist, dass aus dieser Annahme ein
Widerspruch (oder etwas anerkanntermaßen Falsches) folgt,
und damit klar macht, dass die zu beweisende These doch wahr
sein muss. Genauso kann man auch vorgehen, wenn man die
logische Wahrheit eines Satzes der Sprache AL beweisen will.
Man nimmt an, dass dieser Satz nicht logisch wahr ist, und
zeigt dann, dass aus dieser Annahme ein Widerspruch folgt.

Nehmen wir z.B. den Satz

(1) $p \to (q \to r \vee p)$.

Die Annahme, dass dieser Satz nicht logisch wahr ist, ist
gleichbedeutend mit der Annahme, dass es eine Bewertung V
gibt, bzgl. deren dieser Satz falsch ist. Wenn (1) bzgl. V falsch
ist, muss jedoch der Satz

(2) $\neg(p \to (q \to r \vee p))$

wahr sein bzgl. V. Und hieraus folgt auf Grund der Bedingungen (ii) und (v) der Definition 10.3, dass

(3) p

wahr ist bzgl. V und

(4) $q \to r \vee p$

falsch bzw.

(5) $\quad\quad \neg(q \to r \vee p)$

wahr ist bzgl. V. (5) kann aus demselben Grund jedoch nur wahr sein bzgl. V, wenn

(6) $\quad\quad q$

wahr ist bzgl. V und

(7) $\quad\quad r \vee p$

falsch bzw. der Satz

(8) $\quad\quad \neg(r \vee p)$

wahr ist bzgl. V.

Auf Grund der Bedingungen (ii) und (iv) der Definition 10.3 ist der Satz (8) genau dann wahr bzgl. V, wenn die Sätze

(9) $\quad\quad r$

und

(10) $\quad\quad p$

beide falsch sind bzw. die Sätze

(11) $\quad\quad \neg r$

und

(12) $\quad\quad \neg p$

beide wahr sind bzgl. V.

Wenn wir uns nur auf wahre Sätze konzentrieren, können wir die eben durchgeführte Überlegung so zusammenfassen: Wenn der Satz

(1) $\quad\quad p \to (q \to r \vee p)$

nicht logisch wahr ist, dann gibt es eine Bewertung V, bzgl. deren der Satz

(2) $\quad\quad \neg(p \to (q \to r \vee p))$

wahr ist.

Wenn der Satz (2) wahr ist bzgl. V, dann sind jedoch auch die Sätze

(3) $\quad\quad p$

und

(5) $\neg(q \rightarrow r \vee p)$.

wahr bzgl. V.

Und wenn der Satz (5) wahr ist bzgl. V, dann gilt das auch für die Sätze

(6) q

und

(8) $\neg(r \vee p)$.

Aus der Wahrheit von (8) folgt schließlich die Wahrheit der Sätze

(11) $\neg r$

und

(12) $\neg p$.

Aus der Annahme, dass der Satz (1) nicht logisch wahr ist, folgt also, dass es eine Bewertung V gibt, bzgl. deren sowohl der Satz p selbst als auch seine Negation $\neg p$ wahr sind. Und dies ist mit den Bestimmungen der Definition 10.3 unvereinbar. Die Ausgangsannahme muss daher falsch und der Satz (1) doch logisch wahr sein.

Diese Argumentation kann man sehr viel übersichtlicher darstellen, indem man die einzelnen Schritte in einem einfachen Diagramm – dem **Wahrheitsbaum** des negierten Satzes (1) – zusammenfasst.

(1*)	1.	$\neg(p \rightarrow (q \rightarrow r \vee p))$	A†
	2.	p	(1)
	3.	$\neg(q \rightarrow r \vee p)$	(1)
	4.	q	(3)
	5.	$\neg(r \vee p)$	(3)
	6.	$\neg r$	(5)
	7.	$\neg p$	(5)
		x	

---

† Die Bedeutung der Zeichen in der letzten Spalte wird auf S. 102 erklärt.

Dieser Baum ist folgendermaßen zu lesen: Wenn es eine Bewertung V gibt, bzgl. deren der Satz '$\neg(p \to (q \to r \vee p))$' wahr ist, dann müssen bzgl. dieser Bewertung auch die Sätze 'p' und '$\neg(q \to r \vee p)$' wahr sein. Wenn der Satz '$\neg(q \to r \vee p)$' bzgl. V wahr ist, dann müssen bzgl. dieser Bewertung auch die Sätze 'q' und '$\neg(r \vee p)$' wahr sein. Und wenn der Satz '$\neg(r \vee p)$' bzgl. V wahr ist, dann müssen bzgl. dieser Bewertung auch die Sätze '$\neg r$' und '$\neg p$' wahr sein. Es kann also nur dann eine Bewertung V geben, bzgl. deren der Satz '$\neg(p \to (q \to r \vee p))$' wahr ist, wenn bzgl. dieser Bewertung die Sätze 'p' und '$\neg p$' beide wahr sind. Und das ist nach den Bestimmungen der Definition 10.3 unmöglich. Aus diesem Grunde (d.h. formal: weil in ihm ein Satz – in diesem Fall der Satz 'p' – sowohl in negierter als auch in nicht negierter Form vorkommt) ist der Baum mit einem 'x' geschlossen.

Der Wahrheitsbaum für die Negation des Satzes (1) besteht, wie man an dem entsprechenden Diagramm sofort erkennt, nur aus einem Ast. Dies liegt daran, dass es beim Nachweis der Widersprüchlichkeit der Annahme, dass der Satz (1) nicht logisch wahr ist, nicht nötig war, verschiedene Fälle zu unterscheiden. Das ist jedoch nicht die Regel, sondern eher die Ausnahme. Betrachten wir z.B. den Satz

(13) $(p \to q) \to ((q \to r) \to (p \to r))$.

Wenn wir annehmen, dass dieser Satz nicht logisch wahr ist, dann bedeutet das, dass es eine Bewertung V gibt, bzgl. deren der Satz

(14) $\neg((p \to q) \to ((q \to r) \to (p \to r)))$

wahr ist. Wenn der Satz (14) wahr ist bzgl. V, dann gilt das aber auch für die Sätze

(15) $p \to q$

und

(16) $\neg((q \to r) \to (p \to r))$.

Und wenn der Satz (16) wahr ist bzgl. V, dann gilt das auch für die Sätze

(17) $q \to r$

und

(18) $\neg(p \to r)$.

Wenn schließlich der Satz (18) wahr ist bzgl. *V*, dann gilt das auch für die Sätze

(19) p

und

(20) $\neg r$.

Diese Überlegungen können wir wieder in einem Wahrheitsbaum (bzw. besser: im Anfang eines Wahrheitsbaums) für den negierten Satz (13) zusammenfassen.

(13*)	1.	$\neg((p \to q) \to ((q \to r) \to (p \to r)))$	A
	2.	$p \to q$	(1)
	3.	$\neg((q \to r) \to (p \to r))$	(1)
	4.	$q \to r$	(3)
	5.	$\neg(p \to r)$	(3)
	6.	p	(5)
	7.	$\neg r$	(5)

In diesem Wahrheitsbaum gibt es bisher jedoch noch keinen Satz, der sowohl in negierter als auch in nicht negierter Form vorkäme, d.h., bisher hat sich aus der Annahme, dass der Satz (13) nicht logisch wahr ist, noch kein Widerspruch ergeben. Allerdings haben wir auch noch nicht alle möglichen Konsequenzen dieser Annahme untersucht. Was z.B. kann aus der Tatsache gefolgert werden, dass unter der angegebenen Voraussetzung auch die Sätze (15) und (17) wahr sind bzgl. *V*?

Auf Grund der Bedingungen (ii) und (v) der Definition 10.3 gibt es zwei Fälle, in denen der Satz (15) wahr ist bzgl. *V*:

Fall 1:

Der Satz

(21) $\neg p$

ist wahr bzgl. *V*.

Fall 2:

Der Satz

(22) q

ist wahr bzgl. *V*.

Dass bei der Untersuchung der Frage, was aus der Wahrheit des Satzes (15) folgt, zwei Fälle unterschieden werden müssen, bedeutet für die Entwicklung des Wahrheitsbaums der Negation von (13), dass an diesen Baum nun zwei Äste angefügt werden müssen, die den beiden Fällen 1 und 2 entsprechen. Konkret sieht die weitere Entwicklung dieses Wahrheitsbaums daher so aus:

(13*) 1. $\neg((p \to q) \to ((q \to r) \to (p \to r)))$ A

2. $p \to q$ (1)

3. $\neg((q \to r) \to (p \to r))$ (1)

4. $q \to r$ (3)

5. $\neg(p \to r)$ (3)

6. p (5)

7. $\neg r$ (5)

8. $\neg p$ 9. q (2)

x

Der linke Ast dieses Baums kann jetzt mit einem 'x' geschlossen werden, da in ihm sowohl der Satz 'p' als auch der Satz '$\neg p$' vorkommen, woran sich zeigt, dass sich im Fall 1 ein Widerspruch ergibt; denn in diesem Fall müssten sowohl 'p' als auch '$\neg p$' wahr sein bzgl. *V*, was auf Grund der Bedingungen der Definition 10.3 unmöglich ist.

Aber was ist mit dem rechten Ast, der dem Fall 2 entspricht? Hier hat sich bisher noch kein Widerspruch ergeben. Allerdings haben wir bisher auch noch nicht untersucht, was sich aus der Wahrheit des Satzes (17) folgern lässt.

Auch bei diesem Satz gibt es auf Grund der Bedingungen (ii) und (v) der Definition 10.3 zwei Fälle, in denen er wahr ist bzgl. V:

Fall 2a:

(23) $\neg q$

ist wahr bzgl. V.

Fall 2b:

(24) r

ist wahr bzgl. V.

Dementsprechend muss im Wahrheitsbaum (13*) der rechte Ast noch einmal verzweigt werden:

(13*) 1. $\neg((p \to q) \to ((q \to r) \to (p \to r)))$ A

       2. $p \to q$ (1)

       3. $\neg((q \to r) \to (p \to r))$ (1)

       4. $q \to r$ (3)

       5. $\neg(p \to r)$ (3)

       6. p (5)

       7. $\neg r$ (5)

       8. $\neg p$ 9. q (2)

                    x

                          10. $\neg q$ 11. r (4)

                                   x   x

Jetzt sind alle Äste mit einem 'x' geschlossen; denn im linken Unterast des rechten Astes kommen sowohl 'q' als auch '$\neg q$' vor, was der Tatsache entspricht, dass im Fall 2a sowohl der Satz 'q' als auch seine Negation wahr sein müssten bzgl. V. Und im rechten Unterast des rechten Astes kommen sowohl 'r' als auch '$\neg r$' vor, was der Tatsache entspricht, dass im Fall 2b sowohl der Satz 'r' als auch seine Negation wahr sein müssten bzgl. V. Dass *alle* Äste des Wahrheitsbaums (13*) mit einem 'x' geschlossen werden können, zeigt also, dass sich *in allen möglichen Fällen* aus der Annahme, dass der Satz (13) nicht logisch wahr ist, ein Widerspruch ergibt. Und damit ist wiederum gezeigt, dass dieser Satz doch logisch wahr ist.

Bisher hatten wir das Wahrheitsbaumverfahren als eine vereinfachte Methode eingeführt, indirekte Beweise zu notieren, mit deren Hilfe gezeigt werden soll, dass aus der Annahme, ein bestimmter Satz der Sprache AL sei nicht logisch wahr, ein Widerspruch folgt. Man kann dieses Verfahren jedoch auch als ein rein *syntaktisches Verfahren* (einen Kalkül[†]) charakterisieren, in dem nach einem festen Satz von Regeln, die nur auf die syntaktischen Eigenschaften von Sätzen Bezug nehmen, Sätze in baumartigen Strukturen an andere Sätze angehängt werden dürfen. Tatsächlich reichen zur Entwicklung von Wahrheitsbäumen die folgenden neun Regeln völlig aus.

(DN) $\neg\neg A$

                                  A

An einen Ast, in dem ein Satz der Form $\neg\neg A$ vorkommt, darf der Satz A angefügt werden.

(K) $A \wedge B$

                                  A

                                  B

An einen Ast, in dem ein Satz der Form $A \wedge B$ vorkommt, dürfen die beiden Sätze A und B angefügt werden.

(A) $A \vee B$

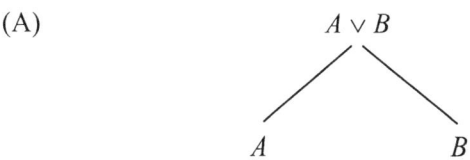

An einen Ast, in dem ein Satz der Form $A \vee B$ vorkommt, dürfen die beiden Sätze A und B angefügt werden.

[†] Zum Begriff des Kalküls finden sich einige ausführlichere Erläuterungen am Beginn des nächsten Kapitels.

An einen Ast, in dem ein Satz der Form $A \vee B$ vorkommt, dürfen zwei neue Äste angefügt werden, wobei an den einen Ast der Satz A und an den anderen der Satz B angefügt wird.

(S)

An einen Ast, in dem ein Satz der Form $A \to B$ vorkommt, dürfen zwei neue Äste angefügt werden, wobei an den einen Ast der Satz $\neg A$ und an den anderen der Satz B angefügt wird.

(B)

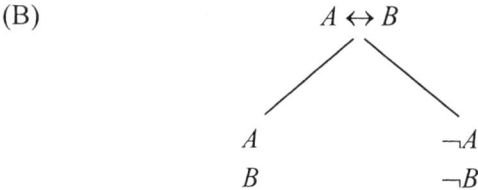

An einen Ast, in dem ein Satz der Form $A \leftrightarrow B$ vorkommt, dürfen zwei neue Äste angefügt werden, wobei an den einen Ast die beiden Sätze A und B und an den anderen die beiden Sätze $\neg A$ und $\neg B$ angefügt werden.

(NK)

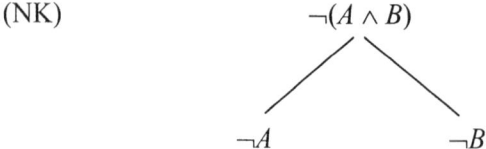

An einen Ast, in dem ein Satz der Form $\neg(A \wedge B)$ vorkommt, dürfen zwei neue Äste angefügt werden, wobei an den einen der Satz $\neg A$ und an den anderen der Satz $\neg B$ angefügt wird.

(NA) $\neg(A \vee B)$

$\neg A$

$\neg B$

An einen Ast, in dem ein Satz der Form $\neg(A \lor B)$ vorkommt, dürfen die beiden Sätze $\neg A$ und $\neg B$ angefügt werden.

(NS) $$\neg(A \to B)$$
$$A$$
$$\neg B$$

An einen Ast, in dem ein Satz der Form $\neg(A \to B)$ vorkommt, dürfen die beiden Sätze A und $\neg B$ angefügt werden.

(NB) $$\neg(A \leftrightarrow B)$$

$$
\begin{array}{cc}
A & \neg A \\
\neg B & B
\end{array}
$$

An einen Ast, in dem ein Satz der Form $\neg(A \leftrightarrow B)$ vorkommt, dürfen zwei neue Äste angefügt werden, wobei an den einen Ast die beiden Sätze A und $\neg B$ und an den anderen die beiden Sätzen $\neg A$ und B angefügt werden.

Dass diese neun Regeln ausreichen, bedeutet, dass Folgendes gilt:

Satz 13.1

Ein Satz A der Sprache AL ist genau dann logisch wahr, wenn jeder Ast eines Wahrheitsbaums der Negation $\neg A$ dieses Satzes, der nur mit Hilfe der zuvor angegebenen Regeln entwickelt wurde, mit einem 'x' geschlossen werden kann, da in ihm ein Satz von AL sowohl in negierter wie in nicht negierter Form vorkommt.

Auf einen Beweis dieses Satzes soll hier zunächst verzichtet werden. Er findet sich aber unten im Abschnitt 27.1.

Im Folgenden soll an einem weiteren Beispiel die Entwicklung eines Wahrheitsbaums mit Hilfe der angegebenen Regeln noch einmal schrittweise erläutert werden, wobei zugleich einige Grundsätze für ein möglichst ökonomisches Vorgehen angegeben werden. Gehen wir von der Annahme aus, dass der Satz

(25) $(\neg p \vee \neg q) \wedge (p \leftrightarrow \neg r) \rightarrow \neg(q \wedge r)$

nicht logisch wahr ist, und untersuchen nun mit Hilfe eines Wahrheitsbaums für die Negation von (25), ob aus dieser Annahme ein Widerspruch folgt.

Wir beginnen dabei mit der Negation von (25), d.h., wir schreiben zunächst – als 'Stamm' des Wahrheitsbaums – die Negation dieses Satzes unter Hinzufügung der Bemerkung 'A' für 'Annahme' auf.

(25*)   1. $\neg((\neg p \vee \neg q) \wedge (p \leftrightarrow \neg r) \rightarrow \neg(q \wedge r))$ A

Da es sich hier um eine negierte Subjunktion handelt, müssen als Nächstes der Regel (NS) gemäß die Sätze '$(\neg p \vee \neg q) \wedge (p \leftrightarrow \neg r)$' und '$\neg\neg(q \wedge r)$' an den Wahrheitsbaum angehängt werden. Dabei markieren wir den Satz 1 mit einem '$\sqrt{}$' zur Erinnerung daran, dass wir diesen Satz schon entwickelt haben (die Wiederholung einer Regelanwendung brächte nichts Neues[†]), und notieren hinter den neuen Sätzen, aus welchem Satz sie gewonnen wurden.

(25*)   1. $\sqrt{}$ $\neg((\neg p \vee \neg q) \wedge (p \leftrightarrow \neg r) \rightarrow \neg(q \wedge r))$ A

       2. $(\neg p \vee \neg q) \wedge (p \leftrightarrow \neg r)$ (1)

       3. $\neg\neg(q \wedge r)$ (1)

[†] Dies gilt allerdings nicht immer. Wenn ein Satz, der vor einer Verzweigung steht, erst nach der Verzweigung in einem Ast entwickelt wird, kann es notwendig sein, ihn später auch noch in anderen Ästen zu entwickeln. In diesem Fall sollte dieser Satz daher noch nicht endgültig mit einem '$\sqrt{}$', sondern höchstens mit einem Zeichen für den entsprechenden Ast markiert werden.

Beim weiteren Vorgehen ist es nun sinnvoll, *zunächst die Zeilen weiter zu entwickeln, bei denen sich keine Verzweigungen ergeben*, damit der Wahrheitsbaum nicht unnötig in die Breite geht. Da sich aber weder bei der Zeile 2 noch bei der Zeile 3 Verzweigungen ergeben, beginnen wir mit der Zeile 2, d.h. mit dem Satz '$(\neg p \vee \neg q) \wedge (p \leftrightarrow \neg r)$'. Da es sich bei diesem Satz um eine Konjunktion handelt, sind als Nächstes der Regel (K) gemäß die beiden Konjunktionsglieder '$\neg p \vee \neg q$' und '$p \leftrightarrow \neg r$' an den Wahrheitsbaum anzufügen. Zugleich markieren wir die Zeile 2 mit einem '$\sqrt{}$' und notieren hinter den neuen Sätzen, aus welchem Satz sie gewonnen wurden.

(25*) 1. $\sqrt{}$ $\neg((\neg p \vee \neg q) \wedge (p \leftrightarrow \neg r) \rightarrow \neg(q \wedge r))$ A

     2. $\sqrt{}$ $(\neg p \vee \neg q) \wedge (p \leftrightarrow \neg r)$ (1)

     3. $\neg\neg(q \wedge r)$ (1)

     4. $\neg p \vee \neg q$ (2)

     5. $p \leftrightarrow \neg r$ (2)

Nun würden sich bei der Entwicklung der Zeilen 4 und 5 Verzweigungen ergeben, was bei einer Entwicklung der Zeile 3 nicht der Fall ist. Daher ist es sinnvoll, diese Zeile als nächste zu entwickeln. Da es sich bei dem entsprechenden Satz um eine doppelte Negation handelt, fügen wir nach Regel (DN) den Satz '$q \wedge r$' an den Wahrheitsbaum an, notieren an diesem Satz, dass er aus dem Satz in der Zeile 3 gewonnen wurde, und markieren die Zeile 3 mit einem '$\sqrt{}$'.

(25*) 1. $\sqrt{}$ $\neg((\neg p \vee \neg q) \wedge (p \leftrightarrow \neg r) \rightarrow \neg(q \wedge r))$ A

     2. $\sqrt{}$ $(\neg p \vee \neg q) \wedge (p \leftrightarrow \neg r)$ (1)

     3. $\sqrt{}$ $\neg\neg(q \wedge r)$ (1)

     4. $\neg p \vee \neg q$ (2)

     5. $p \leftrightarrow \neg r$ (2)

     6. $q \wedge r$ (3)

Jetzt ist der neue Satz in der Zeile 6 der einzige, bei dem sich keine Verzweigung ergibt. Also entwickeln wir diesen Satz als nächsten wieder gemäß der Regel (K). D.h., wir fügen in den neuen Zeilen 7 und 8 die Sätze 'q' und 'r' an den Baum an und markieren zugleich die Zeile 6 mit einem '√', da es nicht sinnvoll ist, diese Zeile später noch einmal zu entwickeln.

(25*) 1. √ $\neg((\neg p \vee \neg q) \wedge (p \leftrightarrow \neg r) \rightarrow \neg(q \wedge r))$ A

2. √ $(\neg p \vee \neg q) \wedge (p \leftrightarrow \neg r)$ (1)

3. √ $\neg\neg(q \wedge r)$ (1)

4. $\neg p \vee \neg q$ (2)

5. $p \leftrightarrow \neg r$ (2)

6. √ $q \wedge r$ (3)

7. q (6)

8. r (6)

Im nächsten Schritt ist allerdings eine Verzweigung nicht mehr zu umgehen. Die Sätze in den Zeilen 7 und 8 können nicht mehr weiter entwickelt werden. Es bleiben daher nur noch die Zeilen 4 und 5. Als Nächstes entwickeln wir daher die Zeile 4 nach der Regel (A).

(25*) 1. √ $\neg((\neg p \vee \neg q) \wedge (p \leftrightarrow \neg r) \rightarrow \neg(q \wedge r))$ A

2. √ $(\neg p \vee \neg q) \wedge (p \leftrightarrow \neg r)$ (1)

3. √ $\neg\neg(q \wedge r)$ (1)

4. √ $\neg p \vee \neg q$ (2)

5. $p \leftrightarrow \neg r$ (2)

6. √ $q \wedge r$ (3)

7. q (6)

8. r (6)

9. $\neg p$ 10. $\neg q$ (4)

x

Nach diesem Schritt kann der rechte Ast sofort geschlossen werden, da in ihm sowohl 'q' als auch '$\neg q$' vorkommen. (Wenn die Verzweigung eines Astes nötig wird, sollte man sich immer fragen, ob es möglich ist, diese Verzweigung so durchzuführen, dass einer der beiden neuen Äste sofort geschlossen werden kann.)

Bei der Entwicklung des noch nicht geschlossenen linken Astes kommt jetzt nur noch die Zeile 5 in Frage. Der Regel (B) entsprechend verzweigen wir also diesen Ast auf der einen Seite mit den beiden Sätzen 'p' und '$\neg r$' und auf der anderen Seite mit den beiden Sätzen '$\neg p$' und '$\neg\neg r$'. Danach können wir auch den ersten Ast mit einem 'x' schließen, da in ihm die Sätze 'p' und 'r' beide negiert und nicht negiert vorkommen. Den zweiten Ast können wir durch Anwendung der Regel (DN) auf die Zeile 14 noch einen Schritt weiter entwickeln. Letzten Endes ergibt sich also der folgende Wahrheitsbaum:

(25*) 1. √ $\neg((\neg p \vee \neg q) \wedge (p \leftrightarrow \neg r) \rightarrow \neg(q \wedge r))$ A

      2. √ $(\neg p \vee \neg q) \wedge (p \leftrightarrow \neg r)$ (1)

      3. √ $\neg\neg(q \wedge r)$ (1)

      4. √ $\neg p \vee \neg q$ (2)

      5. √ $p \leftrightarrow \neg r$ (2)

      6. √ $q \wedge r$ (3)

      7. q (6)

      8. r (6)

      9. $\neg p$ 10. $\neg q$ (4)

                                 x

     11. p 13. $\neg p$ (5)

     12. $\neg r$ 14. √ $\neg\neg r$ (5)

        x   15. r (14)

Dieser Wahrheitsbaum kann nicht mehr weiter entwickelt werden, da sich auf die noch nicht entwickelten Zeilen keine Regeln mehr anwenden lassen.

Damit stehen wir jedoch vor dem Ergebnis, dass in diesem Fall nicht alle Zweige des Baums geschlossen werden können. Was bedeutet das? Kann es nicht Zufall sein, dass es nicht gelingt, alle Äste zu schließen? Kann es nicht einfach daran liegen, dass wir bei der Entwicklung des Wahrheitsbaums ungeschickt vorgegangen sind bzw. nicht alle Möglichkeiten ausgeschöpft haben? Tatsächlich ist das nicht so. Denn nach Satz 13.1 gilt auch: Wenn wir bei der Entwicklung eines Wahrheitsbaums, bei der wir nur die oben angeführten Regeln verwendet haben, zum Ende kommen, ohne alle Äste abschließen zu können, dann dürfen wir aus dieser Tatsache schließen, dass der entsprechende Satz nicht logisch wahr ist. Der Satz (25) ist also nicht logisch wahr.

Nach diesem Ergebnis sollen noch einmal die Faustregeln zusammengefasst werden, die man bei der Entwicklung von Wahrheitsbäumen befolgen sollte:

Faustregeln bei der Entwicklung von Wahrheitsbäumen

- Man sollte immer zuerst versuchen, nicht verzweigende Regeln anzuwenden.
- Bei der Anwendung von verzweigenden Regeln sollte man darauf achten, dass man möglichst einen Ast sofort schließen kann.
- Die Entwicklung doppelt negierter Satzbuchstaben bringt in der Regel keinen Vorteil; doppelt negierte Satzbuchstaben sollten daher nur entwickelt werden, wenn das zum Abschluss eines Astes nötig ist.

Zur Übung im Umgang mit Wahrheitsbäumen hier noch zwei weitere Beispiele. Mit dem ersten Beispiel soll zugleich gezeigt werden, dass man die Wahrheitsbaummethode auch verwenden kann, um zu überprüfen, ob ein Satz A von AL eine Kontradiktion ist. Dazu muss man nur einen Wahrheitsbaum für den Satz A selbst und nicht für seine Negation $\neg A$ erstellen. Wenn sich alle Äste dieses Baums schließen lassen, ist damit nämlich gezeigt, dass aus der Annahme, dass es eine Bewertung V gibt, bzgl. deren A wahr ist, ein Widerspruch folgt.

Prüfen wir also, ob der Satz

(26) $p \wedge q \leftrightarrow \neg(p \wedge q) \vee \neg q$

eine Kontradiktion ist. Der entsprechende Wahrheitsbaum kann so aussehen:

An diesem Wahrheitsbaum ist auch noch etwas anderes bemerkenswert: Nach der Entwicklung der Zeile 1 könnte es sinnvoll erscheinen, im linken Ast als Nächstes die Zeile 2 weiter zu entwickeln. Tatsächlich ist das aber zunächst überflüssig. Denn die Entwicklung der Zeile 3 ermöglicht es, den Ast ganz links sofort zu schließen. In diesem Ast kommt Satz '$p \wedge q$' sowohl negiert als auch nicht negiert vor. Und auch das reicht aus, um diesen Ast schließen zu können. Im mittleren Ast muss die Zeile 2 dann aber doch entwickelt werden, da dieser Ast nur so geschlossen werden kann. Etwas Ähnliches

wie im Ast ganz links gilt aber auch für den rechten Ast. Dieser
Ast kann geschlossen werden, weil in ihm der Satz '$\neg(p \wedge q)$'
sowohl negiert als auch nicht negiert vorkommt.

Als Nächstes wollen wir mit der Wahrheitsbaummethode ü-
berprüfen, ob die beiden Sätze '$\neg(p \wedge q)$' und '$\neg p \vee \neg q$' logisch äquivalent sind. Dies ist nach dem, was wir im letzten
Kapitel erfahren haben, genau dann der Fall, wenn der Satz

(27) $\neg(p \wedge q) \leftrightarrow \neg p \vee \neg q$

logisch wahr ist. Entwickeln wir also einen Wahrheitsbaum für
die Negation von (27), um dies zu überprüfen:

(27*) 1. √ $\neg(\neg(p \wedge q) \leftrightarrow \neg p \vee \neg q)$ A

2. √	$\neg(p \wedge q)$		4. √	$\neg\neg(p \wedge q)$	(1)
3. √	$\neg(\neg p \vee \neg q)$		5. √	$\neg p \vee \neg q$	(1)
6.	$\neg\neg p$	(3)	10. √	$p \wedge q$	(4)
7.	$\neg\neg q$	(3)	11.	p	(10)
			12.	q	(10)

8. $\neg p$ 9. $\neg q$ (2)   13. $\neg p$ 14. $\neg q$ (5)
   x   x   x   x

Alle Äste dieses Wahrheitsbaums können geschlossen wer-
den; der Satz (27) ist also logisch wahr, und die Sätze '$\neg(p \wedge q)$'
und '$\neg p \vee \neg q$' sind logisch äquivalent.

Auch zur Beurteilung der Frage, ob ein Satz A logisch aus einer Satzmenge M folgt, die nur endlich viele Sätze A_1, ..., A_n
enthält, lässt sich die Wahrheitsbaummethode verwenden. In
diesem Fall bilden jedoch mehrere Sätze den 'Stamm' eines
entsprechenden Wahrheitsbaums: die Prämissen A_1, ..., A_n und
die negierte Konklusion $\neg A$. Denn wenn man annimmt, dass

ein Satz A *nicht* logisch aus den Sätzen A_1, ..., A_n folgt, dann nimmt man an, dass es eine Bewertung V gibt, bzgl. deren die Prämissen A_1, ..., A_n und die negierte Konklusion $\neg A$ alle wahr sind. Und mit Hilfe eines entsprechenden Wahrheitsbaums soll gezeigt werden, dass aus dieser Annahme ein Widerspruch folgt.

Auch in diesem Zusammenhang soll das Wahrheitsbaumverfahren jedoch wieder als rein syntaktisches Verfahren aufgefasst werden. Denn auch bei der Beurteilung der Frage, ob ein Satz A logisch aus den Sätzen A_1, ..., A_n folgt, reichen die oben angeführten Regeln völlig aus. Denn es gilt:

Satz 13.2

Sind A_1, ..., A_n und A Sätze der Sprache AL, so folgt der Satz A genau dann logisch aus den Sätzen A_1, ..., A_n, wenn jeder Ast eines Wahrheitsbaums, dessen Stamm aus den Sätzen A_1, ..., A_n und der Negation $\neg A$ des Satzes A gebildet wird und der nur mit Hilfe der oben angegebenen Regeln entwickelt wurde, mit einem 'x' geschlossen werden kann, da in ihm ein Satz von AL sowohl in negierter wie in nicht negierter Form vorkommt.

Wenn man prüfen will, ob der Satz

(28) $p \rightarrow r$

logisch aus den Sätzen

(29) $p \rightarrow (q \rightarrow r)$

und

(30) $p \rightarrow q$

folgt, kann man dies also mit Hilfe des folgenden Wahrheitsbaums tun. Auch in diesem Wahrheitsbaum lassen sich alle Äste mit einem 'x' abschließen. Auf Grund von Satz 13.2 gilt also, dass der Satz (28) logisch aus den Sätzen (29) und (30) folgt.

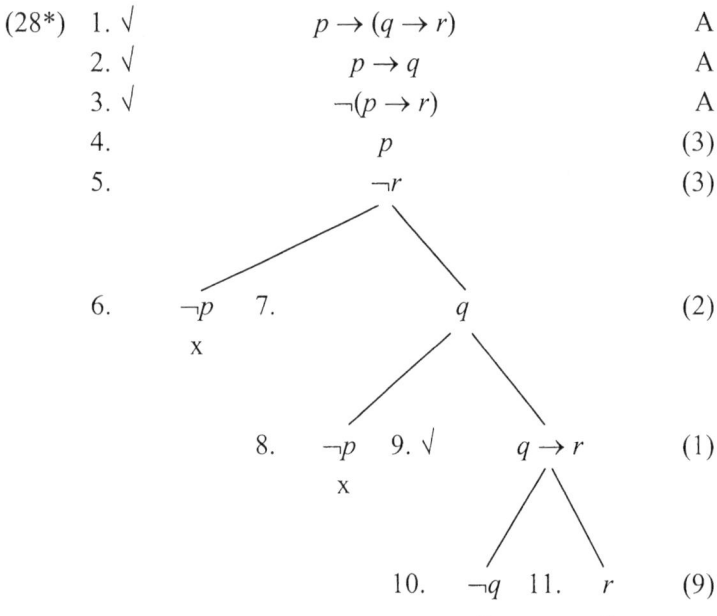

(28*) 1. √ $p \to (q \to r)$ A
       2. √ $p \to q$ A
       3. √ $\neg(p \to r)$ A
       4. p (3)
       5. $\neg r$ (3)

       6. $\neg p$ 7. q (2)
               x

               8. $\neg p$ 9. √ $q \to r$ (1)
                       x

                       10. $\neg q$ 11. r (9)
                              x   x

Mit der Wahrheitsbaummethode haben wir also sowohl für die Beurteilung der Frage, ob ein Satz A der Sprache AL logisch wahr ist, als auch zur Beurteilung der Frage, ob ein Satz A logisch aus den Sätzen A_1, ..., A_n folgt, eine Alternative zur Wahrheitstafelmethode – und zwar eine Alternative, die besonders dann vorzuziehen ist, wenn der Satz A oder die Sätze A_1, ..., A_n und A relativ viele verschiedene Satzbuchstaben enthalten. Wenn man mit Hilfe einer Wahrheitstafel prüfen wollte, ob der Satz

(31) $p \to u$

logisch aus den Sätzen

(32) $p \to \neg q$

(33) $\neg q \to r$

(31*)   1. √ $p \rightarrow \neg q$ A

2. √ $\neg q \rightarrow r$ A

3. √ $\neg r \vee s$ A

4. √ $s \vee t \rightarrow u$ A

5. √ $\neg(p \rightarrow u)$ A

6. p (5)

7. $\neg u$ (5)

8. √ $\neg(s \vee t)$ 9. u (4)

10. $\neg s$ (8) x

11. $\neg t$ (8)

12. $\neg r$ 13. s (3)
                                                x

14. $\neg \neg q$ 15. r (2)
                                                x

16. $\neg p$ 17. $\neg q$ (1)
            x x

(34) $\neg r \vee s$

und

(35) $s \vee t \rightarrow u$

folgt, bzw. ob die Behauptung

(31′) $p \rightarrow \neg q, \neg q \rightarrow r, \neg r \vee s, s \vee t \rightarrow u \;\models_{AL}\; p \rightarrow u$

wahr ist, würde man schon eine Tafel mit $2^6 = 64$ Zeilen benötigen. Ein entsprechender Wahrheitsbaum (siehe oben) kann dagegen relativ einfach und übersichtlich aussehen. In der Praxis ist die Wahrheitsbaummethode der Wahrheitstafelmethode daher oft überlegen.

Aufgaben 13

1. Angenommen, in einem Wahrheitsbaum steht der Satz '$p \wedge \neg q \rightarrow \neg\neg(p \wedge q) \vee s$'. Handelt es sich bei diesem Satz um eine Konjunktion, Adjunktion, Subjunktion oder Negation (vgl. Übung 4 zu Kapitel 10.3)? Welche Regeln können bei der Entwicklung dieses Satzes verwendet werden?

2. Prüfen Sie mit dem Wahrheitsbaumverfahren, ob es sich bei den folgenden Sätzen um Tautologien handelt:
   a) $(p \rightarrow q) \vee (p \rightarrow \neg q)$
   b) $(p \wedge \neg q) \vee (q \vee \neg p)$
   c) $((p \rightarrow q) \rightarrow (q \rightarrow r)) \rightarrow (p \rightarrow r)$
   d) $((p \rightarrow r) \vee (q \rightarrow r)) \wedge q \rightarrow \neg p \vee r$

3. Überprüfen Sie die folgenden Aussagen mit dem Wahrheitsbaumverfahren:
   a) $(p \vee q) \wedge r \models_{AL} (p \wedge q) \vee r$
   b) $p \wedge (q \vee r) \models_{AL} (p \wedge q) \vee (p \wedge r)$
   c) $p \rightarrow q, q \rightarrow p \models_{AL} p \vee q$
   d) $p \leftrightarrow q, q \rightarrow r \models_{AL} r \rightarrow p$
   e) $p \vee q \models\!=\!\models_{AL} (p \rightarrow q) \rightarrow q$

4. Wahrheitsbäume sind meistens einfacher als die entsprechenden Wahrheitstafeln – aber nicht immer: Erstellen Sie sowohl eine Wahrheitstafel als auch einen Wahrheitsbaum für den Satz '$(p \vee \neg q) \wedge (\neg p \vee q) \rightarrow (p \vee q \rightarrow p \wedge q)$'.

5. In Aufgabe 3 von Kapitel 12 übten wir, wie sich aus der Wahrheitstafel eines Satzes, der nicht logisch wahr ist, ein *Gegenbeispiel* ablesen lässt, d.h. eine Bewertung, bzgl. deren der Satz falsch ist. So eine Methode gibt es auch bei Wahrheitsbäumen. Dazu muss der Baum zunächst vollständig entwickelt werden. Wenn hierbei alle Äste geschlossen werden können, ist der untersuchte Satz eine Tautologie, und es existiert kein Gegenbeispiel. Wenn aber mindestens ein Ast offen bleibt, so kann man mit fol-

gender Technik eine Bewertung V konstruieren, bzgl. deren der untersuchte Satz falsch ist (in Kapitel 27 wird bewiesen, dass diese Technik immer funktioniert): Wir wählen einen beliebigen offenen Ast und betrachten darauf alle die Positionen, an denen ein negierter oder nicht negierter Satzbuchstabe steht. Auf dem (einzigen) offenen Ast von Baum (25*) zum Beispiel sind das die Zeilen 7, 8, 9, 13 und 15. Jedem nicht negierten Satzbuchstaben weisen wir durch V nun einen wahren Satz zu, jedem negierten einen falschen. Für Baum (25*) zum Beispiel müssen q und r als wahr und p als falsch bewertet werden, etwa so:

$V(p) = 10$ ist eine Primzahl.

$V(q) = $ Es gibt vier Primzahlen kleiner als 10.

$V(r) = 5$ ist kleiner als 10.

Konstruieren Sie nach derselben Methode ein Gegenbeispiel gegen Satz (c) von Aufgabe 2.

6. Das Wahrheitsbaumverfahren wird gerne als Beweistechnik in Computerprogrammen eingesetzt. Dabei erweist sich die folgende Zusatzregel als nützlich, weil sie die Rechenzeit manchmal erheblich verkürzt:

   Ein Satz darf nur entwickelt werden, wenn die Entwicklung nicht dazu führt, dass zwei Vorkommnisse desselben Satzes auf einem Ast stehen.

   Zeigen Sie, dass diese Regel mit unseren Regeln unverträglich ist: Geben Sie einen Satz an, der sich (mit unseren Regeln) nur unter Verletzung der Zusatzregel als Tautologie erweisen lässt.

*14 Der Kalkül AK

In Kapitel 11 waren logische Wahrheit und logische Folgerung folgendermaßen definiert worden:

- Ein Satz A der Sprache AL ist genau dann logisch wahr, wenn sich allein aus der Bedeutung der in ihm auftretenden logischen Ausdrücke (Junktoren), d. h. allein aus den Bedingungen der Definition 10.3 ergibt, dass A bzgl. aller Bewertungen V wahr ist; und

- ein Satz *A* der Sprache AL folgt genau dann logisch aus
  einer Menge *M* von Sätzen von AL, wenn sich allein aus
  der Bedeutung der in ihm auftretenden logischen Ausdrücke (Junktoren), d.h. allein aus den Bedingungen der
  Definition 10.3 ergibt, dass für alle Bewertungen *V* gilt:
  Sind die Sätze von *M* alle wahr bzgl. *V*, dann ist auch *A*
  wahr bzgl. *V*.

Diese Definitionen sind *semantische* Definitionen, da in ihnen wesentlich auf die *Bedeutung* der logischen Ausdrücke
und die *Wahrheit* bzgl. aller bzw. bestimmter Bewertungen
Bezug genommen wird. Es ist jedoch eine sehr interessante
Frage, inwieweit diese semantischen Begriffe auch rein *syntaktisch* charakterisiert werden können, d.h., inwieweit es möglich
ist, rein syntaktische Begriffe zu definieren, die nachweisbar
auf dieselben Sätze bzw. Satzfolgen zutreffen wie die semantischen Begriffe der logischen Wahrheit und logischen Folgerung.

Eine zentrale Rolle bei der Definition dieser syntaktischen
Begriffe spielen rein formale Umformungs- oder Ableitungs-
systeme, die **Kalküle** genannt werden. Kalküle sind deshalb
rein syntaktisch charakterisiert, weil es in ihnen weder auf die
Bedeutung von Ausdrücken noch auf die *Wahrheit* von Sätzen
ankommt, sondern nur darauf, ob bestimmte (uninterpretierte)
Sätze nach rein syntaktischen Regeln aus anderen (uninterpre-
tierten) Sätzen *abgeleitet* werden können.[†] Im Folgenden soll
einer der bekanntesten axiomatischen Kalküle der Aussagenlogik (hier 'AK' genannt) vorgestellt werden. **Axiomatische
Kalküle** bestehen aus einer Menge von **Axiomen** (das sind
bestimmte Sätze, die als Axiome ausgezeichnet sind) und einer
Menge von **Ableitungsregeln.**

Zunächst ist jedoch noch eine Vorbemerkung nötig. Der Kalkül AK beruht nämlich auf der reduzierten Sprache AL', die
sich von AL dadurch unterscheidet, dass sie als Junktoren nur

---

[†] Eine sehr ausführliche, anschauliche und hilfreiche Erläuterung des Begriffs des Kalküls findet sich in R. Kleinknecht und E. Wüst, *Lehrbuch der
elementaren Logik. Band 1: Aussagenlogik*, München: dtv 1976 (Abschnitte 0.4 und 0.5).

die Zeichen '¬' und '→' enthält. Dies ist jedoch keine wesentliche Einschränkung, da wir im Satz 11.6 (6., 11. und 22.) gesehen hatten, dass wir auch in AL auf die Junktoren '∧', '∨' und '↔' verzichten könnten, da es in AL zu jedem Satz, der diese Junktoren enthält, einen Satz mit denselben Wahrheitsbedingungen gibt, in dem nur die Junktoren '¬' und '→' vorkommen. Die Sprache AL′ hat daher dieselbe Ausdruckskraft wie die oben beschriebene Sprache AL.

Außerdem können wir die Junktoren '∧', '∨' und '↔' dazu verwenden, um in der folgenden Weise für komplexere Sätze von AL′ leichter lesbare Abkürzungen zu bilden.

Sind A und B Sätze der Sprache AL′, die als Junktoren nur die Zeichen '¬' und '→' enthält, dann sei

- $A \wedge B$ eine Abkürzung für den Satz $\neg(A \rightarrow \neg B)$;
- $A \vee B$ eine Abkürzung für den Satz $\neg A \rightarrow B$ und
- $A \leftrightarrow B$ eine Abkürzung für den Satz
$$\neg((A \rightarrow B) \rightarrow \neg(B \rightarrow A)).$$

Nach dieser Vorrede kann nun der Kalkül AK vorgestellt werden. Er ist als axiomatischer Kalkül, wie gesagt, durch eine Menge von Axiomen und Ableitungsregeln charakterisiert.

Definition 14.1
(Die Axiome und Regeln von AK)

a) Sind A, B und C Sätze der Sprache AL′, dann sind die Sätze

A1: $A \rightarrow (B \rightarrow A)$

A2: $(A \rightarrow (B \rightarrow C)) \rightarrow ((A \rightarrow B) \rightarrow (A \rightarrow C))$

A3: $(\neg B \rightarrow \neg A) \rightarrow (A \rightarrow B)$

Axiome von AK.

$\Rightarrow$

b) Die einzige *Ableitungsregel von AK* ist die Regel *Modus Ponens*:

(MP) A

$\qquad \dfrac{A \to B}{B}$

Axiome von AK sind also z.B. die folgenden Sätze

(1) $p \to (q \to p)$

(2) $r \to (r \to r)$

(3) $(p \to (q \to r)) \to ((p \to q) \to (p \to r))$

(4) $(p \to ((p \to p) \to p)) \to$
$\qquad\qquad\qquad\qquad ((p \to (p \to p)) \to (p \to p))$

(5) $(\neg q \to \neg p) \to (p \to q)$

(6) $(\neg r \to \neg (p \to q)) \to ((p \to q) \to r)$

Der zentrale syntaktische Begriff, der dem semantischen Begriff der logischen Wahrheit entspricht, ist der Begriff der **Beweisbarkeit**. Bevor dieser Begriff definiert werden kann, muss aber zuerst natürlich der Begriff des Beweises eingeführt werden.

Definition 14.2

Eine endliche Folge A_1, A_2, ..., A_n von Sätzen ist ein **Beweis** des Satzes A_n *im Kalkül AK* genau dann, wenn für alle i mit $1 \le i \le n$ gilt:

1. A_i ist ein Axiom von AK oder

2. A_i kann aus vorhergehenden Sätzen der Folge mit Hilfe der Regel MP gewonnen werden.

> **Definition 14.3**
>
> Ein Satz A ist genau dann im Kalkül AK **beweisbar** bzw. ein **Theorem** von AK (symbolisch: $\vdash_{AK} A$), wenn es einen Beweis für A in AK gibt.

Auf Grund dieser Definitionen kann man z.B. zeigen, dass der Satz '$p \to p$' in AK beweisbar ist, indem man den folgenden einfachen Beweis für ihn angibt:

1. $p \to ((p \to p) \to p)$ A1
2. $(p \to ((p \to p) \to p)) \to$
   $\quad\quad ((p \to (p \to p)) \to (p \to p))$ A2
3. $(p \to (p \to p)) \to (p \to p)$ MP (1,2)
4. $p \to (p \to p)$ A1
5. $p \to p$ MP (3,4)

Der erste Satz dieser Folge ist ein Axiom nach A1, der zweite ein Axiom nach A2, der dritte lässt sich aus den beiden ersten mit Hilfe der Regel MP gewinnen, der vierte ist wieder ein Axiom nach A1 und der fünfte Satz schließlich, der zu beweisende Satz, ergibt sich aus dem dritten und vierten wieder nach der Regel MP. (Um der Übersichtlichkeit willen ist es sinnvoll, diese Begründungen jeweils in einer Spalte rechts neben den einzelnen Formeln eines Beweises mit anzuführen, wie dies eben schon geschehen ist.) D.h., die angegebene Folge von Sätzen erfüllt alle Bedingungen der Definition 14.2.

Dieses Ergebnis lässt sich noch verallgemeinern. Denn so wie man mit der angegebenen Folge von Sätzen für den Satzbuchstaben 'p' nachweisen kann, dass der Satz '$p \to p$' ein Theorem des Kalküls AK ist, kann man offenbar für jeden Satz A zeigen, dass $A \to A$ in AK beweisbar ist. Dafür ist nur erforderlich, in dieser Folge den Satzbuchstaben 'p' überall durch den Satz A zu ersetzen:

1. $A \rightarrow ((A \rightarrow A) \rightarrow A)$ A1
2. $(A \rightarrow ((A \rightarrow A) \rightarrow A)) \rightarrow$
        $((A \rightarrow (A \rightarrow A)) \rightarrow (A \rightarrow A))$ A2
3. $(A \rightarrow (A \rightarrow A)) \rightarrow (A \rightarrow A)$ MP (1,2)
4. $A \rightarrow (A \rightarrow A)$ A1
5. $A \rightarrow A$ MP (3,4)

Denn auch nach dieser Ersetzung bleiben die Sätze 1., 2. und 4. Axiome von AK; und außerdem lassen sich die Sätze 3. und 5. nach wie vor mit Hilfe der Regel MP aus den Sätzen 1. und 2. bzw. 3. und 4. ableiten.

So wie dem semantischen Begriff der logischen Wahrheit der syntaktische Begriff der Beweisbarkeit entspricht, entspricht dem semantischen Begriff der logischen Folgerung der syntaktische Begriff der **Ableitbarkeit**.[†]

Definition 14.4

Eine endliche Folge A_1, A_2, ..., A_n von Sätzen ist eine **Ableitung** des Satzes A_n aus der Satzmenge **M** im Kalkül AK genau dann, wenn für alle i mit $1 \leq i \leq n$ gilt:

1. A_i ist ein Axiom von AK oder
2. A_i ist ein Element von **M** oder
3. A_i kann aus vorhergehenden Sätzen der Folge mit Hilfe der Regel MP gewonnen werden.

[†] Es ist von großer Bedeutung, dass man sich klarmacht, dass der Begriff der Ableitbarkeit ebenso wie der Begriff der Beweisbarkeit ein *relationaler* Begriff ist. Ein Satz A ist nicht einfach beweisbar oder ableitbar; er ist beweisbar *in einem Kalkül K* bzw. ableitbar *in einem Kalkül K*. D.h., der Begriff der Beweisbarkeit ist ebenso wie der Begriff der Ableitbarkeit *immer auf einen bestimmten Kalkül bezogen*.

Definition 14.5

Ein Satz A ist genau dann im Kalkül AK aus der Satzmenge M **ableitbar** (symbolisch: $M \vdash_{AK} A$), wenn es eine Ableitung von A aus M in AK gibt.

Auch der Inhalt dieser Definitionen soll zunächst wieder mit einem Beispiel veranschaulicht werden – einem Beispiel, das zeigt, dass sich in AK der Satz $A \rightarrow C$ aus den Sätzen $A \rightarrow B$ und $B \rightarrow C$ ableiten lässt:

1.	$A \rightarrow B$	Ann.
2.	$B \rightarrow C$	Ann.
3.	$(B \rightarrow C) \rightarrow (A \rightarrow (B \rightarrow C))$	A1
4.	$A \rightarrow (B \rightarrow C)$	MP (2, 3)
5.	$(A \rightarrow (B \rightarrow C)) \rightarrow ((A \rightarrow B) \rightarrow (A \rightarrow C))$	A2
6.	$(A \rightarrow B) \rightarrow (A \rightarrow C)$	MP (4, 5)
7.	$A \rightarrow C$	MP (1, 6)

Im folgenden Satz sind einige wichtige Beweisbarkeits- und Ableitbarkeitsbehauptungen zusammengefasst.

Satz 14.6

Sind A, B und C Sätze der Sprache AL$'$, dann gilt:

T1 $\quad \vdash_{AK} A \rightarrow A$

T2 $\quad A \rightarrow B,\ B \rightarrow C \vdash_{AK} A \rightarrow C$

T3 $\quad A \rightarrow (B \rightarrow C) \vdash_{AK} B \rightarrow (A \rightarrow C)$

T4 $\quad A \rightarrow (A \rightarrow B) \vdash_{AK} A \rightarrow B$

T5 $\quad \vdash_{AK} \neg A \rightarrow (A \rightarrow B)$

T5a $\quad \neg A, A \vdash_{AK} B$

T6 $\quad \neg B \rightarrow \neg A \vdash_{AK} A \rightarrow B$

$\Rightarrow$

T7a $\vdash_{AK} \neg\neg A \rightarrow A$

T7b $\vdash_{AK} A \rightarrow \neg\neg A$

T8 $A \rightarrow B \vdash_{AK} \neg B \rightarrow \neg A$

T8a $A \rightarrow \neg B \vdash_{AK} B \rightarrow \neg A$

T8b $\neg A \rightarrow B \vdash_{AK} \neg B \rightarrow A$

T9 $\vdash_{AK} A \wedge B \rightarrow A$

T9a $\vdash_{AK} \neg(A \rightarrow B) \rightarrow A$

T10 $\vdash_{AK} A \wedge B \rightarrow B$

T10a $\vdash_{AK} \neg(A \rightarrow B) \rightarrow \neg B$

Bevor wir diesen Satz beweisen, muss jedoch noch ein wichtiger Hilfsbegriff eingeführt werden – der Begriff der **zulässigen Regel**.

Definition 14.7

Ist der Satz A in AK aus den Sätzen $A_1, A_2, \ldots, A_n$ ableitbar, dann heißt die Regel

$$A_1$$
$$A_2$$
$$\ldots$$
$$\underline{A_n}$$
$$A$$

zulässig in AK.

Offenbar gilt, dass sich, wenn wir die Regelmenge von AK um die zulässigen Regeln erweitern, nicht mehr beweisen und ableiten lässt als vorher. D.h., wenn sich ein Satz unter Zuhilfenahme von zulässigen Regeln beweisen oder ableiten lässt, dann lässt er sich auch ohne diese Regeln in AK beweisen oder ableiten. Wir werden deshalb in zukünftigen Beweisen immer wieder auch von zulässigen Regeln Gebrauch machen, wobei

die jeweiligen Zeilen dann durch die entsprechenden Theorem-
nummern gekennzeichnet sind.

Beweis von Satz 14.6:

Zum Beweis von T1 und T2 siehe oben.

T3 $A \to (B \to C) \vdash_{AK} B \to (A \to C)$

1.	$A \to (B \to C)$	Ann.
2.	$(A \to (B \to C)) \to ((A \to B) \to (A \to C))$	A2
3.	$(A \to B) \to (A \to C)$	MP (1, 2)
4.	$B \to (A \to B)$	A1
5.	$B \to (A \to C)$	T2 (3, 4)

T4 $A \to (A \to B) \vdash_{AK} A \to B$

1.	$A \to (A \to B)$	Ann.
2.	$(A \to (A \to B)) \to ((A \to A) \to (A \to B))$	A2
3.	$(A \to A) \to (A \to B)$	MP (1, 2)
4.	$A \to A$	T1
5.	$A \to B$	MP (3, 4)

T5 $\vdash_{AK} \neg A \to (A \to B)$

1.	$\neg A \to (\neg B \to \neg A)$	A1
2.	$(\neg B \to \neg A) \to (A \to B)$	A3
3.	$\neg A \to (A \to B)$	T2 (1, 2)

T5a ergibt sich aus T5 durch zweimalige Anwendung von MP.

T6 ergibt sich durch einmalige Anwendung von MP aus A3.

T7a $\vdash_{AK} \neg\neg A \to A$

1.	$\neg\neg A \to (\neg A \to \neg\neg\neg A)$	T5
2.	$(\neg A \to \neg\neg\neg A) \to (\neg\neg A \to A)$	A3
3.	$\neg\neg A \to (\neg\neg A \to A)$	T2 (1, 2)
4.	$\neg\neg A \to A$	T4 (3)

Beweis von T7b als Übung.

T8 $A \to B \vdash_{AK} \neg B \to \neg A$

   1. $A \to B$ Ann.

   2. $\neg\neg A \to A$ T7a

   3. $\neg\neg A \to B$ T2 (1, 2)

   4. $B \to \neg\neg B$ T7b

   5. $\neg\neg A \to \neg\neg B$ T2 (3, 4)

   6. $\neg B \to \neg A$ T6 (5)

Beweis von T8a und T8b analog.

T9 $\vdash_{AK} A \wedge B \to A$, d.h. $\vdash_{AK} \neg(A \to \neg B) \to A$ [†]

   1. $\neg A \to (A \to \neg B)$ T5

   2. $\neg(A \to \neg B) \to A$ T8b (1)

Beweis von T9a analog.

T10 $\vdash_{AK} A \wedge B \to B$, d.h. $\vdash_{AK} \neg(A \to \neg B) \to B$

   1. $\neg B \to (A \to \neg B)$ A1

   2. $\neg(A \to \neg B) \to B$ T8b (1)

Beweis von T10a analog.

Ein weiteres wichtiges Hilfsmittel zum Beweisen und Ableiten in AK ist das folgende **Deduktionstheorem**.

Satz 14.8

Sind A_1, ..., A_n, A und B Sätze der Sprache AL′ und ist der Satz B in AK aus den Sätzen A_1, ..., A_n, A ableitbar, dann ist in AK auch der Satz $A \to B$ aus den Sätzen A_1, ..., A_n ableitbar.

D.h., wenn unter den angeführten Bedingungen gilt: A_1, ..., A_n, $A \vdash_{AK} B$, dann gilt auch: A_1, ..., A_n $\vdash_{AK} A \to B$.

[†] Vgl. die Abkürzungsregeln oben S. 115.

Beweis

Wenn der Satz B in AK aus den Sätzen A_1, ..., A_n und A ableitbar ist, dann gibt es eine Ableitung C_1, ..., C_m dieses Satzes, die den Bedingungen der Definition 14.4 genügt. Wir konstruieren nun aus dieser Ableitung auf die folgende Weise eine neue Folge von Sätzen.

1. Ist C_i $(1 \leq i \leq m)$ ein Axiom, dann ersetzen wir C_i durch die drei Sätze

i_1	C_i	Axiom
i_2	$C_i \to (A \to C_i)$	A1
i_3	$A \to C_i$	MP (i_1, i_2)

2. Ist C_i eine der Annahmen A_1, ..., A_n, dann ersetzen wir C_i durch die drei Sätze

i_1	C_i	Ann.
i_2	$C_i \to (A \to C_i)$	A1
i_3	$A \to C_i$	MP (i_1, i_2)

3. Ist C_i die Annahme A, dann ersetzen wir C_i durch den Satz

i.	$A \to A$	T1

4. Wurde C_i schließlich durch Anwendung der Regel MP gewonnen, dann bedeutet das, dass es zwei frühere Sätze C_k und C_l der Folge gibt mit $1 \leq k, l < i$ und $C_l = C_k \to C_i$. In diesem Fall ersetzen wir C_i durch die drei Sätze

i_1	$(A \to (C_k \to C_i)) \to$	
	$\qquad ((A \to C_k) \to (A \to C_i))$	A2
i_2	$(A \to C_k) \to (A \to C_i)$	MP (l_x, i_1)
i_3	$A \to C_i$	MP (k_x, i_2)

Offensichtlich ist die so konstruierte neue Folge von Sätzen eine Ableitung des Satzes $A \to B$ aus den Sätzen A_1, ..., A_n.

Denn $A \to B$ ist der letzte Satz dieser Folge, A kommt in dieser Folge an keiner Stelle als Annahme vor, und außerdem genügt jeder Satz dieser Folge den Bedingungen der Definition 14.4. In den ersten drei Fällen ist dies offensichtlich. Aber es gilt auch für den Fall, dass ein Satz C_i der ursprünglichen Ableitung durch Anwendung der Regel MP aus früheren Sätzen C_k und C_l $(C_l = C_k \to C_i)$ gewonnen wurde. Denn in diesem Fall ist die zweimalige Anwendung von MP in der neuen Folge möglich, da die Konstruktionsregeln sicherstellen, dass die Sätze $A \to C_k$ und $A \to (C_k \to C_i)$ schon früher in der neuen Folge vorkommen.

Also ist der Satz $A \to B$ in AK aus den Sätzen $A_1, \ldots, A_n$ ableitbar, wenn der Satz B in AK aus den Sätzen $A_1, \ldots, A_n$ und A ableitbar ist.

q.e.d.

Das Deduktionstheorem ist aus folgendem Grund außerordentlich nützlich: Es erlaubt, während eines Beweises Annahmen einzuführen und später wieder zu beseitigen. Dadurch werden viele Beweise erheblich vereinfacht. '$A \to A$' lässt sich mit Hilfe des Deduktionstheorems z.B. so beweisen:

1. A Ann.

Dies ist eine Ableitung von A aus sich selbst. Damit gilt: $A \vdash_{AK} A$. Also gilt auf Grund des Deduktionstheorems auch: $\vdash_{AK} A \to A$. Unter anderem mit Hilfe des Deduktionstheorems können wir die folgenden Beweisbarkeits- und Ableitbarkeitsbehauptungen beweisen.

Satz 14.9

Sind A, B und C Sätze der Sprache AL', dann gilt:

T8' $\vdash_{AK} (A \to B) \to (\neg B \to \neg A)$

T8a' $\vdash_{AK} (A \to \neg B) \to (B \to \neg A)$

T8b' $\vdash_{AK} (\neg A \to B) \to (\neg B \to A)$

$\Rightarrow$

T11	$\vdash_{AK}\ A \to (B \to A \land B)$
T11a	$\vdash_{AK}\ A \to (\neg B \to \neg(A \to B))$
T12	$\vdash_{AK}\ (A \to \neg A) \to \neg A$
T12a	$\vdash_{AK}\ (\neg A \to A) \to A$
T13	$A \to B, A \to \neg B \vdash_{AK}\ \neg A$
T13a	$\neg A \to B, \neg A \to \neg B \vdash_{AK}\ A$
T14	$\vdash_{AK}\ A \land B \to B \land A$
T15	$\vdash_{AK}\ A \to A \land A$
T16	$\vdash_{AK}\ A \land (B \land C) \to (A \land B) \land C$
T16a	$\vdash_{AK}\ (A \land B) \land C \to A \land (B \land C)$
T17	$\vdash_{AK}\ A \land B \to \neg(\neg A \lor \neg B)$
T17a	$\vdash_{AK}\ \neg(\neg A \lor \neg B) \to A \land B$
T18	$\vdash_{AK}\ A \lor B \to B \lor A$
T19	$\vdash_{AK}\ A \to A \lor A$
T20	$\vdash_{AK}\ A \lor (B \lor C) \to (A \lor B) \lor C$
T20a	$\vdash_{AK}\ (A \lor B) \lor C \to A \lor (B \lor C)$
T21	$\vdash_{AK}\ A \lor B \to \neg(\neg A \land \neg B)$
T21a	$\vdash_{AK}\ \neg(\neg A \land \neg B) \to A \lor B$
T22	$\vdash_{AK}\ A \land (B \lor C) \to (A \land B) \lor (A \land C)$
T22a	$\vdash_{AK}\ (A \land B) \lor (A \land C) \to A \land (B \lor C)$
T23	$\vdash_{AK}\ A \lor (B \land C) \to (A \lor B) \land (A \lor C)$
T23a	$\vdash_{AK}\ (A \lor B) \land (A \lor C) \to A \lor (B \land C)$
T24	$A \to (B \to C) \vdash_{AK}\ A \land B \to C$
T24a	$A \land B \to C \vdash_{AK} A \to (B \to C)$

Beweis

Die Beweise von T8′, T8a′ und T8b′ ergeben sich einfach aus
den Theoremen T8, T8a und T8b und dem Deduktionstheorem.

T11 $\vdash_{AK} A \to (B \to A \land B)$,

d. h. $\vdash_{AK} A \to (B \to \neg(A \to \neg B))$

Die Folge

1. A Ann.

2. $A \to \neg B$ Ann.

3. $\neg B$ MP (1, 2)

ist eine Ableitung von $\neg B$ aus A und $A \to \neg B$. Daher gilt:

(i) $A, A \to \neg B \vdash_{AK} \neg B$.

Hieraus ergibt sich durch zweimalige Anwendung des Deduktionstheorems:

(ii) $\vdash_{AK} A \to ((A \to \neg B) \to \neg B)$.

Mit Hilfe von (ii) beweisen wir jetzt T11:

1. $A \to ((A \to \neg B) \to \neg B)$ (ii)

2. $((A \to \neg B) \to \neg B) \to (B \to \neg(A \to \neg B))$ T8a′

3. $A \to (B \to \neg(A \to \neg B))$ T2 (1, 2)

Beweis von T11a als Übung.

T12 $\vdash_{AK} (A \to \neg A) \to \neg A$

1. $A \to (A \to \neg(A \to \neg A))$ T11

2. $A \to \neg(A \to \neg A))$ T4 (1)

3. $(A \to \neg A) \to \neg A$ T8a (2)

Beweis von T12a als Übung.

T13 $A \to B, A \to \neg B \vdash_{AK} \neg A$

Auf Grund von

1. A Ann.

2. $A \to B$ Ann.

3. $A \to \neg B$ Ann.

4. B MP (1, 2)

5. $\neg B$ MP (1, 3)

6. $\neg A$ T5a (4, 5)

gilt:

(i) $A \to B, A \to \neg B, A \vdash_{AK} \neg A$.

Hieraus folgt auf Grund des Deduktionstheorems

(ii) $A \to B, A \to \neg B \vdash_{AK} A \to \neg A$.

Mit Hilfe von (ii) beweisen wir T13:

1. $A \to B$ Ann.
2. $A \to \neg B$ Ann.
3. $A \to \neg A$ (ii) (1, 2)
4. $(A \to \neg A) \to \neg A$ T12
5. $\neg A$ MP (3, 4)

Beweis von T13a als Übung.

T14 $\vdash_{AK} A \wedge B \to B \wedge A$,

d.h. $\vdash_{AK} \neg(A \to \neg B) \to \neg(B \to \neg A)$

1. $(B \to \neg A) \to (A \to \neg B)$ T8a′
2. $\neg(A \to \neg B) \to \neg(B \to \neg A)$ T8 (1)

T15 $\vdash_{AK} A \to A \wedge A$, d.h. $\vdash_{AK} A \to \neg(A \to \neg A)$

1. $(A \to \neg A) \to \neg A$ T12
2. $A \to \neg(A \to \neg A)$ T8a (1)

T16 $\vdash_{AK} A \wedge (B \wedge C) \to (A \wedge B) \wedge C$,

d.h. $\vdash_{AK} \neg(A \to \neg\neg(B \to \neg C)) \to$
$$\neg(\neg(A \to \neg B) \to \neg C)$$

Auf Grund von

1. $\neg(A \to \neg B) \to \neg C$ Ann.
2. $C \to (A \to \neg B)$ T6 (1)
3. $A \to (C \to \neg B)$ T3 (2)
4. $(C \to \neg B) \to (B \to \neg C)$ T8a′
5. $A \to (B \to \neg C)$ T2 (3, 4)
6. $(B \to \neg C) \to \neg\neg(B \to \neg C)$ T7b

7. $A \rightarrow \neg\neg(B \rightarrow \neg C)$ T2 (5, 6)

gilt

(i) $\neg(A \rightarrow \neg B) \rightarrow \neg C \vdash_{AK} A \rightarrow \neg\neg(B \rightarrow \neg C)$.

Hieraus folgt auf Grund des Deduktionstheorems

(ii) $\vdash_{AK} (\neg(A \rightarrow \neg B) \rightarrow \neg C) \rightarrow$
$$(A \rightarrow \neg\neg(B \rightarrow \neg C)).$$

Mit Hilfe von (ii) beweisen wir T16:

1. $(\neg(A \rightarrow \neg B) \rightarrow \neg C) \rightarrow$
$$(A \rightarrow \neg\neg(B \rightarrow \neg C)) \qquad \text{(ii)}$$

2. $\neg(A \rightarrow \neg\neg(B \rightarrow \neg C)) \rightarrow$
$$\neg(\neg(A \rightarrow \neg B) \rightarrow \neg C) \qquad \text{T8 (1)}$$

Beweis von T16a als Übung.

T17 $\vdash_{AK} A \wedge B \rightarrow \neg(\neg A \vee \neg B)$,

d.h. $\vdash_{AK} \neg(A \rightarrow \neg B) \rightarrow \neg(\neg\neg A \rightarrow \neg B)$

Auf Grund von

1. $\neg\neg A \rightarrow \neg B$ Ann.

2. $A \rightarrow \neg\neg A$ T7a

3. $A \rightarrow \neg B$ T2 (2, 3)

gilt

(i) $\neg\neg A \rightarrow \neg B \vdash_{AK} A \rightarrow \neg B$.

Hieraus folgt auf Grund des Deduktionstheorems

(ii) $\vdash_{AK} (\neg\neg A \rightarrow \neg B) \rightarrow (A \rightarrow \neg B)$.

Mit Hilfe von (ii) beweisen wir T17:

1. $(\neg\neg A \rightarrow \neg B) \rightarrow (A \rightarrow \neg B)$ (ii)

2. $\neg(A \rightarrow \neg B) \rightarrow \neg(\neg\neg A \rightarrow \neg B)$ T8 (1)

Beweis von T17a als Übung.

T18 $\vdash_{AK} A \vee B \rightarrow B \vee A$,

d.h. $\vdash_{AK} (\neg A \rightarrow B) \rightarrow (\neg B \rightarrow A)$

Beweis identisch mit dem von T8b′.

T19 $\vdash_{AK} A \to A \lor A$, d.h. $\vdash_{AK} A \to (\neg A \to A)$

    1. $A \to (\neg A \to A)$ A1

T20 $\vdash_{AK} A \lor (B \lor C) \to (A \lor B) \lor C$,

    d.h. $\vdash_{AK} (\neg A \to (\neg B \to C)) \to (\neg(\neg A \to B) \to C)$

    Auf Grund von

    1. $\neg A \to (\neg B \to C)$ Ann.

    2. $(\neg B \to C) \to (\neg C \to B)$ T8b′

    3. $\neg A \to (\neg C \to B)$ T2 (1, 2)

    4. $\neg C \to (\neg A \to B)$ T3 (3)

    5. $\neg(\neg A \to B) \to C$ T8b (4)

    gilt

    (i) $\neg A \to (\neg B \to C) \vdash_{AK} \neg(\neg A \to B) \to C$.

    Und hieraus folgt auf Grund des Deduktionstheorems

    (ii) $\vdash_{AK} (\neg A \to (\neg B \to C)) \to (\neg(\neg A \to B) \to C)$.

Beweis von T20a als Übung.

T21 $\vdash_{AK} A \lor B \to \neg(\neg A \land \neg B)$,

    d.h. $\vdash_{AK} (\neg A \to B) \to \neg\neg(\neg A \to \neg\neg B)$

    Auf Grund von

    1. $\neg A \to B$ Ann.

    2. $B \to \neg\neg B$ T7a

    3. $\neg A \to \neg\neg B$ T2 (1, 2)

    gilt

    (i) $\neg A \to B \vdash_{AK} \neg A \to \neg\neg B$.

    Hieraus folgt auf Grund des Deduktionstheorems

    (ii) $\vdash_{AK} (\neg A \to B) \to (\neg A \to \neg\neg B)$.

    Mit Hilfe von (ii) beweisen wir T21:

    1. $(\neg A \to B) \to (\neg A \to \neg\neg B)$ (ii)

    2. $(\neg A \to \neg\neg B) \to \neg\neg(\neg A \to \neg\neg B)$ T7b

    3. $(\neg A \to B) \to \neg\neg(\neg A \to \neg\neg B)$ T2 (1, 2)

Beweis von T21a als Übung.

T22 $\vdash_{AK}$ $A \wedge (B \vee C) \rightarrow (A \wedge B) \vee (A \wedge C)$,

d. h. $\vdash_{AK}$ $\neg(A \rightarrow \neg(\neg B \rightarrow C)) \rightarrow$

$$(\neg\neg(A \rightarrow \neg B) \rightarrow \neg(A \rightarrow \neg C))$$

Auf Grund von

1.	$\neg(A \rightarrow \neg(\neg B \rightarrow C))$	Ann.
2.	$\neg(A \rightarrow \neg(\neg B \rightarrow C)) \rightarrow A$	T9
3.	A	MP (1, 2)
4.	$\neg(A \rightarrow \neg(\neg B \rightarrow C)) \rightarrow (\neg B \rightarrow C)$	T10
5.	$\neg B \rightarrow C$	MP (1, 4)
6.	$A \rightarrow (C \rightarrow \neg(A \rightarrow \neg C))$	T11
7.	$C \rightarrow \neg(A \rightarrow \neg C)$	MP (3, 6)
8.	$\neg\neg(A \rightarrow \neg B)$	Ann.
9.	$\neg\neg(A \rightarrow \neg B) \rightarrow (A \rightarrow \neg B)$	T7a
10.	$A \rightarrow \neg B$	MP (8, 9)
11.	$A \rightarrow C$	T2 (5,10)
12.	C	MP (3, 11)
13.	$\neg(A \rightarrow \neg C)$	MP (7, 12)

gilt

(i) $\neg(A \rightarrow \neg(\neg B \rightarrow C))$, $\neg\neg(A \rightarrow \neg B)$

$$\vdash_{AK} \neg(A \rightarrow \neg C).$$

Hieraus folgt durch zweimalige Anwendung des Deduktionstheorems T22.

Beweis von T22a als Übung.

T23 $\vdash_{AK}$ $A \vee (B \wedge C) \rightarrow (A \vee B) \wedge (A \vee C)$,

d. h. $\vdash_{AK}$ $(\neg A \rightarrow \neg(B \rightarrow \neg C)) \rightarrow$

$$\neg((\neg A \rightarrow B) \rightarrow \neg(\neg A \rightarrow C))$$

Auf Grund von

1.	$\neg A \rightarrow \neg(B \rightarrow \neg C)$	Ann.

2.	$\neg(B \to \neg C) \to B$	T9
3.	$\neg A \to B$	T2 (1, 2)
4.	$\neg(B \to \neg C) \to C$	T10
5.	$\neg A \to C$	T2 (1, 4)
6.	$(\neg A \to B) \to ((\neg A \to C) \to$	
	$\qquad\qquad \neg((\neg A \to B) \to \neg(\neg A \to C)))$	T11
7.	$(\neg A \to C) \to$	
	$\qquad \neg((\neg A \to B) \to \neg(\neg A \to C))$	MP (3,6)
8.	$\neg((\neg A \to B) \to \neg(\neg A \to C))$	MP (5, 7)

gilt

(i) $\neg A \to \neg(B \to \neg C) \vdash_{AK}$

$\qquad\qquad\qquad \neg((\neg A \to B) \to \neg(\neg A \to C)).$

Und hieraus folgt auf Grund des Deduktionstheorems

(ii) $\vdash_{AK} (\neg A \to \neg(B \to \neg C)) \to$

$\qquad\qquad\qquad \neg((\neg A \to B) \to \neg(\neg A \to C)).$

Beweis von T23a als Übung.

T24	$A \to (B \to C) \vdash_{AK} A \wedge B \to C$	
	d.h. $A \to (B \to C) \vdash_{AK} \neg(A \to \neg B) \to C$	
1.	$A \to (B \to C)$	Ann.
2.	$(B \to C) \to (\neg C \to \neg B)$	T8'
3.	$A \to (\neg C \to \neg B)$	T2 (1, 2)
4.	$\neg C \to (A \to \neg B)$	T3 (3)
5.	$\neg(A \to \neg B) \to C$	T8b (4)

Beweis von T24a als Übung.

Aufgaben 14

1. Beweisen Sie die Sätze T11a, T12a, T13a, T16a, T17a, T20a, T21a, T22a, T23a und T24a.

2. Im Beweis des Deduktionstheorems wurden neben der Schlussregel Modus Ponens nur die Axiome A1 und A2 verwendet. Zeigen

Sie, dass man umgekehrt allein mit Hilfe des Deduktionstheorems und Modus Ponens A1 und A2 beweisen kann. Die Axiome A1 und A2 werden also in AK nicht mehr benötigt, wenn das Deduktionstheorem einmal bewiesen ist.

3. Der erste axiomatische Kalkül der Aussagenlogik findet sich in Gottlob Freges 1879 veröffentlichtem Buch *Begriffsschrift*. Freges Kalkül, nennen wir ihn 'AKF', enthält als Schlussregel ebenfalls Modus Ponens sowie die folgenden Axiome:

F1) $A \to (B \to A)$

F2) $(A \to (B \to C)) \to ((A \to B) \to (A \to C))$

F3) $(A \to (B \to C)) \to (B \to (A \to C))$

F4) $(A \to B) \to (\neg B \to \neg A)$

F5) $\neg\neg A \to A$

F6) $A \to \neg\neg A$

Diesen Axiomen entsprechen in AK die Axiome A1, A2 und die Theoreme T3, T8′, T7a und T7b. Weil alle Axiome von AKF also auch in AK gelten, kann in AKF nicht mehr bewiesen werden als in AK. Zeigen Sie, dass auch umgekehrt alles, was in AK beweisbar ist, in AKF beweisbar ist, indem Sie das in Freges System nicht vorkommende Axiom A3 von AK aus F1-F6 ableiten. Dabei darf natürlich keines der für AK bewiesenen Theoreme verwendet werden, sofern nicht erst bewiesen ist, dass es auch in AKF gilt.

4. Freges Axiom F3 ist überflüssig. Beweisen Sie F3 mit Hilfe der anderen AKF-Axiome.

15   Übersetzung umgangssprachlicher Sätze in die Sprache AL

In den letzten Kapiteln haben wir viel über die Sprache AL und ihre Logik erfahren. Aber hilft uns das wirklich weiter? Kein Mensch auf der Welt spricht AL. Und auch philosophische Bücher werden auf Deutsch oder Englisch oder in einer anderen natürlichen Sprache geschrieben, aber nicht in der Sprache AL. Ist die Beschäftigung mit AL also nur ein Glasperlenspiel? Die Antwort ist eindeutig: Nein. Denn unter bestimmten Bedingungen kann man sehr wohl aus den logischen Eigenschaften der Sätze *einer* Sprache Rückschlüsse auf die logischen Eigenschaften der Sätze *einer anderen* Sprache ziehen.

Das entscheidende Stichwort heißt hier '**adäquate Übersetzung**'. Sind nämlich die Sätze A, A_1, ..., A_n einer Sprache L_1 adäquate Übersetzungen der Sätze A', A'_1, ..., A'_n einer Sprache L_2, dann gilt:

1. Ist der Satz A' logisch wahr, dann ist auch der Satz A logisch wahr; und
2. folgt der Satz A' logisch aus den Sätzen A'_1, ..., A'_n, dann folgt auch der Satz A logisch aus den Sätzen A_1, ..., A_n.

Warum ist das so? Um eine Antwort auf diese Frage zu finden, müssen wir uns zunächst überlegen, was überhaupt eine adäquate Übersetzung ist. Grundsätzlich besteht das Geschäft des Übersetzens darin, für einen Satz einer Sprache L_1 einen *bedeutungsgleichen* Satz einer anderen Sprache L_2 zu finden. Dabei ist mit 'bedeutungsgleich' in der Regel sehr viel gemeint. Die beiden Sätzen sollen nicht nur dieselben Wahrheitsbedingungen haben; sie sollen auch gleich 'klingen' und möglichst mit denselben Konnotationen verbunden sein. Für die Logik reicht es jedoch aus, wenn wir die Bedeutung eines Satzes mit seinen Wahrheitsbedingungen identifizieren. Wir wollen den Begriff der adäquaten Übersetzung daher so verstehen:

> Ein Satz A ist genau dann eine *adäquate Übersetzung* eines Satzes A', wenn A und A' dieselben Wahrheitsbedingungen besitzen.

Wenn die Sätze A, A_1, ..., A_n einer Sprache L_1 dieselben Wahrheitsbedingungen besitzen wie die Sätze A', A'_1, ..., A'_n einer Sprache L_2, lässt sich aber leicht sehen, warum die beiden oben angeführten Thesen zutreffen. Ist nämlich A' logisch wahr, dann bedeutet das, dass A' unabhängig von der Bedeutung der in diesem Satz vorkommenden deskriptiven Ausdrücke wahr ist, und das heißt, dass A' unabhängig davon wahr ist, wie die Welt beschaffen ist. Wenn A dieselben Wahrheitsbedingungen hat wie A', muss also auch A unabhängig davon wahr sein, wie die Welt beschaffen ist. Und das wiederum heißt, dass auch A logisch wahr ist.

Wenn auf der anderen Seite A' logisch aus den Sätzen $A'_1, \ldots,$ A'_n folgt, dann bedeutet das, dass alle Umstände, unter denen alle Prämissen $A'_1, \ldots, A'_n$ wahr sind, auch Umstände sind, unter denen A' wahr ist. Wenn nun die Sätze $A, A_1, \ldots, A_n$ dieselben Wahrheitsbedingungen besitzen wie die Sätze $A', A'_1, \ldots,$ A'_n, dann heißt das aber, dass die Umstände, unter denen die Sätze $A'_1, \ldots, A'_n$ wahr sind, dieselben sind wie die Umstände, unter denen die Sätze $A_1, \ldots, A_n$ wahr sind; und dass die Umstände, unter denen A' wahr ist, dieselben sind wie die Umstände, unter denen A wahr ist. Wenn gilt: alle Umstände, unter denen alle Prämissen $A'_1, \ldots, A'_n$ wahr sind, sind auch Umstände, unter denen A' wahr ist, muss also auch gelten: alle Umstände, unter denen alle Prämissen $A_1, \ldots, A_n$ wahr sind, sind auch Umstände, unter denen A wahr ist. Mit anderen Worten: Wenn A' logisch aus den Sätzen $A'_1, \ldots, A'_n$ folgt und die Sätze $A, A_1, \ldots, A_n$ dieselben Wahrheitsbedingungen besitzen wie die Sätze $A', A'_1, \ldots, A'_n$, dann folgt auch A logisch aus $A_1, \ldots, A_n$.

Fazit: In dem Maße, in dem wir umgangssprachliche Sätze adäquat in die Sprache AL übersetzen können, können wir die logischen Eigenschaften und Beziehungen der Sätze der Sprache AL zur logischen Beurteilung umgangssprachlicher Sätze heranziehen.

Für die Übersetzung umgangssprachlicher Sätze in Sätze der Sprache AL[†] gibt es kein festes System von Regeln, das für

---

[†] Das, was im Folgenden dargestellt wird, das manchmal einfache, manchmal mühevolle Geschäft des *Übersetzens* umgangssprachlicher deutscher Sätze in die Sprache AL, wird in den allermeisten Einführungen in die Logik als '*Formalisierung* umgangssprachlicher Sätze mit aussagenlogischen Mitteln' bezeichnet. Dass diese Formulierung das, worum es geht, nicht treffend beschreibt, habe ich im vorletzten Abschnitt zu begründen versucht. Ähnliche Zweifel am herkömmlichen Konzept der 'Formalisierung' finden sich in W. V. Quine 'Methodological Reflections on Current Linguistic Theory' (in: D. Davidson & G. Harman (eds.) *Semantics of Natural Language.* 2nd ed. Dordrecht: Reidel Publishing Company 1972, 442–454) und – mit einem Bezug auf die verwandte Annahme grammatischer Tiefenstrukturen – in F. Hermanns, 'Descriptions of Deep Structures are

jeden einzelnen Fall genau festlegt, wie man zu verfahren hat. Aber es gibt doch einige Grundsätze, an denen man sich orientieren kann. Diese Grundsätze sollen in diesem Kapitel an einigen geeigneten Beispielen erläutert werden. Dabei werden wir uns natürlich daran orientieren, dass die Junktoren '¬', '∧', '∨', '→' und '↔' – zumindest *cum grano salis* – den umgangssprachlichen Ausdrücken 'es ist nicht der Fall, dass', 'und', 'oder', 'wenn, dann' und 'genau dann, wenn' entsprechen.

Generell besteht jede Übersetzung eines Satzes *A* der deutschen Umgangssprache in die Sprache AL in der Angabe

- *eines Satzes A' von AL* und
- *einer Bewertung V.*

Im Folgenden beschränken wir uns jedoch darauf, die Bewertung der in *A'* vorkommenden Satzbuchstaben anzugeben, da die Bewertung der übrigen Satzbuchstaben für die Wahrheitsbedingungen von *A'* und damit auch für die Frage, ob *A'* dieselben Wahrheitsbedingungen hat wie *A*, irrelevant ist. Bei der Angabe der Bewertung der in *A'* vorkommenden Satzbuchstaben werden wir im Folgenden statt '$V(p) = ...$' auch einfach '$p: ...$' schreiben.

Unabhängig davon, dass wir hier davon ausgehen, dass ein Satz *A* schon dann eine *adäquate Übersetzung* eines Satzes *A'* ist, wenn *A* und *A'* dieselben Wahrheitsbedingungen besitzen, wollen wir im Folgenden an Übersetzungen doch noch zwei

---

Translations into Artificial Languages' (*Linguistics* 99 (1973), 71–77). (Diese Hinweise habe ich dem interessanten Buch *Die Bedeutung von 'wahr' und 'Wahrheit'* (28ff.) von W. Franzen entnommen, das 1982 in Freiburg/ München beim Verlag Karl Alber erschienen ist.)

Eine wichtige Konsequenz der hier vertretenen Auffassung besteht darin, dass es für einen Satz häufig verschiedene angemessene Übersetzungen in dieselbe Sprache gibt und dass man umgangssprachliche Sätze natürlich in sehr verschiedene formale Sprachen übersetzen kann. Es gibt also nicht *die* logische Form eines umgangssprachlichen Satzes; vielmehr ist das, was häufig so bezeichnet wird, relativ (a) zur gewählten Übersetzung und (b) zu der Sprache, in die übersetzt wird.

weitere Bedingungen stellen. Der Satz A' von AL, in den der deutsche Satz A übersetzt wird, soll

- möglichst *strukturreich* und
- in seiner Struktur dem deutsche Satz A *möglichst ähnlich* sein.

Wenn es nur um die Identität der Wahrheitsbedingungen geht, kann man den deutschen Satz

(1)   Wenn Hans nicht kommt, kommt auch Paula nicht

nämlich auch so in die Sprache AL übersetzen:

(1') p

            p: Wenn Hans nicht kommt, kommt auch Paula nicht.

Genauso kann man in diesem Fall den Satz

(2)   Hans kommt und Paula kommt

folgendermaßen in AL übersetzen:

(2') $\neg(\neg p \lor \neg q)$

            p: Hans kommt;
            q: Paula kommt.

Aber niemand wird behaupten wollen, dass es sich hier um 'schöne' Übersetzungen handelt. Und außerdem: Je strukturreicher ein Satz von AL ist, um so eher kann man zeigen, dass dieser Satz logisch wahr oder logisch falsch ist. Die angemessenen Übersetzungen der deutschen Sätze (1) und (2) sind daher die folgenden Sätze von AL:

(1'') $\neg p \to \neg q$

            Bewertung wie bei (2')

und

(2'') $p \land q$

            Bewertung wie bei (2').

15.1 Negationen

Mit Hilfe des Negationszeichens '¬' lassen sich fast alle umgangssprachlichen Sätze, die ein 'nicht' enthalten, in die Sprache AL übersetzen. Denn der Satz

(1)   Paul ist nicht klug

hat offenbar dieselben Wahrheitsbedingungen wie der Satz

(2)   Es ist nicht der Fall, dass Paul klug ist.

Beide Sätze können wir deshalb folgendermaßen übersetzen:

(2′) $\neg p$

      p: Paul ist klug.

Denn dieser Satz ist bzgl. *V* genau dann wahr, wenn der Satz

(3) p

bzgl. dieser Bewertung falsch ist. Und das ist genau dann der Fall, wenn Paul nicht klug ist. (2′) hat also dieselben Wahrheitsbedingungen wie die Sätze (1) und (2).

Damit haben wir aber auch schon ein ziemlich sicheres Kriterium für ähnliche Fälle an der Hand:

- Wenn man einen mit Hilfe des Ausdrucks 'nicht' gebildeten Satz *A* der deutschen Umgangssprache problemlos mit Hilfe eines 'es ist nicht der Fall, dass'-Satzes paraphrasieren[†] kann, dann kann man *A* in eine Negation übersetzen.

Dies gilt z. B. auch für den Satz

(4)   Berlin liegt nicht an der Elbe.

Denn dieser Satz hat dieselben Wahrheitsbedingungen wie der Satz

(5)   Es ist nicht der Fall, dass Berlin an der Elbe liegt.

Also kann er in die Negation übersetzt werden:

[†] Unter einer Paraphrase soll hier nichts anderes verstanden werden als die adäquate Übersetzung eines Satzes in einen anderen Satz *derselben* Sprache.

(4′)   ¬*p*

       p: Berlin liegt an der Elbe.

Negierte Sätze können in der deutschen Sprache aber nicht nur mit Hilfe des Ausdrucks 'nicht' gebildet werden. Andere Ausdrücke mit ähnlicher Funktion sind der Ausdruck 'kein' sowie die Ausdrücke 'niemand', 'nichts' usw. So hat z. B. auch der Satz

(6)   Franz Beckenbauer ist kein Musiker

im Deutschen dieselben Wahrheitsbedingungen wie der Satz

(7)   Es ist nicht der Fall, dass Franz Beckenbauer ein Musiker ist.

Und deshalb kann der Satz (6) ebenso wie der Satz (7) durch den Satz übersetzt werden:

(6′)   ¬*p*

       p: Franz Beckenbauer ist ein Musiker.

Ähnlich verhält es sich mit Ausdrücken wie 'niemand' und 'nichts'. Denn diese Ausdrücke kann man offenbar als Abkürzungen für 'nicht jemand' und 'nicht etwas' verstehen. Und entsprechend können diese Ausdrücke im Allgemeinen problemlos durch 'es ist nicht der Fall, dass jemand' bzw. 'es ist nicht der Fall, dass etwas' wiedergegeben werden.

In diesem Sinne kann man die umgangssprachlichen Sätze

(8)   Niemand ist gescheiter als Hans

und

(9)   Fritz hat Gerda nichts geschenkt

also durch die Sätze

(8′)   ¬*p*

       p: Jemand ist gescheiter als Hans

und

(9′)   ¬*p*

       p: Fritz hat Gerda etwas geschenkt

übersetzen. Denn die Sätze (8) und (9) können im Deutschen ohne Schwierigkeiten mit Hilfe der Sätze

(10)   Es ist nicht der Fall, dass jemand gescheiter ist als Hans

und

(11)   Es ist nicht der Fall, dass Fritz Gerda etwas geschenkt hat

paraphrasiert werden.

Ähnlich wie die Ausdrücke 'niemand' und 'nichts' kann auch der Ausdruck 'kein' (besonders, wenn er am Anfang eines Satzes steht) als Abkürzung für 'nicht ein' verstanden werden. Den Satz

(12)   Kein Mensch ist vollkommen

kann man also durch

(13)   Nicht ein Mensch ist vollkommen

paraphrasieren. Und dieser Satz hat offenbar dieselben Wahrheitsbedingungen wie der Satz

(14)   Es ist nicht der Fall, dass es einen vollkommenen Menschen gibt.

Den Satz (12) kann man daher in der gleichen Weise wie die Sätze (8) und (9) übersetzen

(12′) $\neg p$

        p: Es gibt einen vollkommenen Menschen.

Eine weitere Möglichkeit, im Deutschen negierte Sätze zu bilden, besteht in der Verwendung der Vorsilbe 'un-'. Damit sind im Hinblick auf die Übersetzung entsprechender Sätze in die Sprache AL aber Probleme verbunden, weil mit der Vorsilbe 'un-' gebildete Ausdrücke oft einen anderen Klang und manchmal auch eine ganz andere Bedeutung haben als die entsprechenden mit 'nicht' gebildeten Ausdrücke. 'Unschön' bedeutet etwas anderes als 'nicht schön', 'unverschämt' etwas anderes als 'nicht verschämt' und 'unerhört' häufig offenbar etwas völlig anderes als 'nicht erhört'. Andererseits bedeutet 'unvollkommen' in etwa dasselbe wie 'nicht vollkommen' und 'ungünstig' in etwa dasselbe wie 'nicht günstig'. Wir sind hier also auf unsere Intuition angewiesen, wann eine entsprechende mit 'nicht' oder 'es ist nicht der Fall, dass' gebildete Paraphrase möglich ist und wann nicht. Wenn wie im Fall des Satzes

(15)   Hans ist unverschämt

eine solche Paraphrase nicht möglich ist, dann kann dieser Satz nicht in eine Negation, sondern nur in einen Satzbuchstaben übersetzt werden:

(15′) p

          p: Hans ist unverschämt.

Wenn man dagegen wie im Fall des Satzes

(16)   Hans ist unvernünftig

eine 'es ist nicht der Fall, dass'-Paraphrase mit denselben Wahrheitsbedingungen angeben kann, dann ist auch die Übersetzung in eine Negation möglich. Da der Satz (16) die gleichen Wahrheitsbedingungen hat wie der Satz

(17)   Es ist nicht der Fall, dass Hans vernünftig ist,

kann man diesen Satz also so übersetzen:

(16′) $\neg p$

          p: Hans ist vernünftig.

15.2 Konjunktionen

Mit Hilfe des Konjunktionszeichens '$\wedge$' können wir einen sehr großen Teil der Sätze, die den Ausdruck 'und' enthalten, in die Sprache AL übersetzen – auch solche Sätze, in denen das 'und' im Deutschen nicht zwei Sätze, sondern etwa zwei Substantive, zwei Adjektive oder zwei Verben verbindet.

Zunächst einmal ist sicher klar, dass sich der Satz

(1)   Hans ist blond und Hans ist 1,80 m groß

problemlos in den Satz

(1′) $p \wedge q$

          p: Hans ist blond;
          q: Hans ist 1,80 m groß

übersetzen lässt. Denn offenbar hat dieser Satz bzgl. der angegebenen Bewertung dieselben Wahrheitsbedingungen wie der Satz (1).

Aber auch der umgangssprachliche Satz

(2)   Hans ist blond und 1,80 m groß

ist genau dann wahr, wenn der Satz (1) wahr ist. Also kann auch dieser Satz in den Satz (1') übersetzt werden. Sätze wie (1') sind daher nicht nur angemessene Übersetzungen für Sätze der Art (1), sondern auch für Sätze der Art (2). Und eine analoge Überlegung gilt auch für die beiden Sätze

(3)   Hans ist ein guter Schwimmer und Paul ist ein guter
             Schwimmer

und

(4)   Hans und Paul sind gute Schwimmer.

Denn beide Sätze können folgendermaßen adäquat übersetzt werden:

(3') $p \wedge q$
             p: Hans ist ein guter Schwimmer;
             q: Paul ist ein guter Schwimmer.

Ja, sogar der umgangssprachliche Satz

(4a)   Hans und Paul sind beide ein guter Schwimmer

kann durch den Satz (3') wiedergegeben werden.

Was meistens gilt, muss aber nicht immer gelten. Denn z. B. in dem Satz

(5)   Hans zieht sich die Schuhe aus und geht ins Bett

hat das 'und' eine zeitliche Komponente, die das 'und' in den meisten anderen Fällen nicht hat und die auch dem Junktor '$\wedge$' fehlt. Die Übersetzung des Satzes (5) durch den Satz

(5') $p \wedge q$
             p: Hans zieht sich die Schuhe aus;
             q: Hans geht ins Bett

ist daher keine vollständig angemessene Übersetzung. Denn dieser Satz ist bzgl. der angegebenen Bewertung schon dann wahr, wenn die Teilsätze 'p' und 'q' bzgl. dieser Bewertung beide wahr sind, d.h., wenn es wahr ist, dass Hans sich die Schuhe auszieht, und wenn es wahr ist, dass Hans ins Bett geht. Der umgangssprachliche Satz (5) dagegen ist erst dann wahr, wenn außerdem auch noch gilt, dass sich das Ins-Bett-Gehen von Hans *nach* seinem Sich-die-Schuhe-Ausziehen vollzieht.

Andererseits ist die Übersetzung von (5) durch (5') aber auch nicht völlig unangemessen. Denn immerhin ist es so, dass (5') immer dann wahr ist, wenn (5) wahr ist, auch wenn das Umgekehrte nicht gilt. Wir könnten daher den umgangssprachlichen Satz (5) mit Vorbehalten durch den Satz (5') wiedergeben. Allerdings müssen wir uns dabei bewusst bleiben, dass dieser Satz nicht genau dieselben Wahrheitsbedingungen hat wie der Satz (5), sondern schwächer ist, und dass deshalb eine Rückübersetzung von (5') in (5) nicht möglich ist. Nur auf diese Weise können wir uns vor möglichen Fehlschlüssen bewahren. Denn aus dem Satz (5') folgt z.B. der Satz

(5a') $q \wedge p$

Bewertung wie bei (5').

Aber dies bedeutet natürlich nicht, dass auch aus dem Satz (5) der Satz

(5a)   Hans geht ins Bett und zieht sich die Schuhe aus

folgen würde.

Vor Probleme ganz anderer Art stellen uns Sätze wie

(6)   Hans und Gerda sind befreundet.

Denn obwohl dieser Satz dieselbe grammatische Form hat wie der Satz (4), war schon im Kapitel 9 deutlich geworden, dass in Sätzen dieser Art nicht von zwei Individuen ausgesagt wird, dass sie beide eine bestimmte Eigenschaft haben. Denn wenn das so wäre, würde der Satz (6) dasselbe besagen wie der Satz

(7)   Hans ist befreundet und Gerda ist befreundet.

Und das ist offensichtlich nicht der Fall. D.h., der Satz (6) lässt sich nicht als 'und'-Verbindung zweier Teilsätze auffassen und daher auch nicht in eine Konjunktion übersetzen. Es bleibt nur die Möglichkeit, ihn mit Hilfe eines einfachen Satzbuchstabens wiederzugeben:

(6') p

    p: Hans und Gerda sind befreundet.

In diesem Zusammenhang sei auch noch einmal auf das schon im Kapitel 9 angesprochene Problem aufmerksam gemacht, das mit umgangssprachlichen Sätzen wie

(8)   Hans und Gerda sind verheiratet

verbunden ist. Diese Sätze sind doppeldeutig. Der Satz (8) z. B. kann besagen, dass zwischen Hans und Gerda die Beziehung besteht, miteinander verheiratet zu sein. Er kann aber auch besagen, dass Hans und Gerda beide die Eigenschaft haben, verheiratet zu sein. In diesem Fall ist, anders als z. B. bei dem Satz

(9)   Hans und Gerda sind miteinander verheiratet,

eine eindeutige Übersetzung daher nicht möglich. In Frage kommen sowohl die Übersetzung

(8') $p \wedge q$

    p: Hans ist verheiratet;
    q: Gerda ist verheiratet

als auch die Übersetzung

(8'') p

    p: Hans und Gerda sind (miteinander) verheiratet.

Welche dieser beiden Übersetzungen angemessen ist, das hängt davon ab, wie der Satz (8) gemeint ist.

Die letzten Beispiele haben gezeigt, dass nicht alle umgangssprachlichen Sätze, in denen der Ausdruck 'und' vorkommt, in Konjunktionen übersetzt werden können. Andererseits gibt es jedoch auch umgangssprachliche Sätze, in denen der Ausdruck 'und' gar nicht vorkommt und die trotzdem sinnvoll mit Hilfe des Junktors '$\wedge$' übersetzt werden können. Zu diesen Sätzen gehören zunächst Sätze wie

(10a)   Hans ist ebenso dumm wie faul

und

(10b)   Hans ist sowohl dumm als auch faul.

Denn diese Sätze können offensichtlich so übersetzt werden:

(10′) $p \wedge q$

> p: Hans ist dumm;
> q: Hans ist faul.

Aber wie steht es mit Sätzen, in denen die Wörter 'aber', 'sondern' oder 'obwohl' vorkommen? Nehmen wir z.B. den Satz

(11)   Hans ist nicht dumm, aber faul.

Zumindest auf den ersten Blick scheint dieser Satz doch etwas anderes zu besagen als der Satz

(12)   Hans ist nicht dumm und Hans ist faul.

Hier lohnt es sich aber, etwas genauer hinzuschauen. Auf der einen Seite ist zunächst nämlich klar, dass der Satz (12) logisch aus dem Satz (11) folgt. Wenn Hans nicht dumm, aber faul ist, dann gilt offenbar, dass Hans nicht dumm ist, und auch, dass er faul ist, d.h., wenn (11) wahr ist, muss auch (12) wahr sein. Wie ist es nun aber, wenn wir uns vorstellen, dass der Satz (12) wahr ist, wenn wir uns also vorstellen, dass Hans nicht dumm und dass Hans faul ist? Wären wir in dieser Situation nicht auch berechtigt, den Satz (11) zu behaupten? Was sollte für die Wahrheit dieses Satzes mehr erforderlich sein?

Das Problem, das uns hier zu schaffen macht, hat auch Gottlob Frege, der zu Recht als Begründer der modernen Logik gilt, beschäftigt. Und in seinem Aufsatz „Der Gedanke"[†] schlägt er folgende Lösung vor:

> Ein Behauptungssatz enthält außer einem Gedanken und der Behauptung oft noch ein Drittes, auf das sich die Behauptung nicht erstreckt. (36)

Wenn wir den Gedanken, den ein Satz ausdrückt, hier mit dem identifizieren, was der Satz besagt, dann lassen sich Frege zufolge an jedem Satz also zunächst zwei Aspekte unterschei-

---

[†] Wieder abgedr. in G. Frege, *Logische Untersuchungen*. Hg. von G. Patzig. 4. Aufl., Göttingen: Vandenhoeck & Ruprecht 1993, 30–53.

den: Erstens das, was der Satz besagt, und zweitens die Behauptung, dass es so ist, wie er besagt. Neben diesen beiden Aspekten enthalten viele Sätze jedoch auch noch einen dritten Aspekt, den Frege 'Beleuchtung' nennt. Dieser Aspekt kommt seiner Meinung nach in Wörtern wie 'leider' und 'gottlob' zum Ausdruck, oder auch darin, ob man ein Pferd als 'Gaul' oder als 'Mähre' bezeichnet.

> Ob ich das Wort 'Pferd' oder 'Roß' oder 'Gaul' oder 'Mähre' gebrauche, macht keinen Unterschied im Gedanken. Die behauptende Kraft erstreckt sich nicht auf das, wodurch sich diese Wörter unterscheiden. Was man Stimmung, Duft, Beleuchtung in einer Dichtung nennen kann, was durch Tonfall und Rhythmus gemalt wird, gehört nicht zum Gedanken. (37)

Entscheidend ist hier, dass sich die behauptende Kraft eines Satzes Frege zufolge *nicht* auf das erstreckt, was nur die Beleuchtung betrifft. Mit dem Satz

(13)   Alfred ist noch nicht gekommen

sage ich deshalb nicht mehr als mit dem Satz

(14)   Alfred ist nicht gekommen.

Der Ausdruck 'noch' im Satz (13) hat nur die Funktion *anzudeuten*, dass ich Alfreds Kommen noch erwarte. Obwohl diese Erwartung in dem Satz mitschwingt, wird sie aber nicht mitbehauptet. Der Satz ist nicht falsch, wenn Alfreds Kommen nicht erwartet wird.

Und ähnlich steht es auch mit dem Wort 'aber'. Es unterscheidet sich Frege zufolge von dem Wort 'und' nur dadurch, „dass man mit ihm andeutet, das Folgende stehe zu dem, was nach dem Vorhergehenden zu erwarten war, in einem Gegensatze" (37).

Nehmen wir etwa folgendes Beispiel. Kommissar Maigret hat einen Einbruch aufzuklären, und bei den Zeugenvernehmungen ergibt sich, dass der Einbrecher eine Glatze hat und ca. 1,82 m groß ist. Maigret sagt daher zu seinen Mitarbeitern: 'Wir suchen also einen ca. 1,82 m großen Mann mit Glatze!' Wenn daraufhin sein Assistent Lucas antwortet: 'Chef, ich habe hier einen Verdächtigen, der 1,82 m groß ist, *aber* er hat keine

Glatze', dann wäre das eine in dieser Situation durchaus angemessene Bemerkung. Denn leider passt dieser Verdächtige
nicht zur Täterbeschreibung. D.h., durch die Verwendung von
'aber' statt 'und' deutet Lucas an, dass seine und die Erwartung
seines Chefs enttäuscht wurden. Aber er deutet es eben auch
nur an; er behauptet es nicht. Und das heißt allgemein: *In ihren
Wahrheitsbedingungen unterscheiden sich mit 'und' und mit
'aber' gebildete Sätze nicht voneinander.* Da es bei der Übersetzung umgangssprachlicher Sätze in Sätze der Sprache AL
jedoch nur auf die Identität der Wahrheitsbedingungen ankommt, können wir deshalb den Satz (11) ebenso wie den Satz
(12) folgendermaßen übersetzen:

(11') $\neg p \wedge q$

     p: Hans ist dumm;
     q: Hans ist faul.

Und da für Sätze, in denen die Ausdrücke 'obwohl' und 'sondern' vorkommen, ganz ähnliche Überlegungen gelten, ist es
für unsere Zwecke völlig legitim, wenn wir die Sätze

(15)   Obwohl Helga mit Paul verlobt ist, liebt sie ihn nicht

und

(16)   Nicht Hans, sondern Paul kommt zur Party

entsprechend übersetzen:

(15') $p \wedge \neg q$

     p: Helga ist mit Paul verlobt;
     q: Helga liebt Paul

(16') $\neg p \wedge q$

     p: Hans kommt zur Party;
     q: Paul kommt zur Party.

15.3 Adjunktionen

Die Übersetzung umgangssprachlicher Sätze, die mit Hilfe des
Wortes 'oder' gebildet sind, ist im Allgemeinen unproblematisch. Zu beachten ist hier allein, dass es im Deutschen zwei

verschiedene Arten des 'oder' gibt – das *ausschließende* und das *nicht ausschließende* 'oder'. Das nicht ausschließende 'oder' entspricht fast völlig dem Adjunktionszeichen '∨'. (Allerdings kann das 'oder' im Deutschen ebenso wie das 'und' nicht nur zur Verbindung von Sätzen, sondern auch zur Verbindung von Subjekten bzw. Prädikaten verwendet werden). Ein mit Hilfe des nicht ausschließenden 'oder' gebildeter umgangssprach-licher Satz ist nämlich genau dann wahr, wenn wenigstens einer der beiden in ihm enthaltenen Teilsätze wahr ist. Wenn wir das 'oder' in dem Satz

(1)   Hans kommt zur Party oder Fritz kommt zur Party

in diesem Sinne als nicht ausschließendes 'oder' auffassen, ist dieser Satz also genau dann wahr, wenn Hans kommt, wenn Fritz kommt oder wenn Hans und Fritz beide kommen. Und er ist genau dann falsch, wenn Hans und Fritz beide nicht zur Party kommen. Bei dieser Interpretation können wir den Satz (1) also problemlos folgendermaßen übersetzen:

(1′) $p ∨ q$

     p: Hans kommt zur Party;
     q: Fritz kommt zur Party.

Wir können jedoch nicht ganz sicher sein, dass der Satz (1) tatsächlich in dem gerade geschilderten Sinn gemeint ist. Denn es ist auch möglich, dass in ihm ausgesagt werden soll, dass entweder Hans kommt oder Fritz kommt, dass also Hans kommt oder Fritz kommt, dass aber nicht beide kommen. In diesem Fall wäre dann das in diesem Satz enthaltene 'oder' ein ausschließendes 'oder'. Wenn wir das in dem Satz (1) enthalte-ne 'oder' als ausschließendes 'oder' deuten, dann ist dieser Satz aber nicht genau dann wahr, wenn wenigstens einer der beiden Teilsätze 'Hans kommt' und 'Fritz kommt' wahr ist, sondern dann und nur dann, wenn einer und nur einer dieser beiden Teilsätze wahr ist. Oder anders ausgedrückt: Wenn wir das im Satz (1) enthaltene 'oder' als ausschließendes 'oder' deuten, dann ist dieser Satz dann und nur dann falsch, wenn die Teilsätze 'Hans kommt' und 'Fritz kommt' beide wahr sind oder beide falsch sind. Das ausschließende 'oder' hat seinen

Namen also daher, dass mit ihm sowohl die gleichzeitige Falschheit als auch die gleichzeitige Wahrheit beider Teilsätze ausgeschlossen sein soll.

Zum ausschließenden 'oder' gibt es in AL keinen unmittelbar entsprechenden Junktor. Aus diesem Umstand ergeben sich für die Übersetzung entsprechender umgangssprachlicher Sätze jedoch keine besonderen Probleme. Denn das ausschließende 'oder' kann – wie die folgende Wahrheitstafel zeigt – ohne Schwierigkeiten durch die Junktoren '$\neg$' und '$\leftrightarrow$' wiedergegeben werden.

A	B	$\neg$	$(A \leftrightarrow B)$
W	W	F	W
W	F	W	F
F	W	W	F
F	F	F	W

Für den Fall, dass das im Satz (1) enthaltene 'oder' als ausschließendes 'oder' aufgefasst werden muss, können wir diesen Satz daher einfach durch den Satz

(1″) $\neg(p \leftrightarrow q)$

         Bewertung wie bei (1′)

wiedergeben.[†] Denn dieser Satz ist – wie man sich leicht überzeugen kann – genau dann wahr, wenn es nicht der Fall ist, dass Hans und Fritz beide kommen oder dass Hans und Fritz beide nicht kommen.

Das größte Problem mit umgangssprachlichen 'oder'-Sätzen ist also, dass sich oft nur schwer entscheiden lässt, ob das in

---

[†] Möglich wäre auch eine Übersetzung in den Satz

(1‴) $(\neg p \leftrightarrow q)$

und in den Satz

(1⁗) $(p \leftrightarrow \neg q)$.

Denn die Sätze (1″), (1‴) und (1⁗) haben alle dieselben Wahrheitsbedingungen.

diesen Sätzen vorkommende 'oder' ausschließend oder nicht ausschließend gemeint ist. Klar sind die Dinge nur, wenn statt des einfachen 'oder' eindeutigere Formulierungen verwendet werden. Also z.B. im Falle des nicht ausschließenden 'oder' die Formulierung

(2)   Von Hans und Fritz kommt mindestens einer.

Und im Falle des ausschließenden 'oder' die Formulierung

(3)   Entweder Hans kommt oder Fritz kommt.

Bei einfachen 'oder'-Sätzen sind wir jedoch auf unsere Intuition angewiesen, mit deren Hilfe wir versuchen müssen, herauszufinden, ob ein bestimmtes 'oder' ausschließend oder nicht ausschließend gemeint ist. Dabei können wir z.B. von der Frage ausgehen, ob sich ein bestimmter Satz eher mit Hilfe eines Satzes der Art (2) oder mit Hilfe eines Satzes der Art (3) paraphrasieren lässt. Doch auch dies ist nur ein Hilfsmittel.

Für unsere Zwecke wollen wir hier deshalb verabreden, bei der Übersetzung von umgangssprachlichen 'oder'-Sätzen ganz schematisch vorzugehen. Wir werden jedes einfache 'oder' – also jedes 'oder' ohne zusätzliche Qualifikationen – als nicht ausschließendes und nur das explizit angegebene 'entweder-oder' als ausschließendes 'oder' auffassen. Sätze wie

(4)   Hans ist vertrauensselig oder er ist dumm

und

(5)   Der Apfel ist alt oder wurmstichig

werden wir dementsprechend so übersetzen:

(4') $p \lor q$

  p: Hans ist vertrauensselig;
  q: Hans ist dumm

und

(5') $p \lor q$

  p: Der Apfel ist alt;
  q: Der Apfel ist wurmstichig.

Sätze wie

(4a)   Hans ist entweder vertrauensselig oder dumm

und

(5a)   Der Apfel ist entweder alt oder wurmstichig

dagegen in der oben geschilderten Weise:

(4a′) $\neg(p \leftrightarrow q)$

          Bewertung wie bei (4′)

und

(5a′) $\neg(p \leftrightarrow q)$

          Bewertung wie bei (5′).

15.4 Subjunktionen

Während die Übersetzung umgangssprachlicher 'oder'-Sätze in der Regel nicht sehr schwierig ist, ist die Übersetzung umgangssprachlicher 'wenn, dann'-Sätze (Konditionalsätze) immer problematisch. Und das im Wesentlichen aus zwei Gründen: Erstens gibt es in der deutschen Umgangssprache nicht nur ein 'wenn, dann', sondern eine Vielzahl zum Teil sehr verschiedener 'wenn, dann's, und zweitens – und das ist hier noch entscheidender – entspricht keines dieser verschiedenen 'wenn, dann's exakt dem Subjunktionszeichen '→'. Die Wahrheit umgangssprachlicher 'wenn, dann'-Sätze ergibt sich nämlich niemals einfach aus der Wahrheit bzw. Falschheit ihrer Teilsätze. Dies wird schon an einfachen Beispielen deutlich. Nehmen wir etwa den Satz

(1)   Wenn Fritz der Vater von Paul ist, dann ist Fritz älter als Paul.

Bei diesem Satz käme sicher niemand auf die Idee, ihn schon deshalb für wahr zu halten, weil Fritz nicht der Vater von Paul ist, und ebenso wenig würde es für die Wahrheit dieses Satzes ausreichen, dass Fritz einfach nur älter wäre als Paul. Falls das im Satz (1) enthaltene 'wenn, dann' dem Subjunktionszeichen '→' entspräche, müsste jedoch genau dies der Fall sein. Denn in diesem Fall wäre der Satz (1) dann und nur dann wahr, wenn der Teilsatz 'Fritz ist der Vater von Paul' falsch und/oder wenn der Teilsatz 'Fritz ist älter als Paul' wahr wäre.

Die Wahrheit des Satzes (1) lässt sich jedoch nicht in dieser Weise auf die Wahrheit bzw. Falschheit der in ihm enthaltenen Teilsätze zurückführen. Sie hängt nicht in erster Linie davon ab, ob diese Teilsätze je für sich genommen wahr oder falsch sind, sondern vielmehr davon, ob zwischen diesen Teilsätzen bzw. zwischen den Sachverhalten, die von diesen Teilsätzen ausgedrückt werden, ein inhaltlicher Zusammenhang besteht. Welcher Art dieser Zusammenhang sein muss, das lässt sich nicht leicht sagen. Und er ist auch für die verschiedenen 'wenn, dann's im Deutschen sehr verschieden. Sicher ist nur, dass dieser Zusammenhang eben nicht einfach auf die Wahrheitswerte der Teilsätze zurückgeführt werden kann. Die Wahrheitsbedingungen von 'wenn, dann'-Sätzen und Subjunktionen sind also sehr verschieden.

Wenn das so ist, wie können wir dann aber umgangssprachliche Konditionalsätze überhaupt übersetzen? Wie sollen wir in der Sprache AL Sätze mit denselben Wahrheitsbedingungen finden, wenn die Wahrheit umgangssprachlicher 'wenn, dann'-Sätze nicht einfach auf die Wahrheit und/oder Falschheit ihrer Teilsätze zurückgeführt werden kann? An dieser Stelle können wir das Problem nur lösen, indem wir von unserem Grundsatz abgehen, bei der Übersetzung umgangssprachlicher Sätze möglichst Sätze mit denselben Wahrheitsbedingungen zu suchen. Trotz aller Probleme werden wir umgangssprachliche 'wenn, dann'-Sätze durch die entsprechenden Subjunktionen wiedergeben. Trotz der schon genannten Schwierigkeiten werden wir also z. B. den Satz (1) so übersetzen:

(1') $p \rightarrow q$

   p: Fritz ist der Vater von Paul;
   q: Fritz ist älter als Paul.

Für dieses Vorgehen spricht zunächst, dass wir im Augenblick gar keine andere Möglichkeit haben. Aber es gibt auch noch einen anderen, wichtigeren Grund, der die Übersetzung umgangssprachlicher 'wenn, dann'-Sätze in Subjunktionen zumindest teilweise rechtfertigt. Diese beiden Satztypen haben nämlich zwar nicht genau dieselben Wahrheitsbedingungen. Aber es gilt doch: Wenn ein beliebiger umgangssprachlicher

Konditionalsatz 'Wenn A, dann B' wahr ist und wenn A' und B' adäquate Übersetzungen der Teilsätze A und B sind, dann ist auch die Subjunktion '$A' \to B$'' wahr. Dies wird sofort deutlich, wenn man sich klarmacht, dass z. B. die Subjunktion (1') bzgl. der angegebenen Bewertung genau dann falsch ist, wenn die Konjunktion

(2') $p \land \neg q$

bzgl. dieser Bewertung wahr ist. Denn in diesem Fall ist der Vordersatz von (1') wahr, der Hintersatz aber falsch, der ganze Satz (1') also falsch. Falls jedoch Fritz zwar der Vater von Paul, aber nicht älter als Paul ist, kann offenbar auch der 'wenn, dann'-Satz (1) nicht wahr sein. Denn soviel scheint zumindest sicher: Auch dieser Satz ist falsch, wenn sein Vordersatz wahr und sein Hintersatz falsch ist. Aus der Falschheit von (1') folgt also die Falschheit von (1), und somit folgt umgekehrt aus der Wahrheit von (1) die Wahrheit von (1'). (1') ist also immer dann wahr, wenn (1) wahr ist.

Die Tatsache, dass dies in analoger Weise für alle anderen umgangssprachlichen 'wenn, dann'-Sätze gilt, kann man auch so ausdrücken, dass Subjunktionen den 'gemeinsamen Kern' aller möglichen 'wenn, dann'-Sätze darstellen. Damit soll zum Ausdruck gebracht werden, dass die Subjunktionen einerseits die schwächsten Konditionalsätze sind, dass sie auf der anderen Seite aber auch so etwas wie das gemeinsame Element aller 'wenn, dann'-Sätze darstellen, da allgemein gilt: Wenn ein 'wenn, dann'-Satz wahr ist, dann ist auch die entsprechende Subjunktion wahr.

Diese Tatsache besagt jedoch nicht nur etwas über das Verhältnis, das zwischen den verschiedenen Arten von 'wenn, dann'-Sätzen besteht, sie ist auch im Hinblick auf das hier zur Debatte stehende Übersetzungsproblem relevant. Denn im Zusammenhang unserer Überlegungen zur Logik sind wir ja vor allem daran interessiert, welche Argumente gültig sind bzw. welche Sätze aus einem bestimmten Satz oder einer Menge von Sätzen logisch folgen.

Wenn aber z. B. der Satz (1') immer dann wahr ist, wenn der Satz (1) wahr ist, dann gilt dasselbe auch für alle Sätze, die aus dem Satz (1') logisch folgen. Anders ausgedrückt, wenn der Satz (1') wahr sein muss, falls der Satz (1) wahr ist, dann gilt für alle umgangssprachlichen Sätze A: *Wenn A' eine adäquate Übersetzung von A ist und A' aus (1') folgt, dann folgt A aus (1)*.

Wenn wir bei dem Versuch, eine Antwort auf die Frage zu finden, welche Sätze aus dem Satz (1) logisch folgen, zunächst (1) durch (1') übersetzen, um dann zu untersuchen, welche Sätze logisch aus (1') folgen, können wir insofern also keinen Fehler machen. Denn wenn A' aus (1') folgt, folgt auch A aus (1). Aus der Tatsache, dass der Satz

(2a') $\neg(p \wedge \neg q)$

aus (1') folgt, ergibt sich somit, dass der Satz

(2a)   Es ist nicht der Fall, dass Fritz der Vater von Paul, aber nicht älter als Paul ist

aus dem Satz (1) folgt. Insofern ist die Übersetzung von (1) durch (1') zwar nicht unproblematisch, dient aber doch ihrem Zweck.

Auf der anderen Seite dürfen wir jedoch nicht vergessen, dass der Satz (1') schwächer ist als der Satz (1). Aus diesem Umstand ergibt sich erstens, dass es Sätze gibt, die zwar aus dem Satz (1), deren Übersetzungen aber nicht aus (1') folgen. Bei der Untersuchung, was aus (1') folgt, erhalten wir also nicht alle Folgerungen aus (1)! Und aus diesem Umstand ergibt sich zweitens, dass nicht immer, wenn (1') aus A' folgt, auch gilt, dass (1) aus A folgt. So gilt z.B., dass (1') aus

(3') $\neg p$

folgt. Aber daraus ergibt sich, wie wir schon gesehen haben, eben nicht, dass aus

(3)   Fritz ist nicht der Vater von Paul

auch (1) folgen würde. Diese Einschränkung ist sozusagen der Preis, den wir zahlen müssen, wenn wir den umgangssprachlichen 'wenn, dann'-Satz (1) durch die Subjunktion (1') wiedergeben.

Wenn wir uns entschlossen haben, bei der Übersetzung umgangssprachlicher Konditionalsätze in dieser Weise vorzugehen, können wir jedoch nicht nur 'wenn, dann'-Sätze, sondern
auch andere umgangssprachliche Sätze durch Subjunktionen
wiedergeben, z.B. alle die Sätze, die in der deutschen Umgangssprache mit Hilfe des Ausdrucks 'nur dann, wenn' gebildet werden. Denn Sätze dieser Art lassen sich in einfacher
Weise auf 'wenn, dann'-Sätze zurückführen. Nehmen wir als
Beispiel den Satz

(4)   Hans kommt nur zur Party, wenn Helga kommt.

Was soll mit diesem Satz ausgesagt werden? Offenbar besagt
der Satz (4) zunächst, dass Hans nicht kommt, wenn Helga
nicht kommt. Denn wenn Hans nur kommt, falls Helga kommt,
dann heißt das eben, dass das Nicht-Kommen von Helga zur
Folge hat, dass auch Hans nicht kommt. Was ist aber, wenn
Helga kommt? Besagt der Satz (4), dass dann auch Hans
kommt? Offenbar nicht. Denn wenn Hans sagt 'Ich komme
nur, wenn Helga kommt', dann legt er sich mit diesem Satz
zwar darauf fest, nicht zu kommen, falls Helga nicht kommt;
aber er sagt damit nichts darüber aus, was er machen wird,
wenn Helga kommt. Für diesen Fall bleiben vielmehr beide
Möglichkeiten offen: Es kann sein, dass er kommt; es kann
aber auch sein, dass er nicht kommt. Der Satz (4) besagt also
letzten Endes dasselbe wie der Satz

(5)   Wenn Helga nicht kommt, kommt auch Hans nicht.
Und da wir diesen 'wenn, dann'-Satz durch die Subjunktion

(5′) $\neg p \rightarrow \neg q$

           p: Helga kommt zur Party;
           q: Hans kommt zur Party

wiedergeben, können wir auch den Satz (4) mit Hilfe dieser
Subjunktion übersetzen.

   Die Subjunktion (5′) hat aber dieselben Wahrheitsbedingungen wie die Subjunktion

(5″) $q \rightarrow p$

           Bewertung wie bei (5′).

Also kann auch (5″) als angemessene Übersetzung von (4) gelten. Wir können daher festhalten:

- Umgangssprachliche Sätze der Form 'A nur dann, wenn B' können wir durch Subjunktionen der Form '¬B′ → ¬A″ oder durch Subjunktionen der Form 'A′ → B″ in die Sprache AL übersetzen.

Zum Schluss dieses Abschnitts soll noch ganz kurz auf den Zusammenhang hingewiesen werden, der zwischen 'wenn, dann'-Sätzen und solchen Sätzen besteht, in denen von hinreichenden oder notwendigen Bedingungen die Rede ist. Wenn wir nämlich sagen, A sei eine hinreichende Bedingung für B, dann meinen wir damit offenbar, dass B sicher eintritt, wenn A der Fall ist. Dem Satz

(6)   A ist eine hinreichende Bedingung für B

entspricht also der umgangssprachliche Konditionalsatz

(7)   Wenn A, dann B.

Ebenso wie diesen Satz können wir daher auch den Satz (6) – mit den zuvor diskutierten Einschränkungen – durch die Subjunktion

(6′)   A′ → B′

wiedergeben.

Wenn wir dagegen sagen, A sei eine notwendige Bedingung für B, dann bringen wir damit zum Ausdruck, dass B sicher nicht eintreten wird, wenn A nicht vorliegt. Der Satz

(8)   A ist eine notwendige Bedingung für B

besagt also dasselbe wie der Satz

(9)   Wenn nicht A, dann auch nicht B

bzw. wie der Satz

(10)   B nur, wenn A.

Wie diese beiden Sätze werden wir daher auch den Satz (8) durch die Subjunktion

(8′)   ¬A′ → ¬B′

bzw. durch die Subjunktion

(8″) $B' \rightarrow A'$

übersetzen.

15.5 Bisubjunktionen

Schon das Zeichen '↔' deutet darauf hin, dass Bisubjunktionen im Grunde nichts anderes sind als 'in beide Richtungen zeigende' Subjunktionen. Und tatsächlich lässt sich leicht feststellen, dass eine Bisubjunktion der Form $(A \leftrightarrow B)$ genau dann wahr ist, wenn die Konjunktion ihrer beiden 'Teilsubjunktionen' $(A \rightarrow B) \wedge (B \rightarrow A)$ wahr ist. Die Bisubjunktion

(1) $p \leftrightarrow q$

     p: Hans kommt zur Party;
     q: Paul kommt zur Party

hat also dieselben Wahrheitsbedingungen wie der Satz

(1′) $(p \rightarrow q) \wedge (q \rightarrow p)$

     Bewertung wie bei (1).

Wir wollen nun zeigen, dass für die Übersetzung in Bisubjunktionen insbesondere die umgangssprachlichen Sätze in Betracht kommen, die mit Hilfe der Ausdrücke 'dann und nur dann, wenn' bzw. 'genau dann, wenn' gebildet werden. Nehmen wir als Beispiele die beiden Sätze

(2a)   Hans kommt dann und nur dann zur Party, wenn Paul kommt

und

(2b)   Hans kommt genau dann zur Party, wenn Paul kommt.

Wann sind diese beiden Sätze wahr? Der Satz (2a) besagt offenbar (ebenso wie der Satz (2b)), dass Hans einerseits kommt, wenn Paul kommt, und dass er andererseits nicht kommt, wenn Paul nicht kommt. Der Satz (2a) ist also ebenso wie der Satz (2b) genau dann wahr, wenn der Satz

(3)   Wenn Paul zur Party kommt, kommt Hans, und wenn Paul nicht zur Party kommt, kommt Hans nicht

wahr ist. Und diesen Satz können wir so übersetzen:

(3') $(q \rightarrow p) \wedge (\neg q \rightarrow \neg p)$
            Bewertung wie bei (1).

Dieser Satz hat aber dieselben Wahrheitsbedingungen wie der Satz (1'), und (1') wiederum hat, wie gesagt, dieselben Wahrheitsbedingungen wie der Satz (1). Also können wir die Sätze (2a) und (2b) nicht nur durch den Satz (3'), sondern auch durch den Satz (1) wiedergeben. Und da dieser Satz den Sätzen (2a) und (2b) in der grammatischen Form ähnlicher ist als die Sätze (3') und (1'), sollen Sätze der Art (1) hier als Standardübersetzungen für Sätze der Art (2a) und (2b) gelten. D.h., wir können allgemein festhalten:

- Umgangssprachliche Sätze der Art 'A dann und nur dann, wenn B' und 'A genau dann, wenn B' können wir am besten durch Bisubjunktionen der Art '$(A' \leftrightarrow B')$' in die Sprache AL übersetzen.

Ähnlich wie man 'nur dann, wenn'-Sätze in Subjunktionen übersetzen kann, kann man auch 'es sei denn, dass'-Sätze in Bisubjunktionen übersetzen. Nehmen wir als Beispiel den Satz

(4)   Hans kommt zur Party, es sei denn, dass Paul kommt.

Dieser Satz besagt zunächst offenbar, dass Hans nicht zur Party kommt, falls Paul kommt. Aber er besagt umgekehrt auch, dass Hans kommen wird, wenn Paul nicht kommt. Denn wenn Hans den Satz (4) äußert, dann bringt er damit zum Ausdruck, dass Pauls Kommen der *einzige* Umstand ist, der dazu führt, dass er selbst nicht kommt. Er legt sich mit diesem Satz also darauf fest, dass er kommen wird, wenn dieser Umstand nicht eintritt, d.h., wenn Paul nicht kommt. Der Satz (4) besagt also dasselbe wie der Satz

(5)   Wenn Paul zur Party kommt, kommt Hans nicht, und wenn Paul nicht kommt, kommt Hans.

Und diesen Satz können wir folgendermaßen übersetzen:

(5') $(q \rightarrow \neg p) \wedge (\neg q \rightarrow p)$
            Bewertung wie bei (1).

(5′) hat jedoch bzgl. der angegebenen Bewertung dieselben Wahrheitsbedingungen wie der Satz

(5″) $(p \rightarrow \neg q) \wedge (\neg q \rightarrow p)$.

Und dieser Satz hat, wie wir schon gesehen haben, bzgl. dieser Bewertung dieselben Wahrheitsbedingungen wie der Satz

(4′) $p \leftrightarrow \neg q$.

Der Satz (4′) kann – zusammen mit der angegebenen Bewertung – also als angemessene Übersetzung des umgangssprachlichen Satzes (4) gelten. Bzw. allgemein:

• Umgangssprachliche Sätze der Art 'A, es sei denn, dass B' können wir am besten durch Bisubjunktionen der Art '$(A' \leftrightarrow \neg B')$' in die Sprache AL übersetzen.

Zum Abschluss dieses Abschnitts noch eine kurze Bemerkung über notwendige *und* hinreichende Bedingungen. Im letzten Abschnitt hatten wir gesehen, dass jedem Satz der Form

(6) A ist eine hinreichende Bedingung für B

ein Satz der Form

(7)   Wenn A, dann B

entspricht, der in einen Satz der Form

(7′) $A' \rightarrow B'$

übersetzt werden kann. Und ebenso hatten wir gesehen, dass jedem Satz der Form

(8) A ist eine notwendige Bedingung für B

ein Satz der Form

(9)   Wenn B, dann A

entspricht, der in einen Satz der Form

(9′) $B' \rightarrow A'$

übersetzt werden kann. Wenn wir sagen

(10) A ist eine hinreichende und notwendige Bedingung für B,

dann sagen wir damit aber, dass A sowohl eine hinreichende als auch eine notwendige Bedingung für B ist. Ein Satz der Form

(10) entspricht also der 'und'-Verbindung der beiden Sätze (6) und (8) bzw. (7) und (9), d.h. einem Satz der Form

(11)   Wenn A, dann B, und wenn B, dann A.

Und jeder Satz dieser Form lässt sich am besten durch einen Satz der Form

(11') $(A' \to B') \land (B' \to A')$

bzw. durch einen Satz der Form

(11'') $A' \leftrightarrow B'$

wiedergeben. Jeder Satz der Form (10) lässt sich also angemessen in den entsprechenden Satz (11'') übersetzen.

Aufgaben 15

1. Die folgenden Sätze können adäquat in Negationen übersetzt werden. Geben Sie für jeden Satz den jeweils negierten (umgangssprachlichen) Satz an.
   a)   Paul Celan ist nicht der Sänger einer Heavy-Metal-Band.
   b)   Afghanistan ist kein großes Land.
   c)   Einen Urlaubstag zu bekommen ist unmöglich.
   d)   Nicht jeder bedeutende Philosoph war ein guter Logiker.
   e)   Pilze sind weder Tiere noch betreiben sie Photosynthese.

2. Übersetzen Sie die folgenden Sätze möglichst strukturreich und adäquat in AL:
   a)   In Bielefeld regnet es immer.
   b)   Der Satz des Pythagoras ist unsinnig.
   c)   Niemand weiß, wie es weitergeht.
   d)   Leider begann der Krieg im Winter, nicht im Sommer.
   e)   Wien liegt entweder an der Donau oder an der Moldau.
   f)   Hitler und Stalin waren verbündet.
   g)   Der Gewinner erhält einen Apfel oder eine Banane.
   h)   Wenn man sich nicht verständlich ausdrückt, wird man eben nicht verstanden.
   i)   Logik ist zwar anstrengend, aber in der modernen Philosophie unverzichtbar.
   j)   Wenn Kaffee nicht gesünder ist als Tee, dann ist Tee gesünder als Kaffee.
   k)   Gott ist tot, es sei denn, Nietzsche irrte sich.

l)   *A* ist genau dann eine adäquate Übersetzung von *A'*, wenn *A* und *A'* dieselben Wahrheitsbedingungen besitzen.

m)   Im Gegensatz zu den mathematischen Gesetzen sind die Gesetze der Logik unproblematisch und gewiss.

n)   Die Maxwellschen Gleichungen sind nur dann linear und homogen, wenn sich in dem betrachteten Raumgebiet keine Ströme und keine Ladungen befinden.

o)   Der Weg ist nicht nur der Weg, sondern auch das Ziel.

p)   Jenseits der Kastanien ist alles, was man sagen kann, falsch.

3. Wie Sie sich leicht überzeugen können, gilt:

a) $A \vDash_{AL} B \rightarrow A$

b) $A \vDash_{AL} \neg A \rightarrow B$

c) $\neg(C \rightarrow B) \vDash_{AL} B \rightarrow C$

Hier kommt jeweils rechts vom '$\vDash_{AL}$' ein Subjunktionszeichen vor. Es handelt sich also um Fälle, bei denen die Übersetzung des umgangssprachlichen 'wenn, dann' durch '$\rightarrow$' problematisch ist. Zeigen Sie das, indem Sie für (a)–(c) jeweils einen umgangssprachlichen Schluss angeben, der ungültig (oder zumindest problematisch) ist.

4. Trotz der in Aufgabe 3 festgestellten Schwierigkeiten glauben viele Philosophen, dass das umgangssprachliche 'wenn, dann' genau dem '$\rightarrow$' entspricht. Relativ unumstritten ist, dass (wenn *A'* und *B'* adäquate Übersetzungen von *A* und *B* sind) die Wahrheit von 'Wenn *A*, dann *B*' die von *A'* $\rightarrow$ *B'* impliziert. Kontrovers ist lediglich die Ansicht, dass auch umgekehrt die Wahrheit von *A'* $\rightarrow$ *B'* die von 'Wenn *A*, dann *B*' impliziert. Eines der Argumente für diese Position beruht auf der Annahme, dass alle umgangssprachlichen Argumente der folgenden Form gültig sind:

Es ist nicht der Fall, dass *A* und nicht *B*.

Also: Wenn *A*, dann *B*.

Können Sie erklären, wieso daraus folgt, dass die Wahrheit von *A'* $\rightarrow$ *B'* die von 'Wenn *A*, dann *B*' impliziert?

16 Beurteilung umgangssprachlicher Sätze und Argumente mit aussagenlogischen Mitteln

Schon am Anfang des letzten Kapitels hatten wir gesehen, dass wir die logischen Eigenschaften von Sätzen der Sprache AL in dem Maße zur Beurteilung der logischen Eigenschaften umgangssprachlicher deutscher Sätze verwenden können, in dem wir dazu in der Lage sind, diese umgangssprachlichen Sätze adäquat in die Sprache AL zu übersetzen. Wenn wir nämlich für die umgangssprachlichen Sätze A, A_1, ..., A_n Sätze A', A'_1, ..., A'_n der Sprache AL finden können, die dieselben Wahrheitsbedingungen haben, dann gilt:

1. Wenn der Satz A' logisch wahr ist, dann ist auch der Satz A logisch wahr; und

2. wenn der Satz A' logisch aus den Sätzen A'_1, ..., A'_n folgt, dann folgt auch der Satz A logisch aus den Sätzen A_1, ..., A_n.

In dem Fall, in dem sich die logische Wahrheit eines umgangssprachlichen Satzes A schon dadurch nachweisen lässt, dass man zeigt, dass es für A eine angemessene Übersetzung A' in AL gibt, für die gilt: $\models_{AL} A'$, spricht man von der **aussagenlogischen Wahrheit** des umgangssprachlichen Satzes A. Und entsprechend nennt man ein umgangssprachliches Argument A_1, ..., A_n, Also: A **aussagenlogisch gültig**, wenn sich seine Gültigkeit schon dadurch nachweisen lässt, dass man zeigt, dass es für die umgangssprachlichen Sätze A_1, ..., A_n, A angemessene Übersetzungen A'_1, ..., A'_n, A' in AL gibt, für die gilt: A'_1, ..., $A'_n \models_{AL} A'$.

Wenn man prüfen will, ob ein umgangssprachlicher Satz A in diesem Sinne aussagenlogisch wahr ist, muss man daher untersuchen, ob es eine angemessene Übersetzung A' dieses Satzes in die Sprache AL gibt, von der sich zeigen lässt, dass sie logisch wahr ist.

Dabei ist jedoch ein bisschen Fingerspitzengefühl vonnöten; denn jeder umgangssprachliche Satz lässt sich auf vielfältige Weise in die Sprache AL übersetzen, und selbst wenn einige dieser Übersetzungen logisch wahr sind, gilt dies sicher nicht von allen. Jeder umgangssprachliche Satz kann z.B. einfach in einen Satzbuchstaben übersetzt werden, und Satzbuchstaben sind niemals logisch wahr. Grundsätzlich gilt deshalb, was wir schon im letzten Kapitel gesagt hatten: Die Übersetzung muss so strukturreich wie möglich sein. Denn je mehr logische Struktur ein Satz von AL besitzt, um so größer ist die Wahrscheinlichkeit, dass man zeigen kann, dass er logisch wahr ist.

Machen wir uns noch einmal Folgendes klar:

- Wenn A' eine adäquate Übersetzung von A und wenn A' logisch wahr ist, dann ist auch A aussagenlogisch wahr.

Umgekehrt gilt aber nicht generell:

- Wenn A' eine adäquate Übersetzung von A und wenn A' *nicht* logisch wahr ist, dann ist A *nicht* aussagenlogisch wahr.

Insofern scheinen wir auf dem Weg der Übersetzung in die Sprache AL nicht wirksam prüfen zu können, ob ein deutscher Satz A *nicht aussagenlogisch wahr* ist. Tatsächlich liegen die Dinge aber etwas günstiger. Denn ohne dies hier beweisen zu können, können wir doch festhalten:

- Wenn A' eine *optimal strukturreiche* adäquate Übersetzung von A und wenn A' *nicht* logisch wahr ist, dann ist A *nicht* aussagenlogisch wahr.

Und analog gilt:

- Wenn die Sätze A'_1, ..., A'_n und A' optimal strukturreiche adäquate Übersetzungen der Sätze A_1, ..., A_n und A sind und A' *nicht* logisch aus den Sätzen A'_1, ..., A'_n folgt, dann folgt A *nicht* aussagenlogisch aus den Sätzen A_1, ..., A_n.

Bleibt nur die Frage, wie man zu einer optimal strukturreichen adäquaten Übersetzung kommt. Nun, die Antwort ist: Man untersucht zunächst, welche *Teilsätze* des umgangssprachlichen Satzes A selbst *nicht* in komplexe Sätze von AL übersetzt werden können, und übersetzt jeden dieser Teilsätze für sich in einen Satzbuchstaben. Im zweiten Schritt versucht man dann, in der im Kapitel 15 dargestellten Weise mit Hilfe von

Junktoren aus diesen Satzbuchstaben einen Satz zu bilden, der (in etwa) dieselben Wahrheitsbedingungen hat wie A.

Am Beispiel des folgenden umgangssprachlichen Satzes sollen alle notwendigen Schritte ausführlich erläutert werden.

(1)   Wenn Fritz kommt, kommt auch Paul, wenn aber Fritz nicht kommt, dann kommt Paul nicht, sondern Hans.

Bei der Überprüfung der aussagenlogischen Wahrheit oder Falschheit von (1) muss nach dem bisher Gesagten zunächst eine optimal strukturreiche Übersetzung dieses Satzes in die Sprache AL gefunden werden. Deshalb untersuchen wir zuerst, welche Teilsätze von (1) selbst nicht in komplexe Sätze übersetzt werden können. Offenbar sind dies die Sätze

(1a)   Fritz kommt,

(1b)   Paul kommt

und

(1c)   Hans kommt.

Diese Sätze übersetzen wir in die Satzbuchstaben 'p', 'q' und 'r', wobei wir die Bewertung zu Grunde legen:

p: Fritz kommt;
q: Paul kommt;
r: Hans kommt.

Im nächsten Schritt muss nun aus diesen Satzbuchstaben ein komplexer Satz gebildet werden, der (in etwa) dieselben Wahrheitsbedingungen hat wie (1). Nach den Überlegungen des Kapitels 15 kann dies so geschehen:

(1′) $(p \rightarrow q) \wedge (\neg p \rightarrow \neg q \wedge r)$
        Bewertung wie angegeben.

Im nächsten Schritt ist jetzt nur noch zu prüfen, ob der Satz (1′) eine Tautologie, eine Kontradiktion oder keins von beidem ist. Zu diesem Zweck kann man z.B. die zu (1′) gehörende Wahrheitstafel erstellen.

(1*)	p	q	r	$(p \to q)$	$\wedge$	$(\neg p$	$\to$	$\neg q$	$\wedge$	$r)$
	W	W	W	W	W	F	W			
	W	W	F	W	W	F	W			
	W	F	W	F	F	F	W			
	W	F	F	F	F	F	W			
	F	W	W	W	F	W	F	F	F	W
	F	W	F	W	F	W	F	F	F	F
	F	F	W	W	W	W	W	W	W	W
	F	F	F	W	F	W	F	W	F	F

Der Wahrheitswertverlauf von (1′) enthält sowohl den Wert W als auch den Wert F. Der Satz (1′) ist also weder eine Tautologie noch eine Kontradiktion, und die Antwort auf die gestellte Aufgabe lautet daher: Die Aussage (1) ist weder aussagenlogisch wahr noch aussagenlogisch falsch. Zu dem Ergebnis, dass der Satz (1′) keine Tautologie ist, kommt man auch, wenn man einen Wahrheitsbaum für die Negation dieses Satzes entwickelt. Die Tatsache, dass in diesem Wahrheitsbaum kein Zweig mit einem 'x' geschlossen werden kann, zeigt ebenfalls, dass der Satz (1′) nicht logisch wahr ist.

(1**)   1. $\sqrt{}$ $\neg((p \to q) \wedge (\neg p \to \neg q \wedge r))$ A

2. $\sqrt{}$ $\neg(p \to q)$ 3. $\sqrt{}$ $\neg(\neg p \to \neg q \wedge r)$ (1)

4. p (2)   6. $\neg p$ (3)

5. $\neg q$ (2)   7. $\sqrt{}$ $\neg(\neg q \wedge r)$ (3)

8. $\sqrt{}$ $\neg\neg q$ 9. $\neg r$ (7)

10. q (8)

Aus dem Wahrheitsbaum (1**) folgt allerdings nur, dass der Satz (1') keine Tautologie ist. Wenn man mit Hilfe der Wahrheitsbaummethode zeigen will, dass der Satz (1') keine Kontradiktion ist, muss man auch für den nicht negierten Satz einen entsprechenden Wahrheitsbaum (1***) entwickeln. In diesem Wahrheitsbaum können ebenfalls nicht alle Äste geschlossen werden. Der Satz (1') ist also weder eine Tautologie noch eine Kontradiktion. Wie erwartet, führt die Wahrheitsbaummethode zu demselben Ergebnis wie die Wahrheitstafelmethode.

$$(1***) \quad
\begin{array}{llll}
1. & \checkmark & (p \to q) \land (\neg p \to \neg q \land r) & \text{A} \\
2. & \checkmark & p \to q & (1) \\
3. & \checkmark & \neg p \to \neg q \land r & (1)
\end{array}$$

$$
\begin{array}{llllll}
4. & \checkmark & \neg\neg p & 5. \; \checkmark & \neg q \land r & (3) \\
6. & & p \quad (4) & 9. & \neg q & (5) \\
& & & 10. & r & (5) \\
7. & \neg p & 8. \quad q \quad (2) & 11. \; \neg p & 12. \quad q & (2) \\
& \times & & \times
\end{array}
$$

Wenn es darum geht, die aussagenlogische Gültigkeit eines umgangssprachlichen Arguments $A_1, \ldots, A_n$, Also: A zu überprüfen, ist die Vorgehensweise ganz analog zu der Vorgehensweise bei der Überprüfung der aussagenlogischen Wahrheit umgangssprachlicher Sätze: Zuerst müssen für die Sätze $A_1, \ldots, A_n$, A optimal strukturreiche Übersetzungen $A'_1, \ldots, A'_n$, A' in die Sprache AL gefunden werden, und dann muss überprüft werden, ob der Satz A' logisch aus den Sätzen $A'_1, \ldots, A'_n$ folgt.

Bei der Übersetzung der Prämissen $A_1, \ldots, A_n$ und der Konklusion A geht man daher wieder so vor wie schon geschildert. Man untersucht zunächst, welche *Teilsätze* der Prämissen und der Konklusion selbst *nicht* in komplexe Sätze von AL über-

setzt werden können, und übersetzt jeden dieser Teilsätze in
einen Satzbuchstaben. Im zweiten Schritt versucht man, in der
im Kapitel 15 dargestellten Weise aus diesen Satzbuchstaben
Sätze zu bilden, die (in etwa) dieselben Wahrheitsbedingungen
haben wie die Prämissen A_1, ..., A_n und die Konklusion A.

Auch in diesem Fall sollen die notwendigen Schritte anhand
eines Beispiels ausführlich erläutert werden.

(2)   Wenn Adelheid mitmacht, gewinnen weder Paul noch
           Maria.
           Wenn Maria nicht gewinnt, gewinnt Paul.
           Also: Adelheid macht nicht mit oder Maria gewinnt.

Bei der Übersetzung der Prämissen und der Konklusion dieses Arguments in die Sprache AL untersuchen wir zunächst,
welche Teilsätze der Prämissen und der Konklusion des Arguments (2) selbst nicht in komplexe Sätze übersetzt werden können. Dieses Mal sind dies die Sätze

(2a)   Adelheid macht mit,

(2b)   Paul gewinnt

und

(2c)   Maria gewinnt.

Diese Sätze übersetzen wir in die Satzbuchstaben 'p', 'q' und
'r', wobei wir die Bewertung zu Grunde legen:

           p: Adelheid macht mit;
           q: Paul gewinnt;
           r: Maria gewinnt.

Im nächsten Schritt müssen nun aus diesen Satzbuchstaben
drei komplexe Sätze gebildet werden, die (in etwa) dieselben
Wahrheitsbedingungen haben wie die Prämissen und die Konklusion von (2). Dies gilt z.B. für die Sätze:

(2.1′) $p \rightarrow \neg q \wedge \neg r$

(2.2′) $\neg r \rightarrow q$

(2.3′) $\neg p \vee r$

           Bewertung wie angegeben.

Im letzten Schritt bleibt jetzt nur noch zu prüfen, ob der Satz (2.3′) logisch aus den Sätzen (2.1′) und (2.2′) folgt. Dies können wir direkt mit Hilfe der entsprechenden kombinierten Wahrheitstafel tun oder durch eine Untersuchung der logischen Wahrheit der Subjunktion

(2′) $(p \rightarrow \neg q \wedge \neg r) \wedge (\neg r \rightarrow q) \rightarrow \neg p \vee r$

oder wieder durch die Entwicklung eines entsprechenden Wahrheitsbaums.

Hier sollen zur Veranschaulichung noch einmal alle drei Methoden zur Anwendung kommen. Zunächst wollen wir also für die drei Sätze (2.1′), (2.2′) und (2.3′) die gemeinsame Wahrheitstafel (2*) erstellen. Aus dieser Wahrheitstafel geht hervor, dass der Satz (2.3′) logisch aus den Sätzen (2.1′) und (2.2′) folgt. Denn sie zeigt, dass für alle Bewertungen, bzgl. deren die Prämissen (2.1′) und (2.2′) beide wahr sind, auch die Konklusion (2.3′) wahr ist.

(2*)	p	q	r	$(p$	$\rightarrow$	$\neg q$	$\wedge$	$\neg r)$	$(\neg r$	$\rightarrow$	$q)$	$\neg p$	$\vee$	r
	W	W	W		F	F	F	F		W		F		W
	W	W	F		F	F	F	W		W		F		F
	W	F	W		F	W	F	F	F	W		F		W
	W	F	F		W	W	W	W	W	F		F		F
	F	W	W		W					W		W		W
	F	W	F		W					W		W		W
	F	F	W		W				F	W		W		W
	F	F	F		W					W	F		W		W

Zu demselben Ergebnis kommt man, wenn man die logische Wahrheit der Subjunktion (2′) mit Hilfe der Wahrheitstafel (2**) überprüft. Denn aus dieser Wahrheitstafel geht hervor, dass die Subjunktion (2′) logisch wahr ist, da ihr Wahrheitswertverlauf überall den Wert W hat. Und wenn die Subjunktion (2′) logisch wahr ist, dann bedeutet das ebenfalls, dass der Satz (2.3′) logisch aus den Sätzen (2.1′) und (2.2′) folgt.

(2**) p q r $(p \rightarrow \neg q \wedge \neg r) \wedge (\neg r \rightarrow q) \rightarrow \neg p \vee r$

p	q	r										
W	W	W								W	F	W
W	W	F	F	F	F	W	F		W	W	F	F
W	F	W								W	F	W
W	F	F	W	W	W	W	F	W	F	W	F	F
F	W	W								W	W	W
F	W	F								W	W	W
F	F	W								W	W	W
F	F	F								W	W	W

Auch die dritte Methode – die Entwicklung eines entsprechenden Wahrheitsbaums – führt zu demselben Ergebnis.

(2***) 1. √ $p \rightarrow \neg q \wedge \neg r$ A
        2. √ $\neg r \rightarrow q$ A
        3. √ $\neg(\neg p \vee r)$ A
        4. $\neg\neg p$ (3)
        5. $\neg r$ (3)

        6. $\neg\neg r$ 7. q (2)
              x

              8. $\neg p$ 9. √ $\neg q \wedge \neg r$ (1)
                   x   10. $\neg q$ (9)
                        11. $\neg r$ (9)
                             x

Dass alle Äste dieses Baums mit einem 'x' geschlossen werden können, bedeutet, dass die Annahme, es gäbe eine Bewertung V, bzgl. deren die Sätze (2.1') und (2.2') wahr sind und für die der Satz (2.3') falsch ist, zu einem Widerspruch führt. Und damit ist noch einmal gezeigt, dass der Satz (2.3') logisch aus den Sätzen (2.1') und (2.2') folgt. Also ist das umgangssprachliche Argument (2) aussagenlogisch gültig.

Nachdem bisher in diesem Kapitel geschildert wurde, wie man mit Hilfe der in den vorigen Kapiteln bereitgestellten Mittel auch umgangssprachliche Sätze auf ihre aussagenlogische Wahrheit und umgangssprachliche Argumente auf ihre aussagenlogische Gültigkeit hin beurteilen kann, muss am Schluss dieses Kapitels noch einmal eine *Warnung* stehen: Beurteilungen, die auf diese Weise gewonnen werden, sind nur dann verlässlich, wenn die Übersetzungen der umgangssprachlichen Sätze in die Sprache AL wirklich angemessen sind. In den Fällen, in denen das aus den im Kapitel 15 genannten Gründen nicht oder nur zum Teil der Fall ist, sind solche Ergebnisse daher immer mit Vorsicht zu betrachten.

Aufgaben 16

1. Angenommen, die Sätze A', B' und C' sind adäquate und optimal strukturreiche Übersetzungen der umgangssprachlichen Sätze A, B und C in AL. Welche der folgenden Aussagen treffen zu?

   a) Wenn A' eine Tautologie ist, dann ist A nicht falsch.

   b) Wenn $A' \vDash_{AL} B'$, dann folgt B deduktiv aus A.

   c) Wenn A und B wahr sind, dann gibt es keine Bewertung V, bzgl. deren $A' \wedge B'$ falsch ist.

   d) Wenn $\vDash_{AL} \neg(A' \rightarrow B')$, dann ist A wahr und B falsch.

   e) Wenn C aus A und B nicht deduktiv folgt, dann gilt auch nicht $A', B' \vDash_{AL} C'$.

   f) Wenn C aussagenlogisch wahr ist, A und B aber nicht, dann gilt auch nicht $A', B' \vDash_{AL} C'$.

2. Übersetzen Sie die folgenden Argumente in AL, und prüfen Sie mit dem Wahrheitstafelverfahren, ob die Konklusion aussagenlogisch aus den Prämissen folgt:

   a) Wenn Gott gütig und allmächtig ist, dann gibt es kein Leiden in der Welt. Aber es gibt Leiden in der Welt. Also ist Gott nicht gütig und nicht allmächtig.

b) Gott hat den gesamten Lauf der Welt bereits mit der Schöpfung festgelegt oder er greift beständig in das Weltgeschehen ein. Wenn Gott den Lauf der Welt bereits festgelegt hat, so ist er an allem schuld. Und er ist auch an allem schuld, wenn er beständig in das Weltgeschehen eingreift. Also ist Gott an allem schuld.

c) Wenn Gott nicht wirklich, sondern nur im Verstand existiert, dann kann etwas Größeres als Gott gedacht werden. Gott ist aber definiert als das Wesen, über dem nichts Größeres gedacht werden kann. Außerdem existiert Gott im Verstand. Folglich existiert Gott auch wirklich. (Anselm von Canterbury, *Proslogion*)

3. Übersetzen Sie die folgenden Argumente in AL, und prüfen Sie mit Hilfe des Wahrheitsbaumverfahrens, ob die Konklusion aussagenlogisch aus den Prämissen folgt:

a) Ich denke, also bin ich.

b) Entweder ist das menschliche Handeln determiniert oder nicht. Ist es aber undeterminiert, dann ist es zufällig. Damit ist die Auffassung, menschliches Handeln sei frei, widerlegt. Denn menschliches Handeln ist nur dann frei, wenn es weder zufällig noch determiniert ist.

c) Wenn die Materialisten Recht haben, dann existieren nur materielle Gegenstände. Wenn nur materielle Gegenstände existieren, dann gibt es keine Überzeugungen. Wenn es aber keine Überzeugungen gibt, dann haben die Materialisten selbst keine Überzeugungen. Also haben die Materialisten nicht Recht.

d) Frege wurde in Wismar oder Weimar geboren. Tatsächlich wurde er in Wismar geboren. Also wurde er nicht in Weimar geboren.

e) Entweder der Graf oder die Köchin hat den Mord begangen. Der Graf war im Garten, es sei denn, seine Aussage ist falsch und er ist der Mörder. Dann aber war die Mordwaffe kein Messer, denn wenn es ein Messer war, kann nur die Köchin den Mord begangen haben. Wenn jedoch der Graf im Garten war, dann war auch die Köchin im Garten und hat folglich den Mord nicht begangen. Also ist der Graf der Mörder.

4. Im Land der Lügner und Wahrsager gibt es zwei Arten von Menschen: Lügner, die nur falsche Sätze äußern, und Wahrsager, die nur wahre Sätze äußern. Auf Ihrer Reise durch dieses Land begegnen Sie drei Einheimischen A, B und C. A sagt: „Wenn ich

ein Wahrsager bin, dann ist B ein Lügner." B sagt: „Ich bin genau dann ein Wahrsager, wenn C einer ist." Können Sie herausfinden, zu welchem Typ A, B und C jeweils gehören?

5. Warum sollte man sich eigentlich an die Gesetze der Logik halten? Beweisen Sie, dass die Welt untergeht, wenn jemand etwas tut, was gegen die Gesetze der Logik verstößt. (Nehmen Sie zum Beispiel das Gesetz vom ausgeschlossenen Dritten: Beweisen Sie mit einem der Ihnen bekannten Verfahren, dass aus der Annahme, dass jemand etwas tut, was sich adäquat mit '$\neg(p \vee \neg p)$' übersetzen lässt, logisch folgt, dass die Welt untergeht.)

III Prädikatenlogik

17 Die Sprache PL

Wenn wir die logischen Eigenschaften umgangssprachlicher Sätze nur mit aussagenlogischen Mitteln beurteilen könnten, würden uns viele logisch interessante Beziehungen verborgen bleiben. Nehmen wir etwa das umgangssprachliche Argument

(1)   Alle Menschen sind sterblich.
        Sokrates ist ein Mensch.
        Also: Sokrates ist sterblich.

Intuitiv ist dieses Argument sicher gültig; aber mit aussagenlogischen Mitteln lässt sich seine Gültigkeit nicht nachweisen. Denn die Prämissen und die Konklusion von (1) können wir nur in Satzbuchstaben von AL übersetzen – z.B. in die Satzbuchstaben 'p', 'q' und 'r'. Und der Satzbuchstabe 'r' folgt ganz sicher nicht aus den Satzbuchstaben 'p' und 'q'.

Um die Gültigkeit von (1) nachzuweisen, benötigen wir daher eine reichere Sprache – eine Sprache, deren Sätze eine größere innere Struktur aufweisen. Diese Sprache soll Ausdrücke enthalten, die den Namen und Prädikaten der Umgangssprache entsprechen. Und sie soll Möglichkeiten bereitstellen, die uns erlauben, in ihr Sätze zu bilden, die in etwa den deutschen Sätzen

(2)   Alle Menschen sind sterblich,

(3)   Jeder ist sich selbst der nächste

und

(4)   Zu jeder Primzahl gibt es eine größere Primzahl

entsprechen.

Eine Sprache, die all dies leistet, ist die Sprache PL, die in diesem Kapitel vorgestellt werden soll. Dabei sei vorausgeschickt, dass auch die Sprache PL nur Aussagesätze enthält.

17.1 Die Syntax der Sprache PL

Beschäftigen wir uns zunächst wieder mit der Syntax, d.h. mit den beiden Fragen:

1. Welche *Grundzeichen* oder Grundausdrücke enthält die Sprache PL?
2. Wie erzeugt man aus diesen Grundausdrücken die komplexen Ausdrücke und insbesondere die *Sätze* dieser Sprache?

Da PL dem Deutschen in seiner inneren Struktur ähnlicher sein soll als AL, sollten wir uns, bevor wir diese Fragen beantworten, einen groben Überblick über die verschiedenen Arten von Ausdrücken verschaffen, die es im Deutschen gibt.[†]

- **Namen**: Ausdrücke wie 'Konrad Adenauer', 'Paris' und 'der Bodensee'. Namen werden zur Bezeichnung einzelner Gegenstände oder Dinge[‡] verwendet.

- **Prädikate**: Ausdrücke wie '… ist blond', '… läuft' und '… liegt an ---'. Prädikate verwendet man, um einzelnen Dingen Eigenschaften zuzuschreiben oder um auszudrücken, dass diese Dinge in bestimmten Beziehungen zueinander stehen. Prädikate haben immer eine bestimmte Stelligkeit. Es gibt einstellige Prädikate wie '… ist faul' und '… lacht', mit denen man jeweils *einem* Ding oder Gegenstand eine Eigenschaft zuschreiben kann. Es gibt zweistellige Prädikate wie '… ist ein Bruder von ---' und '… liegt an ---', mit deren Hilfe man ausdrücken kann, dass zwischen *zwei* Gegenständen eine bestimmte Beziehung besteht. Es gibt dreistellige Prädikate wie '… liegt zwischen --- und ∗∗∗', mit denen man ausdrücken kann, dass zwischen *drei* Gegenständen eine bestimmte Beziehung besteht. Usw.

[†] Dieser Überblick ist natürlich unvollständig und nur am gegenwärtigen Kontext orientiert.

[‡] Die Ausdrücke 'Ding' und 'Gegenstand' werden in der Logik sehr weit gebraucht. Sie stehen nicht nur für materielle Dinge, sondern auch für Zahlen, Personen, Städte, Institutionen, Flüsse und vieles andere mehr.

- **Satzoperatoren**: Ausdrücke wie 'und', 'oder', 'weil' und 'wenn, dann', die verwendet werden, um schon vorhandene Sätze zu neuen Sätzen zu verbinden.

- **Quantifizierende Ausdrücke**: Ausdrücke wie 'alle', 'einige', 'niemand' und 'die meisten'.

Namen und Prädikate gehören im Deutschen zu den *deskriptiven*, Satzoperatoren und quantifizierende Ausdrücke zu den *logischen* Ausdrücken.

Für alle genannten Ausdrücke soll es in PL Gegenstücke geben, die in etwa dieselbe Funktion erfüllen. Zu den deskriptiven Zeichen von PL sollen also einerseits Zeichen gehören, die dieselbe Funktion wie Namen haben, andererseits aber auch Zeichen, die den Prädikaten entsprechen. Diese Zeichen sind die **Individuenkonstanten** und die **Prädikatbuchstaben**. Mit ihnen sollen sich in PL Sätze bilden lassen, die umgangssprachlichen Sätzen wie

(1)   Hans lacht

und

(2)   Gerda ist älter als Paul

entsprechen.

Individuenkonstanten sind die kleinen Buchstaben 'a', 'b', 'c' usw., wenn nötig auch mit Indizes 'a_1', 'a_2', ..., 'b_1', 'b_2', ... Prädikatbuchstaben sind die großen Buchstaben 'F', 'G', 'H', ..., jeweils *mit einem hochgestellten Index*, der für die Stellenzahl des Prädikatbuchstabens steht. Prädikatbuchstaben sind also die Zeichen 'F^1', 'G^1', 'H^1', 'F^2', 'G^2', 'H^2', 'F^3', 'G^3', ... Auch hier sollen tiefgestellte Indizes erlaubt sein. Prädikatbuchstaben sind also auch 'F_1^1', 'F_1^2', 'F_2^3' usw.

Zu den logischen Zeichen der Sprache PL sollen auf der einen Seite die *Junktoren* '$\neg$', '$\wedge$', '$\vee$', '$\rightarrow$' und '$\leftrightarrow$' gehören, die wir schon aus Kapitel 10 kennen; andererseits aber auch Zeichen, die eine ähnliche Funktion haben wie die quantifizierenden Ausdrücke des Deutschen. Diese Zeichen, die **Quantoren**, haben eine etwas komplexere Struktur. Sie bestehen aus einem der beiden **Quantorzeichen** '$\forall$' und '$\exists$', die in etwa den deutschen Ausdrücken 'für alle' und 'es gibt mindestens ein' entsprechen, und aus je einer **Individuenvariablen**. Individuenvariablen sind die kleinen Buchstaben 'x', 'y', 'z' usw., wenn nötig auch mit Indizes 'x_1', 'x_2', ..., 'y_1', 'y_2', ... Quantoren sind dementsprechend auf der einen Seite Ausdrücke wie '$\forall x$', '$\forall y$' und '$\forall x_2$' – diese Ausdrücke werden '**Allquantoren**' genannt – und auf der anderen Seite Ausdrücke wie '$\exists x_2$' und '$\exists z_4$' – diese Ausdrücke werden '**Existenzquantoren**' genannt.[†] Mit Hilfe von Quantoren kann man in PL Sätze bilden, die dasselbe besagen wie die umgangssprachlichen Sätze

(3)   Alle Menschen sind sterblich

und

(4)   Einige Lehrer leben in Bielefeld.

Als *Hilfszeichen* enthält die Sprache PL wie die Sprache AL nur die beiden Klammern '(' und ')'.

Den ersten Teil der Syntax der Sprache PL können wir damit so zusammenfassen.

Die Sprache PL enthält als *deskriptive Zeichen*

- *Individuenkonstanten* – die kleinen Buchstaben 'a', 'b', 'c' usw., wenn nötig auch mit Indizes 'a_1', 'a_2', ..., 'b_1', 'b_2', ...;

- *Prädikatbuchstaben* – die großen Buchstaben 'F^1', 'G^1', 'F^2', 'G^2', 'F^3' usw., jeweils *mit einem hochgestellten Index*, der für die Stellenzahl des Prädikatbuchstabens steht; auch hier sind tiefgestellte Indizes erlaubt.

$\Rightarrow$

[†] Statt des Allquantorzeichens '$\forall$' wird in manchen Büchern auch das Zeichen 'Λ' (sozusagen ein großes 'und') und statt des Existenzquantorzeichens '$\exists$' das Zeichen '$\vee$' verwendet (ein großes 'oder'). Entsprechende Quantoren sind dann Ausdrücke wie 'Λx' und '$\vee y$'. In der älteren Literatur findet man auch Allquantoren der Art '(x)' und Existenzquantoren der Art '$(\exists x)$'.

PL enthält als *logische Zeichen*

- die *Junktoren* '¬', '∧', '∨', '→' und '↔';
- die *Quantorzeichen* '∀' (Allquantorzeichen) und '∃' (Existenzquantorzeichen);
- *Individuenvariablen* – die kleinen Buchstaben 'x', 'y', 'z' usw., wenn nötig auch mit Indizes 'x_1', 'x_2', ..., 'y_1', 'y_2', ...

PL enthält schließlich als *Hilfszeichen*

- die beiden Klammern '(' und ')'.

Damit kommen wir zur zweiten Frage – der Frage, wie man aus den Grundzeichen der Sprache PL *Sätze* aufbaut. Es gibt in PL drei Arten von Sätzen:

1. *Atomare Sätze*

Atomare Sätze bestehen aus einem Prädikatbuchstaben, dem eine seiner Stellenzahl entsprechende Anzahl von Individuen-konstanten folgt. Atomare Sätze sind also z.B. die Ausdrücke 'F^1a', 'G^1b', 'F^2ab', '$H^2a_1a_1$', 'G^3aeh'.

2. *Komplexe Sätze*

Komplexe Sätze entstehen, wenn man mit Junktoren aus schon vorhandenen Sätzen neue Sätze bildet – entweder indem man vor einen Satz das Negationszeichen '¬' schreibt oder indem man zwischen zwei Sätze das Konjunktionszeichen '∧', das Adjunktionszeichen '∨', das Subjunktionszeichen '→' bzw. das Bisubjunktionszeichen '↔' schreibt. Dabei muss – außer bei der Anwendung des Negationszeichens – der neu erzeugte Satz in Klammern gesetzt werden. Komplexe Sätze sind also z.B. die Ausdrücke '¬F^1a', '¬¬H^1c', '($F^1a \land H^1c$)', '¬($F^2bb \lor G^2bc$)' und '(¬$F^1a \leftrightarrow (G^2ac \land H^3dad)$)'.

3. *Quantifizierte Sätze*

Um den Aufbau von **quantifizierten Sätzen** präzise beschreiben zu können, müssen zunächst noch einige Vorbereitungen getroffen werden. Als erstes muss ein zentraler Hilfsbegriff eingeführt werden – der Begriff der Satzfunktion, den wir *vorläufig* so fassen können:

> **Satzfunktionen** sind die Ausdrücke, die aus Sätzen entstehen, wenn man in ihnen eine oder mehrere Individuenkonstanten durch Individuenvariablen ersetzt.

- Wenn man in dem Satz 'F^1a' die Individuenkonstante 'a' durch die Variable 'x' ersetzt, erhält man die Satzfunktion 'F^1x'.

- Man kann in diesem Satz 'a' jedoch auch durch eine andere Variable – etwa 'y' – ersetzen. Dann erhält man die Satzfunktion 'F^1y'.

- In einem Satz wie 'F^2ab' kann man eine oder beide Individuenkonstanten durch Variablen ersetzen. Wenn man nur die Individuenkonstante 'a' z. B. durch die Variable 'x' ersetzt, erhält man die Satzfunktion 'F^2xb'.

- Wenn man nur die Individuenkonstante 'b' z. B. durch die Variable 'z' ersetzt, erhält man die Satzfunktion 'F^2az'.

- Wenn man dagegen die Individuenkonstante 'a' durch 'x' und die Individuenkonstante 'b' durch 'z' ersetzt, erhält man die Satzfunktion 'F^2xz'.

- Man kann auch beide Individuenkonstanten durch dieselbe Variable – sagen wir 'y' – ersetzen. In diesem Fall erhält man die Satzfunktion 'F^2yy'.

Aus Satzfunktionen können auf verschiedene Weise wieder Sätze gebildet werden: Eine Möglichkeit besteht darin, die Individuenvariablen wieder durch Individuenkonstanten zu ersetzen. So entsteht aus der Satzfunktion 'F^1x' durch Ersetzung der Variablen 'x' durch die Individuenkonstante 'b' der Satz 'F^1b' und aus der Satzfunktion 'G^2yb' durch Ersetzung der Variablen 'y' durch die Individuenkonstante 'a' der Satz 'G^2ab'.

Die andere Möglichkeit dagegen besteht darin, vor eine Satzfunktion Quantoren zu schreiben, in denen dieselben Individuenvariablen vorkommen wie in der Satzfunktion. Auf diese
Weise *bindet* man die in der Satzfunktion vorkommenden Va-
riablen und erzeugt quantifizierte Sätze wie: '$\forall x F^1 x$', '$\exists y F^1 y$',
'$\forall y F^2 yb$', '$\exists y G^2 yy$' und '$\forall x \exists y F^2 xy$'.

Satzfunktionen müssen nicht atomar, sie können auch kom-
plex sein (z.B. '$\neg F^1 x$', '$(F^1 x \wedge H^1 y)$' und '$(F^2 by \vee G^2 xc)$'),
und sie können auch quantifiziert sein (z.B. '$\exists y F^2 xy$'). Entscheidend ist, dass sie mindestens eine freie Individuenvariable
enthalten, d.h. eine Variable, die nicht durch einen Quantor
gebunden ist.

Um dies noch präziser formulieren zu können, sollen im Folgenden die Begriffe des *gebundenen* und des *freien Vorkommens* von Variablen definiert werden. Dafür muss zuvor aber
der Begriff des Bereichs eines Quantors genau bestimmt werden:

Definition 17.1

Der **Bereich** eines Quantors ist die Satzfunktion,
die unmittelbar auf den Quantor folgt.

- In der Satzfunktion '$\forall x(F^1 x \wedge H^1 x)$' ist der Bereich des
  Quantors '$\forall x$' also die Satzfunktion '$(F^1 x \wedge H^1 x)$',

- in der Satzfunktion '$(\forall x F^1 x \wedge H^1 x)$' ist der Bereich von
  '$\forall x$' dagegen nur die Satzfunktion '$F^1 x$'.

- In der Satzfunktion '$\exists y F^2 ay$' ist der Bereich des Quantors
  '$\exists y$' die Satzfunktion '$F^2 ay$'.

- Und in der Satzfunktion '$\forall x \exists y F^2 xy$' ist der Bereich des
  Quantors '$\forall x$' die Satzfunktion '$\exists y F^2 xy$', der Bereich des
  Quantors '$\exists y$' aber nur die Satzfunktion '$F^2 xy$'.

Vor diesem Hintergrund können die Begriffe des gebundenen
und des freien Vorkommens von Variablen so definiert werden:

Definition 17.2

Ist A eine Satzfunktion, in der die Variable α vorkommt, dann heißt *ein Vorkommnis* von α in A genau dann **gebunden**, wenn dieses Vorkommnis in einem Quantor oder im Bereich eines Quantors mit derselben Variablen liegt.

Definition 17.3

Ist A eine Satzfunktion, in der die Variable α vorkommt, dann heißt *ein Vorkommnis* von α in A genau dann **frei**, wenn es nicht gebunden ist.

In dem Satz

(1) $\forall x(F^1 x \wedge G^1 x)$

sind also alle drei Vorkommnisse der Variablen 'x' gebunden. Und auch in dem Satz

(2) $\forall y F^2 ay$

sind beide Vorkommnisse von 'y' gebunden. In der Satzfunktion

(3) $(\forall x F^1 x \wedge G^1 x)$

dagegen sind nur die ersten beiden Vorkommnisse von 'x' gebunden, während das dritte Vorkommnis frei ist. In der Satzfunktion

(4) $\forall y F^2 xy$

sind zwar die beiden Vorkommnisse von 'y' gebunden, das einzige Vorkommnis von 'x' ist aber frei. Und für die Satzfunktion

(5) $F^2 xy$

gilt sogar, dass in ihr sowohl das einzige Vorkommnis von 'x' als auch das einzige Vorkommnis von 'y' frei ist. Wenn man andererseits durch die Anwendung des Quantors '∃x' auf die Satzfunktion (4) den Satz

(6) $\exists x \forall y F^2 xy$

erzeugt, dann sind in diesem Satz sowohl die beiden Vorkommnisse von 'x' als auch die beiden Vorkommnisse von 'y' gebunden.

Auf der Grundlage der bisher getroffenen Festlegungen, die sich nur auf einzelne Vorkommnisse von Variablen beziehen, kann man weiter definieren:

Definition 17.4

Eine Variable α kommt in einer Satzfunktion A genau dann *frei* vor, wenn wenigstens ein Vorkommnis von α in A frei ist.

Definition 17.5

Eine Variable α kommt in einer Satzfunktion A genau dann *gebunden* vor, wenn wenigstens ein Vorkommnis von α in A gebunden ist.

Eine Variable kann in einer Satzfunktion also sowohl frei als auch gebunden vorkommen. Dies ist z.B. in der Satzfunktion (3) der Fall.

Zum Schluss dieses Abschnitts können wir nun auf der Grundlage der bisherigen Überlegungen die beiden Begriffe der Satzfunktion und des Satzes in der Sprache PL präzise definieren. Dabei soll aus technischen Gründen der Begriff der Satzfunktion allerdings so weit gefasst werden, dass er sowohl Satzfunktionen im engeren Sinne (mit freien Variablen) als auch Sätze (ohne freie Variablen) umfasst.

Definition 17.6

A ist genau dann eine *Satzfunktion* der Sprache PL, wenn eine der folgenden Bedingungen erfüllt ist:

(i) Φ^n ist ein n-stelliger Prädikatbuchstabe von PL, $\tau_1, \ldots, \tau_n$ sind n Individuenkonstanten oder Individuenvariablen von PL und A ist gleich $\Phi^n \tau_1 \ldots \tau_n$;

(ii) B und C sind Satzfunktionen von PL, und A ist gleich $\neg B$, $(B \wedge C)$, $(B \vee C)$, $(B \to C)$ oder $(B \leftrightarrow C)$;

(iii) B ist eine Satzfunktion und α eine Individuenvariable von PL, die in B frei vorkommt, und A ist gleich $\forall \alpha B$ oder $\exists \alpha B$.

Definition 17.7

A ist genau dann ein **Satz** von PL, wenn A eine Satzfunktion von PL ist, in der keine Variable frei vorkommt.

- Sätze der Form $\Phi^n \tau_1 \ldots \tau_n$ heißen *atomare Sätze*,
- Sätze der Form $\neg A$ *Negationen*,
- Sätze der Form $(A \wedge B)$ *Konjunktionen*,
- Sätze der Form $(A \vee B)$ *Adjunktionen*,
- Sätze der Form $(A \to B)$ *Subjunktionen*,
- Sätze der Form $(A \leftrightarrow B)$ *Bisubjunktionen*,
- Sätze der Form $\forall \alpha A$ **Allsätze** und
- Sätze der Form $\exists \alpha A$ **Existenzsätze**.

Beispiele für Satzfunktionen von PL

(1) G^1c, F^2ab, F^3aac

(2) $(F^1a \to G^2ba), \neg(H^1c \leftrightarrow G^2cb)$

(3) $G^1z, F^2xx, G^2ax, F^3aay$

(4) $((G^2ab \wedge G^1x) \leftrightarrow G^2ya), \neg\neg(H^1a \vee \neg F^2xy)$

(5) $\exists yG^1y, \forall x(F^1x \leftrightarrow F^3axb), \exists yG^2ay$

(6) $\neg\exists zF^2zb, \forall x(F^1x \to \exists yF^3ayb), \exists x(F^1x \wedge F^3ayb)$

(7) $(\forall zF^2za \to \exists y\neg G^1y), \neg(F^1a \to \exists yH^1y)$

(8) $\forall x(F^1x \to \exists yG^2yx), \forall x\forall y(F^2xy \to \neg F^2yx)$

(9) $\exists z\neg F^2zy, \exists y(F^1x \vee \neg F^2yy), \forall z(F^1x \leftrightarrow (\neg F^2zy \wedge F^1x))$

Von diesen Satzfunktionen sind alle unter (1), (2), (5), (7) und (8) sowie die ersten beiden der unter (6) aufgeführten Satzfunktionen Sätze von PL.

Keine Satzfunktionen von PL sind die folgenden Zeichenverbindungen:

(10) F^2a

(11) abx

(12) $(x) - (y)$

(13) $\forall aF^1a$

(14) H^3xy

(15) $\exists F^1(F^1a)$

(16) $\forall\neg xF^1x$

Keine Satzfunktionen von PL sind auch die Zeichenverbindungen:

(17) $\forall x(F^1a \to \forall xF^1x)$

und

(18) $\forall xF^2ay.$

Satzfunktionen von PL sind dagegen die Zeichenverbindungen:

(19) $\forall x(F^1x \to \forall xF^1x)$

und

(20) $\forall x F^2 xy$.

Für die Sätze der Sprache PL sollen dieselben Klammerersparnisregeln gelten wie für die Sprache AL.

Klammerersparnisregeln:

1. Äußerste Klammern dürfen weggelassen werden.
2. '$\wedge$' und '$\vee$' binden stärker als '$\rightarrow$' und '$\leftrightarrow$'.

Auf Grund dieser Regeln ergeben sich für die unter (2), (4), (7) und (9) angeführten Satzfunktionen die folgenden Abkürzungen:

(2') $F^1 a \rightarrow G^2 ba, \neg(H^1 c \leftrightarrow G^2 cb)$

(4') $G^2 ab \wedge G^1 x \leftrightarrow G^2 ya, \neg\neg(H^1 a \vee \neg F^2 xy)$

(7') $\forall z F^2 za \rightarrow \exists y \neg G^1 y, \neg(F^1 a \rightarrow \exists y H^1 y)$

(9') $\exists z \neg F^2 zy, \exists y(F^1 x \vee \neg F^2 yy), \forall z(F^1 x \leftrightarrow \neg F^2 zy \wedge F^1 x)$

Zum Abschluss dieses Abschnitts soll noch eine Verabredung getroffen werden, die die Bezeichnung von Satzfunktionen betrifft, die dadurch aus anderen Satzfunktionen entstehen, dass man in diesen alle freien Vorkommnisse einer Individuenvariablen durch eine Individuenkonstante bzw. eine andere Individuenvariable ersetzt.

- Ist A eine Satzfunktion, α eine Individuenvariable und τ eine Individuenkonstante, dann soll mit $[A]_\alpha^\tau$ die Satzfunktion bezeichnet werden, die entsteht, wenn man in A alle *freien* Vorkommnisse von α durch τ ersetzt.

$\Rightarrow$

- Ist A eine Satzfunktion und sind α und β Individuenvariablen, dann soll mit $[A]_\alpha^\beta$ die Satzfunktion bezeichnet werden, die entsteht, wenn man in A alle *freien* Vorkommnisse von α durch β ersetzt.
- Ist A eine Satzfunktion und sind τ und σ Individuenkonstanten, dann soll mit $[A]_\tau^\sigma$ die Satzfunktion bezeichnet werden, die entsteht, wenn man in A alle Vorkommnisse von τ durch σ ersetzt.

Beispiele

(1) $[F^1x]_x^a = F^1a$

(2) $[F^2xy]_x^a = F^2ay$

(3) $[F^2xx]_x^a = F^2aa$

(4) $[F^2ay]_x^a = F^2ay$

(5) $[\forall xF^1x]_x^a = \forall xF^1x$

(6) $[\exists yF^2xy]_x^a = \exists yF^2ay$

(7) $[G^3abx \vee \exists xF^1x]_x^a = G^3aba \vee \exists xF^1x$

(8) $[F^1x]_x^y = F^1y$

(9) $[F^2xy]_x^y = F^2yy$

(10) $[\forall yG^3axy]_x^y = \forall yG^3ayy$

(11) $[\exists y(F^1x \vee G^2ay)]_x^y = \exists y(F^1y \vee G^2ay)$

(12) $[\forall yF^2xy \leftrightarrow \forall xF^2xx]_x^y = \forall yF^2yy \leftrightarrow \forall xF^2xx$

(13) $[F^2ay]_a^b = F^2by$

(14) $[F^2ab]_a^b = F^2bb$

Aufgaben 17.1

1. Welche der folgenden Zeichenketten sind Satzfunktionen von PL? Welche der Satzfunktionen sind Sätze von PL?

   a) H^2ab

b) $\forall^1 x$

c) $Ax(F^1x \wedge G^1xy)$

d) $\neg \exists y_7 F^2ay$

e) $\forall xA \rightarrow \neg \exists x \neg A$

f) $F^1a_1 \wedge F^1a_2 \rightarrow \exists xF^1x \wedge F^2a_1a_2$

g) $G^1x \vee \forall xG^1x$

h) $\forall x_1 \forall x_2(F^1x_1 \rightarrow F^1x_2)$

i) $\forall x(G^3xy \vee G^2xy)$

j) $\exists z(F^2az \wedge H^1x) \leftrightarrow H^1y$

k) $\forall yF^2yb \vee \exists y\neg F^2yb$

l) $\exists x(\forall y((F^1x \vee F^2xy) \leftrightarrow F^3abc))$

m) $\forall y(F^1a \rightarrow G^1x) \rightarrow (F^1a \rightarrow G^1y)$

n) $H^3aaa \vee \neg\neg\neg\forall xH^3xxx \rightarrow H^3xxx$

o) $(G^1a \leftrightarrow (F^2ba \vee \exists x(\neg G^3abx)))$

p) $\exists z\forall y\exists x(F^3xyc \leftrightarrow \neg F^6abcxyz)$

q) $\forall y(\forall y(\forall yF^1y \wedge F^1y) \wedge F^1y) \wedge F^1y$

2. Geben Sie für jeden *Satz* aus Aufgabe 1 an, ob es sich um einen atomaren Satz, eine Negation, eine Konjunktion, eine Adjunktion, eine Subjunktion, eine Bisubjunktion, einen Allsatz oder einen Existenzsatz handelt.

3. Markieren Sie alle freien Vorkommnisse von Individuenvariablen in den *Satzfunktionen* von Aufgabe 1.

4. Können in einem Satz von PL die Individuenvariablen x und y beide sowohl frei als auch gebunden vorkommen?

5. Welche Sätze von PL bezeichnen die folgenden (metasprachlichen) Ausdrücke?

a) $[H^3xxy]^b_x$

b) $[F^1x \wedge H^1x]^a_x$

c) $[F^1y \leftrightarrow F^1a \vee G^2xy]^a_y$

d) $[\neg\exists x(G^1x \vee H^2ab) \vee F^1x]^a_x$

e) $[\forall yF^3yxa]^a_y$

f) $[\forall yF^3yxa]^y_x$

g) $[[F^2ya]^a_y]^b_a$

h) $[[\forall yF^2ya]^a_y]^b_a$

17.2 Die Semantik der Sprache PL

Nachdem im letzten Abschnitt geklärt wurde, aus welchen Grundzeichen die Sätze von PL bestehen und wie die Sätze von PL aus diesen Grundzeichen aufgebaut sind, müssen wir uns nun den beiden semantischen Fragen zuwenden:

1. Was *bedeuten* die Grundzeichen von PL?
2. Unter welchen Bedingungen sind die Sätze dieser Sprache *wahr*?

Da eine formal korrekte Beantwortung dieser Fragen kompliziert und relativ schwer verständlich ist, soll sie erst im Kapitel 24 erfolgen. Hier wollen wir uns mit einigen informellen Erläuterungen anhand von Beispielen begnügen. Grundsätzlich gilt aber, dass die Bedeutung der deskriptiven Ausdrücke der Sprache PL nicht durch eine Bewertung, sondern durch eine **Interpretation** festgelegt wird. Diese bestimmt auf der einen Seite die Bedeutung der deskriptiven Zeichen von PL; auf der anderen Seite gibt sie aber auch den Bereich an, auf den sich die Quantoren beziehen sollen.[†] Wir können daher festhalten:

1. Jede Interpretation *I* legt durch Angabe einer nicht leeren Menge *D* den Bereich fest, auf den sich die Quantoren beziehen. Der Bereich einer Interpretation kann also z.B. die Menge der natürlichen Zahlen sein oder die Menge aller Menschen oder auch die Menge, die nur aus den drei Städten Berlin, Hamburg und München besteht.
2. Die Bedeutung der Individuenkonstanten wird dadurch bestimmt, dass *I* jeder Individuenkonstanten von PL einen Gegenstand des Bereichs *D* zuordnet. Man kann also sagen,

---

[†] Damit wird klar, dass es sich bei PL – genauso wie bei AL – nicht um eine Sprache, sondern um eine ganze Familie von Sprachen handelt – eine Familie von Sprachen, die alle dieselbe Syntax besitzen, die sich jedoch in ihrer Semantik unterscheiden. Da der Unterschied in der Semantik hier jedoch ebenfalls nur die Bedeutung der deskriptiven Zeichen betrifft, gilt allerdings auch in diesem Fall: Die Logik ist für alle Sprachen, die zur Sprachfamilie PL gehören, dieselbe. Wie bei AL wird deshalb auch hier im Folgenden nur von der Sprache PL die Rede sein.

dass jede Individuenkonstante (bzgl. der gegebenen Interpretation *I*) einen Gegenstand von *D bezeichnet* – so wie auch die Namen der deutschen Umgangssprache bestimmte Gegenstände bezeichnen. Wenn der Bereich der Interpretation *I* die Menge aller Menschen ist, kann *I* also der Individuenkonstanten '*a*' Sokrates zuordnen, der Individuenkonstanten '*b*' Cäsar, der Individuenkonstanten '*c*' Napoleon usw. Dies werden wir auch so schreiben:

a: Sokrates
b: Cäsar
c: Napoleon
...

Dabei ist es erlaubt, dass verschiedenen Individuenkonstanten derselbe Gegenstand zugeordnet wird. Es kann also auch gelten:

a: Sokrates
b: Cäsar
c: Sokrates
...

3. Die Bedeutung der Prädikatbuchstaben wird dadurch festgelegt, dass *I* jedem einstelligen Prädikatbuchstaben eine Eigenschaft zuordnet, die die Gegenstände von *D* haben können (aber nicht haben müssen), und jedem mehrstelligen Prädikatbuchstaben eine Beziehung, die zwischen den Gegenständen von *D* bestehen kann. Wenn wir wieder von einer Interpretation ausgehen, deren Bereich die Menge aller Menschen ist, kann die Interpretation der Prädikatbuchstaben z. B. so aussehen:

F^1:   ... ist ein Philosoph
G^1:   ... ist ein Feldherr
H^1:   ... wurde älter als 80 Jahre
F^2:   ... wurde vor --- geboren
G^2:   ... ist berühmter als ---
H^2:   ... ist klüger als ---
F^3:   ... ist das Kind von --- und ***
...

Auch hier ist es erlaubt, dass verschiedenen Prädikatbuchstaben dieselbe Eigenschaft oder dieselbe Beziehung zugeordnet wird.

Beispiel einer Interpretation

Für die Sprache PL sei die Interpretation I_1 wie folgt definiert:

D_1 = die Menge der natürlichen Zahlen;

a: 1;

b: 2;

c: 3;

d: 4;

e: 5;

F^1:   ... ist eine gerade natürliche Zahl;

G^1:   ... ist eine ungerade natürliche Zahl;

H^1:   ... ist eine Primzahl;

F^2:   ... ist kleiner als ---;

G^2:   ... ist größer als ---;

H^2:   ... ist durch --- teilbar;

F^3:   ... ist die Summe von --- und ***.

Die Interpretation der übrigen Individuenkonstanten und Prädikatbuchstaben sei beliebig.

Wenn es um die *Wahrheit* der Sätze der Sprache PL geht, müssen wir die einzelnen Arten von Sätzen je für sich betrachten. Allgemein gilt aber natürlich, dass die Wahrheit dieser Sätze entscheidend von der Interpretation ihrer deskriptiven Zeichen abhängt. Wahrheit muss also immer *relativ auf eine bestimmte Interpretation* verstanden werden.

Ein umgangssprachlicher Satz wie 'Hans lacht' ist offenbar genau dann wahr, wenn Hans (also die Person, die durch den Namen 'Hans' bezeichnet wird) die Eigenschaft hat zu lachen (d. h. die Eigenschaft, die durch das Prädikat '... lacht' ausgedrückt wird). Und entsprechend ist der Satz 'Gerda ist älter als Paul' genau dann wahr, wenn Gerda und Paul (also die Personen, die durch die Namen 'Gerda' und 'Paul' bezeichnet werden) zueinander in der Relation des Älterseins stehen (d.h. in der Relation, die durch das Prädikat '... ist älter als ---' ausgedrückt wird).

Ganz analog soll es sich mit den *atomaren Sätzen* von PL verhalten: Der Satz 'F^1a' soll bzgl. einer Interpretation I genau dann wahr sein, wenn der durch 'a' bezeichnete Gegenstand die durch 'F^1' ausgedrückte Eigenschaft besitzt. Und der Satz 'G^2ab' soll bzgl. einer Interpretation I genau dann wahr sein, wenn die durch 'a' und 'b' bezeichneten Gegenstände in der durch 'G^2' ausgedrückten Beziehung zueinander stehen. Generell gilt also:

- Atomare Sätze der Form $\Phi^1\tau$ oder $\Phi^n\tau_1...\tau_n$ sollen bzgl. einer Interpretation I genau dann wahr sein, wenn der durch die Individuenkonstante τ bezeichnete Gegenstand die durch den Prädikatbuchstaben Φ^1 ausgedrückte Eigenschaft hat bzw. wenn die durch die Individuenkonstanten $\tau_1, ..., \tau_n$ bezeichneten Gegenstände in der durch den Prädikatbuchstaben Φ^n ausgedrückten Beziehung zueinander stehen.

Die Wahrheit oder Falschheit[†] *komplexer*, d.h. mit Hilfe von Junktoren gebildeter Sätze soll in derselben Weise wie bei der Sprache AL von der Wahrheit oder Falschheit ihrer Teilsätze abhängen. D.h., es soll gelten:

- Ein Satz der Form $\neg A$ ist bzgl. einer Interpretation I genau dann wahr, wenn der Satz A bzgl. I nicht wahr ist.

- Ein Satz der Form $A \wedge B$ ist bzgl. einer Interpretation I genau dann wahr, wenn die Sätze A und B bzgl. I beide wahr sind.

- Ein Satz der Form $A \vee B$ ist bzgl. einer Interpretation I genau dann wahr, wenn von den Sätzen A und B mindestens einer wahr ist bzgl. I.

[†] 'Falsch' wird hier wie im Kapitel 10 immer als Abkürzung für 'nicht wahr' verwendet.

- Ein Satz der Form $A \rightarrow B$ ist bzgl. einer Interpretation I genau dann wahr, wenn der Satz A falsch ist bzgl. I und/oder der Satz B wahr ist bzgl. I.

- Ein Satz der Form $A \leftrightarrow B$ ist bzgl. einer Interpretation I genau dann wahr, wenn die Sätze A und B entweder beide wahr sind bzgl. I oder beide falsch sind bzgl. I.

Die Wahrheitsbedingungen für *quantifizierte Sätze* können an dieser Stelle noch nicht vollständig angegeben werden. (Dies geschieht erst in Kapitel 24.) Was diese Sätze angeht, müssen wir es deshalb bei einigen Erläuterungen und Beispielen bewenden lassen.

Wir hatten schon gesagt, dass die Quantorzeichen '∀' und '∃' in etwa den deutschen Ausdrücken 'für alle' und 'es gibt mindestens ein' entsprechen sollen. Außerdem hatten wir festgelegt, dass sich die Quantoren immer auf den Bereich einer Interpretation beziehen. Bzgl. der Interpretation I_1 soll der Satz '$\exists x F^1 x$' also offenbar besagen, dass es mindestens eine gerade natürliche Zahl gibt. Mit anderen Worten:

- '$\exists x F^1 x$' ist bzgl. I_1 genau dann wahr, wenn es mindestens eine gerade natürliche Zahl gibt.

Entsprechend gilt:

- Der Satz '$\forall x H^1 x$' ist bzgl. I_1 genau dann wahr, wenn alle natürlichen Zahlen Primzahlen sind.

- Der Satz '$\forall x G^2 xa$' ist bzgl. I_1 genau dann wahr, wenn alle natürlichen Zahlen größer als 1 sind.

- Der Satz '$\exists x G^2 xx$' ist bzgl. I_1 genau dann wahr, wenn es wenigstens eine natürliche Zahl gibt, die größer ist als sie selbst.

- Und der Satz '$\exists x F^3 xbc$' ist bzgl. I_1 genau dann wahr, wenn es eine natürliche Zahl gibt, die die Summe von 2 und 3 ist.

Die Sätze '$\exists x F^1 x$' und '$\exists x F^3 xbc$' sind also wahr bzgl. I_1, während die Sätze '$\forall x H^1 x$', '$\forall x G^2 xa$' und '$\exists x G^2 xx$' falsch sind bzgl. I_1.

Etwas komplizierter werden die Dinge, wenn mehr als ein Quantor im Spiel ist. Der Satz '$\exists x \exists y F^2 xy$' besagt intuitiv aber offenbar, dass es zwei natürliche Zahlen gibt, von denen die eine kleiner ist als die andere. Also gilt:

- '$\exists x \exists y F^2 xy$' ist wahr bzgl. I_1 genau dann, wenn es zwei natürliche Zahlen gibt, von denen die eine kleiner ist als die andere.

Der Satz '$\exists x \exists y F^1 xy$' ist also wahr bzgl. I_1; denn natürlich gibt es zwei solche Zahlen. Dagegen ist der Satz '$\exists x F^2 xx$' falsch bzgl. I_1; hier gilt nämlich:

- '$\exists x F^2 xx$' ist wahr bzgl. I_1 genau dann, wenn es eine natürliche Zahl gibt, die kleiner ist als sie selbst.

Weiter soll gelten:

- '$\forall x \exists y G^2 yx$' ist wahr bzgl. I_1 genau dann, wenn es für jede natürliche Zahl eine natürliche Zahl gibt, die größer ist als sie.
- '$\exists y \forall x G^2 yx$' ist wahr bzgl. I_1 genau dann, wenn es eine natürliche Zahl gibt, die größer ist als alle natürlichen Zahlen.

Wieder ist klar, dass '$\forall x \exists y G^2 yx$' wahr und '$\exists y \forall x G^2 yx$' falsch ist bzgl. I_1. (Denn zu jeder natürlichen Zahl gibt es eine größere. Wenn aber eine natürliche Zahl größer wäre als alle natürlichen Zahlen, müsste sie auch größer sein als sie selbst; und dies trifft auf keine natürliche Zahl zu.)

Da jeder Eigenschaft eindeutig die Menge derjenigen Dinge entspricht, die diese Eigenschaft besitzen, lassen sich die Wahrheitsbedingungen einiger quantifizierter Sätze von PL sehr schön mit Hilfe von Mengendiagrammen erläutern.

Nehmen wir zunächst noch einmal den Satz

(1) $\exists x F^1 x$.

Dieser Satz ist, wie wir schon gesehen haben, genau dann wahr bzgl. einer Interpretation I, wenn es mindestens einen Gegenstand von D gibt, der die durch 'F^1' ausgedrückte Eigenschaft besitzt. Wenn wir den Bereich D durch ein Rechteck und den Bereich der Gegenstände von D, die die durch 'F^1' ausgedrückte Eigenschaft besitzen, durch eine Ellipse darstellen, lassen sich die Wahrheitsbedingungen von (1) also so veranschaulichen (dabei soll das 'x' anzeigen, dass der entsprechende Bereich nicht leer ist):

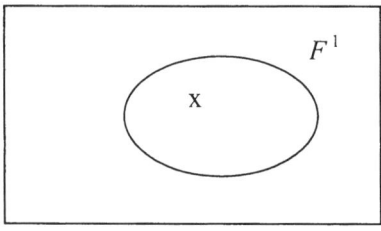

Wie steht es nun mit den Wahrheitsbedingungen der negierten Sätze

(2) $\neg \forall x\, F^1 x$

und

(3) $\neg \exists x\, F^1 x$?

(2) ist genau dann wahr bzgl. I, wenn '$\forall x F^1 x$' falsch ist bzgl. I. D.h., (2) ist genau dann wahr bzgl. I, wenn es mindestens einen Gegenstand von D gibt, der *nicht* zur Menge der Gegenstände gehört, die die durch 'F^1' ausgedrückte Eigenschaft besitzen. Die Wahrheitsbedingungen von (2) lassen sich daher so darstellen:

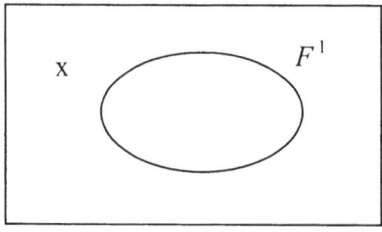

Damit hat (2) offenbar dieselben Wahrheitsbedingungen wie

(4) $\exists x\, \neg F^1 x$.

(3) dagegen ist genau dann wahr bzgl. I, wenn '$\exists x F^1 x$' falsch ist bzgl. I, d.h. wenn es *keinen* Gegenstand von D gibt, der zur Menge der Gegenstände gehört, die die durch 'F^1' ausgedrück-

te Eigenschaft besitzen. Daher lassen sich die Wahrheitsbedingungen von (3) grafisch so darstellen (wenn ein Bereich schraf-
fiert ist, soll das heißen, dass dieser Bereich leer ist):

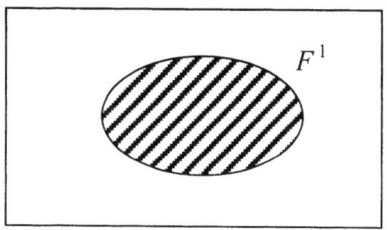

Damit hat (3) dieselben Wahrheitsbedingungen wie

(5) $\forall x \neg F^1 x$.

   Wie steht es mit dem Satz

(6) $\exists x (F^1 x \wedge G^1 x)$?

Offenbar gilt: (6) ist genau dann wahr bzgl. einer Interpretation
I, wenn es mindestens einen Gegenstand von D gibt, der *sowohl* zur Menge der Gegenstände gehört, die die durch 'F^1'
ausgedrückte Eigenschaft besitzen, *als auch* zur Menge der
Gegenstände, die die durch 'G^1' ausgedrückte Eigenschaft besitzen. Wenn wir diese beiden Mengen durch zwei Ellipsen
darstellen, lassen sich die Wahrheitsbedingungen von (6) somit
folgendermaßen veranschaulichen:

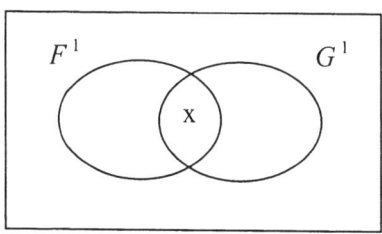

   Nehmen wir als Nächstes den Satz

(7) $\neg \exists x (F^1 x \wedge G^1 x)$.

Dieser Satz ist genau dann wahr bzgl. *I*, wenn '∃*x* (*F*¹*x* ∧ *G*¹*x*)' falsch ist bzgl. *I*, wenn es also keinen Gegenstand von *D* gibt, der sowohl zur Menge der Gegenstände gehört, die die durch '*F*¹' ausgedrückte Eigenschaft besitzen, als auch zur Menge der Gegenstände, die die durch '*G*¹' ausgedrückte Eigenschaft besitzen. Mit anderen Worten: Die Wahrheitsbedingungen von (7) lassen sich durch ein Diagramm veranschaulichen, in dem der Bereich, in dem sich die beiden Ellipsen überschneiden, leer ist.

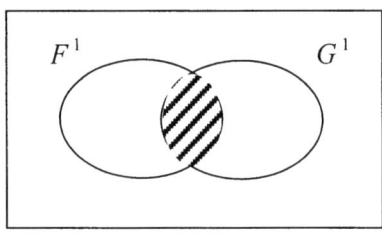

Man kann sich leicht klarmachen, dass (7) dieselben Wahrheitsbedingungen hat wie

(8)   ∀*x* (*F*¹*x* → ¬*G*¹*x*)

und auch wie

(9)   ∀*x* (*G*¹*x* → ¬*F*¹*x*).

Betrachten wir zum Schluss noch die beiden Sätze

(10)   ∀*x* (*F*¹*x* → *G*¹*x*)

und

(11)   ¬∀*x* (*F*¹*x* → *G*¹*x*).

(10) ist genau dann wahr bzgl. einer Interpretation *I*, wenn alle Gegenstände von *D*, die zur Menge der Gegenstände gehören, die die durch '*F*¹' ausgedrückte Eigenschaft besitzen, auch zur Menge der Gegenstände gehören, die die durch '*G*¹' ausgedrückte Eigenschaft besitzen. Grafisch lässt sich dies am besten so darstellen:

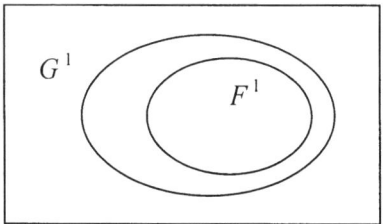

Dies bedeutet aber auch, dass es keinen Gegenstand von D gibt, der zur Menge derjenigen Gegenstände gehört, die die durch 'F^1' ausgedrückte Eigenschaft besitzen, aber *nicht* zur Menge der Gegenstände, die die durch 'G^1' ausgedrückte Eigenschaft besitzen. D.h., wir können die Wahrheitsbedingungen von (10) auch so darstellen:

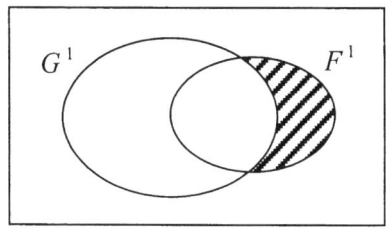

Also hat (10) dieselben Wahrheitsbedingungen wie:

(12) $\neg \exists x (F^1 x \wedge \neg G^1 x)$.

Wie ist es nun mit (11)? (11) ist genau dann wahr bzgl. I, wenn '$\forall x (F^1 x \rightarrow G^1 x)$' falsch ist bzgl. dieser Interpretation, d.h., wenn es einen Gegenstand von D gibt, der zur Menge derjenigen Gegenstände gehört, die die durch 'F^1' ausgedrückte Eigenschaft besitzen, aber *nicht* zur Menge derjenigen Gegenstände, die die durch 'G^1' ausgedrückte Eigenschaft besitzen. Dies lässt sich grafisch so veranschaulichen, wie auf der nächsten Seite dargestellt. (11) hat somit dieselben Wahrheitsbedingungen wie

(13) $\exists x (F^1 x \wedge \neg G^1 x)$.

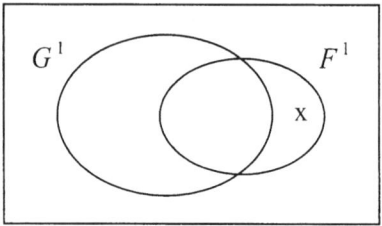

Aufgaben 17.2

1. Welche der folgenden Sätze sind wahr bzgl. der Interpretation I_1?
   a) G^2eb
   b) $F^1a \rightarrow G^1a$
   c) $\forall x(F^1x \rightarrow G^1x)$
   d) $\exists x(H^1x \wedge F^2xd)$
   e) $\neg\exists xF^2xa$
   f) $\exists x\forall yF^3yyx$
   g) $\forall x\forall y(F^2xy \vee G^2xy)$
   h) $\exists y(H^1y \wedge \forall xG^2yx)$
   i) $\forall x\forall y(H^2xy \rightarrow \exists zF^3xyz)$

2. Finden Sie für jeden der folgenden Sätze einen Satz von PL, der bzgl. I_1 dieselben Wahrheitsbedingungen hat.
   a) 5 ist größer als 3 und 3 ist größer als 1.
   b) Es gibt (mindestens) eine Primzahl.
   c) Alle Zahlen sind größer als 3.
   d) Jede Zahl ist größer als 3 oder kleiner als 4.
   e) Es gibt keine größte Primzahl. (D.h., für jede Zahl gilt: Wenn sie eine Primzahl ist, dann gibt es eine Primzahl, die größer ist als sie.)

3. Geben Sie eine Interpretation an, bzgl. deren die Sätze '$\neg\exists xF^1x$' und '$\forall x(F^1x \vee G^1x)$' beide wahr sind.

4. Die Sprache PL$_=$ enthält neben den Prädikatbuchstaben von PL auch den zweistelligen Prädikatbuchstaben '='. Dessen Bedeutung wird nicht durch Interpretationen bestimmt, sondern durch die folgende Festsetzung: Wenn τ und σ Individuenkonstanten sind,

so ist '$=\tau\sigma$' genau dann wahr bzgl. einer Interpretation I, wenn I τ und σ denselben Gegenstand zuweist. Der Gewohnheit halber wird in PL$_=$ statt '$=\tau\sigma$' auch '$(\tau=\sigma)$' geschrieben.

Der Satz '$\exists x \exists y \neg (x = y)$' von PL$_=$ drückt also aus, dass es mindestens zwei Gegenstände gibt, denn er ist genau dann wahr bzgl. einer Interpretation I, wenn der Bereich von I mindestens zwei Gegenstände umfasst. Finden Sie je einen Satz von PL$_=$ für 'es gibt höchstens zwei Gegenstände', 'es gibt genau zwei Gegenstände' und 'es gibt mindestens drei Gegenstände'.

18 Grundbegriffe der Logik der Sprache PL

Die Begriffe der logischen Wahrheit und der logischen Folgerung können für Sätze der Sprache PL ganz analog zu den Definitionen 11.1 und 11.2 definiert werden:

Definition 18.1

Ein Satz A der Sprache PL ist genau dann **logisch wahr** (symbolisch: $\models_{PL} A$), wenn sich allein aus der Bedeutung der logischen Zeichen von PL, d.h. aus den Wahrheitsbedingungen für die Sätze von PL ergibt, dass A bzgl. aller Interpretationen von PL wahr ist.

Definition 18.2

Ist A ein Satz von PL und M eine Menge von Sätzen von PL, dann **folgt** der Satz A genau dann **logisch** aus M (symbolisch: $M \models_{PL} A$), wenn sich allein aus der Bedeutung der logischen Zeichen von PL, d.h. aus den Wahrheitsbedingungen für die Sätze von PL ergibt, dass für alle Interpretationen I von PL gilt: Sind die Sätze von M alle wahr bzgl. I, dann ist auch A wahr bzgl. I.

Es ist jedoch nicht immer nötig, die Bedeutung *aller* logischen Zeichen von PL zu berücksichtigen, wenn es um die logische Wahrheit eines Satzes oder die Gültigkeit eines Arguments in PL geht. In vielen Fällen reicht es aus, nur die Bedeutung der Junktoren in Betracht zu ziehen.[†] Wenn das so ist, spricht man spezieller von '*aussagen*logischer Wahrheit' bzw. '*aussagen*logischer Folgerung'.

Definition 18.3

Ein Satz *A* der Sprache PL ist genau dann **aussagenlogisch wahr**, wenn sich allein aus der Bedeutung der in ihm vorkommenden Junktoren ergibt, dass *A* bzgl. aller Interpretationen von PL wahr ist.

Definition 18.4

Ist *A* ein Satz von PL und *M* eine Menge von Sätzen von PL, dann **folgt** der Satz *A* genau dann **aussagenlogisch** aus *M*, wenn sich allein aus der Bedeutung der in *A* und *M* vorkommenden Junktoren ergibt, dass für alle Interpretationen *I* von PL gilt: Sind die Sätze von *M* alle wahr bzgl. *I*, dann ist auch *A* wahr bzgl. *I*.

Auf Grund dieser Definitionen ist klar, dass ein aussagenlogisch wahrer Satz auch logisch wahr ist und dass, wenn *A* aussagenlogisch aus der Satzmenge *M* folgt, *A* auch logisch aus der Satzmenge *M* folgt.

Grundsätzlich lässt sich die aussagenlogische Wahrheit eines Satzes *A* von PL oder die Tatsache, dass der Satz *A* aussagenlogisch aus der Satzmenge *M* folgt, mit denselben Mitteln nachweisen, die wir schon in den Kapiteln 12 und 13 kennen gelernt

---

[†] Die Bedeutung der Junktoren ergibt sich aus den auf S. 189f. angeführten Wahrheitsbedingungen für komplexe Sätze.

hatten. Wir können es uns aber hier noch einfacher machen, indem wir den folgenden Hilfsbegriff einführen.

Definition 18.5

Ein Satz A von PL ist genau dann eine **Einsetzungsinstanz** eines Satzes A' von AL, wenn sich A aus A' gewinnen lässt, indem man alle Satzbuchstaben, die in A' vorkommen, durch Sätze von PL ersetzt, und zwar in der Weise, dass gleiche Satzbuchstaben durch gleiche Sätze, aber nicht notwendigerweise verschiedene Satzbuchstaben durch verschiedene Sätze von PL ersetzt werden.

Beispiele

Die Sätze

(1) $\neg F^1 a$,

(2) $\neg \exists x F^1 x$,

(3) $\neg(\forall x F^1 x \to \exists y F^2 ay)$

von PL sind alle Einsetzungsinstanzen des Satzes

(4) $\neg p$

von AL.

   Die Sätze

(5) $\exists x F^1 x \land G^2 ab$,

(6) $\forall x F^1 x \land (\exists y F^2 ay \lor \neg \exists y F^2 ay)$,

von PL sind Einsetzungsinstanzen des Satzes

(7) $p \land q$

von AL.

   Und die Sätze

(8) $\exists x F^1 x \to (\exists x F^1 x \to \exists x F^1 x)$,

(9) $\forall y F^2 ay \to (\neg(\forall x F^1 x \to \exists y F^2 by) \to \forall y F^2 ay)$

von PL sind Einsetzungsinstanzen des Satzes

(10) $p \to (q \to p)$

von AL.

(11) $F^1a \to (\forall x F^1 x \to F^1 b)$

ist jedoch keine Einsetzungsinstanz von (10).

(12) $\forall x F^1 x \to F^1 a$

ist keine Einsetzungsinstanz von

(13) $p \to p$.

Und

(14) $F^1 a \to \forall x F^1 x \land F^1 a$

ist keine Einsetzungsinstanz von

(15) $p \to p \land q$.

Offenbar gelten auf Grund der Definitionen 18.3, 18.4 und 18.5 sowie auf Grund der Tatsache, dass die Wahrheitsbedingungen für komplexe Sätze mit den entsprechenden Bedingungen der Definitionen 10.3 identisch sind, die folgenden beiden Sätze.

Satz 18.6

Ein Satz A der Sprache PL ist genau dann aussagenlogisch wahr, wenn er Einsetzungsinstanz eines logisch wahren Satzes A' von AL ist.

Satz 18.7

Der Satz A von PL folgt genau dann aussagenlogisch aus der Satzmenge M, wenn A Einsetzungsinstanz eines Satzes A' von AL ist, der logisch aus der Satzmenge M' folgt, wobei die Sätze dieser Menge Einsetzungsinstanzen der Sätze der Satzmenge M sind.

Um festzustellen, ob ein Satz *A* von PL *aussagenlogisch* wahr ist oder ob der Satz *A* *aussagenlogisch* aus der Satzmenge *M* folgt, braucht man also nur zu prüfen, ob *A* Einsetzungsinstanz eines logisch wahren Satzes *A'* von AL ist bzw. der Satz *A* von PL Einsetzungsinstanz eines Satzes *A'* von AL ist, der logisch aus der Satzmenge *M'* folgt, wobei die Sätze dieser Menge Einsetzungsinstanzen der Sätze der Satzmenge *M* sind.

Beispiele

Die folgenden Sätze von PL sind alle Einsetzungsinstanzen von logisch wahren Sätzen von AL und daher selbst aussagenlogisch wahr.

(16) $F^1a \lor \neg F^1a$

(17) $\neg(\forall x F^1 x \land \neg\forall x F^1 x)$

(18) $(\forall x F^1 x \land F^1 a \to \neg(\forall x F^1 x \land F^1 a)) \to$
$\neg(\forall x F^1 x \land F^1 a)$

(19) $\neg\forall x F^1 x \to (\forall x F^1 x \to F^1 a)$

(20) $G^2 ab \to (G^2 ab \to G^2 ab)$

(21) $(\neg G^2 ba \to \neg G^2 ab) \to (G^2 ab \to G^2 ba).$

Auch wenn sich in vielen Fällen auf diese Weise schon mit aussagenlogischen Mitteln nachweisen lässt, dass ein Satz *A* der Sprache PL logisch wahr ist oder dass der Satz *A* logisch aus einer Satzmenge *M* folgt, so gibt es doch auch viele Fälle, in denen das nicht so einfach ist. Wenn wir z.B. den Satz

(22) $\forall x F^1 x \to F^1 a$

betrachten, dann ist leicht zu sehen, dass dieser Satz nicht *aussagen*logisch wahr ist. Denn mit den Wahrheitsbedingungen für komplexe Sätze ist es durchaus vereinbar, dass es eine Interpretation *I* gibt, bzgl. deren der Satz '$\forall x F^1 x$' wahr und der Satz '$F^1 a$' falsch ist, d.h., bzgl. deren auch der gesamte Satz (22) falsch ist. Erst wenn wir auch die Wahrheitsbedingungen quantifizierter Sätze mit berücksichtigen, zeigt sich, dass es eine solche Interpretation nicht geben kann.

Bzgl. jeder Interpretation *I* ist der Satz '$\forall x F^1 x$' entweder wahr oder falsch.

1. Wenn '$\forall x F^1 x$' wahr ist bzgl. I, heißt das, dass alle Gegenstände von D – also auch der durch 'a' bezeichnete Gegenstand – die durch 'F^1' ausgedrückte Eigenschaft besitzen;
   somit ist in diesem Fall auch '$F^1 a$' wahr bzgl. I. Und wenn
   das Hinterglied einer Subjunktion wahr ist, ist auch die Subjunktion wahr.
2. Wenn dagegen '$\forall x F^1 x$' falsch ist bzgl. I, dann ist die Subjunktion (24) allein deshalb schon wahr bzgl. I.

Zusammen ergibt sich also aus den Wahrheitsbedingungen für
Subjunktionen und für Sätze der Form '$\forall x F^1 x$', dass (22) wahr
ist bzgl. aller Interpretationen I von PL. Und d.h., (22) ist logisch wahr.

Wenn man fragt, mit welchen Mitteln man *generell* überprüfen kann, ob die Bedingungen der Definitionen 18.1 und 18.2
erfüllt sind, muss man allerdings leider feststellen, dass es kein
Verfahren gibt, das der Wahrheitstafelmethode entspricht, d.h.
kein Verfahren, bei dem man in endlich vielen Schritten für
jeden Satz der Sprache PL entscheiden kann, ob er logisch
wahr ist oder nicht.[†] Es gibt zwar Verfahren, mit denen man für
logisch wahre Sätze in endlich vielen Schritten zeigen kann,
dass sie logisch wahr sind. Bei Sätzen von PL, die nicht logisch
wahr sind, liefern diese Verfahren jedoch nicht immer nach
endlich vielen Schritten das Ergebnis 'nicht logisch wahr';
vielmehr brechen diese Verfahren bei solchen Sätzen manchmal gar nicht ab. Im nächsten Kapitel werden wir eines dieser
Verfahren, das Wahrheitsbaumverfahren kennen lernen.

Zuvor soll jedoch noch eine einfache Methode vorgestellt
werden, mit der man häufig immerhin zeigen kann, dass ein
bestimmter Satz *nicht* logisch wahr ist. Obwohl es für diesen
Nachweis, wie gesagt, kein mechanisches Verfahren gibt, das
in allen Fällen nach endlich vielen Schritten abbricht, lässt sich
die Tatsache, dass ein Satz A nicht logisch wahr ist, nämlich

---

[†] Technisch gesprochen liegt dies daran, dass die Logik der Sprache PL
(anders als die Logik der Sprache AL) *unentscheidbar* ist. Zum Begriff der
Unentscheidbarkeit vgl. z.B. E. Mendelson, *Introduction to Mathematical
Logic*. 3rd ed. Monterey CA 1987, ch. 3.

durch die Angabe eines **Gegenbeispiels** nachweisen – durch die Angabe einer Interpretation I, bzgl. deren der Satz A *anerkanntermaßen falsch* ist. Denn wenn es ein solches Gegenbeispiel gibt, dann ist es offensichtlich nicht der Fall, dass sich aus der Bedeutung der logischen Zeichen von PL ergibt, dass es keine Interpretation I geben kann, bzgl. deren der Satz A falsch ist.

Nehmen wir als Beispiel den Satz

(23) $F^1 a \rightarrow \forall x F^1 x.$

Offenbar ist dieser Satz nicht logisch wahr; denn für ihn gibt es als Gegenbeispiel die Interpretation:

(23') D = die Menge der natürlichen Zahlen;
       a: 7;
       F^1:   … ist eine Primzahl.

Dass es sich bei dieser Interpretation um ein Gegenbeispiel handelt, ergibt sich zum einen daraus, dass 7 eine Primzahl ist und dass daher der Satz '$F^1 a$' wahr ist bzgl. der Interpretation (23'). Zum anderen ergibt es sich daraus, dass nicht alle natürlichen Zahlen Primzahlen sind. Während der Satz '$F^1 a$' wahr ist bzgl. der Interpretation (23'), ist der Satz '$\forall x F^1 x$' also falsch bzgl. dieser Interpretation; und daher ist auch der gesamte Satz (23) falsch bzgl. dieser Interpretation.

Bei der Suche nach Gegenbeispielen sollte man sich vorab überlegen, welche Eigenschaften die Gegenstände bzw. Eigenschaften haben müssen, die den Individuenkonstanten und Prädikatbuchstaben zugeordnet werden, damit der Satz, um den es geht, bzgl. der betreffenden Interpretation falsch ist. Für den Satz (23) z.B. benötigen wir eine Interpretation I, die den Prädikatbuchstaben 'F^1' auf eine Eigenschaft abbildet, für die gilt: der durch 'a' bezeichnete Gegenstand besitzt diese Eigenschaft, aber nicht alle Gegenstände von D besitzen diese Eigenschaft. Wenn diese Bedingung erfüllt ist, ist '$F^1 a$' wahr bzgl. I und '$\forall x F^1 x$' falsch bzgl. I, die gesamte Subjunktion (23) also falsch bzgl. I.

Im Folgenden sollen für vier weitere Sätze Gegenbeispiele angeführt werden. Nehmen wir als ersten den Satz

(24) $\forall x(F^1x \to G^1x) \to \forall x(G^1x \to F^1x)$.

Um ein Gegenbeispiel für (24) zu finden, müssen wir die Eigenschaften, die den beiden Prädikatbuchstaben 'F^1' und 'G^1'
zugeordnet werden, so wählen, dass die Menge der Gegenstände, die die durch 'F^1' ausgedrückte Eigenschaft besitzen, ganz
in der Menge der Gegenstände enthalten ist, die die durch 'G^1'
ausgedrückte Eigenschaft besitzen, während das Umgekehrte
nicht gilt. Diese Bedingung erfüllt z.B. die Interpretation

(24′) D = die Menge der Lebewesen;
          F^1:   ... ist ein Hund;
          G^1:   ... ist ein Säugetier.

(25) $\exists x F^1x \land \exists x G^1x \to \exists x(F^1x \land G^1x)$

In diesem Fall müssen die Eigenschaften, die 'F^1' und 'G^1'
zugeordnet werden, so gewählt werden, dass die entsprechenden Mengen beide nicht leer sind, es auf der anderen Seite aber
keinen Gegenstand von D gibt, der Element beider Mengen ist.
Diese Bedingung erfüllt z.B. die Interpretation

(25′) D = die Menge der natürlichen Zahlen;
          F^1:   ... ist eine gerade natürliche Zahl;
          G^1:   ... ist eine ungerade natürliche Zahl.

(26) $\forall x(F^1x \lor \neg F^1x) \to \forall x F^1x \lor \forall x \neg F^1x$

Da der Vordersatz dieser Subjunktion immer wahr ist, benötigen wir als Gegenbeispiel eine Interpretation, bzgl. deren der
Hintersatz falsch ist – also eine Interpretation, bei der 'F^1' eine
Eigenschaft zugeordnet wird, deren entsprechende Menge weder leer noch mit D identisch ist. Dies gilt z.B. für die Interpretation

(26′) D = die Menge der natürlichen Zahlen;
          F^1:   ... ist eine Primzahl.

(27) $\forall y \exists x G^2xy \to \exists x \forall y G^2xy$

Wir hatten schon zuvor gesehen, dass der Satz '$\forall y \exists x G^2xy$'
wahr ist bzgl. I_1 und der Satz '$\exists x \forall y G^2xy$' falsch ist bzgl. I_1
(s.o. S. 191). I_1 ist also ein Gegenbeispiel gegen die logische
Wahrheit von (27).

Ebenso wie zum Nachweis der Tatsache, dass ein Satz A nicht logisch wahr ist, kann die Methode der Angabe von Gegenbeispielen dazu verwendet werden zu zeigen, dass die Behauptung, dass ein Satz A logisch aus der Satzmenge M folgt, falsch ist. In diesem Fall besteht ein Gegenbeispiel allerdings in einer Interpretation I, bzgl. deren die Sätze $A_1, ..., A_n$ alle anerkanntermaßen wahr sind, der Satz A dagegen ebenso anerkanntermaßen falsch.

Um zu zeigen, dass die Behauptung

(28) $\forall x(H^1 x \rightarrow G^1 x), \forall x(F^1 x \rightarrow G^1 x)$
$$\models_{PL} \forall x(F^1 x \rightarrow H^1 x)^\dagger$$

falsch ist, genügt z.B. die Interpretation

(28′) D = die Menge der Lebewesen;
F^1: ... ist ein Hund;
G^1: ... ist ein Säugetier;
H^1: ... ist eine Katze.

Es folgen noch zwei weitere Beispiele falscher Folgerungsbehauptungen.

(29) $\exists x(G^1 x \wedge H^1 x), \exists x(F^1 x \wedge H^1 x) \models_{PL} \exists x(G^1 x \wedge F^1 x)$

Gegenbeispiel:

(29′) D = die Menge der natürlichen Zahlen;
F^1: ... ist eine gerade natürliche Zahl;
G^1: ... ist eine ungerade natürliche Zahl;
H^1: ... ist eine Primzahl.

(30) $\exists x(G^1 x \wedge H^1 x), \forall x(F^1 x \rightarrow G^1 x)$
$$\models_{PL} \forall x(F^1 x \rightarrow H^1 x)$$

Gegenbeispiel:

(30′) D = die Menge der Lebewesen;
F^1: ... ist ein Wal;
G^1: ... ist ein Tier;
H^1: ... ist ein Fisch.

---

† Statt '$\{A_1, ..., A_n\} \models_{PL} A$' verwenden wir wieder die vereinfachte Schreibweise '$A_1, ..., A_n \models_{PL} A$'.

Aufgaben 18

1. Welche dieser Aussagen sind wahr, welche falsch?
   a) Wenn zwei Sätze A und B von PL wahr sind bzgl. genau den-
      selben Interpretationen, dann folgt A logisch aus B.
   b) Wenn ein Satz A von PL nicht logisch wahr ist, dann gibt es
      keine Interpretation, bzgl. deren A wahr ist.
   c) Jeder logisch wahre Satz von PL ist wahr bzgl. jeder Interpre-
      tation.
   d) Wenn ein Satz A von PL wahr ist bzgl. einer Interpretation I
      und es gilt: $A \vDash_{PL} B$, dann ist auch B wahr bzgl. I.
   e) Wenn A bzgl. I anerkanntermaßen falsch ist, dann ist I ein Ge-
      genbeispiel gegen A.
   f) Wenn es ein Gegenbeispiel gegen A gibt, dann gilt $\vDash_{PL} \neg A$.

2. Die Interpretation I sei wie folgt bestimmt:
   D = die (Menge der) Zahlen 1 und 2;
   a: 1;
   b: 2;
   F^1: ... ist ungerade.
   Für welche der folgenden Sätze ist I ein Gegenbeispiel?
   a) $F^1a \wedge \neg F^1a$
   b) $\exists x F^1 x$
   c) $\forall x(F^1x \to F^1a \vee F^1b)$
   d) $\exists x F^1 x \to \forall y F^1 y$

3. Zeigen Sie durch Angabe von Gegenbeispielen, dass folgende
   Sätze von PL nicht logisch wahr sind.
   a) $\forall x F^1 x \vee \exists x F^1 x$
   b) $F^2ab \to \forall x F^2ax$
   c) $\forall x \forall y(F^2xy \to F^2yx)$
   d) $\exists y F^2ay \vee \exists y F^2ya$

4. Finden Sie Gegenbeispiele gegen die folgenden Aussagen.
   a) $\neg \forall x F^1 x \ \vDash_{PL} \ \forall x \neg F^1 x$
   b) $\exists x(F^1x \to Gx), \exists x F^1 x \ \vDash_{PL} \ \exists x G^1 x$
   c) $\forall x(F^2xa \to F^2ax) \ \vDash_{PL} \ F^2aa$
   d) $\forall x \forall y \forall z(F^2xy \wedge F^2yz \to F^2xz) \ \vDash_{PL}$
        $\qquad\qquad \forall x \forall y \forall z(\neg F^2xy \wedge \neg F^2yz \to \neg F^2xz)$

19 Das Wahrheitsbaumverfahren für PL

Die Wahrheitsbaummethode lässt sich auch zur Beurteilung der logischen Wahrheit von Sätzen der Sprache PL verwenden. Denn auch dabei kann man auf die Methode des indirekten Beweises zurückgreifen.

Wenn wir z. B. annehmen, der Satz

(1) $F^1a \to \exists x F^1 x$

sei nicht logisch wahr, dann nehmen wir damit an, dass es mit den Wahrheitsbedingungen für die Sätze von PL vereinbar ist, dass es eine Interpretation I gibt, bzgl. deren dieser Satz falsch ist. Wenn (1) bzgl. I falsch ist, muss jedoch der Satz

(2) F^1a

wahr und der Satz

(3) $\exists x F^1 x$

falsch sein bzgl. I. Und das bedeutet, dass in diesem Fall auch der Satz

(4) $\neg \exists x F^1 x$

wahr ist bzgl. I. Dies kann aber nur der Fall sein, wenn die Menge der Dinge, die die durch 'F^1' ausgedrückte Eigenschaft besitzen, leer ist. Wenn das so ist, ist auch der Satz

(5) $\forall x \neg F^1 x$

wahr bzgl. I. Und wenn (5) wahr ist bzgl. I, ist offenbar auch

(6) $\neg F^1 a$

wahr bzgl. I.

Aus der Annahme, dass der Satz (1) nicht logisch wahr ist, folgt somit, dass es eine Interpretation I gibt, bzgl. deren sowohl der Satz 'F^1a' selbst als auch seine Negation '$\neg F^1a$' wahr ist. Und dies ist ein Widerspruch. Die Ausgangsannahme muss daher falsch und der Satz (1) doch logisch wahr sein.

Diese Argumentation lässt sich wieder in der Form eines Wahrheitsbaums des negierten Satzes (1) übersichtlich zusammenfassen.

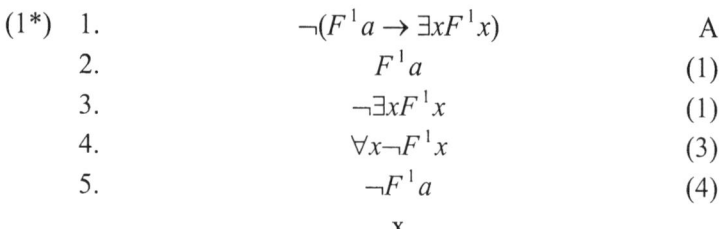

(1*)	1.	$\neg(F^1a \rightarrow \exists xF^1x)$	A
	2.	F^1a	(1)
	3.	$\neg\exists xF^1x$	(1)
	4.	$\forall x\neg F^1x$	(3)
	5.	$\neg F^1a$	(4)
		x	

Dieser Baum ist dieses Mal so zu lesen: Wenn es eine Interpretation I gibt, bzgl. deren der Satz '$\neg(F^1a \rightarrow \exists xF^1x)$' wahr ist, dann müssen bzgl. dieser Interpretation auch die Sätze 'F^1a' und '$\neg\exists xF^1x$' wahr sein. Wenn der Satz '$\neg\exists xF^1x$' bzgl. I wahr ist, dann muss bzgl. dieser Interpretation auch der Satz '$\forall x\neg F^1x$' wahr sein. Und wenn '$\forall x\neg F^1x$' wahr ist bzgl. I, muss auch '$\neg F^1a$' wahr sein bzgl. I. Es kann also nur dann eine Interpretation I geben, bzgl. deren der Satz '$\neg(\forall xF^1x \rightarrow F^1a)$' wahr ist, wenn bzgl. dieser Interpretation die Sätze 'F^1a' und '$\neg F^1a$' beide wahr sind. Und das ist ein Widerspruch. Aus diesem Grund – d.h. formal: weil in seinem einzigen Ast der Satz 'F^1a' sowohl in negierter als auch in nicht negierter Form vorkommt – kann der Baum mit einem 'x' geschlossen werden.

Wie im Kapitel 13 soll hier das Wahrheitsbaumverfahren jedoch nicht in erster Linie als vereinfachte Methode, indirekte Beweise zu notieren, aufgefasst werden. Vielmehr soll es im Folgenden wieder als ein rein *syntaktisches Verfahren* charakterisiert werden, in dem nach einem festen Satz von Regeln, die nur auf die syntaktischen Eigenschaften von Sätzen Bezug nehmen, Sätze in baumartigen Strukturen an andere Sätze angehängt werden dürfen.

Zu den Regeln für die Entwicklung von Wahrheitsbäumen für Sätze der Sprache PL gehören dabei zunächst einmal die schon im Kapitel 13 erläuterten Regeln, die hier noch einmal aufgeführt werden sollen:

(DN)
$$\neg\neg A$$
$$A$$

(K)
$$A \wedge B$$
$$A$$
$$B$$

(A)
$$A \vee B$$

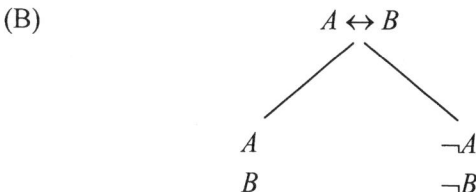

$$A \qquad\qquad B$$

(S)
$$A \rightarrow B$$

$$\neg A \qquad\qquad B$$

(B)
$$A \leftrightarrow B$$

$$A \qquad\qquad \neg A$$
$$B \qquad\qquad \neg B$$

(NK)
$$\neg(A \wedge B)$$

$$\neg A \qquad\qquad \neg B$$

(NA)
$$\neg(A \vee B)$$
$$\neg A$$
$$\neg B$$

(NS) $\neg(A \to B)$

                                   A

                                  $\neg B$

(NB) $\neg(A \leftrightarrow B)$

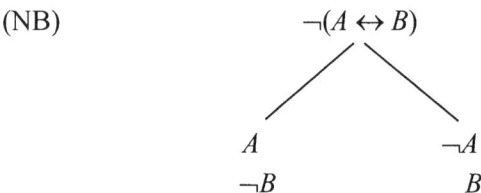

      A $\neg A$

     $\neg B$ B

Zu diesen Regeln kommen jedoch noch vier weitere Regeln für quantifizierte bzw. negierte quantifizierte Sätze hinzu:

(U) $\forall \alpha A$

                                $[A]_\alpha^\tau$

An einen Ast, in dem ein Satz der Form $\forall \alpha A$ vorkommt, darf der Satz $[A]_\alpha^\tau$ angefügt werden, wobei τ jede beliebige Individuenkonstante sein kann. (Nach Anwendung der Regel wird der Satz $\forall \alpha A$ *nicht* mit einem '√' markiert, da die Regel (U) auf denselben Satz jederzeit mit anderen Individuenkonstanten erneut angewendet werden kann. Die Begründung der Regel (U) ergibt sich aus der folgenden Tatsache: Wenn $\forall \alpha A$ wahr ist bzgl. einer Interpretation I, dann trifft A auf alle Gegenstände des Bereichs D zu.)

(E) $\exists \alpha A$

                                $[A]_\alpha^\tau$

An einen Ast, in dem ein Satz der Form $\exists \alpha A$ vorkommt, darf der Satz $[A]_\alpha^\tau$ angefügt werden, wobei τ eine Individuenkonstante sein muss, die in dem Ast, an den $[A]_\alpha^\tau$ angefügt werden soll, bisher *nicht* vorgekommen ist. (Die Begründung der Regel (E) ergibt sich aus der folgenden Tatsache: Wenn $\exists \alpha A$ wahr ist bzgl. einer Interpretation I, dann muss es zumindest einen Gegenstand des Bereichs D geben, auf den A zutrifft; allerdings wissen wir von diesem Gegenstand auch nicht mehr als genau dies.)

(NU) $\qquad \neg \forall \alpha A$

$\qquad\qquad \exists \alpha \neg A$

An einen Ast, in dem ein Satz der Form $\neg \forall \alpha A$ vorkommt, darf der Satz $\exists \alpha \neg A$ angefügt werden. (Die Begründung dieser Regel ergibt sich aus der Tatsache, dass $\neg \forall \alpha A$ und $\exists \alpha \neg A$ dieselben Wahrheitsbedingungen besitzen.)

(NE) $\qquad \neg \exists \alpha A$

$\qquad\qquad \forall \alpha \neg A$

An einen Ast, in dem ein Satz der Form $\neg \exists \alpha A$ vorkommt, darf der Satz $\forall \alpha \neg A$ angefügt werden. (Die Begründung dieser Regel ergibt sich aus der Tatsache, dass auch $\neg \exists \alpha A$ und $\forall \alpha \neg A$ dieselben Wahrheitsbedingungen besitzen.)

Auch diese dreizehn Regeln reichen aus, d.h., es gilt:

Satz 19.1

Ein Satz A der Sprache PL ist genau dann logisch wahr, wenn es einen Wahrheitsbaum der Negation dieses Satzes gibt, der nur mit Hilfe der zuvor angegebenen Regeln entwickelt wurde und in dem alle Äste mit einem 'x' geschlossen werden können, da in ihnen ein Satz von PL sowohl in negierter wie in nicht negierter Form vorkommt.

Der Beweis dieses Satzes erfolgt im Abschnitt 27.2. Im Folgenden soll die Anwendung der angegebenen Regeln noch einmal anhand einiger Beispiele veranschaulicht werden. Nehmen wir als erstes Beispiel den Satz

(7) $\qquad \forall x F^1 x \rightarrow \exists x F^1 x.$

Für die Negation dieses Satzes lässt sich mit Hilfe der angegebenen Regeln der folgende Wahrheitsbaum entwickeln.

(7*) 1. √ $\neg(\forall x F^1 x \to \exists x F^1 x)$ A
      2. $\forall x F^1 x$ (1)
      3. √ $\neg \exists x F^1 x$ (1)
      4. $\forall x \neg F^1 x$ (3)
      5. $F^1 a$ (2)
      6. $\neg F^1 a$ (4)

                        x

Der Satz (7) ist also logisch wahr; denn im Wahrheitsbaum
(7*) ist der einzige Ast mit einem 'x' abgeschlossen, da in ihm
sowohl der Satz '$F^1 a$' als auch der Satz '$\neg F^1 a$' vorkommt.
Betrachten wir nun die 'Umkehrung' von (7):

(8) $\exists x F^1 x \to \forall x F^1 x$.

Wahrheitsbaum:

(8*) 1. √ $\neg(\exists x F^1 x \to \forall x F^1 x)$ A
      2. √ $\exists x F^1 x$ (1)
      3. √ $\neg \forall x F^1 x$ (1)
      4. √ $\exists x \neg F^1 x$ (3)
      5. $F^1 a$ (2)
      6. $\neg F^1 a$??   (4)

                        x ??

Man könnte meinen, auch dieser Wahrheitsbaum ließe sich
schließen. Aber der letzte Schritt ist *regelwidrig*! Denn die
Individuenkonstante 'a' kam schon in der Zeile 5 vor; sie durf-
te also bei der Entwicklung des Satzes '$\exists x \neg F^1 x$' aus der Zeile
4 nicht mehr verwendet werden.

Mit einem Gegenbeispiel kann man übrigens leicht zeigen, dass der Satz (8) tatsächlich nicht logisch wahr ist.

(8′) D = die Menge der natürlichen Zahlen;
         F^1:   ... ist eine gerade natürliche Zahl.

Der folgende Wahrheitsbaum für die Negation des Satzes

(9) $\neg\forall x(F^1 x \wedge \exists y \neg F^1 y)$

ist insofern sehr interessant, weil in ihm der Satz 2 zweimal entwickelt werden muss, wenn man ans Ziel kommen will. Dies mag zunächst wie ein Trick aussehen. Bei näherem Hinsehen zeigt sich aber, dass alle Regelanwendungen korrekt sind. Und dass man auch gar nicht anders vorgehen kann. Man muss den Satz 2 mit einer beliebigen Individuenkonstante entwickeln, bevor man den Teilsatz 5 – mit einer neuen Individuenkonstante – entwickeln kann. Mit dieser Individuenkonstante muss man dann 2 noch einmal entwickeln, da man nur so zu dem Satz 8 kommt, der es ermöglicht, den Baum sofort zu schließen.

Wahrheitsbaum:

(9*)	1. √	$\neg\neg\forall x(F^1 x \wedge \exists y \neg F^1 y)$	A
	2.	$\forall x(F^1 x \wedge \exists y \neg F^1 y)$	(1)
	3. √	$F^1 a \wedge \exists y \neg F^1 y$	(2)
	4.	$F^1 a$	(3)
	5. √	$\exists y \neg F^1 y$	(3)
	6.	$\neg F^1 b$	(5)
	7. √	$F^1 b \wedge \exists y \neg F^1 y$	(2)
	8.	$F^1 b$	(7)
	9.	$\exists y \neg F^1 y$	(7)
		x	

Der einzige Ast dieses Baum lässt sich also schließen. Und damit ist gezeigt, dass (9) logisch wahr ist.

Nehmen wir als nächstes Beispiel den Satz

(10) $\forall x(F^1x \to G^1x) \to (\forall xF^1x \to \forall xG^1x)$.

Wahrheitsbaum:

(10*)   1. √ $\neg(\forall x(F^1x \to G^1x) \to (\forall xF^1x \to \forall xG^1x))$ A

     2. $\forall x(F^1x \to G^1x)$ (1)

     3. √ $\neg(\forall xF^1x \to \forall xG^1x)$ (1)

     4. $\forall xF^1x$ (3)

     5. √ $\neg\forall xG^1x$ (3)

     6. √ $\exists x\neg G^1x$ (5)

     7. $\neg G^1a$ (6)

     8. F^1a (4)

     9. √ $F^1a \to G^1a$ (2)

     10. $\neg F^1a$ 11. G^1a (9)

           x   x

Auch der Satz (10) ist also logisch wahr, da in dem Wahrheitsbaum (10*) alle Äste mit einem 'x' geschlossen werden
können. In diesem Wahrheitsbaum wurden, bevor die Zeile 4
entwickelt wurde, zuerst die Zeilen 5 und 6 entwickelt. Dies
entspricht der sinnvollen Maxime, vor der Entwicklung all-
quantifizierter Formeln zunächst alle negierten quantifizierten
und alle existenzquantifizierten Formeln zu entwickeln. Diese
Maxime kann zwar ignoriert werden; aber dies führt in der
Regel zu längeren und komplizierteren Wahrheitsbäumen mit
einer Reihe von überflüssigen Zeilen. Wenn man die Zeile 4
vor den Zeilen 5 und 6 entwickelt, erhält man z.B. den Wahrheitsbaum (10**).

(10^{**}) 1.√ $\neg(\forall x(F^1x \to G^1x) \to (\forall xF^1x \to \forall xG^1x))$ A

2. $\forall x(F^1x \to G^1x)$ (1)

3.√ $\neg(\forall xF^1x \to \forall xG^1x)$ (1)

4. $\forall xF^1x$ (3)

5.√ $\neg\forall xG^1x$ (3)

6. F^1a (4)

7.√ $\exists x\neg G^1x$ (5)

8. $\neg G^1b$ (7)

9. F^1b (4)

10.√ $F^1b \to G^1b$ (2)

11. $\neg F^1b$ 12. G^1b (10)

      x   x

Da bei der Entwicklung der Zeile 4 die Individuenkonstante 'a' schon benutzt wurde, muss bei der Entwicklung der Zeile 7 in diesem Wahrheitsbaum die Individuenkonstante 'b' benutzt werden. Und dies hat zur Folge, dass man, um zum Ziel zu kommen, die Zeile 4 nochmals und nun ebenfalls mit 'b' entwickeln muss. Die erste Entwicklung von 4 – vor der Entwicklung von 5 und 7 – erweist sich also als völlig überflüssig.

Als nächstes Beispiel soll jetzt der folgende Satz untersucht werden:

(11) $\forall y\exists xF^2xy \to \exists x\forall yF^2xy$.

Bei der Entwicklung eines Wahrheitsbaums für die Negation dieses Satzes kann man z.B. versuchen, die zur Verfügung stehenden Regeln wie folgt anzuwenden:

(11^*) 1. $\sqrt{}$ $\neg(\forall y \exists x F^2 xy \rightarrow \exists x \forall y F^2 xy)$ A

2. $\forall y \exists x F^2 xy$ (1)

3. $\sqrt{}$ $\neg \exists x \forall y F^2 xy$ (1)

4. $\forall x \neg \forall y F^2 xy$ (3)

5. $\sqrt{}$ $\exists x F^2 xa$ (2)

6. $F^2 ba$ (5)

7. $\sqrt{}$ $\neg \forall y F^2 by$ (4)

8. $\sqrt{}$ $\exists y \neg F^2 by$ (7)

9. $\neg F^2 bc$ (8)

10. $\sqrt{}$ $\exists x F^2 xc$ (2)

11. $F^2 dc$ (10)

12. $\sqrt{}$ $\neg \forall y F^2 dy$ (4)

13. $\sqrt{}$ $\exists y \neg F^2 dy$ (12)

14. $\neg F^2 de$ (13)

usw.

Offenbar kann dieser Wahrheitsbaum nicht abgeschlossen werden. Und zwar aus folgendem Grund. Da wir in der Zeile 6 den Satz '$F^2 ba$' gewonnen haben, würden wir gerne in der Zeile 9 aus der Zeile 8 den Satz '$\neg F^2 ba$' gewinnen. Doch dies ist nicht möglich, da die Individuenkonstante 'a' schon verwendet wurde; deshalb lässt sich in der Zeile 9 nur der Satz '$\neg F^2 bc$' gewinnen. Nun könnte man jedoch den Wahrheitsbaum abschließen, wenn man in zwei Schritten aus der Zeile 2 den Satz '$F^2 bc$' gewinnen könnte. Aber auch das ist nicht möglich; denn aus der Zeile 2 lässt sich zwar der Satz '$\exists x F^2 xc$' gewinnen; aber von diesem Satz kommt man, da die Individuenkonstante 'b' schon verwendet wurde, wieder nicht zu dem Satz '$F^2 bc$', sondern nur z.B. zu dem Satz '$F^2 dc$'.

Nun ließe sich der Wahrheitsbaum abschließen, wenn man aus der Zeile 4 den Satz '$\neg F^2 dc$' gewinnen könnte. Aber auch dies gelingt nicht, denn von der Zeile 4 kommt man über die Zeile 12 zu dem Satz '$\exists x\neg F^2 dy$'; aber von diesem Satz kommt man, da auch die Individuenkonstante 'c' schon verwendet wurde, wieder nicht zu dem Satz '$\neg F^2 dc$', sondern höchstens z.B. zu dem Satz '$\neg F^2 de$'; usw. Es sieht also so aus, als könnte man den Wahrheitsbaum (11*) immer weiter entwickeln, ohne dass es dabei wirklich zu einem Abschluss käme. Dass es so aussieht, ist aber noch kein Beweis dafür, dass es wirklich so ist. Deshalb ist es sinnvoll, nach einem Gegenbeispiel zu suchen, um zu zeigen, dass der Satz (11) tatsächlich nicht logisch wahr ist. Tatsächlich hatten wir schon im letzten Kapitel ein solches Gegenbeispiel gefunden – die Interpretation

(11') $\quad D \quad =$ die Menge der natürlichen Zahlen;
$\qquad F^2$: ... ist größer als ---

Wie die Regeln für die Entwicklung von Wahrheitsbäumen für Sätze der Sprache AL können auch die Regeln für die Entwicklung von Wahrheitsbäumen für Sätze der Sprache PL nicht nur verwendet werden, wenn es um die logische Wahrheit von Sätzen der Sprache PL geht, sondern auch dann, wenn es darum geht, ob ein Satz logisch aus bestimmten anderen Sätzen folgt. Denn analog zum Satz 13.2 gilt:

Satz 19.2

Sind A_1, ..., A_n und A Sätze der Sprache PL, dann folgt der Satz A genau dann logisch aus den Sätzen A_1, ..., A_n, wenn es ein Wahrheitsbaum gibt, dessen Stamm aus den Sätzen A_1, ..., A_n und $\neg A$ gebildet wird, der nur mit Hilfe der oben angegebenen Regeln entwickelt wurde und in dem alle Äste mit einem 'x' geschlossen werden können, da in ihnen ein Satz von PL sowohl in negierter wie in nicht negierter Form vorkommt.

Auch der Beweis dieses Satzes erfolgt erst im Abschnitt 27.2.
Einige Beispiele sollen wieder der Veranschaulichung dienen.
Prüfen wir als Erstes die Wahrheit der Behauptung

(12) $\forall x(F^1x \to G^1x), \forall x(G^1x \to H^1x)$
$$\models_{PL} \forall x(F^1x \to H^1x),$$

die dem schon von der Aristotelischen Syllogistik her bekannten Schlussschema *Modus Barbara* entspricht:

(12′)   Alle M sind P.
           Alle S sind M.
           Also: Alle S sind P.

Die Gültigkeit dieses Schlussschemas bzw. die Wahrheit der
Folgerungsbehauptung (12) ergibt sich aus diesem Wahrheitsbaum:

(12*) 1. $\forall x(F^1x \to G^1x)$ A

2. $\forall x(G^1x \to H^1x)$ A

3. √ $\neg\forall x(F^1x \to H^1x)$ A

4. √ $\exists x\neg(F^1x \to H^1x)$ (3)

5. √ $\neg(F^1a \to H^1a)$ (4)

6. F^1a (5)

7. $\neg H^1a$ (5)

8. √ $F^1a \to G^1a$ (1)

9. $\neg F^1a$ 10. G^1a (8)

          x   11. √ $G^1a \to H^1a$ (2)

                   12. $\neg G^1a$ 13. H^1a (11)

                          x   x

Denn auch in diesem Wahrheitsbaum können alle Äste mit einem 'x' geschlossen werden.

Betrachten wir als nächstes Beispiel die Behauptung

(13) $\forall x(F^1 x \to G^1 x), \exists x(F^1 x \wedge H^1 x)$
$$\models_{PL} \exists x(G^1 x \wedge H^1 x),$$

deren Wahrheit mit Hilfe des folgenden Wahrheitsbaums nachgewiesen werden kann.

(13*) 1. $\qquad$ $\forall x(F^1 x \to G^1 x)$ $\qquad$ A

2. √ $\qquad$ $\exists x(F^1 x \wedge H^1 x)$ $\qquad$ A

3. √ $\qquad$ $\neg \exists x(G^1 x \wedge H^1 x)$ $\qquad$ A

4. $\qquad$ $\forall x \neg (G^1 x \wedge H^1 x)$ $\qquad$ (3)

5. √ $\qquad$ $F^1 a \wedge H^1 a$ $\qquad$ (2)

6. $\qquad$ $F^1 a$ $\qquad$ (5)

7. $\qquad$ $H^1 a$ $\qquad$ (5)

8. √ $\qquad$ $F^1 a \to G^1 a$ $\qquad$ (1)

9. $\quad$ $\neg F^1 a$ $\qquad$ 10. $\qquad$ $G^1 a$ $\qquad$ (8)

$\quad$ x $\qquad$ 11. √ $\quad$ $\neg(G^1 a \wedge H^1 a)$ $\qquad$ (4)

12. $\quad$ $\neg G^1 a$ $\quad$ 13. $\quad$ $\neg H^1 a$ $\quad$ (11)

$\qquad$ x $\qquad\qquad$ x

Der Stamm dieses Wahrheitsbaums enthält in der Zeile 1 die allquantifizierte erste Prämisse, in der Zeile 2 die existenzquantifizierte zweite Prämisse und in der Zeile 3 die Negation der existenzquantifizierten Konklusion. In einem solchen Fall ist es, wie schon gesagt, sinnvoll, (nach der Beseitigung der Nega-

tion in der dritten Zeile) *zuerst* den existenzquantifizierten Satz
zu entwickeln.

Als Nächstes soll die Wahrheit der Behauptung

(14) $\exists x F^1 x,\ G^1 a \models_{PL} \exists x(F^1 x \wedge G^1 x)$

mit Hilfe des folgenden Wahrheitsbaums geprüft werden.

(14*)   1. $\sqrt{}$ $\exists x F^1 x$ A

      2. $G^1 a$ A

      3. $\sqrt{}$ $\neg\exists x(F^1 x \wedge G^1 x)$ A

      4. $\forall x\neg(F^1 x \wedge G^1 x)$ (3)

      5. $\sqrt{}$ $\neg(F^1 a \wedge G^1 a)$ (4)

      6. $\neg F^1 a$ 7. $\neg G^1 a$ (5)

      8. $F^1 a$??   (1)   x

Zunächst sieht es so aus, als könnte auch in diesem Wahrheitsbaum jeder Ast mit einem 'x' geschlossen werden. Tatsächlich ist jedoch die Anwendung der Regel (E) auf die Zeile
1, mit deren Hilfe Satz 8 gewonnen wurde, inkorrekt. Denn da
'a' im linken Ast des Wahrheitsbaums schon vorgekommen ist,
darf 'a' bei der Anwendung dieser Regel auf die Zeile 1 nicht
mehr benutzt werden. Wenn jedoch eine zulässige Individuenkonstante verwendet wird, bleibt dieser Ast notgedrungen offen. Somit liegt die Vermutung nahe, dass die Behauptung (14)
unzutreffend ist. Dies kann auch sofort durch Angabe eines
geeigneten Gegenbeispiels gezeigt werden.

Gegenbeispiel:

(14′) D = die Menge der natürlichen Zahlen;
      a: 5;
      F^1:   ... ist eine gerade natürliche Zahl;
      G^1:   ... ist eine ungerade natürliche Zahl.

Nun sollen noch einige Beispiele mit Prädikatbuchstaben betrachtet werden, die mehr als eine Stelle haben. Zunächst die Behauptungen:

(15) $\exists x \forall y F^2 xy \models_{PL} \forall y \exists x F^2 xy$

und

(16) $\exists x \forall y F^2 xy \models_{PL} \neg \forall x \forall y (F^2 xy \rightarrow \neg F^2 yx)$.

Wahrheitsbäume:

(15*) 1. √ $\exists x \forall y F^2 xy$ A

       2. √ $\neg \forall y \exists x F^2 xy$ A

       3. √ $\exists y \neg \exists x F^2 xy$ (2)

       4. √ $\neg \exists x F^2 xa$ (3)

       5. $\forall x \neg F^2 xa$ (4)

       6. $\forall y F^2 by$ (1)

       7. $\neg F^2 ba$ (5)

       8. $F^2 ba$ (6)

                                  x

(16*) 1. √ $\exists x \forall y F^2 xy$ A

       2. √ $\neg \neg \forall x \forall y (F^2 xy \rightarrow \neg F^2 yx)$ A

       3. $\forall x \forall y (F^2 xy \rightarrow \neg F^2 yx)$ (2)

       4. $\forall y F^2 ay$ (1)

       5. $F^2 aa$ (4)

       6. $\forall y (F^2 ay \rightarrow \neg F^2 ya)$ (3)

       7. √ $F^2 aa \rightarrow \neg F^2 aa$ (6)

       8. $\neg F^2 aa$ $\neg F^2 aa$ (7)
                    x   x

Hier noch zwei weitere Beispiele mit zweistelligen Prädikatbuchstaben. Als erstes die Behauptung

(17) $\forall x \forall y \forall z(F^2xy \land F^2yz \to F^2xz)$, $\forall x\neg F^2xx$

$$\models_{PL} \forall x \forall y(F^2xy \to \neg F^2yx).$$

Wahrheitsbaum:

(17*)   1. $\forall x \forall y \forall z(F^2xy \land F^2yz \to F^2xz)$ A

        2. $\forall x\neg F^2xx$ A

        3. $\checkmark$ $\neg \forall x \forall y(F^2xy \to \neg F^2yx)$ A

        4. $\checkmark$ $\exists x\neg \forall y(F^2xy \to \neg F^2yx)$ (3)

        5. $\checkmark$ $\neg \forall y(F^2ay \to \neg F^2ya)$ (4)

        6. $\checkmark$ $\exists y\neg (F^2ay \to \neg F^2ya)$ (5)

        7. $\checkmark$ $\neg (F^2ab \to \neg F^2ba)$ (6)

        8. F^2ab (7)

        9. $\neg\neg F^2ba$ (7)

       10. $\neg F^2aa$ (2)

       11. $\forall y \forall z(F^2ay \land F^2yz \to F^2az)$ (1)

       12. $\forall z(F^2ab \land F^2bz \to F^2az)$ (11)

       13. $\checkmark$ $F^2ab \land F^2ba \to F^2aa$ (12)

       14. $\checkmark$ $\neg(F^2ab \land F^2ba)$ 15. F^2aa (13)

                                                  x

       16. $\neg F^2ab$ 17. $\neg F^2ba$ (14)

              x   x

Und als zweites die Behauptung

(18) $\forall x \forall y \forall z(F^2xy \wedge F^2yz \to F^2xz),$
$\forall x \forall y(F^2xy \to F^2yx) \models_{PL} \forall x F^2xx.$

Wahrheitsbaum:

(18*) 1. $\forall x \forall y \forall z(F^2xy \wedge F^2yz \to F^2xz)$ A

2. $\forall x \forall y(F^2xy \to F^2yx)$ A

3. √ $\neg \forall x F^2xx$ A

4. √ $\exists x \neg F^2xx$ (3)

5. $\neg F^2aa$ (4)

6. $\forall y(F^2ay \to F^2ya)$ (2)

7. √ $F^2aa \to F^2aa$ (6)

8. $\forall y \forall z(F^2ay \wedge F^2yz \to F^2az)$ (1)

9. $\forall z(F^2aa \wedge F^2az \to F^2az)$ (8)

10. √ $F^2aa \wedge F^2aa \to F^2aa$ (9)

11. $\neg F^2aa$ 12. F^2aa (7)

           x

13. √ $\neg(F^2aa \wedge F^2aa)$ 14. F^2aa (10)

           x

15. $\neg F^2aa$ 16. $\neg F^2aa$ (13)

Wenn man bei der Entwicklung der allquantifizierten Sätze in den Zeilen 1, 2, 6, 8 und 9 die Individuenvariablen 'x', 'y' und 'z' alle durch die Individuenkonstante 'a' ersetzt, lässt sich der Wahrheitsbaum (18*) nicht abschließen. Aber auch bei der Verwendung anderer Individuenkonstanten kommt man nicht weiter, da sich entweder ein ähnlicher Wahrheitsbaum ergibt oder die Zeile 5 nicht sinnvoll eingesetzt werden kann. Um nachzuweisen, dass die Behauptung (18) tatsächlich nicht zutrifft, muss jedoch noch ein Gegenbeispiel angegeben werden. Offenbar ist in diesem Fall, in dem es um eine transitive und symmetrische, aber nicht reflexive Relation[†] geht, ein solches Gegenbeispiel schwer zu finden. Das folgende, 'konstruierte' Beispiel erfüllt aber seinen Zweck.

Gegenbeispiel:

(18') $D =$ die Menge, die nur aus den Buchstaben 'a', 'b' und 'α' besteht;

      F^2:   ... ist kein griechischer Buchstabe und gehört zu demselben Alphabet wie ---.

Es sei dem Leser überlassen, sich klarzumachen, dass die Beziehung, die 'F^2' zugeordnet ist, tatsächlich transitiv und symmetrisch, aber nicht reflexiv ist.

    Zum Abschluss noch einige Faustregeln zur Entwicklung von Wahrheitsbäumen in PL.

Faustregeln bei der Entwicklung von Wahrheits-
bäumen in PL

- Zuerst sollten die nicht verzweigenden Regeln und die Regeln (NU) und (NE) angewendet werden.
- Danach, wenn möglich, die Regel (E).
- Dann die verzweigenden AL-Regeln.
- Und erst danach die Regel (U).

[†] Zu dieser Terminologie s. u. Kapitel 23.

Aufgaben 19

1. Prüfen Sie jeden der folgenden Sätze mit dem Wahrheitsbaumverfahren auf logische Wahrheit.

a) $((F^1a \to \exists x F^1 x) \to F^1a) \leftrightarrow F^1a$

b) $\exists x(F^1x \wedge G^1x) \vee \exists x(\neg F^1x \wedge \neg G^1x)$

c) $\exists x \forall y(F^1y \to (G^1x \to F^1y))$

d) $\forall x(F^1x \vee G^1x) \to \forall x F^1x \vee \forall x G^1x$

e) $\exists x(F^1x \vee G^1x) \to \exists x F^1x \vee \exists x G^1x$

2. Überprüfen Sie die folgenden Aussagen. Wenn eine Aussage wahr ist, beweisen Sie dies mit dem Wahrheitsbaumverfahren. Wenn nicht, geben Sie ein Gegenbeispiel an.

a) $\vDash_{PL} F^1a \leftrightarrow \exists x F^1 x$

b) $F^1a \vee F^1b \vDash_{PL} (F^1a \to F^1b) \to F^1b$

c) $\forall x(F^1x \to G^1x), F^1a \vDash_{PL} G^1a$

d) $\forall x(F^1x \to F^1a) \vDash_{PL} \forall x F^1x \to F^1a$

e) $\forall x(F^1a \to F^1x) \vDash_{PL} F^1a \to \forall x F^1x$

f) $\exists x \forall y F^3 xya \vDash_{PL} \neg \forall x \exists y \neg F^3 axy$

g) $\exists x(F^1x \wedge G^1x) \wedge \exists x(G^1x \wedge H^1x) \vDash_{PL} \exists x(F^1x \wedge H^1x)$

h) $\forall x \forall y(F^2xy \to \neg F^2yx) \vDash_{PL} \forall x \neg F^2xx$

i) $\forall x \forall y \forall z(F^2xy \wedge F^2yz \to F^2xz), \forall x \neg F^2xx \vDash_{PL}$
$\neg \forall x \exists y F^2 xy$

j) $\vDash_{PL} \forall x(\exists y F^2xy \to \exists y F^2yx)$

*20 Der Kalkül PK

Im Folgenden soll noch der axiomatische prädikatenlogische Kalkül PK vorgestellt werden. Auch dieser Kalkül beruht auf einer reduzierten Sprache PL', in der zwar dieselben deskriptiven und dieselben Hilfszeichen vorkommen wie in PL, die als Junktoren aber nur die Zeichen '¬' und '→' und als Quantorzeichen nur das Zeichen '∀' enthält. Analog zu den entsprechenden Überlegungen im Kapitel 14 können wir jedoch in PL' die anderen Junktoren '∧', '∨' und '↔' und das Quantorzeichen '∃' als Abkürzungen einführen:

Sind A und B Sätze der Sprache PL', dann sei

- $A \wedge B$ eine Abkürzung für den Satz $\neg(A \to \neg B)$;
- $A \vee B$ eine Abkürzung für den Satz $\neg A \to B$;
- $A \leftrightarrow B$ eine Abkürzung für den Satz
  $\neg((A \to B) \to \neg(B \to A))$ und
- $\exists \alpha A$ eine Abkürzung für den Satz $\neg\forall\alpha\neg A$.

Offenbar hat PL' dieselbe Ausdruckskraft wie die Sprache PL.

Nach dieser Vorbemerkung können wir uns nun dem Kalkül PK zuwenden, der folgendermaßen charakterisiert ist.

Definition 20.1
(Die Axiome und Regeln von PK)

a) Sind A, B und C Sätze von PL', ist D eine Satzfunktion von PL', in der nur die Individuenvariable α frei vorkommt, und ist τ eine Individuenkonstante von PL', dann sind die Sätze

A1: $A \to (B \to A)$

A2: $(A \to (B \to C)) \to ((A \to B) \to (A \to C))$

A3: $(\neg B \to \neg A) \to (A \to B)$

A4: $\forall\alpha D \to [D]_\alpha^\tau$

Axiome von PK.

b) Die folgenden Regeln sind die **Ableitungsregeln von PK**:

(MP) A
        $\dfrac{A \to B}{B}$

$\Rightarrow$

$(HG)^{\dagger}$ $$\frac{A \rightarrow [D]_{\alpha}^{\tau}}{A \rightarrow \forall \alpha D}$$

Bei einer Anwendung der Regel (HG) darf τ allerdings weder in A noch in D vorkommen. Bei Ableitungen aus einer Satzmenge M darf τ außerdem in keinem Satz von M vorkommen.

Für den Kalkül PK sind die Begriffe 'Beweis', 'Beweisbarkeit', 'Ableitung' und 'Ableitbarkeit' ganz analog zu den entsprechenden Begriffen im Kapitel 14 definiert:

Definition 20.2

Eine endliche Folge A_1, A_2, ..., A_n von Sätzen von PL′ ist ein **Beweis** des Satzes A_n **im Kalkül PK** genau dann, wenn für alle i mit $1 \le i \le n$ gilt:

1. A_i ist ein Axiom von PK oder

2. A_i kann aus vorhergehenden Sätzen der Folge mit Hilfe der Regeln (MP) oder (HG) gewonnen werden.

Definition 20.3

Ein Satz A ist genau dann **im Kalkül PK beweisbar** bzw. ein **Theorem von PK** (symbolisch: $\vdash_{PK} A$), wenn es einen Beweis für A in PK gibt.

---

† Das Kürzel 'HG' steht für 'Hintere Generalisierung'.

Definition 20.4

Eine endliche Folge A_1, A_2, ..., A_n von Sätzen von PL′ ist eine **Ableitung** des Satzes A_n aus der Satzmenge M **im Kalkül PK** genau dann, wenn für alle i mit $1 \le i \le n$ gilt:

1. A_i ist ein Axiom von PK oder
2. A_i ist ein Element von M oder
3. A_i kann aus vorhergehenden Sätzen der Folge mit Hilfe der Regeln (MP) oder (HG) gewonnen werden.

Definition 20.5

Ein Satz A ist genau dann **im Kalkül PK** aus der Satzmenge M **ableitbar** (symbolisch: $M \vdash_{PK} A$), wenn es eine Ableitung von A aus M in PK gibt.

Und ebenso wie für AK lässt sich auch für PK der Begriff der zulässigen Regel definieren.

Definition 20.6

Ist der Satz A in PK aus den Sätzen A_1, A_2, ..., A_n ableitbar, dann heißt die Regel

$$A_1$$
$$A_2$$
$$...$$
$$A_n$$
$$\overline{}$$
$$A$$

zulässig in PK.

Auf Grund der Definition 20.6 können wir uns bestimmte Ergebnisse der Kapitel 12–14 zu Nutze machen, um Beweise in PK erheblich zu vereinfachen. Denn wie im Kapitel 25 gezeigt wird, gilt für beliebige Sätze A', A_1', ..., A_n' von AL':

(a)   Wenn A' logisch wahr ist, dann ist A' in AK beweisbar; und

(b)   wenn A' logisch aus A_1', ..., A_n' folgt, dann ist A' in AK aus den Sätzen A_1', ..., A_n' ableitbar.

Außerdem gilt:

(c)   Ein Satz A von PL' ist genau dann *aussagenlogisch* wahr, wenn er Einsetzungsinstanz eines logisch wahren Satzes A' von AL' ist.

Und schließlich gilt auch:

(d)   Jedem Axiom von AK entspricht ein Axiom von PK, und die Regel (MP) gehört zu den Regeln von PK.

Wenn ein Satz A von PL' *aussagenlogisch* wahr ist, gibt es also einen Satz A' von AL', für den gilt: A ist eine Einsetzungsinstanz von A', und für A' gibt es einen Beweis in AK. Und wenn wir in diesem Beweis alle Satzbuchstaben in derselben Weise durch Sätze von PL' ersetzen, in der wir die Satzbuchstaben in A' durch Sätze von PL' ersetzt haben, um den Satz A zu erhalten, dann erhalten wir einen Beweis von A in PK. Allgemein gilt deshalb:

Satz 20.7

Für beliebige Sätze A, A_1, ..., A_n von PL' gilt:

(a)   Wenn A *aussagenlogisch* wahr ist, dann ist A in PK beweisbar; und

(b)   wenn A *aussagenlogisch* aus A_1, ..., A_n folgt, dann ist A in PK aus den Sätzen A_1, ..., A_n ableitbar.

Und aus diesem Satz folgt auf Grund der Definition 20.6:

Satz 20.8

Für beliebige Sätze $A, A_1, ..., A_n$ gilt:

(a)   Wenn A aussagenlogisch wahr ist, dann darf A in jedem Beweis und jeder Ableitung von PK verwendet werden.
(Dies wird im Folgenden durch die Buchstabenfolge 'TT' gekennzeichnet.)

(b)   Wenn A aussagenlogisch aus $A_1, ..., A_n$ folgt, dann ist die Regel

$$A_1$$
$$A_2$$
$$...$$
$$A_n$$

$$A$$

zulässig in PK.
(Anwendungen solcher Regeln werden im Folgenden durch die Buchstabenfolge 'AF' gekennzeichnet.)

Damit können wir jetzt den folgenden Satz beweisen.

Satz 20.9

Ist A eine Satzfunktion, in der nur die Individuenvariable α frei vorkommt, und ist β frei für α in A, dann gilt:

T*1 $\vdash_{PK} \forall\alpha A \rightarrow \forall\beta[A]^\beta_\alpha$

Beweis

Sei τ eine Individuenkonstante, die in A nicht vorkommt, dann ist die folgende Folge von Sätzen wegen $[A]_\alpha^\tau = [[A]_\alpha^\beta]_\beta^\tau$ ein Beweis von $\forall \alpha A \to \forall \beta [A]_\alpha^\beta$ in PK:

1. $\forall \alpha A \to [A]_\alpha^\tau$ A4

2. $\forall \alpha A \to \forall \beta [A]_\alpha^\beta$ HG (1)

Auch für PK gilt ein Deduktionstheorem.

Satz 20.10 (Deduktionstheorem)

Sind $A_1, ..., A_n$, A und B Sätze von PL$'$ und ist der Satz B in PK aus den Sätzen $A_1, ..., A_n$, A ableitbar, dann ist in PK auch der Satz $A \to B$ aus den Sätzen $A_1, ..., A_n$ ableitbar, d.h.:

Wenn $A_1, ..., A_n, A \vdash_{PK} B$,

dann auch $A_1, ..., A_n \vdash_{PK} A \to B$.

Beweis

Wenn der Satz B in PK aus den Sätzen $A_1, ..., A_n$ und A ableitbar ist, dann gibt es eine Ableitung $C_1, ..., C_m$ dieses Satzes, die den Bedingungen der Definition 20.4 genügt. Wir konstruieren nun aus dieser Ableitung auf die folgende Weise eine neue Folge von Sätzen.

1. Ist C_i ($1 \le i \le m$) ein Axiom, eine der Annahmen $A_1, ..., A_n$, identisch mit der Annahme A oder wurde C_i durch Anwendung der Regel (MP) gewonnen, dann gehen wir so vor wie beim Beweis des Satzes 14.8.

2. Wurde C_i durch Anwendung der Regel (HG) gewonnen, dann bedeutet das, dass C_i die Form $D \to \forall \alpha E$ hat und dass es einen früheren Satz C_k gibt mit $1 \le k < i$ und $C_k = D \to [E]_{\alpha\omega}^\tau$, wobei τ weder in D noch in E noch in einem der Sätze $A_1, ..., A_n$ und A vorkommt. In diesem Fall ersetzen wir C_i durch die Sätze

i_1 $A \wedge D \rightarrow [E]_\alpha^\tau$ AF (k_x)

i_2 $A \wedge D \rightarrow \forall \alpha E$ HG (i_1)

i_3 $A \rightarrow (D \rightarrow \forall \alpha E)$ AF (i_2)

Offensichtlich ist die so konstruierte Folge von Sätzen eine Ableitung des Satzes $A \rightarrow B$ aus den Sätzen $A_1, \ldots, A_n$. Denn $A \rightarrow B$ ist der letzte Satz dieser Folge, A kommt in dieser Folge an keiner Stelle als Annahme vor, und außerdem genügt jeder Satz dieser Folge den Bedingungen der Definition 20.4.

Unter anderem mit Hilfe des Deduktionstheorems können wir nun die folgenden Beweisbarkeits- und Ableitbarkeitsbehauptungen beweisen.

Satz 20.11

Sind A, B und C Satzfunktionen, in denen nur die Individuenvariable α frei vorkommt, ist D eine Satzfunktion, in der nur die Individuenvariablen α und β frei vorkommen, und ist E ein Satz von PL′, dann gilt:

T*2 $\vdash_{PK} \quad \forall \alpha (A \vee \neg A)$

T*3 $\vdash_{PK} \quad \forall \alpha \neg (A \wedge \neg A)$

T*4 $\vdash_{PK} \quad [A]_\alpha^\tau \rightarrow \exists \alpha A$

T*5 $\vdash_{PK} \quad \forall \alpha A \rightarrow \exists \alpha A$

T*6 $\vdash_{PK} \quad \forall \alpha \forall \beta D \rightarrow \forall \beta \forall \alpha D$

T*7 $\vdash_{PK} \quad \exists \alpha \exists \beta D \rightarrow \exists \beta \exists \alpha D$

T*8 $\vdash_{PK} \quad \exists \alpha \forall \beta D \rightarrow \forall \beta \exists \alpha D$

T*9 $\forall \alpha (A \rightarrow B) \vdash_{PK} \forall \alpha A \rightarrow \forall \alpha B$

T*9a $\vdash_{PK} \quad \forall \alpha (A \rightarrow B) \rightarrow (\forall \alpha A \rightarrow \forall \alpha B)$

T*10 $\forall \alpha (A \rightarrow B), \exists \alpha A \vdash_{PK} \exists \alpha B$

T*10a $\vdash_{PK} \quad \forall \alpha (A \rightarrow B) \rightarrow (\exists \alpha A \rightarrow \exists \alpha B)$

$\Rightarrow$

T*11 $\forall\alpha(A \to B),\ \forall\alpha(B \to C)$
$$\vdash_{PK}\ \forall\alpha(A \to C)$$

T*12a $\forall\alpha(A \wedge B) \vdash_{PK}\ \forall\alpha A \wedge \forall\alpha B$

T*12b $\forall\alpha A \wedge \forall\alpha B\ \vdash_{PK}\ \forall\alpha(A \wedge B)$

T*13a $\vdash_{PK}\ \exists\alpha(A \vee B) \to (\exists\alpha A \vee \exists\alpha B)$

T*13b $\vdash_{PK}\ (\exists\alpha A \vee \exists\alpha B) \to \exists\alpha(A \vee B)$

T*14 $\vdash_{PK}\ \exists\alpha(A \wedge B) \to \exists\alpha A \wedge \exists\alpha B$

T*15 $\vdash_{PK}\ \forall\alpha A \vee \forall\alpha B \to \forall\alpha(A \vee B)$

T*16a $\forall\alpha(A \to E) \vdash_{PK}\ \exists\alpha A \to E$

T*16b $\exists\alpha A \to E \vdash_{PK}\ \forall\alpha(A \to E)$

T*17a $\vdash_{PK}\ \exists\alpha(A \to E) \to (\forall\alpha A \to E)$

T*17b $\vdash_{PK}\ (\forall\alpha A \to E) \to \exists\alpha(A \to E)$

Beweis

T*2 $\vdash_{PK}\ \forall\alpha(A \vee \neg A)$, d.h. $\vdash_{PK}\ \forall\alpha(\neg A \to \neg A)$

Sei τ eine Individuenkonstante, die in A und auch in einem ansonsten beliebigen Satz B nicht vorkommt, dann ist die folgende Folge von Sätzen ein Beweis von $\forall\alpha(\neg A \to \neg A)$ in PK.

1. $\neg[A]_\alpha^\tau \to \neg[A]_\alpha^\tau$ TT

2. $\neg[A]_\alpha^\tau \to \neg[A]_\alpha^\tau \to$
     $((B \to B) \to (\neg[A]_\alpha^\tau \to \neg[A]_\alpha^\tau))$ A1

3. $(B \to B) \to (\neg[A]_\alpha^\tau \to \neg[A]_\alpha^\tau)$ MP (1, 2)

4. $(B \to B) \to \forall\alpha(\neg A \to \neg A)$ HG(3)

5. $B \to B$ TT

2. $\forall\alpha(\neg A \to \neg A)$ MP (4, 5)

Beweis von T*3 analog.

T*4 $\vdash_{PK} [A]_\alpha^\tau \to \exists\alpha A$, d.h. $\vdash_{PK} [A]_\alpha^\tau \to \neg\forall\alpha\neg A$

    1. $\forall\alpha\neg A \to \neg[A]_\alpha^\tau$ A4

    2. $[A]_\alpha^\tau \to \neg\forall\alpha\neg A$ AF (1)

T*5 $\vdash_{PK} \forall\alpha A \to \exists\alpha A$, d.h. $\vdash_{PK} \forall\alpha A \to \neg\forall\alpha\neg A$

    1. $\forall\alpha A \to [A]_\alpha^\tau$ A4

    2. $[A]_\alpha^\tau \to \neg\forall\alpha\neg A$ T*4

    3. $\forall\alpha A \to \neg\forall\alpha\neg A$ AF (1, 2)

T*6 $\vdash_{PK} \forall\alpha\forall\beta D \to \forall\beta\forall\alpha D$

Seien τ und σ zwei verschiedene Individuenkonstanten, die in D nicht vorkommen, dann ist die folgende Folge von Sätzen wegen $[[D]_\alpha^\tau]_\beta^\sigma = [[D]_\beta^\sigma]_\alpha^\tau$ ein Beweis von $\forall\alpha\forall\beta D \to \forall\beta\forall\alpha D$ in PK:

    1. $\forall\alpha\forall\beta D \to \forall\beta[D]_\alpha^\tau$ A4

    2. $\forall\beta[D]_\alpha^\tau \to [[D]_\alpha^\tau]_\beta^\sigma$ A4

    3. $\forall\alpha\forall\beta D \to [[D]_\alpha^\tau]_\beta^\sigma$ AF (1, 2)

    4. $\forall\alpha\forall\beta D \to \forall\alpha[D]_\beta^\sigma$ HG (3)

    5. $\forall\alpha\forall\beta D \to \forall\beta\forall\alpha D$ HG (4)

T*7 $\vdash_{PK} \exists\alpha\exists\beta D \to \exists\beta\exists\alpha D$,

        d.h. $\vdash_{PK} \neg\forall\alpha\neg\neg\forall\beta\neg D \to \neg\forall\beta\neg\neg\forall\alpha\neg D$

Seien τ und σ zwei verschiedene Individuenkonstanten, die in D nicht vorkommen, dann ist die folgende Folge von Sätzen ein Beweis von $\neg\forall\alpha\neg\neg\forall\beta\neg D \to \neg\forall\beta\neg\neg\forall\alpha\neg D$ in PK:

    1. $\forall\beta\neg\neg\forall\alpha\neg D \to \neg\neg\forall\alpha\neg [D]_\beta^\sigma$ A4

    2. $\forall\beta\neg\neg\forall\alpha\neg D \to \forall\alpha\neg [D]_\beta^\sigma$ AF (1)

    3. $\forall\alpha\neg[D]_\beta^\sigma \to \neg[[D]_\beta^\sigma]_\alpha^\tau$ A4

    4. $\forall\beta\neg\neg\forall\alpha\neg D \to \neg[[D]_\beta^\sigma]_\alpha^\tau$ AF (2, 3)

    5. $\forall\beta\neg\neg\forall\alpha\neg D \to \forall\beta\neg[D]_\alpha^\tau$ HG (4)

    6. $\forall\beta\neg\neg\forall\alpha\neg D \to \neg\neg\forall\beta\neg[D]_\alpha^\tau$ AF (5)

7. $\forall\beta\neg\neg\forall\alpha\neg D \to \forall\alpha\neg\neg\forall\beta\neg D$ HG (6)

8. $\neg\forall\alpha\neg\neg\forall\beta\neg D \to \neg\forall\beta\neg\neg\forall\alpha\neg D$ AF (7)

T*8 $\vdash_{PK} \exists\alpha\forall\beta D \to \forall\beta\exists\alpha D$,

d. h. $\vdash_{PK} \neg\forall\alpha\neg\forall\beta D \to \forall\beta\neg\forall\alpha\neg D$

Seien τ und σ zwei verschiedene Individuenkonstanten, die in D nicht vorkommen, dann ist die folgende Folge von Sätzen ein Beweis von $\neg\forall\alpha\neg\forall\beta D \to \forall\beta\neg\forall\alpha\neg D$ in PK:

1. $\forall\alpha\neg[D]_\beta^\sigma \to \neg[[D]_\beta^\sigma]_\alpha^\tau$ A4

2. $\forall\beta[D]_\alpha^\tau \to [[D]_\beta^\sigma]_\alpha^\tau$ A4

3. $\neg[[D]_\beta^\sigma]_\alpha^\tau \to \neg\forall\beta[D]_\alpha^\tau$ AF (2)

4. $\forall\alpha\neg[D]_\beta^\sigma \to \neg\forall\beta[D]_\alpha^\tau$ AF (1, 3)

5. $\forall\alpha\neg[D]_\beta^\sigma \to \forall\alpha\neg\forall\beta D$ HG (4)

6. $\neg\forall\alpha\neg\forall\beta D \to \neg\forall\alpha\neg[D]_\beta^\sigma$ AF (5)

7. $\neg\forall\alpha\neg\forall\beta D \to \forall\beta\neg\forall\alpha\neg D$ HG (6)

T*9 $\forall\alpha(A \to B) \vdash_{PK} \forall\alpha A \to \forall\alpha B$

Sei τ eine Individuenkonstante, die in A und B nicht vorkommt, dann ist die folgende Folge von Sätzen eine Ableitung von $\forall\alpha A \to \forall\alpha B$ aus $\forall\alpha(A \to B)$ in PK:

1. $\forall\alpha(A \to B)$ Ann.

2. $\forall\alpha(A \to B) \to ([A]_\alpha^\tau \to [B]_\alpha^\tau)$ A4

3. $[A]_\alpha^\tau \to [B]_\alpha^\tau$ MP (1, 2)

4. $\forall\alpha A \to [A]_\alpha^\tau$ A4

5. $\forall\alpha A \to [B]_\alpha^\tau$ AF (3, 4)

6. $\forall\alpha A \to \forall\alpha B$ HG (5)

(Die Anwendung der Regel (HG) ist hier korrekt; denn τ kommt voraussetzungsgemäß weder in A noch in B und daher auch nicht in der Annahme $\forall\alpha(A \to B)$ vor.)

Aus der Tatsache, dass es eine Ableitung von $\forall\alpha A \rightarrow \forall\alpha B$ aus $\forall\alpha(A \rightarrow B)$ in PK gibt, folgt auf Grund des Deduktionstheorems:

T*9a $\vdash_{PK} \forall\alpha(A \rightarrow B) \rightarrow (\forall\alpha A \rightarrow \forall\alpha B)$.

Beweise von T*10 und T*10a analog zu den Beweisen von T*9 und T*9a.

Beweis von T*11 als Übung.

T*12a $\quad \forall\alpha(A \wedge B) \quad \vdash_{PK} \quad \forall\alpha A \wedge \forall\alpha B$,

$\qquad$ d. h. $\forall\alpha\neg(A \rightarrow \neg B) \quad \vdash_{PK} \neg(\forall\alpha A \rightarrow \neg\forall\alpha B)$

Sei τ eine Individuenkonstante, die weder in A noch in B noch in einem ansonsten beliebigen Satz C vorkommt, dann ist die folgende Folge von Sätzen eine Ableitung von $\neg(\forall\alpha A \rightarrow \neg\forall\alpha B)$ aus $\forall\alpha\neg(A \rightarrow \neg B)$ in PK:

1.	$\forall\alpha\neg(A \rightarrow \neg B)$	Ann.
2.	$\forall\alpha\neg(A \rightarrow \neg B) \rightarrow \neg([A]_\alpha^\tau \rightarrow \neg[B]_\alpha^\tau)$	A4
3.	$\neg([A]_\alpha^\tau \rightarrow \neg[B]_\alpha^\tau)$	MP (1, 2)
4.	$[A]_\alpha^\tau$	AF (3)
5.	$[B]_\alpha^\tau$	AF (3)
6.	$[A]_\alpha^\tau \rightarrow ((C \rightarrow C) \rightarrow [A]_\alpha^\tau)$	A1
7.	$(C \rightarrow C) \rightarrow [A]_\alpha^\tau$	MP (4, 6)
8.	$(C \rightarrow C) \rightarrow \forall\alpha A$	HG (7)
9.	$C \rightarrow C$	TT
10.	$\forall\alpha A$	MP (8, 9)
11.	$[B]_\alpha^\tau \rightarrow ((C \rightarrow C) \rightarrow [B]_\alpha^\tau)$	A1
12.	$(C \rightarrow C) \rightarrow [B]_\alpha^\tau$	MP (5, 11)
13.	$(C \rightarrow C) \rightarrow \forall\alpha B$	HG (12)
14.	$\forall\alpha B$	MP (5, 13)
15.	$\neg(\forall\alpha A \rightarrow \neg\forall\alpha B)$	AF (10, 14)

Beweis von T*12b als Übung.

T*13a $\vdash_{PK} \exists\alpha(A \lor B) \to (\exists\alpha A \lor \exists\alpha B)$,

     d.h. $\vdash_{PK} \neg\forall\alpha\neg(\neg A \to B) \to (\neg\neg\forall\alpha\neg A \to \neg\forall\alpha\neg B)$

Sei τ eine Individuenkonstante, die in A und B nicht vorkommt, dann ist die folgende Folge von Sätzen ein Beweis von $\neg\forall\alpha\neg(\neg A \to B) \to (\neg\neg\forall\alpha\neg A \to \neg\forall\alpha\neg B)$ in PK:

1. $\neg(\neg\neg\forall\alpha\neg A \to \neg\forall\alpha\neg B) \to \forall\alpha\neg A$ TT

2. $\forall\alpha\neg A \to [\neg A]_\alpha^\tau$ A4

3. $\neg(\neg\neg\forall\alpha\neg A \to \neg\forall\alpha\neg B) \to [\neg A]_\alpha^\tau$ AF (1, 2)

4. $\neg(\neg\neg\forall\alpha\neg A \to \neg\forall\alpha\neg B) \to \forall\alpha\neg B$ TT

5. $\forall\alpha\neg B \to [\neg B]_\alpha^\tau$ A4

6. $\neg(\neg\neg\forall\alpha\neg A \to \neg\forall\alpha\neg B) \to [\neg B]_\alpha^\tau$ AF (4, 5)

7. $\neg(\neg\neg\forall\alpha\neg A \to \neg\forall\alpha\neg B) \to$
                             $\neg([\neg A]_\alpha^\tau \to [B]_\alpha^\tau)$ AF (3, 6)

8. $\neg(\neg\neg\forall\alpha\neg A \to \neg\forall\alpha\neg B) \to \forall\alpha\neg(\neg A \to B)$
                                                HG (7)

9. $\neg\forall\alpha\neg(\neg A \to B) \to$
                 $(\neg\neg\forall\alpha\neg A \to \neg\forall\alpha\neg B)$ AF (8)

Beweis von T*13b als Übung.

T*14 $\vdash_{PK} \exists\alpha(A \land B) \to \exists\alpha A \land \exists\alpha B$,

     d.h. $\vdash_{PK} \neg\forall\alpha\neg\neg(A \to \neg B) \to$
                               $\neg(\neg\forall\alpha\neg A \to \neg\neg\forall\alpha\neg B)$

Sei τ eine Individuenkonstante, die weder in A noch in B noch in einem ansonsten beliebigen Satz C vorkommt, dann ist die folgende Folge von Sätzen eine Ableitung von $\forall\alpha\neg\neg(A \to \neg B)$ aus $\neg\forall\alpha\neg A \to \neg\neg\forall\alpha\neg B$ in PK:

1. $\neg\forall\alpha\neg A \to \neg\neg\forall\alpha\neg B$ Ann.

2. $[A]_\alpha^\tau \to \neg\forall\alpha\neg A$ T*4

3. $\forall\alpha\neg B \to [\neg B]_\alpha^\tau$ A4

4. $[A]_\alpha^\tau \to [\neg B]_\alpha^\tau$ AF (1,2,3)

5. $\neg\neg([A]_\alpha^\tau \to [\neg B]_\omega^\tau)$ AF (4)

6. $\neg\neg([A]_\alpha^\tau \to [\neg B]_\omega^\tau) \to$
    $\quad ((C \to C) \to \neg\neg([A]_\alpha^\tau \to [\neg B]_\omega^\tau))$ A1

7. $(C \to C) \to \neg\neg([A]_\alpha^\tau \to [\neg B]_\omega^\tau)$ MP (5, 6)

8. $(C \to C) \to \forall\alpha\neg\neg(A \to \neg B)$ HG (7)

9. $C \to C$ TT

10. $\forall\alpha\neg\neg(A \to \neg B)$ MP (8, 9)

Die Anwendung der Regel (HG) ist korrekt; denn τ kommt voraussetzungsgemäß weder in A noch in B noch in C und daher auch nicht in der Annahme $\neg\forall\alpha\neg A \to \neg\neg\forall\alpha\neg B$ vor. Also folgt auf Grund des Deduktionstheorems:

(i) $\vdash_{PK} (\neg\forall\alpha\neg A \to \neg\neg\forall\alpha\neg B) \to \forall\alpha\neg\neg(A \to \neg B)$.

Daher ist die folgende Folge von Sätzen ein Beweis von $\neg\forall\alpha\neg\neg(A \to \neg B) \to \neg(\neg\forall\alpha\neg A \to \neg\neg\forall\alpha\neg B)$ in PK:

1. $(\neg\forall\alpha\neg A \to \neg\neg\forall\alpha\neg B) \to \forall\alpha\neg\neg(A \to \neg B)$ (i)

2. $\neg\forall\alpha\neg\neg(A \to \neg B) \to$
    $\quad \neg(\neg\forall\alpha\neg A \to \neg\neg\forall\alpha\neg B)$ AF (1)

Beweis von T*15 als Übung.

T*16a $\forall\alpha(A \to E) \vdash_{PK} \exists\alpha A \to E$,

$\qquad$ d.h. $\forall\alpha(A \to E) \vdash_{PK} \neg\forall\alpha\neg A \to E$

Sei τ eine Individuenkonstante, die in A und E nicht vorkommt, dann ist die folgende Folge von Sätzen eine Ableitung von $\neg\forall\alpha\neg A \to E$ aus $\forall\alpha(A \to E)$ in PK:

1. $\forall\alpha(A \to E)$ Ann.

2. $\forall\alpha(A \to E) \to ([A]_\alpha^\tau \to E)$ A4

3. $[A]_\alpha^\tau \to E$ MP (1, 2)

4. $\neg E \to \neg[A]_\alpha^\tau$ AF (3)

5. $\neg E \to \forall \alpha \neg A$ HG (4)

6. $\neg \forall \alpha \neg A \to E$ AF (5)

Beweis von T*16b als Übung.

T*17a $\vdash_{PK} \exists \alpha (A \to E) \to (\forall \alpha A \to E)$,

         d.h. $\vdash_{PK} \neg \forall \alpha \neg (A \to E) \to (\forall \alpha A \to E)$

Sei τ eine Individuenkonstante, die in A und E nicht vorkommt, dann ist die folgende Folge von Sätzen ein Beweis von $\neg \forall \alpha \neg (A \to E) \to (\forall \alpha A \to E)$ in PK:

1. $\neg(\forall \alpha A \to E) \to \forall \alpha A$ TT

2. $\forall \alpha A \to [A]_{\alpha}^{\tau}$ A4

3. $\neg(\forall \alpha A \to E) \to [A]_{\alpha}^{\tau}$ AF (1, 2)

4. $\neg(\forall \alpha A \to E) \to \neg E$ TT

5. $\neg(\forall \alpha A \to E) \to \neg([A]_{\alpha}^{\tau} \to E)$ AF (3, 4)

6. $\neg(\forall \alpha A \to E) \to \forall \alpha \neg (A \to E)$ HG (5)

7. $\neg \forall \alpha \neg (A \to E) \to (\forall \alpha A \to E)$ AF (6)

Beweis von T*17b als Übung.

Aufgaben 20

1. Beweisen Sie T*11, T*12b, T*13b, T*15, T*16b, T*17b.

2. Warum darf (HG) nicht angewandt werden, wenn die Individuenkonstante τ in den Prämissen einer Ableitung vorkommt? Finden Sie ein Beispiel, für das gilt: Wenn man diese Einschränkung nicht beachtet, kann man in PK einen Satz B aus einem Satz A ableiten, obwohl B nicht logisch aus A folgt.

3. Eine verbreitete Alternative zu PK ist das System PK*. Dieses enthält das zusätzliche Axiom

      A5: $\forall \alpha (A \to D) \to (A \to \forall \alpha D)$
              (wobei α frei ist in D, aber nicht in A)

und statt unserer Regel (HG) die Regel *Generalisierung*

      (G) $\dfrac{[A]_{\alpha}^{\tau}}{\forall \alpha A}$

Wie bei (HG) darf bei einer Anwendung der Regel (G) die Individuenkonstante τ weder in A noch in den Prämissen einer Ableitung vorkommen.

Zeigen Sie bitte Folgendes:

a) A5 ist in PK beweisbar.

b) Immer wenn man mit der Regel (G) von $[A]_\alpha^\tau$ auf $\forall\alpha A$ schließen darf, ist dies auch mit der Regel (HG) möglich, sofern (MP) und A1 gelten.

Aus a) und b) folgt, dass alle Theoreme von PK* auch Theoreme von PK sind.

Zeigen Sie, dass weiter gilt:

c) Immer wenn man mit der Regel (HG) von $A \to [D]_\alpha^\tau$ auf $A \to \forall\alpha D$ schließen darf, ist dies auch mit der Regel (G) möglich, sofern (MP) und A5 gelten.

Hieraus folgt, dass alle Theoreme von PK auch Theoreme von PK* sind.

21 Übersetzung umgangssprachlicher Sätze in die Sprache PL

In den Kapiteln 15 und 16 hatten wir schon gesehen, dass wir die logischen Eigenschaften der Sätze einer Sprache L, deren Logik wir gut verstehen, zur Beurteilung der logischen Eigenschaften umgangssprachlicher Sätze verwenden können, wenn es uns gelingt, für diese umgangssprachlichen Sätze adäquate Übersetzungen in die Sprache L zu finden. Denn unter der Voraussetzung, dass die Sätze A', A'_1, ..., A'_n von L adäquate Übersetzungen der umgangssprachlichen Sätze A, A_1, ..., A_n sind, gilt:

1. Wenn der Satz A' logisch wahr ist, dann ist auch der Satz A logisch wahr.

2. Wenn der Satz A' logisch aus den Sätzen A'_1, ..., A'_n folgt, dann folgt auch der Satz A logisch aus den Sätzen A_1, ..., A_n.

In dem Maße, in dem wir umgangssprachliche Sätze adäquat in Sätze der Sprache PL übersetzen können, können wir daher auch die logischen Eigenschaften und Beziehungen dieser Sätze zur logischen Beurteilung umgangssprachlicher Sätze heranziehen.

Für die Adäquatheit einer Übersetzung soll hier zunächst wieder das Kriterium möglichst gleicher Wahrheitsbedingungen gelten. Ebenso wie bei Übersetzungen in AL wollen wir darüber hinaus aber auch fordern: Der Satz A' von PL, in den der deutsche Satz A übersetzt wird, soll

- möglichst *strukturreich* und
- in seiner Struktur dem deutsche Satz A *möglichst ähnlich* sein.

Auch für die Übersetzung umgangssprachlicher Sätze in die Sprache PL gibt es kein System von festen Regeln. Allerdings gibt es auch hier einige Grundsätze, an denen man sich orientieren kann. Diese Grundsätze sollen in diesem Kapitel an einigen geeigneten Beispielen erläutert werden. Dabei werden wir wieder so vorgehen, dass wir die Interpretation, die bei jeder Übersetzung angegeben werden muss, nur soweit spezifizieren, wie dies jeweils nötig ist. D. h., jede Übersetzung besteht

- aus der Angabe eines Satzes A' von PL,
- der Angabe des Bereichs D der entsprechenden Interpretation I und
- der Angabe, welche Gegenstände I den in A' vorkommenden Individuenkonstanten und welche Eigenschaften oder Beziehungen I den in A' vorkommenden Prädikatbuchstaben zuordnet.

21.1 Atomare Sätze

Wenn man die Frage beantworten will, welche umgangssprachlichen Sätze in atomare Sätze von PL übersetzt werden können, geht man am besten von einfachen Sätzen aus wie:

(1)   Der Eiffelturm ist groß.

(2)   9 ist eine Primzahl.

(3)   Bielefeld ist eine Großstadt.

(4)   Hans ist ein Bruder von Klaus.

(5)   Hamm liegt zwischen Bielefeld und Dortmund.

In allen diesen Sätzen geht es um einen oder mehrere Gegenstände, von denen ausgesagt wird, dass sie eine bestimmte Eigenschaft haben bzw. dass sie in einer bestimmten Beziehung
zueinander stehen.

Sätze dieser Art lassen sich daher problemlos in atomare Sätze von PL übersetzen. Man benötigt dazu nur eine entsprechende Anzahl von Individuenkonstanten, einen geeigneten
Prädikatbuchstaben und eine Interpretation I, die (a) den Individuenkonstanten die Gegenstände zuordnet, um die es in dem
umgangssprachlichen Satz geht, und die (b) dem Prädikatbuchstaben die Eigenschaft oder die Beziehung zuordnet, die in dem
umgangssprachlichen Satz diesen Gegenständen zugesprochen
wird.

Da in den Sätzen (1)–(3) jeweils einem Gegenstand – einem
Bauwerk, einer Zahl, einer Stadt – eine Eigenschaft zuge-
sprochen wird, benötigen wir für die Übersetzung dieser Sätze
jeweils nur eine Individuenkonstante und einen einstelligen
Prädikatbuchstaben. Der Satz (1) lässt sich daher so in die
Sprache PL übersetzen:

(1′) $F^1 a$

  D = die Menge aller Bauwerke;

  a: Eiffelturm;

  F^1:   … ist groß.

Denn der Satz (1′) ist genau dann wahr, wenn der durch 'a'
bezeichnete Gegenstand die durch 'F^1' ausgedrückte Eigenschaft besitzt – also genau dann, wenn der Eiffelturm groß ist.

Entsprechend lassen sich auch die Sätze (2) und (3) in PL
übersetzen:

(2′) $F^1 a$

  D = die Menge aller natürlichen Zahlen;

  a: 9;

  F^1:   … ist eine Primzahl.

(3') F^1a

    D = die Menge aller Städte;

    a: Bielefeld;

    F^1: … ist eine Großstadt.

Bei Sätzen, in denen es um mehr als einen Gegenstand geht, ist die Sache jedoch nicht mehr ganz eindeutig. Der Satz (4) z. B. besagt auf den ersten Blick, dass zwei Personen (Hans und Klaus) in einer zweistelligen Relation zueinander sehen (der Relation des Bruderseins). Daher liegt es zunächst nahe, den Satz (4) folgendermaßen zu übersetzen:

(4') F^2ab

    D = die Menge aller Menschen;

    a: Hans;

    b: Klaus;

    F^2: … ist ein Bruder von ---.

Und diese Übersetzung ist auch völlig adäquat. Denn (4') ist genau dann wahr, wenn die durch 'a' und 'b' bezeichneten Gegenstände in der durch 'F^2' ausgedrückten Beziehung zueinander stehen – also genau dann, wenn Hans ein Bruder von Klaus ist.

Allerdings: Auch die folgenden Übersetzungen sind insofern adäquat, als sie dieselben Wahrheitsbedingungen wie (4) besitzen.

(4'') F^1a

    D = die Menge aller Menschen;

    a: Hans;

    F^1: … ist ein Bruder von Klaus.

(4''') F^1a

    D = die Menge aller Menschen;

    a: Klaus;

    F^1: … hat Hans als Bruder.

Denn (4) ist auch genau dann wahr, wenn Hans die Eigenschaft hat, ein Bruder von Klaus zu sein bzw. wenn Klaus die Eigenschaft hat, Hans als Bruder zu haben. Trotzdem sollen Sätze wie der Satz (4') hier als Standardübersetzungen von Sätzen wie (4) gelten, da sie offensichtlich strukturreicher sind als die Übersetzungen (4″) und (4‴).

Es ist klar, dass das eben Gesagte in analoger Weise für Sätze gilt, in denen drei oder noch mehr Gegenstände eine Rolle spielen. Im Satz (5) etwa geht es um drei Städte, die in einer dreistelligen Relation zueinander stehen. Auch hier liegt also die Übersetzung nahe:

(5′) F^3abc
       D = die Menge aller Städte;
       a: Hamm;
       b: Bielefeld;
       c: Dortmund;
       F^3: … liegt zwischen --- und ***.

Doch auch die folgenden Übersetzungen haben dieselben Wahrheitsbedingungen wie (5):

(5″) F^2ab
       D = die Menge aller Städte;
       a: Bielefeld;
       b: Dortmund;
       F^2: Hamm liegt zwischen … und ---.

(5‴) F^1a
       D = die Menge aller Städte;
       a: Hamm;
       F^1: … liegt zwischen Bielefeld und Dortmund.

Auch in diesem Fall soll aber (5′) als Standardübersetzung gelten, da es sich hier um die strukturreichste Übersetzung handelt.

21.2 Komplexe Sätze

Die Grundsätze, nach denen umgangssprachliche Sätze in komplexe Sätze von PL übersetzt werden können, sind im Wesentlichen schon im Kapitel 15 erläutert worden. Aus diesem Grund sollen hier einige Beispiele zur Erinnerung genügen.

21.2.1 Negationen

Mit Hilfe des Negationszeichens '¬' lassen sich alle umgangssprachlichen Sätze übersetzen, die im Deutschen problemlos mit Hilfe eines 'es ist nicht der Fall, dass'-Satzes paraphrasiert werden können. Der Satz

(1)   Paul ist nicht klug

lässt sich daher durch den Satz

(1') $\neg F^1 a$
            D = die Menge aller Menschen;
            a: Paul;
            F^1:   … ist klug

übersetzen. Und der Satz

(2)   Berlin liegt nicht an der Elbe

durch den Satz

(2') $\neg F^2 ab$
            D = die Menge aller Städte und Flüsse;
            a: Berlin;
            b: Elbe;
            F^2:   … liegt an ---.

21.2.2 Konjunktionen

Entsprechend den Überlegungen des Abschnitts 15.2 lassen
sich die Sätze

(1)   Hans ist blond und 1,80 m groß,

(2)   Hans und Paul sind Fußballfans,

(3)   Hans ist nicht dumm, aber faul,

(4)   Hans trainiert, während Gerda mit Fritz Karten spielt

so in PL übersetzen:

(1') $F^1 a \wedge G^1 a$
            D = die Menge aller Menschen;
            a: Hans;
            F^1:   … ist blond
            G^1:   … ist 1,80 m groß.

(2') $F^1a \wedge F^1b$
        D = die Menge aller Menschen;
        a: Hans;
        b: Paul;
        F^1:   ... ist ein Fußballfan.
(3') $\neg F^1a \wedge G^1a$
        D = die Menge aller Menschen;
        a: Hans;
        F^1:   ... ist dumm;
        G^1:   ... ist faul.
(4') $F^1a \wedge F^2bc$
        D = die Menge aller Menschen;
        a: Hans;
        b: Gerda;
        c Fritz;
        F^1:   ... trainiert;
        F^2:   ... spielt mit --- Karten.

21.2.3 Adjunktionen

Bei Übersetzungen von 'oder'-Sätzen in die Sprache PL gibt es
wieder die beiden Möglichkeiten, das 'oder' ausschließend
oder nicht ausschließend zu verstehen. Wir werden wie im
Abschnitt 15.3 ein umgangssprachliches 'oder' genau dann als
ausschließendes 'oder' verstehen, wenn es explizit in der Form
eines 'entweder-oder' formuliert ist. Alle anderen 'oder'-Sätze
können in Adjunktionen übersetzt werden. Die Sätze

(1a)   Arminia Bielefeld gewinnt oder sie steigt ab, und

(2a)   Fritz ist in Gerda oder in Anna verliebt

können daher so übersetzt werden:

(1a') $F^1a \vee G^1a$
        D = die Menge aller Fußballvereine;
        a: Arminia Bielefeld;
        F^1:   ... gewinnt;
        G^1:   ... steigt ab.

(2a') $\quad F^2ab \lor F^2ac$
$\qquad D$ = die Menge aller Menschen;
$\qquad a$:   Fritz;
$\qquad b$:   Gerda;
$\qquad c$:   Anna;
$\qquad F^2$:   ... ist in --- verliebt.

Die Sätze

(1b)   Entweder gewinnt Arminia Bielefeld oder sie steigt ab,

(2b)   Fritz ist entweder in Gerda oder in Anna verliebt

können dagegen nicht in Adjunktionen, wohl aber z.B. in negierte Bisubjunktionen übersetzt werden:

(1b') $\neg(F^1a \leftrightarrow G^1a)$
$\qquad$ Interpretation wie bei (1a').

(2b') $\neg(F^2ab \leftrightarrow F^2ac)$
$\qquad$ Interpretation wie bei (2a').

21.2.4   Subjunktionen

Die grundsätzlichen Probleme der Übersetzung umgangssprachlicher 'wenn, dann'-Sätze (Konditionalsätze) in Subjunktionen sind im Kapitel 15 ausführlich besprochen worden. Das soll hier nicht wiederholt werden. Wenn wir einen Satz wie

(1)   Wenn Fritz der Vater von Paul ist, dann ist Fritz älter als Paul

trotzdem mit Hilfe des Satzes

(1') $F^2ab \to G^2ab$
$\qquad D$ = die Menge aller Menschen;
$\qquad a$:   Fritz;
$\qquad b$:   Paul;
$\qquad F^2$:   ... ist der Vater von ---;
$\qquad G^2$:   ... ist älter als ---

in PL übersetzen, dürfen wir die Probleme dieser Übersetzung also nie aus dem Auge verlieren.

Wenn wir 'wenn, dann'-Sätze – mit Vorbehalt – in Subjunktionen übersetzen, können wir bei 'nur dann, wenn'-Sätzen ähnlich verfahren. Denn der Satz

(2)   Hans kommt nur zur Party, wenn Helga kommt

besagt dasselbe wie der Satz

(3)   Wenn Helga nicht kommt, kommt auch Hans nicht.

Und da wir diesen Satz in PL durch die Subjunktion

(3′) $\neg F^1 a \to \neg F^1 b$
           D = die Menge aller Menschen;
           a: Helga;
           b: Hans;
           F^1:   … kommt zur Party

wiedergeben, können wir auch den Satz (2) mit Hilfe dieser Subjunktion übersetzen. Und da die Subjunktion (3′) dieselben Wahrheitsbedingungen hat wie die Subjunktion

(3″) $F^1 b \to F^1 a$
           Interpretation wie bei (3′),

kann auch (3″) als angemessene Übersetzung von (2) gelten.

Alles, was im Abschnitt 15.4 über hinreichende und notwendige Bedingungen gesagt wurde, gilt auch für Übersetzungen in PL.

21.2.5 Bisubjunktionen

In Bisubjunktionen können wir insbesondere die umgangssprachlichen Sätze übersetzen, die mit Hilfe der Ausdrücke 'dann und nur dann, wenn' bzw. 'genau dann, wenn' gebildet werden. Die Sätze

(1a)   Hans kommt dann und nur dann zur Party, wenn Paul
         kommt

und

(1b)   Hans kommt genau dann zur Party, wenn Paul kommt

übersetzen wir daher beide folgendermaßen:

(1′) $F^1a \leftrightarrow F^1b$
         D = die Menge aller Menschen;
         a: Hans;
         b: Paul;
         F^1:   … kommt zur Party.

Außerdem können wir 'es sei denn, dass'-Sätze in negierte Bisubjunktionen übersetzen. Den Satz

(2)   Hans kommt zur Party, es sei denn, dass Paul kommt

geben wir in PL also so wieder:

(2′) $F^1a \leftrightarrow \neg F^1b$
         Interpretation wie bei (1′).

Drittens schließlich können auch Sätze der Form

(3) A ist eine hinreichende und notwendige Bedingung für B

in Bisubjunktionen der Form

(3′) $A' \leftrightarrow B'$

übersetzt werden.

21.3 Quantifizierte Sätze

Die Übersetzung umgangssprachlicher Sätze, die Ausdrücke wie 'alle', 'jeder', 'es gibt' usw. enthalten, in quantifizierte Sätze der Sprache PL ist ein wenig schwieriger als die Übersetzung der bisher betrachteten Sätze. Denn die deutsche Umgangssprache enthält zwar, wie gesagt, auch quantifizierende Ausdrücke; aber sie enthält keine Individuenvariablen. Und aus diesem Grund unterscheiden sich umgangssprachliche Sätze, in denen quantifizierende Ausdrücke vorkommen, in ihrer grammatischen Struktur recht deutlich von quantifizierten Sätzen der Sprache PL. Trotzdem sind die Regeln, die für diese Übersetzungen gelten, nicht allzu schwer zu verstehen und anzuwenden.

Beginnen wir mit einem einfachen Beispiel:

(1)   Alle Menschen sind sterblich.

Dieser Satz kann folgendermaßen in PL übersetzt werden:

(1') $\forall x F^1 x$
         D = die Menge aller Menschen;
         F^1:   ... ist sterblich.

Der Satz '$\forall x F^1 x$' besagt bzgl. einer Interpretation I nämlich, dass alle Gegenstände des Bereichs D die durch 'F^1' ausgedrückte Eigenschaft besitzen. Bzgl. der in (1') angegebenen Interpretation ist '$\forall x F^1 x$' also genau dann wahr, wenn alle Menschen die Eigenschaft besitzen, sterblich zu sein. Und das ist genau dann der Fall, wenn alle Menschen sterblich sind.

So wie wir (1) durch (1') übersetzen können, können wir

(2)   Es gibt jemanden (d.h., es gibt einen Menschen), der größer als Hans ist

übersetzen durch

(2') $\exists x F^2 x a$
         D = die Menge aller Menschen;
         a: Hans;
         F^2:   ... ist größer als ---.

Auch dies lässt sich leicht einsehen. Der Satz '$\exists x F^2 x a$' besagt bzgl. einer Interpretation I, dass es mindestens einen Gegenstand des Bereichs D gibt, der in der durch 'F^2' ausgedrückten Beziehung zu dem durch 'a' bezeichneten Gegenstand steht. Bzgl. der in (2') angegebenen Interpretation ist '$\exists x F^2 x a$' also genau dann wahr, wenn es mindestens einen Menschen gibt, der in der Beziehung des Größerseins zu Hans steht, d.h., der größer ist als Hans.

In der deutschen Umgangssprache gibt es neben den Ausdrücken 'alle' und 'es gibt' auch einige Ausdrücke wie 'kein', 'nichts' und 'niemand', die außer einem quantifizierenden auch einen negierenden Aspekt besitzen. Bei der Übersetzung von umgangssprachlichen Sätzen, die diese Ausdrücke enthalten, muss deshalb in der Regel neben einem Quantor auch das Negationszeichen verwendet werden. Dabei ist jedoch Vorsicht am Platze, da in solchen Fällen die Reihenfolge von Quantor und Negationszeichen von entscheidender Bedeutung ist.

Betrachten wir die folgenden beiden Sätze:

(3') $\neg\forall x F^1 x$
      D = die Menge aller Menschen;
      F^1: ... ist vollkommen.

(4') $\forall x \neg F^1 x$
      Interpretation wie bei (3').

Der erste dieser beiden Sätze ist bzgl. der angegebenen Interpretation genau dann wahr, wenn der Satz

(3a') $\forall x F^1 x$

bzgl. dieser Interpretation falsch ist. Das ist genau dann der Fall, wenn *wenigstens ein Mensch* nicht vollkommen ist. (3') ist daher eine adäquate Übersetzung für den Satz

(3)   Nicht alle Menschen sind vollkommen.

Der Satz (4') dagegen ist bzgl. der angegebenen Interpretation genau dann wahr, wenn kein Mensch die Eigenschaft hat, vollkommen zu sein, d.h., wenn es keinen vollkommenen Menschen gibt. (4') ist daher eine adäquate Übersetzung des Satzes

(4)   Kein Mensch ist vollkommen.

Die Sätze (3') und (4') unterscheiden sich – ebenso wie die Sätze (3) und (4) – also erheblich in ihren Wahrheitsbedingungen. (3) und (3') sind schon dann wahr, wenn es wenigstens einen Menschen gibt, der nicht vollkommen ist. (4) und (4') dagegen erst, wenn dies für alle Menschen gilt.

Nicht alle umgangssprachlichen Sätze, die quantifizierende Ausdrücke enthalten, können – wie die Sätze (1) und (4) – in dem Sinn als *uneingeschränkte* Sätze aufgefasst werden, dass in ihnen etwas über *alle* Gegenstände eines bestimmten Bereichs ausgesagt wird. Häufig geht es nur um eine *Teilmenge* dieses Bereichs – wie in den folgenden Sätzen, in denen es nur um die geraden und nicht um alle natürlichen Zahlen geht:

(5)   Alle geraden Zahlen sind größer als 3.

(6)   Einige gerade Zahlen sind größer als 3.

(7)   Keine gerade Zahl ist durch 3 teilbar.

(8)   Einige gerade Zahlen sind nicht durch 3 teilbar.

Auf keinen Fall können diese Sätze so übersetzt werden:

(5*) $\forall x F^2 xa$
        D = die Menge der geraden Zahlen;
        a: 3;
        F^2:   ... ist größer als ---.

(6*) $\exists x F^2 xa$
        Interpretation wie bei (5*).

(7*) $\forall x \neg F^2 xa$
        D = die Menge der geraden Zahlen;
        a: 3;
        F^2:   ... ist durch --- teilbar.

(8*) $\exists x \neg F^2 xa$
        Interpretation wie bei (7*).

Denn allen Individuenkonstanten müssen Gegenstände zugeordnet werden, *die zum Bereich D gehören*; die Zahl 3 gehört
aber nicht zur Menge der geraden Zahlen. Also muss der Bereich in diesem Fall sowohl die geraden wie die ungeraden
Zahlen umfassen, d.h., bei der angestrebten Interpretation sollte sinnvollerweise der *ganze* Bereich der natürlichen Zahlen
zugrunde gelegt werden. Wenn wir das tun, ist aber nicht mehr
offensichtlich, wie wir die Sätze (5)–(8) in die Sprache PL
übersetzen können. Gibt es auch in diesen Fällen allgemein
anwendbare Strategien?

Betrachten wir zunächst den Satz (5). Offenbar besagt dieser
Satz dasselbe wie

(5a)   Wenn eine natürliche Zahl gerade ist, dann ist sie grö-
        ßer als 3.

Also liegt die Vermutung nahe, dass eine adäquate Übersetzung von (5) so aussehen könnte:

(5') $\forall x (F^1 x \rightarrow F^2 xa)$
        D = die Menge der natürlichen Zahlen;
        a: 3;
        F^1:   ... ist eine gerade natürliche Zahl;
        F^2:   ... ist größer als ---.

Tatsächlich ist diese Vermutung richtig. Denn eine Subjunktion ist genau dann wahr, wenn das Vorderglied falsch und/oder das Hinterglied wahr ist. Der Satz '$\forall x(F^1x \to F^2xa)$' ist also genau dann wahr bzgl. der angegebenen Interpretation, wenn für jede natürliche Zahl gilt: sie ist nicht gerade oder sie ist größer als 3. Und das ist genau dann der Fall, wenn gilt: wenn sie gerade ist, ist sie größer als 3. (5′) ist also tatsächlich eine adäquate Übersetzung von (5).

Bei Sätzen wie dem Satz (6) haben wir zunächst das Problem, dass der in diesen Sätzen auftretende Ausdruck 'einige' anzudeuten scheint, dass in diesen Sätzen zwar nicht über alle Gegenstände eines bestimmten Bereichs etwas ausgesagt werden soll; aber auch nicht nur über einen Gegenstand dieses Bereichs. Der Satz (6) scheint also nur dann wahr zu sein, wenn es nicht nur eine, sondern eine gewisse Anzahl von geraden Zahlen – eben *einige* gerade Zahlen – gibt, die größer als 3 sind. Trotzdem werden wir hier davon ausgehen, dass der Ausdruck 'einige' im Prinzip dasselbe bedeutet wie der Ausdruck 'mindestens ein' und dass daher der Satz (6) dasselbe besagt wie der Satz

(6a)   Mindestens eine gerade Zahl ist größer als 3.

Wenn wir (6) in diesem Sinne verstehen, können wir diesen Satz folgendermaßen übersetzen:

(6′) $\exists x(F^1x \wedge F^2xa)$
         Interpretation wie bei (5′).

Denn die Sätze (6) und (6′) sind beide genau dann wahr, wenn es mindestens eine natürliche Zahl gibt, die sowohl gerade als auch größer als 3 ist.

Wenn man den Satz (6′) mit dem Satz (5′) vergleicht, liegt allerdings die Frage nahe, warum wir bei der Übersetzung von (6) den Junktor '$\wedge$' verwenden, während wir für die Übersetzung von (5) den Junktor '$\to$' gewählt hatten. Müsste die Übersetzung von (6) nicht ganz analog

(6″) $\exists x(F^1x \to F^2xa)$
         Interpretation wie bei (5′)

lauten? Eine kurze Überlegung macht klar, dass die Antwort auf diese Frage nur ein klares 'Nein' sein kann. Denn der Satz (6″) ist viel zu schwach, um dem umgangssprachlichen Satz (6) zu entsprechen. Der Satz (6″) besagt bzgl. der angegebenen Interpretation nämlich, dass es mindestens eine natürliche Zahl gibt, für die gilt: sie ist nicht gerade oder sie ist größer als 3. (6″) ist bzgl. der angegebenen Interpretation daher schon dann wahr, wenn wenigstens eine natürliche Zahl nicht gerade ist oder wenn wenigstens eine natürliche Zahl größer als 3 ist. D. h., der Satz (6″) hat bzgl. dieser Interpretation dieselben Wahrheitsbedingungen wie der Satz

(6‴) $\exists x(\neg F^1 x \lor F^2 xa)$.

Und dieser Satz ist eher eine Übersetzung des umgangssprachlichen Satzes

(9)   Wenigstens eine natürliche Zahl ist nicht gerade oder größer als 3.

(9) besagt aber offensichtlich etwas völlig anderes (nämlich sehr viel weniger) als der Satz (6).

So wie man (6) nicht in (6″), kann man (5) nicht in

(5″) $\forall x(F^1 x \land F^2 xa)$
          Interpretation wie bei (5′)

übersetzen. Denn (5″) ist bzgl. der angegebenen Interpretation genau dann wahr, wenn alle natürlichen Zahlen *sowohl* gerade *als auch* größer als 3 sind. (5″) besagt also dasselbe wie der umgangssprachliche Satz

(10)   Alle natürlichen Zahlen sind gerade und größer als 3.

Und dieser Satz besagt etwas völlig anderes (nämlich sehr viel mehr) als der Satz (5).

Kommen wir zum Satz (7). Dieser Satz besagt offenbar dasselbe wie der Satz

(7a)   Wenn eine natürliche Zahl gerade ist, dann ist sie nicht durch 3 teilbar.

Und deshalb können wir diesen Satz folgendermaßen übersetzen:

(7') $\quad \forall x(F^1x \rightarrow \neg F^2xa)$
D = die Menge der natürlichen Zahlen;
a: 3;
F^1: ... ist eine gerade natürliche Zahl;
F^2: ... ist durch --- teilbar.

Auf der anderen Seite scheint (7) aber auch dasselbe zu besagen wie der Satz

(7b) Es gibt keine gerade Zahl, die durch 3 teilbar ist

bzw. wie der Satz

(7c) Es ist nicht der Fall, dass es eine gerade Zahl gibt, die durch 3 teilbar ist.

Und deshalb liegt es ebenso nahe, den Satz (7) so zu übersetzen:

(7'') $\quad \neg \exists x(F^1x \wedge F^2xa)$
Interpretation wie bei (7').

Gibt es in diesem Fall also zwei ganz verschiedene Möglichkeiten der Übersetzung? Und wenn ja, wie sollen wir zwischen diesen Möglichkeiten entscheiden?

Zum Glück gibt es hier zwar tatsächlich zwei Übersetzungsmöglichkeiten, aber kein wirkliches Entscheidungsproblem. Denn die Übersetzungen (7') und (7'') sind beide gleichermaßen adäquat. Wir hatten nämlich schon im Abschnitt 17.2 gesehen, dass die beiden Sätze (7') und (7'') genau dieselben Wahrheitsbedingungen haben. Und diese Wahrheitsbedingungen entsprechen auch genau den Wahrheitsbedingungen des umgangssprachlichen Satzes (7). Beide Sätze sind daher für eine Übersetzung gleich gut geeignet. Der Satz (7'') hat höchstens den kleinen Vorteil, dass man an ihm unmittelbar sehen kann, dass er die direkte Negation des Satzes

(11') $\quad \exists x(F^1x \wedge F^2xa)$
Interpretation wie bei (7')

darstellt, der seinerseits eine adäquate Übersetzung des folgenden umgangssprachlichen Satzes ist:

(11) Es gibt wenigstens eine gerade Zahl, die durch 3 teilbar ist.

Bei dem Satz (8) haben wir mit dem Ausdruck 'einige' zunächst das gleiche Problem wie bei dem Satz (6). Auch hier wollen wir davon ausgehen, dass der Satz (8) im Prinzip dasselbe besagt wie der Satz

(8a)   Es gibt wenigstens eine gerade Zahl, die nicht durch 3 teilbar ist.

Unter dieser Voraussetzung können wir (8) folgendermaßen übersetzen:

(8′) $\exists x(F^1x \wedge \neg F^2xa)$
        Interpretation wie bei (7′).

Auch hier gibt es jedoch noch eine zweite Möglichkeit. Denn den Satz (8) kann man nicht nur so verstehen, dass er besagt, dass es mindestens eine gerade Zahl gibt, die nicht durch 3 teilbar ist; man kann ihn auch so deuten, dass in ihm ausgesagt wird, dass nicht alle geraden Zahlen durch 3 teilbar sind. Und bei dieser Deutung ergibt sich als nahe liegende Übersetzung der Satz:

(8″) $\neg \forall x(F^1x \rightarrow F^2xa)$
        Interpretation wie bei (7′).

Auch in diesem Fall stellen die beiden Sätze (8′) und (8″) zwei völlig gleichberechtigte Übersetzungen des Satzes (8) dar, da sie beide dieselben Wahrheitsbedingungen besitzen und diese Wahrheitsbedingungen auch genau denen des Satzes (8) entsprechen. Wieder hat der Satz (8″) nur den kleinen Vorzug, dass man an ihm unmittelbar ablesen kann, dass er die direkte Negation des Satzes

(12′) $\forall x(F^1x \rightarrow F^2xa)$
         Interpretation wie bei (7′)

ist, wobei dieser Satz eine adäquate Übersetzung des umgangssprachlichen Satzes

(12)   Alle geraden Zahlen sind durch 3 teilbar

darstellt.

An dieser Stelle sollen die Grundsätze für die Übersetzung von All- und Existenzaussagen noch einmal zusammengefasst werden.

Grundsätze für die Übersetzung von All- und Existenzaussagen

Sätze der Form 'Alle F sind G'

- Wenn man die Interpretation so wählen kann, dass D die Menge aller F ist, genügt die Übersetzung '$\forall x G^1 x$'.
- Falls das *nicht* der Fall ist, muss die Übersetzung '$\forall x (F^1 x \to G^1 x)$' lauten.
- Ein Satz der Form 'Alle F sind G' darf *nie* in einen Satz der Form '$\forall x (F^1 x \land G^1 x)$' übersetzt werden.

Sätze der Form 'Einige F sind G'

- Wenn man die Interpretation so wählen kann, dass D die Menge aller F ist, genügt die Übersetzung '$\exists x G^1$'.
- Falls das *nicht* der Fall ist, muss die Übersetzung '$\exists x (F^1 x \land G^1 x)$' lauten.
- Ein Satz der Form 'Einige F sind G' darf *nie* in einen Satz der Form '$\exists x (F^1 x \to G^1 x)$' übersetzt werden.

Bei der Formulierung von Sätzen, in denen über mehrere Ausdrücke quantifiziert werden soll, ist die deutsche Umgangssprache oft sehr schwerfällig. Manchmal weicht sie einfach auf eine andere Sprachebene aus, wie z. B. in dem Satz

(13)   Die Relation der Identität im Bereich der natürlichen Zahlen ist symmetrisch.[†]

[†] Zur Frage, wann eine Relation R '*symmetrisch*' heißt, s. u. Abschnitt 23.1.5.

Wenn man explizit machen will, was mit diesem Satz gemeint ist, ergibt sich in etwa die folgende – etwas umständliche – Formulierung:

(13a)   Für je zwei natürliche Zahlen, die nicht notwendig verschieden sein müssen, gilt: Wenn die erste mit der zweiten identisch ist, ist auch die zweite mit der ersten identisch.

Gegenüber diesem schwerfälligen Satz hebt sich die entsprechende Übersetzung durch ihre sehr viel größere Einfachheit und Klarheit ab:

(13′) $\forall x \forall y (F^2 xy \rightarrow F^2 yx)$
        D = die Menge der natürlichen Zahlen;
        F^2:   ... ist mit --- identisch.

Ein anderer umgangssprachlicher Satz, der in diesen Zusammenhang gehört, ist der berühmte Satz des Euklid (*Elemente*, Buch I, Grundsatz 1):

(14)   Sind zwei Dinge einem dritten gleich, so sind sie auch untereinander gleich.

Obwohl dieser Satz viel eleganter wirkt als z.B. der Satz (13a), ist auch hier die Übersetzung (eingeschränkt auf den Bereich der natürlichen Zahlen) klarer und übersichtlicher:

(14′) $\forall x \forall y \forall z (F^2 xz \land F^2 yz \rightarrow F^2 xy)$
        D = die Menge der natürlichen Zahlen;
        F^2:   ... ist gleich ---.

Sowohl der Satz (13a) als auch der Satz (14) zeigen, dass man in der deutschen Umgangssprache das Fehlen von Individuenvariablen häufig durch die Verwendung geeigneter Zahlwörter zu kompensieren versucht. Manchmal verwendet man jedoch auch so etwas wie Quasi-Variablen. Dies geschieht allerdings eher in wissenschaftlich-technischen Teilsprachen. Denn die folgende Variante des Satzes (14) wird man wohl eher in der Sprache der Mathematik als in der normalen Umgangssprache finden:

(14a)   Für je drei nicht notwendigerweise verschiedene Dinge
        a, b und c gilt: Wenn a gleich c ist und b gleich c ist,
        dann ist auch a gleich b.

In den bisher angeführten mehrfach quantifizierten Sätzen
kamen jeweils nur Quantoren derselben Art vor. In den Sätzen
(13′) und (14′) waren es sogar nur Allquantoren. Bei Sätzen
dieser Art, d.h. Sätzen, die mit einer Reihe von *gleichartigen*
Quantoren beginnen, kommt es auf die Reihenfolge dieser
Quantoren nicht an. Wir brauchen uns bei entsprechenden
Übersetzungen über diese Reihenfolge also keine Gedanken zu
machen. Und dies gilt für Sätze, die mit einer Reihe von Allquantoren beginnen, genauso wie für Sätze, die mit einer Reihe
von Existenzquantoren anfangen.
Wenn jedoch in einem Satz der Sprache PL All- und Existenzquantoren gemischt auftreten, dann ist die Reihenfolge von
ebenso entscheidender Bedeutung wie in den – zuvor schon
diskutierten – Sätzen, in denen Quantoren zusammen mit dem
Negationszeichen auftreten. Ein Vergleich der folgenden beiden Sätze, die wir schon im Abschnitt 17.2 kennen gelernt
hatten, soll dies noch einmal verdeutlichen:

(15′) $\exists x \forall y G^2 xy$
        D = die Menge der natürlichen Zahlen;
        G^2: ... ist größer als ---

und

(16′) $\forall y \exists x G^2 xy$
        Interpretation wie bei (15′).

Dass diese beiden Sätze nicht dasselbe besagen, wird schon
daran deutlich, dass der erste Satz bzgl. der angegebenen Interpretation sicher falsch ist, während der zweite Satz bzgl. dieser
Interpretation ebenso sicher wahr ist. Denn der Satz (15′) besagt, dass es eine natürliche Zahl gibt, die größer als alle natürliche Zahlen ist; d.h., dieser Satz entspricht dem umgangssprachlichen Satz

(15)   Es gibt eine natürliche Zahl, die größer als alle natürli-
        chen Zahlen ist.

Und dieser Satz ist sicher falsch. Der Satz (16') dagegen besagt dasselbe wie der umgangssprachliche Satz

(16)   Für jede natürliche Zahl gibt es eine natürliche Zahl, die größer ist als sie.

Und dieser Satz ist ebenso sicher richtig.

Ähnlich wie bei einfach quantifizierten Sätzen gibt es auch bei mehrfach quantifizierten Sätzen solche, die sich nicht auf alle Gegenstände eines bestimmten Bereichs, sondern nur auf die Elemente eines Teilbereichs beziehen. Und ähnlich wie bei einfach quantifizierten Sätzen machen wir auch bei diesen Sätzen den Teilbereich kenntlich, über dessen Elemente etwas ausgesagt werden soll, – im Fall von Allquantoren im Vorderglied einer Subjunktion und im Fall von Existenzquantoren im ersten Glied einer Konjunktion. Den Satz

(17)   Alle Schweden haben einen Vater

übersetzen wir dementsprechend durch den Satz

(17') $\forall x(F^1x \rightarrow \exists y F^2yx)$
         D = die Menge aller Menschen;
         F^1:   ... ist ein Schwede;
         F^2:   ... ist der Vater von ---.

Und den Satz

(18)   Zu jeder geraden Zahl gibt es eine Primzahl, die größer ist als sie

übersetzen wir durch den Satz

(18') $\forall x(F^1x \rightarrow \exists y(G^1y \wedge F^2yx))$
         D = die Menge der natürlichen Zahlen;
         F^1:   ... ist eine gerade natürliche Zahl;
         G^1:   ... ist eine Primzahl;
         F^2:   ... ist größer als ---.

Den Satz

(19)   Es gibt einen Menschen, der alle Hunde liebt

bzw. den Satz

(19a)   Jemand liebt alle Hunde

übersetzen wir dagegen durch den Satz

(19′) $\exists x(F^1 x \land \forall y(G^1 y \to F^2 xy))$
        D = die Menge aller Lebewesen;
        F^1:   ... ist ein Mensch;
        G^1:   ... ist ein Hund;
        F^2:   ... liebt ---.

Und den Satz

(20)   Es gibt eine Primzahl, die größer ist als alle natürlichen Zahlen

durch den Satz

(20′) $\exists x(F^1 x \land \forall y F^2 xy)$
        D = die Menge der natürlichen Zahlen;
        F^1:   ... ist eine Primzahl;
        F^2:   ... ist größer als ---.

Man sieht, dass es auch hier wieder entscheidend auf die Reihenfolge der Quantoren ankommt. Denn der Satz (19) besagt etwas völlig anderes als der Satz

(21)   Jeder Hund wird von einem Menschen (jemandem) geliebt,

der folgendermaßen übersetzt werden kann:

(21′) $\forall y(G^1 y \to \exists x(F^1 x \land F^2 xy))$
        Interpretation wie bei (19′).

Und der Satz (20) besagt etwas ganz anderes als der Satz

(22)   Für jede natürliche Zahl gibt es eine Primzahl, die größer ist als sie,

der so übersetzt werden müsste:

(22′) $\forall y \exists x(F^1 x \land F^2 xy)$
        Interpretation wie bei (20′).

Aufgaben 21

1. Übersetzen Sie die folgenden umgangsprachlichen Sätze adäquat in die Sprache PL.

   a)   Hans liebt alle Menschen.

   b)   Alle Menschen lieben Hans.

c)   Es ist nicht alles Gold, was glänzt.

d)   Hunde, die bellen, beißen nicht.

e)   Wenn Löwen schlafen, sind sie ungefährlich.

f)   Jeder mag kleine Hunde.

g)   Jeder kennt alle seine Freunde.

h)   Jede Primzahl ist durch 1 und durch sich selbst teilbar.

i)   Jede Primzahl größer als 2 ist ungerade.

j)   Wenn alle Raben schwarz sind, sind nicht alle Raben weiß.

k)   Die Summe zweier natürlicher Zahlen ist größer als jeder ih-
     rer Summanden.

l)   Keine natürliche Zahl ist größer und kleiner als 1.

m)   Hans ist Eigentümer eines Hauses, um das ihn alle seine
     Nachbarn beneiden.

n)   Wenn wenigstens ein Schwan schwarz ist, dann sind nicht
     alle Schwäne weiß.

o)   Zu je zwei rationalen Zahlen gibt es eine rationale Zahl, die
     zwischen ihnen liegt.

p)   Eine natürliche Zahl a ist durch eine natürliche Zahl b genau
     dann teilbar, wenn es eine natürliche Zahl c gibt, so dass a
     das Produkt von b und c ist.

q)   Wenn zwei Menschen miteinander verheiratet sind, dann lie-
     ben sie sich entweder oder sie sind unglücklich.

2. Warum kann man den Satz

(1)   Alle Schweden haben einen Vater

nicht so in PL übersetzen:

(1′) $\forall x \exists y F^2 yx$
      $D \;=\;$ die Menge aller Schweden;
      F^2:   ... ist der Vater von ---?

3. Die folgenden umgangssprachlichen Sätze sind mehrdeutig. Ge-
    ben Sie für jeden Satz zwei Übersetzungen in PL an, die den
    Bedeutungsunterschied zum Ausdruck bringen.

    a)   Nur große Frauen sind als Schornsteinfeger geeignet.

    b)   Anna isst nur Fleisch aus artgerechter Tierhaltung.

    c)   Alle Nervenzellen entwickeln sich aus einer ektodermalen
         Vorläuferzelle.

d)   Bertrand Russell hat über alle philosophischen Fragen ein
Buch geschrieben.

22   Beurteilung umgangssprachlicher Sätze und Argumente mit prädikatenlogischen Mitteln

Ebenso wie wir die logischen Eigenschaften von Sätzen der Sprache AL zur Beurteilung der logischen Eigenschaften umgangssprachlicher deutscher Sätze verwenden können, können wir uns zu diesem Zweck auch auf die logischen Eigenschaften von Sätzen der Sprache PL beziehen. Denn wenn die Sätze A', A'_1, ..., A'_n der Sprache PL adäquate Übersetzungen der umgangssprachlichen Sätze $A, A_1, ..., A_n$ sind, dann gilt wieder:

1. Wenn der Satz A' logisch wahr ist, dann ist auch der Satz A logisch wahr; und

2. wenn der Satz A' logisch aus den Sätzen A'_1, ..., A'_n folgt, dann folgt auch A logisch aus den Sätzen $A_1, ..., A_n$.

In dem Fall, in dem sich die logische Wahrheit eines umgangssprachlichen Satzes A dadurch nachweisen lässt, dass man zeigt, dass es für A eine angemessene Übersetzung A' in PL gibt, für die gilt: $\models_{PL} A'$, spricht man von der **prädikatenlogischen Wahrheit** des umgangssprachlichen Satzes A. Und entsprechend nennt man ein umgangssprachliches Argument $A_1, ..., A_n$, Also: A **prädikatenlogisch gültig**, wenn sich seine Gültigkeit nachweisen lässt, indem man zeigt, dass es für die umgangssprachlichen Sätze A_1, ..., A_n und A angemessene Übersetzungen A'_1, ..., A'_n und A' in PL gibt, für die gilt: A'_1, ..., $A'_n \models_{PL} A'$. Im Übrigen gelten auch hier nicht nur die Grundsätze 1. und 2., sondern ebenso die Prinzipien

1'. Wenn A' eine *optimal strukturreiche* adäquate Übersetzung von A und wenn A' *nicht* logisch wahr ist, dann ist A *nicht* prädikatenlogisch wahr; und

2'. wenn die Sätze A'_1, ..., A'_n und A' *optimal strukturreiche* adäquate Übersetzungen der Sätze $A_1, ..., A_n$ und A sind und A' *nicht* logisch aus den Sätzen A'_1, ..., A'_n folgt, dann folgt A *nicht* prädikatenlogisch aus den Sätzen $A_1, ..., A_n$.

Wenn wir prüfen wollen, ob ein umgangssprachlicher Satz A in diesem Sinne prädikatenlogisch wahr ist, müssen wir daher wieder folgendermaßen vorgehen. Wir müssen *erstens* eine optimal strukturreiche adäquate Übersetzung A' dieses Satzes in die Sprache PL finden und dann *zweitens* prüfen, ob A' logisch wahr ist.

Allerdings ist hier der zweite Schritt, d.h. die Überprüfung der logischen Wahrheit von A', nicht immer ganz einfach, da es, wie schon betont wurde, keine effektiven Verfahren zur Entscheidung über die logische Wahrheit beliebiger Sätze von PL gibt. Immerhin ist es aber mit Hilfe der Wahrheitsbaummethode in vielen Fällen möglich, die logische Wahrheit eines Satzes nachzuweisen, ebenso wie es in anderen Fällen durch Angabe eines geeigneten Gegenbeispiels möglich ist nachzuweisen, dass ein gegebener Satz A' nicht logisch wahr ist.

Doch damit entsteht die Frage, welchen Weg man zuerst einschlagen soll. Im Allgemeinen ist folgendes Vorgehen sinnvoll. Wenn ein Gegenbeispiel auf der Hand liegt, dann kann man durch Angabe dieses Gegenbeispiels sofort nachweisen, dass A' nicht logisch wahr ist. Wenn jedoch ein Gegenbeispiel nicht auf der Hand liegt, sollte man zunächst die Wahrheitsbaummethode anwenden. Wenn sich dabei ein in allen Ästen geschlossener Wahrheitsbaum ergibt, ist damit die logische Wahrheit von A' gezeigt. Wenn es jedoch nicht gelingt, den Wahrheitsbaum abzuschließen, liegt die Vermutung nahe, dass A' doch nicht logisch wahr ist. In diesem Fall muss dann noch einmal nach einem geeigneten Gegenbeispiel gesucht werden.

Auch beim Finden einer optimal strukturreichen adäquaten Übersetzung für einen umgangssprachlichen Satz A ist eine gewisse Umsicht geboten. Hier ist es generell sinnvoll, folgendermaßen vorzugehen: Man untersucht zunächst, welche *Namen* (d.h. allgemein: *Gegenstandsbezeichner*) und *Prädikate* der zu übersetzende Satz A enthält, und ordnet diesen geeignete *Individuenkonstanten* und *Prädikatbuchstaben* zu, wobei man natürlich auf die Stellenzahl der Prädikate achten muss. Im zweiten Schritt versucht man dann, in der im vorigen Kapitel dargestellten Weise mit Hilfe von Junktoren und Quantoren aus diesen Individuenkonstanten und Prädikatbuchstaben einen Satz von PL zu bilden, der (in etwa) dieselben Wahrheitsbedingungen hat wie *A*.

Mit zwei Beispielen sollen diese Überlegungen veranschaulicht werden. Als erstes Beispiel nehmen wir den umgangssprachlichen Satz

(1)   Wenn Hans einen Bruder hat und alle Brüder Verwandte sind, dann hat Hans einen Verwandten.

Wir untersuchen, wie gesagt, zuerst, welche Namen und Prädikate der Satz (1) enthält. Offenbar sind dies der Name

(1a)   Hans

und die Prädikate

(1b)   ... ist ein Bruder von ---

(1c)   ... ist mit --- verwandt.

Für den durch 'Hans' bezeichneten Gegenstand – also Hans – wählen wir die Individuenkonstante 'a' und für die durch die Prädikate '... ist ein Bruder von ---' und '... ist mit --- verwandt' ausgedrückten zweistelligen Beziehungen die beiden Prädikatbuchstaben 'F^2' und 'G^2'. Insgesamt gehen wir also von der folgenden Interpretation aus:

D = die Menge aller Menschen;
a: Hans;
F^2:   ... ist ein Bruder von ---;
G^2:   ... ist verwandt mit ---.

Im nächsten Schritt muss nun aus der Individuenkonstante und den Prädikatbuchstaben ein Satz von PL gebildet werden, der (in etwa) dieselben Wahrheitsbedingungen hat wie der Satz (1). Nach den Überlegungen von Kapitel 21 kann dies so geschehen:

(1') $\exists x F^2 xa \land \forall x \forall y (F^2 xy \rightarrow G^2 xy) \rightarrow \exists x G^2 xa$
         Interpretation wie angegeben.

Im zweiten Schritt ist nun zu prüfen, ob der Satz (1') logisch wahr ist. Da ein Gegenbeispiel nicht auf der Hand liegt, versu-

chen wir zunächst, diese Frage mit Hilfe der Wahrheitsbaummethode zu klären.

(1*) 1.$\checkmark$ $\neg(\exists x F^2 xa \land \forall x \forall y(F^2 xy \to G^2 xy) \to \exists x G^2 xa)$ A

2.$\checkmark$ $\exists x F^2 xa \land \forall x \forall y(F^2 xy \to G^2 xy)$ (1)

3.$\checkmark$ $\neg \exists x G^2 xa$ (1)

4.$\checkmark$ $\exists x F^2 xa$ (2)

5. $\forall x \forall y(F^2 xy \to G^2 xy)$ (2)

6. $\forall x \neg G^2 xa$ (3)

7. $F^2 ba$ (4)

8. $\neg G^2 ba$ (6)

9. $\forall y(F^2 by \to G^2 by)$ (5)

10.$\checkmark$ $F^2 ba \to G^2 ba$ (9)

11. $\neg F^2 ba$ 12. $G^2 ba$ (10)

x   x

Alle Äste des Wahrheitsbaums (1*) sind geschlossen. Der
Satz (1′) ist also logisch wahr. Und daraus folgt, dass der umgangssprachlichen Satz (1) prädikatenlogisch wahr ist.

Als zweites Beispiel soll der folgende umgangssprachliche
Satz dienen.

(2)   Wenn eine gerade natürliche Zahl größer als sie selbst
         ist, dann ist sie größer als alle ungeraden natürlichen
         Zahlen.

Dieser Satz ist zwar wahr; aber unsere Frage lautet nicht, ob
er wahr, sondern ob er *prädikatenlogisch* wahr ist. Und das
untersuchen wir genau so wie zuvor beim Satz (1). D.h., wir
fragen als Erstes, welche Namen und Prädikate der Satz (2)

enthält. Offenbar kommen im Satz (2) jedoch gar kein Name, sondern nur die drei folgenden Prädikate vor:

(2a)   ... ist eine gerade natürliche Zahl

(2b)   ... ist größer als ---

(2c)   ... ist eine ungerade natürliche Zahl.

Für die durch die einstelligen Prädikate (2a) und (2c) ausgedrückten Eigenschaften wählen wir die einstelligen Prädikatbuchstaben 'F^1' und 'H^1' und für die durch Prädikat (2b) ausgedrückte zweistellige Beziehung den Prädikatbuchstaben 'G^2'. Dieses Mal gehen wir also von der Interpretation aus:

D = die Menge der natürlichen Zahlen;
F^1:   ... ist eine gerade natürliche Zahl;
G^2:   ... ist größer als ---;
H^1:   ... ist eine ungerade natürliche Zahl.

Im nächsten Schritt muss nun wieder aus diesen Prädikatbuchstaben ein Satz von PL gebildet werden, der (in etwa) dieselben Wahrheitsbedingungen hat wie der Satz (2). Dies gilt z. B. für den Satz

(2′) $\forall x(F^1 x \land G^2 xx \to \forall y(H^1 y \to G^2 xy))$
        Interpretation wie angegeben.

Prüfen wir zunächst wieder mit Hilfe des auf der nächsten Seite angeführten Wahrheitsbaums (2*), ob dieser Satz logisch wahr ist. Offenbar lässt sich der einzige Ast dieses Wahrheitsbaums nicht abschließen. Also ist es sinnvoll, nach Gegenbeispielen zu suchen, mit deren Hilfe man zeigen kann, dass der Satz (2′) nicht logisch wahr ist. Ein solches Gegenbeispiel ist z. B. die Interpretation

D = die Menge der natürlichen Zahlen;
F^1:   ... ist eine gerade natürliche Zahl;
G^2:   ... ist gleich ---;
H^1:   ... ist eine ungerade natürliche Zahl.

Bzgl. dieser Interpretation ist (2′) nämlich genau dann falsch, wenn es wenigstens eine natürliche Zahl gibt, die das Vorderglied, aber nicht das Hinterglied der Satzfunktion '$F^1 x \land G^2 xx \to \forall y(H^1 y \to G^2 xy)$' erfüllt. Und dies gilt z. B. für die Zahl 4.

(2*) 1. √ $\neg\forall x(F^1x \land G^2xx \to \forall y(H^1y \to G^2xy))$ A

      2. √ $\exists x \neg(F^1x \land G^2xx \to \forall y(H^1y \to G^2xy))$ (1)

      3. √ $\neg(F^1a \land G^2aa \to \forall y(H^1y \to G^2ay))$ (2)

      4. √ $F^1a \land G^2aa$ (3)

      5. √ $\neg\forall y(H^1y \to G^2ay)$ (3)

      6. F^1a (4)

      7. G^2aa (4)

      8. √ $\exists y \neg(H^1y \to G^2ay)$ (5)

      9. √ $\neg(H^1b \to G^2ab)$ (8)

      10. H^1b (9)

      11. $\neg G^2ab$ (9)

Denn 4 ist gerade und mit sich selbst identisch; aber 4 ist nicht
größer als alle ungeraden natürlichen Zahlen. (2′) ist also nicht
logisch wahr, und daher ist (2) nicht prädikatenlogisch wahr.

Wenn es darum geht, die prädikatenlogische Gültigkeit eines
umgangssprachlichen Arguments A_1, ..., A_n, Also: A zu überprüfen, ist die Vorgehensweise ganz analog zu der Vorgehensweise bei der Überprüfung der prädikatenlogischen Wahrheit
umgangssprachlicher Sätze: Zuerst müssen für die umgangssprachlichen Sätze A_1, ..., A_n und A optimal strukturreiche adäquate Übersetzungen A'_1, ..., A'_n und A' in die Sprache PL gefunden werden, und dann muss überprüft werden, ob der Satz
A' logisch aus den Sätzen A'_1, ..., A'_n folgt.

Beim zweiten Schritt ist es wieder sinnvoll, so vorzugehen.
Wenn ein Gegenbeispiel auf der Hand liegt, kann man durch
Angabe dieses Gegenbeispiels sofort nachweisen, dass der Satz
A' *nicht* logisch aus den Sätzen A'_1, ..., A'_n folgt. Wenn sich
jedoch kein offensichtliches Gegenbeispiel anbietet, ist es vernünftig, zunächst die Wahrheitsbaummethode anzuwenden.
Wenn sich dabei ein in allen Ästen geschlossener Wahrheitsbaum ergibt, ist damit gezeigt, dass der Satz A' logisch aus den

Sätzen A'_1, ..., A'_n folgt. Wenn es jedoch nicht gelingt, den Wahrheitsbaum abzuschließen, liegt die Vermutung nahe, dass diese Folgerungsbeziehung nicht besteht. In diesem Fall muss dann noch einmal nach einem geeigneten Gegenbeispiel gesucht werden.

Auch bei der Übersetzung der Prämissen A_1, ..., A_n und der Konklusion A geht man wieder so vor wie schon geschildert. Man untersucht zuerst, welche *Namen* und *Prädikate* die Sätze A_1, ..., A_n und A enthalten, und ordnet diesen geeignete *Individuenkonstanten* und *Prädikatbuchstaben* von PL zu. Im zweiten Schritt versucht man dann, in der im Kapitel 21 dargestellten Weise mit Hilfe von Junktoren und Quantoren aus diesen Individuenkonstanten und Prädikatbuchstaben Sätze A'_1, ..., A'_n und A' von PL zu bilden, die (in etwa) dieselben Wahrheitsbedingungen haben wie die Sätze A_1, ..., A_n und A.

Mit zwei Beispielen soll diese Vorgehensweise noch einmal veranschaulicht werden. Nehmen wir als erstes Beispiel das umgangssprachliche Argument:

(3)   Alle Väter sind älter als ihre Kinder.
        Paul ist nicht älter als Hans.
        Also: Paul ist nicht der Vater von Hans.

Offenbar enthält dieses Argument die beiden Namen

(3a)   Paul

und

(3b)   Hans

sowie die beiden zweistelligen Prädikate

(3c)   ... ist der Vater von ---

und

(3d)   ... ist älter als ---.

Wir wählen für die durch die Namen bezeichneten Gegenstände die Individuenkonstanten 'a' und 'b' und für die durch die beiden Prädikate ausgedrückten zweistelligen Beziehungen die beiden Prädikatbuchstaben 'F^2' und 'G^2'; d.h., wir legen die folgende Interpretation zugrunde:

D = die Menge aller Menschen;
a: Paul;
b: Hans;
F^2:   ... ist der Vater von ---;
G^2:   ... ist älter als ---.

Auf der Grundlage dieser Interpretation ergeben sich als angemessene Übersetzungen der Prämissen und der Konklusion von (3) die folgenden Sätze von PL:

(3.1′) $\forall x \forall y (F^2 xy \rightarrow G^2 xy)$

(3.2′) $\neg G^2 ab$

(3.3′) $\neg F^2 ab$

Interpretation wie angegeben.

Da ein Gegenbeispiel nicht auf der Hand liegt, prüfen wir mit Hilfe der Wahrheitsbaummethode, ob der Satz (3.3′) logisch aus den Sätzen (3.1′) und (3.2′) folgt.

(3*)	1.	$\forall x \forall y (F^2 xy \rightarrow G^2 xy)$	A
	2.	$\neg G^2 ab$	A
	3.	$\neg\neg F^2 ab$	A
	4.	$\forall y (F^2 ay \rightarrow G^2 ay)$	(1)
	5. √	$F^2 ab \rightarrow G^2 ab$	(4)

6.	$\neg F^2 ab$	7. $G^2 ab$	(5)
	x	x	

Da beide Äste des Wahrheitsbaums (3*) mit einem 'x' geschlossen werden können, folgt der Satz (3.3′) logisch aus den Sätzen (3.1′) und (3.2′). Also ist das umgangssprachliche Argument (3) prädikatenlogisch gültig.

Als zweites Beispiel soll das umgangssprachliche Argument dienen:

(4)   Kein Hund ist eine Katze.
       Keine Katze ist ein Vogel.
       Also: Kein Hund ist ein Vogel.

In diesem Argument kommen nur die drei Prädikate vor:

(4a)   ... ist ein Hund

(4b)   ... ist eine Katze

(4c)   ... ist ein Vogel.

Für die durch diese Prädikate ausgedrückten Eigenschaften wählen wir die einstelligen Prädikatbuchstaben 'F^1', 'G^1' und 'H^1', d. h., wir wählen folgende Interpretation:

D = die Menge aller Tiere;
F^1:   ... ist ein Hund;
G^1:   ... ist eine Katze;
H^1:   ... ist ein Vogel.

Damit ergeben sich als angemessene Übersetzungen der Prämissen und der Konklusion von (4) die Sätze

(4.1′) $\neg \exists x (F^1 x \wedge G^1 x)$

(4.2′) $\neg \exists x (G^1 x \wedge H^1 x)$

(4.3′) $\neg \exists x (F^1 x \wedge H^1 x)$
          Interpretation wie angegeben.

Folgt der Satz (4.3′) logisch aus den Sätzen (4.1′) und (4.2′)? Wenn wir zunächst wieder die Wahrheitsbaummethode anwenden, um eine Antwort auf diese Frage zu finden, ergibt sich z.B. der auf der nächsten Seite angeführte Wahrheitsbaum (4*). Offenbar ist es nicht möglich, den mittleren Ast in diesem Wahrheitsbaum zu schließen. Also folgt der Satz (4.3′) vermutlich nicht logisch aus den Sätzen (4.1′) und (4.2′).

Tatsächlich ist es leicht, die folgende Interpretation als Gegenbeispiel anzugeben.

D = die Menge aller Tiere;
F^1:   ... ist ein Hund;
G^1:   ... ist eine Katze;
H^1:   ... ist ein Hund.

(4*)   1. √ $\neg\exists x(F^1 x \wedge G^1 x)$ A
       2. √ $\neg\exists x(G^1 x \wedge H^1 x)$ A
       3. √ $\neg\neg\exists x(F^1 x \wedge H^1 x)$ A
       4. $\forall x\neg(F^1 x \wedge G^1 x)$ (1)
       5. $\forall x\neg(G^1 x \wedge H^1 x)$ (2)
       6. √ $\exists x(F^1 x \wedge H^1 x)$ (3)
       7. √ $F^1 a \wedge H^1 a$ (6)
       8. $F^1 a$ (7)
       9. $H^1 a$ (7)
      10. √ $\neg(F^1 a \wedge G^1 a)$ (4)
      11. √ $\neg(G^1 a \wedge H^1 a)$ (5)

      12. $\neg F^1 a$ 13. $\neg G^1 a$ (10)
                    x

                                   14. $\neg G^1 a$ 15. $\neg H^1 a$ (11)

                                                        x

Denn bzgl. dieser Interpretation sind die Sätze (4.1′) und
(4.2′) offensichtlich wahr und der Satz (4.3′) offensichtlich
falsch. Der Satz (4.3′) folgt also nicht logisch aus den Sätzen
(4.1′) und (4.2′). Und daher ist das umgangssprachliche Argument (4) nicht prädikatenlogisch gültig.

Aufgaben 22

1. Angenommen, A' und B' sind adäquate und optimal strukturreiche
   Übersetzungen umgangssprachlicher Sätze A und B in PL. Welche der folgenden Aussagen treffen dann zu?

a) Wenn A wahr ist, gilt: $\vDash_{PL} A'$.

b) Wenn A prädikatenlogisch wahr ist, dann gibt es keine Interpretation, bzgl. deren A' falsch ist.

c) Wenn $A' \vDash_{PL} B'$, dann folgt A prädikatenlogisch aus B.

d) Wenn alle Äste im Wahrheitsbaum für $A' \vDash_{PL} B'$ geschlossen werden können, ist A falsch oder B wahr.

e) Wenn es ein Gegenbeispiel gegen $A' \vDash_{PL} B'$ gibt, können nicht alle Äste im Wahrheitsbaum geschlossen werden.

f) Wenn A aussagenlogisch wahr ist, dann ist A prädikatenlogisch wahr.

g) Wenn A prädikatenlogisch wahr ist, dann ist A aussagenlogisch wahr.

2. Übersetzen Sie die folgenden Argumente in PL und überprüfen Sie ihre prädikatenlogische Gültigkeit mit Wahrheitsbäumen bzw. Gegenbeispielen.

a) Alle schlüssigen Argumente sind gültig.
Also: Kein ungültiges Argument ist schlüssig.

b) Alle Pferde sind Tiere.
Also: Alle Köpfe von Pferden sind auch Köpfe von Tieren.

c) Jedes Ereignis hat eine Ursache.
Also: Es gibt ein Ereignis, das die Ursache aller Ereignisse ist.

d) In der Stadt X gibt es einen Mann, der rasiert alle Männer, die sich nicht selbst rasieren.
Also: Mindestens ein Mann in X rasiert sich selbst.

e) Es gibt Primzahlen kleiner als 10.
Primzahlen sind nicht-physikalische Gegenstände.
Also: Es gibt nicht-physikalische Gegenstände.

f) Jeder, der etwas Farbiges sieht, hat eine Farberfahrung.
Farberfahrungen können nicht wissenschaftlich untersucht werden.
Also: Nicht alles kann wissenschaftlich untersucht werden.

g) Wenn es keine Regel ohne Ausnahmen gibt, dann ist gerade diese Regel eine Regel ohne Ausnahmen.
Also: Es gibt Regeln ohne Ausnahmen.

3. Eine geheimnisvolle Mordserie versetzt die Stadt X in Angst und Schrecken. Alle Bewohner von X fürchten den Mörder und beteiligen sich an den Ermittlungen. Der Mörder aber fürchtet nur die Kommissare Müller und Meier. Denn Kommissar Müller weiß, dass der Mörder in der Marktgasse 27 oder 29 wohnt, und Kom-

missar Meier weiß, dass der Mörder nicht im selben Haus wohnt wie Kommissar Müller. Kommissar Müller wohnt in der Marktgasse 27, mitten in der malerischen Altstadt von X. Beweisen Sie, dass Kommissar Meier in der Marktgasse 29 wohnt.

*IV Metalogik

23 Elemente der Mengenlehre und das Verfahren des Beweises durch vollständige Induktion

In diesem Teil sollen einige wichtige metalogische Sätze bewiesen werden, die die Korrektheit und Vollständigkeit der beiden Kalküle AK und PK und der Wahrheitsbaumverfahren für AL und PL betreffen. Außerdem wird die formale Semantik für PL nachgeholt, die im Kapitel 17 zunächst zurückgestellt worden war. All dies setzt jedoch voraus, dass zumindest die Grundzüge der Mengenlehre und das Verfahren des Beweises durch vollständige Induktion bekannt sind. Deshalb werden wir uns zunächst mit diesen beiden Themen beschäftigen.

23.1 Grundzüge der Mengenlehre

23.1.1 Grundbegriffe

Der Begriff 'Menge' kann nicht präzise definiert, sondern nur umschrieben werden. Etwa so wie es Cantor am Anfang seiner „Beiträge zur Begründung der transfiniten Mengenlehre" (1895/7) getan hat:

> Unter einer 'Menge' verstehen wir jede Zusammenfassung M von bestimmten wohlunterschiedenen Objekten m unserer Anschauung oder unseres Denkens [...] zu einem Ganzen. (G. Cantor, *Gesammelte Abhandlungen*. Hrsg. von E. Zermelo, Hildesheim 1962, 282)

Die Objekte, die zu einer Menge zusammengefasst werden, werden die **Elemente** dieser Menge genannt.

Jede Menge ist durch ihre Elemente eindeutig bestimmt. Mengen sind miteinander identisch, wenn sie dieselben Elemente enthalten. D.h., für die Mengen M_1 und M_2 gilt $M_1 = M_2$ genau dann, wenn M_1 und M_2 dieselben Elemente enthalten.

Die Tatsache, dass ein Objekt a Element einer Menge M ist, drückt man symbolisch mit Hilfe des Zeichens '∈' aus. Der Satz „$a ∈ M$" besagt also, dass a Element von M ist. Beispiel: Der Satz „$1 ∈ \mathbb{N}$" besagt, dass die Zahl 1 ein Element der Menge der natürlichen Zahlen ist. Um auszudrücken, dass ein Objekt a *nicht* zu einer Menge M gehört, benutzt man das Zeichen '∉'. Der Satz „$a ∉ M$" besagt also, dass a nicht Element von M ist. Beispiel: Der Satz „$-1 ∉ \mathbb{N}$" besagt, dass die Zahl -1 nicht zur Menge der natürlichen Zahlen gehört.

Da jede Menge allein durch ihre Elemente bestimmt ist, ist sie eindeutig charakterisiert, wenn man alle diese Elemente angibt. Dabei ist es gleichgültig, in welcher Reihenfolge die Elemente angegeben werden. Auf dieser Tatsache beruht die folgende Konvention:

Enthält eine Menge M nur endlich viele Elemente $x_1, ..., x_n$, dann ist der Ausdruck

$$'\{x_1, ..., x_n\}'$$

ein Bezeichner für M.

Der Ausdruck '$\{1,2,3\}$' bezeichnet also die Menge, die genau aus den natürlichen Zahlen 1, 2 und 3 besteht. Dasselbe gilt aber auch für die Ausdrücke '$\{2,1,3\}$', '$\{3,2,1\}$'.

Bei Mengen, die viele Elemente enthalten, ist dieses Verfahren unpraktisch. Und bei Mengen mit unendlich vielen Elementen ist es völlig unanwendbar. Aus diesem Grund gibt es noch eine zweite Konvention zur Bildung von Bezeichnungen von Mengen, die auf der Angabe von *definierenden Eigenschaften* beruht. F ist genau dann eine die Menge M definierende Eigenschaft, wenn gilt: Ein Objekt a ist genau dann Element von M, wenn a die Eigenschaft F hat. (Für jede Menge kann es verschiedene definierende Eigenschaften geben!)

> Ist M eine Menge und F eine Eigenschaft, die ein Objekt genau dann hat, wenn es Element von M ist, dann ist der Ausdruck
>
> $$'\{x; x \text{ hat } F\}'$$
>
> ein Bezeichner für M.

'$\{x; x$ ist ein Einwohner Bielefelds$\}$' ist also ein Bezeichner für die Menge aller Einwohner Bielefelds; '$\{x; x$ ist eine gerade natürliche Zahl$\}$' ein Bezeichner für die Menge der geraden natürliche Zahlen und '$\{x; x$ ist verheiratet und x ist Deutscher$\}$' ein Bezeichner für die Menge aller verheirateten Deutschen.

Da man zur Bezeichnung von Mengen sowohl die erste wie die zweite Konvention verwenden kann, bezeichnen '$\{x; x \in$ IN und $5 \leq x \leq 9\}$' und '$\{5, 6, 7, 8, 9\}$' dieselbe Menge.

Eine Menge kann auch leer sein, d.h. gar keine Elemente enthalten. Dies gilt z.B. für die Menge $\{x; x \neq x\}$. Denn jedes Objekt ist mit sich selbst identisch; es gibt also kein Objekt, das die Eigenschaft hat, nicht mit sich identisch zu sein. Zur Bezeichnung der leeren Menge wird das Symbol '$\emptyset$' verwendet.

23.1.2 Teilmengen, Durchschnitt und Vereinigung

Mengen können zu anderen Mengen in Beziehung stehen, z.B. kann eine Menge M_1 **Teilmenge** einer Menge M_2 sein. Dies ist genau dann der Fall, wenn alle Elemente von M_1 auch Elemente von M_2 sind. Für die Teilmengenbeziehung verwendet man das Symbol '$\subseteq$'. Es gilt also:

> $M_1 \subseteq M_2$ genau dann, wenn für alle Objekte x gilt: wenn $x \in M_1$, dann auch $x \in M_2$.

Offenbar sind zwei Mengen M_1 und M_2 genau dann identisch, wenn gilt: $M_1 \subseteq M_2$ und $M_2 \subseteq M_1$. M_1 heißt eine **echte Teilmenge** von M_1 (symbolisch: $M_1 \subset M_2$), wenn gilt: $M_1 \subseteq M_2$ und $M_1 \neq M_2$.

Als den **Durchschnitt** – oder die **Schnittmenge** – der beiden Mengen M_1 und M_2 (symbolisch: $M_1 \cap M_2$) bezeichnet man die Menge aller Objekte, die sowohl Element von M_1 als auch Element von M_2 sind. Als **Vereinigung** von M_1 und M_2 (symbolisch: $M_1 \cup M_2$) bezeichnet man die Menge aller Objekte, die Element mindestens einer der beiden Mengen M_1 und M_2 sind. D.h., es gilt:

$$M_1 \cap M_2 = \{x; x \in M_1 \text{ und } x \in M_2\} \text{ und}$$
$$M_1 \cup M_2 = \{x; x \in M_1 \text{ oder } x \in M_2\}.$$

23.1.3 Mengen von Mengen

Mengen werden in der Mengenlehre selbst wieder als Objekte aufgefasst; auch Mengen können daher Elemente von Mengen sein. So ist z.B. die Menge $\{\{1\}\}$ die Menge, die als einziges Element die Menge $\{1\}$ enthält. Die Menge $\{\{1\}\}$ ist daher streng zu unterscheiden von der Menge $\{1\}$ selbst, die als einziges Element die natürliche Zahl 1 enthält.

Die Tatsache, dass Mengen selbst wieder Elemente von Mengen sein können, führt in der naiven Mengenlehre zu Antinomien, von denen die Russellsche Antinomie die bekannteste ist. Wenn Mengen selbst Elemente von Mengen sein können, kann man nämlich die Frage stellen, welche Mengen sich selbst als Element enthalten. Für die meisten Mengen wird das nicht gelten. Die Menge aller Katzen z.B. enthält sich nicht selbst als Element, da diese Menge selbst keine Katze ist. Und dasselbe gilt auch für die Menge aller Menschen, die Menge aller Städte usw. Dennoch gibt es möglicherweise Mengen, die sich selbst als Element enthalten – z.B. die Menge aller Dinge, die keine Katzen sind. Betrachten wir nun die Menge

$$M^* = \{x; x \text{ ist eine Menge und } x \notin x\},$$

d. h. die Menge, die genau die Mengen als Elemente enthalten soll, die sich *nicht* selbst als Element enthalten. Ist diese Menge Element ihrer selbst oder nicht?

Auf Grund der zweiten Konvention gilt, dass eine Menge M genau dann Element von M^* ist, wenn M die für M^* definierende Eigenschaft hat, nicht Element ihrer selbst zu sein. M^* ist also genau dann Element von M^*, wenn M^* nicht Element von M^* ist, d. h. es gilt:

(1) $M^* \in M^*$ genau dann, wenn $M^* \notin M^*$.

Und dies ist offenbar ein Widerspruch. Die Entdeckung dieser Antinomie am Anfang des vorigen Jahrhunderts hat zu tief gehenden Erschütterungen in der Entwicklung der Logik geführt, auf die hier jedoch nicht weiter eingegangen werden kann.

23.1.4 Geordnete Paare, n-Tupel, Cartesische Produkte

Eine Menge $\{a, b\}$, der nur die beiden Objekte a und b als Elemente angehören, nennt man auch das ungeordnete Paar von a und b. Denn nach den Gesetzen der Mengenlehre gilt $\{a, b\} = \{b, a\}$. Mit dem Ausdruck '$<a, b>$' soll dagegen das **geordnete Paar** von a und b bezeichnet werden, bei dem es – anders als bei der Menge $\{a, b\}$ – auch auf die Reihenfolge der Elemente ankommt. Allgemein gilt deshalb für geordnete Paare:

(2) $<a, b> = <b, a>$ genau dann, wenn $a = b$.

Im Rahmen der Mengenlehre kann der Begriff des geordneten Paares so definiert werden:

> Sind a und b beliebige Objekte, so versteht man unter dem geordneten Paar $<a, b>$ von a und b die Menge $\{\{a\}, \{a, b\}\}$.

Nach dieser Definition gilt für beliebige Objekte a, b, c und d:

(3) $<a, b> = <c, d>$ genau dann, wenn $a = c$ und $b = d$.

Ausgehend vom Begriff des geordneten Paares kann man für alle natürlichen Zahlen $n \geq 3$ den Begriff des (geordneten) n-Tupels folgendermaßen definieren:

> Sind a, b und c beliebige Objekte, so versteht man unter dem **Tripel** $<a, b, c>$ von a, b und c das geordnete Paar $<<a, b>, c>$.
>
> Sind a, b, c und d beliebige Objekte, so versteht man unter dem **Quadrupel** $<a, b, c, d>$ von a, b, c, und d das geordnete Paar $<<a, b, c>, d>$.
> …
> Sind x_1, …, x_n beliebige Objekte, so versteht man unter dem **n-Tupel** $<x_1, …, x_n>$ von x_1, …, x_n das geordnete Paar $<<x_1, …, x_{n-1}>, x_n>$.

Im Übrigen redet man in der Mengenlehre nicht nur von geordneten Paaren, Tripeln, Quadrupeln usw., sondern auch von *1-Tupeln* – also Dingen wie $<1>$, $<Hans>$ und $<Rom>$. 1-Tupel sind einfach identisch mit den Gegenständen, die sie umfassen, d.h., es gilt generell: $<a> = a$.

Mit dem Begriff des geordneten Paares hängt der Begriff des Cartesischen Produktes zweier Mengen eng zusammen, der sich so definieren lässt:

> Sind M_1 und M_2 zwei beliebige Mengen, dann ist das **Cartesische Produkt** von M_1 und M_2 (symbolisch: $M_1 \times M_2$) die Menge aller geordneten Paare $<x, y>$ mit $x \in M_1$ und $y \in M_2$. D.h.:
>
> $$M_1 \times M_2 = \{<x, y>; x \in M_1 \text{ und } y \in M_2\}.$$

Wenn man von den beiden Mengen $M_1 = \{1, 2\}$ und $M_2 = \{2, 3\}$ ausgeht, dann gilt also:

$$M_1 \times M_2 = \{<1, 2>, <1, 3>, <2, 2>, <2, 3>\}$$

Auch die Definition des Cartesischen Produktes zweier Mengen lässt sich verallgemeinern:

Sind M_1, M_2, ..., M_n beliebige Mengen, dann ist das *Cartesische Produkt* $M_1 \times M_2 \times ... \times M_n$ dieser Mengen die Menge aller n-Tupel $<x_1, x_2, ..., x_n>$, für die gilt: $x_1 \in M_1$ und $x_2 \in M_2$ und ... und $x_n \in M_n$.

$M_1 \times ... \times M_n =$
$\{<x_1, ..., x_n>; x_1 \in M_1 \text{ und } ... \text{ und } x_n \in M_n\}$.

Ein spezieller Fall liegt vor, wenn die Mengen M_1, M_2, ..., M_n alle identisch sind mit einer bestimmten Menge M. In diesem Fall spricht man von der *n*-ten **Cartesischen Potenz** M^n von M. $\mathbb{N}^2$ ist also die Menge aller geordneten Paare $<n, m>$ von natürlichen Zahlen, d.h.

$$\mathbb{N}^2 = \{<n, m>; n \in \mathbb{N} \text{ und } m \in \mathbb{N}\}.$$

23.1.5 Relationen und Funktionen

Sind M_1, ..., M_n beliebige Mengen, dann ist jede Teilmenge des Cartesischen Produktes $M_1 \times M_2 \times ... \times M_n$ *eine* **n-stellige Relation** *bzgl.* $M_1 \times ... \times M_n$. Und ist M eine beliebige Menge, dann heißt jede Teilmenge $R^n \subseteq M^n$ eine *n-stellige Relation in* M.

Beispiele für Relationen in den natürlichen Zahlen:

$\{<n, m>; n, m \in \mathbb{N} \text{ und } n < m\}$

$\{<n, m>; n, m \in \mathbb{N} \text{ und } n = m\}$

$\{<n, m>; n, m \in \mathbb{N} \text{ und } n \text{ ist durch } m \text{ teilbar}\}$

$\{<l, n, m>; l, n, m \in \mathbb{N} \text{ und } l = n + m\}$

Beispiele für Relationen in der Menge der Menschen:

$\{<x, y>; x \text{ und } y \text{ sind Menschen und } x \text{ ist der Vater von } y\}$

{$<x, y>$; x und y sind Menschen und x ist älter als y}

{$<x, y>$; x und y sind Menschen und x und y sind gleich groß}

{$<x, y, z>$; x, y und z sind Menschen und x und y stammen von z ab}

Zweistellige Relationen in einer Menge M können unter anderem reflexiv, symmetrisch und transitiv sein.

Ist R eine zweistellige Relation in einer Menge M, dann gilt:

R ist **reflexiv** genau dann,
     wenn für alle $x \in M$ gilt: $<x, x> \in R$.

R ist **symmetrisch** genau dann, wenn für alle x, y $\in M$ gilt: wenn $<x, y> \in R$, dann auch $<y, x> \in R$.

R ist **transitiv** genau dann, wenn für alle $x, y, z \in$ M gilt:
     wenn $<x, y> \in R$ und $<y, z> \in R$, dann auch $<x, z> \in R$.

Sind M_1 und M_2 zwei beliebige Mengen und ist $f \subseteq M_1 \times M_2$ eine zweistellige Relation bzgl. $M_1 \times M_2$, dann heißt f eine **Funktion** bzgl. $M_1 \times M_2$ genau dann, wenn f **rechtseindeutig** ist, d.h., wenn für alle $x \in M_1$ und alle $y, z \in M_2$ gilt: wenn $<x, y> \in f$ und $<x, z> \in f$, dann $y = z$.

Der **Definitionsbereich** $D(f)$ einer Funktion $f \subseteq M_1 \times M_2$ ist definiert durch:

$$D(f) = \{x; x \in M_1 \text{ und es gibt ein } y \in M_2 \text{ mit } <x, y> \in f\}.$$

Aus diesen Definitionen ergibt sich, dass es zu jedem Objekt x aus dem Definitionsbereich $D(f)$ einer Funktion $f \subseteq M_1 \times M_2$ genau ein Objekt $y \in M_2$ gibt, für das $<x, y> \in f$ gilt. Man kann deshalb Funktionen auch als *Zuordnungen* auffassen, die jedem Element aus ihrem Definitionsbereich in eindeutiger Weise ein Element der Menge M_2 zuordnen. Aus diesem Grund schreibt man statt $f \subseteq M_1 \times M_2$ häufig auch $f: M_1 \rightarrow M_2$ und gibt statt der die Relation f definierenden Eigenschaft eine entsprechende Zuordnungsvorschrift an.

Die Funktion $f_1 \subseteq \mathbb{N}^2$, die definiert ist durch

$$f_1 = \{<n, m>;\ n, m \in \mathbb{N} \text{ und } m = n^2\},$$

wird daher manchmal auch so beschrieben:

$$f_1\colon \mathbb{N} \to \mathbb{N}$$
$$f_1(n) = n^2.$$

Die Elemente von M_1, denen eine Funktion f je ein Element von M_2 zuordnet, d. h. die Elemente von $D(f)$ heißen die '**Argumente**' von f; das Element $b \in M_2$, das f dem Element $a \in D(f)$ zuordnet, nennt man den '**Wert**' der Funktion f für das Argument a.

23.2   Beweise durch vollständige Induktion

Beweise durch **vollständige Induktion** haben ihre primäre Anwendung im Bereich der natürlichen Zahlen. Sie beruhen darauf, dass sich die natürlichen Zahlen in der Form 0, 1, 2, 3, 4, …, n, $n + 1$, $n + 2$, … anordnen lassen, d. h., dass sie sich so anordnen lassen, dass – bei 0 angefangen – auf jede Zahl ihr Nachfolger folgt. In dieser Anordnung kommt *jede* natürliche Zahl vor. Wenn man – bei 0 beginnend – von jeder Zahl n zu ihrem Nachfolger $n + 1$ übergeht, durchläuft man daher die gesamte Menge der natürlichen Zahlen.

Wenn man durch vollständige Induktion nachweisen will, dass alle natürlichen Zahlen eine Eigenschaft F haben, wenn man also zeigen will

(1)   Für alle $n \in \mathbb{N}$ gilt: n hat die Eigenschaft F,

muss man deshalb nur zeigen

(2)   Die Zahl 0 hat die Eigenschaft F

und

(3)   Wenn die Zahl n die Eigenschaft F hat, dann hat auch $n + 1$ die Eigenschaft F.

Wenn nämlich die Zahl 0 die Eigenschaft F hat, dann hat auf Grund von (3) auch die Zahl 1 die Eigenschaft F; und dann hat – wieder wegen (3) – auch die Zahl 2 die Eigenschaft F, usw.

Auf diese Weise kann man z.B. leicht beweisen, dass für alle natürlichen Zahlen gilt:

(*) $0 + 1 + \ldots + n = \dfrac{n}{2} \cdot (n + 1).$

Denn erstens gilt:

$$0 = \frac{0}{2} \cdot (0 + 1).$$

Und zweitens zeigt die folgende Ableitung, dass sich aus der Annahme, dass eine Zahl n die Gleichung (*) erfüllt, folgern lässt, dass auch $n+1$ (*) erfüllt. Wenn nämlich

(i) $0 + \ldots + n = \dfrac{n}{2} \cdot (n + 1)$

gilt, dann gilt auch:

(ii) $0 + \ldots + n + (n + 1) = \dfrac{n}{2} \cdot (n + 1) + (n + 1).$

Denn (ii) entsteht aus (i), indem man auf beiden Seiten $(n + 1)$ addiert. Auf Grund der Gesetze der elementaren Arithmetik gilt aber auch

(iii) $\dfrac{n}{2} \cdot (n + 1) + (n + 1) = \dfrac{(n + 2) \cdot (n + 1)}{2}$

und

(iv) $\dfrac{(n + 2) \cdot (n + 1)}{2} = \dfrac{n + 1}{2} \cdot ((n + 1) + 1).$

Wir dürfen deshalb $\dfrac{n}{2} \cdot (n + 1) + (n + 1)$ durch $\dfrac{n + 1}{2} \cdot ((n + 1) + 1)$ ersetzen und erhalten so aus (ii) schließlich

(v) $0 + \ldots n + (n + 1) = \dfrac{n + 1}{2} \cdot ((n + 1) + 1).$

Dass alle natürlichen Zahlen die Eigenschaft F haben – also die Behauptung (1) –, folgt im Übrigen nicht nur aus den oben angeführten Sätzen (2) und (3); es folgt auch aus

(4)   Wenn alle natürlichen Zahlen k mit $k \leq n$ die Eigenschaft F haben, dann hat auch n die Eigenschaft F.

Wenn nämlich (4) für alle natürlichen Zahlen gilt, dann muss 0 die Eigenschaft F haben. Denn für $n = 0$ ist der Vordersatz von (4) wahr, da es keine natürliche Zahl gibt, die kleiner ist als 0; also muss, damit (4) wahr ist, in diesem Fall auch der Hintersatz wahr sein. Wenn 0 die Eigenschaft F hat, hat wegen (4) aber auch 1 die Eigenschaft F. Und wenn 0 und 1 die Eigenschaft F haben, hat wieder wegen (4) auch 2 die Eigenschaft F; usw. Wenn man (1) aus (2) und (3) ableitet, spricht man von **schwacher vollständiger Induktion**, wenn man (1) aus (4) ableitet, von **starker vollständiger Induktion**.

Beweise durch vollständige Induktion lassen sich nicht nur im Bereich der natürlichen Zahlen, sondern für alle Mengen führen, deren Elemente so auf die natürlichen Zahlen abgebildet werden können, dass jedem Element genau eine natürliche Zahl zugeordnet wird. Dies gilt z.B. für die Folgen von Sätzen von AL′, die einen Beweis oder eine Ableitung in AK bilden. Denn wenn der erste Satz eines Beweises eine bestimmte Eigenschaft F hat und wenn gilt: wenn der n-te Satz des Beweises F hat, dann hat auch der $(n+1)$-te Satz des Beweises F, dann haben offenbar alle Sätze dieses Beweises die Eigenschaft F.

24   Die formale Semantik der Sprache PL

Bevor wir im übernächsten Kapitel die Korrektheit und Vollständigkeit des Kalküls PK beweisen können, muss die formal korrekte Definition der semantischen Grundbegriffe für die Sprache PL nachgeholt werden, die wir im Kapitel 17 zunächst zurückgestellt hatten. Wir beginnen jedoch mit der Definition eines weiteren syntaktischen Hilfsbegriffs, den wir im Folgenden benötigen werden.

Definition 24.1

Ist A eine Satzfunktion und sind α und β Individuenvariablen, dann heißt β genau dann **frei für** α *in*
A, wenn in A kein freies Vorkommnis von α im
Bereich eines Quantors mit der Variablen β liegt.

Nach dieser Definition gilt:

- 'y' ist frei für 'x' in 'F^1x', 'F^2xx', 'F^2xy', 'F^2ay', '$\forall xF^1x$' und '$G^3abx \vee \exists xF^1x$'.

- Dagegen ist 'y' nicht frei für 'x' in '$\exists yF^2xy$', '$\exists y(F^1x \vee G^2ay)$', '$\forall yG^3axy \rightarrow \exists yF^1y$' und '$\forall yF^2xy \leftrightarrow \forall xF^2xx$'.

Im Kapitel 17 hatten wir schon gesagt, dass die Semantik von
PL auf einer **Interpretation** I beruht, die erstens einen Bereich
D für die Quantoren festlegt, die zweitens jeder Individuenkonstanten einen Gegenstand von D zuordnet und die drittens jedem Prädikatbuchstaben entweder eine Eigenschaft oder eine
Beziehung zuordnet. An dieser Grundidee wollen wir festhalten. Allerdings wollen wir sie formaler fassen. Und wir werden die Interpretation der Prädikatbuchstaben etwas anders
vornehmen. Prädikatbuchstaben sollen nicht mehr Eigenschaften bzw. Beziehungen zugeordnet werden, sondern Teilmengen
von D bzw. Mengen von n-Tupeln von Gegenständen von D.
Dafür gibt es zwei Gründe: Erstens entspricht jeder Eigenschaft
die Menge der Dinge, die diese Eigenschaft besitzen, und jeder
Beziehung die Menge der n-Tupel von Dingen, die in dieser
Beziehung zueinander stehen. Und zweitens kommt es für die
Wahrheit eines Satzes wie 'F^1a' nur darauf an, dass der Gegenstand, für den 'a' steht, zur Menge der Dinge gehört, die die
Eigenschaft haben, für die 'F^1' steht. D.h., zumindest bei der
Wahrheit der Sätze, die wir hier betrachten, kommt es nur darauf an, worauf sich die deskriptiven Ausdrücke von PL bezie-
hen – darauf, welche Gegenstände durch die Individuenkon-
stanten bzgl. einer Interpretation bezeichnet werden, und dar-

auf, auf welche Gegenstände bzw. n-Tupel von Gegenständen die Prädikatbuchstaben bzgl. einer Interpretation zutreffen.

Der Begriff der Interpretation soll hier deshalb so definiert werden:

Definition 24.2

Eine Interpretation I der Sprache PL ist ein geordnetes Paar $<D, V>$ aus einer nichtleeren Menge D (dem Bereich von I) und einer Abbildung V, die

1. jeder Individuenkonstante von PL einen Gegenstand von D und

2. jedem n-stelligen Prädikatbuchstaben von PL eine Menge von n-Tupeln von Gegenständen von D zuordnet.

Auf der Grundlage dieser Definition können wir die schon im Abschnitt 17.2 angeführte Interpretation $I_1 = <D_1, V_1>$ jetzt so schreiben:

D_1 = die Menge der natürlichen Zahlen;

$V_1(a)$ = 1;

$V_1(b)$ = 2;

$V_1(c)$ = 3;

$V_1(d)$ = 4;

$V_1(e)$ = 5;

$V_1(F^1)$ = $\{x; x$ ist eine gerade natürliche Zahl$\}$;

$V_1(G^1)$ = $\{x; x$ ist eine ungerade natürliche Zahl$\}$;

$V_1(H^1)$ = $\{x; x$ ist eine Primzahl$\}$;

$V_1(F^2)$ = $\{<x, y>; x$ ist kleiner als $y\}$;

$V_1(G^2)$ = $\{<x, y>; x$ ist größer als $y\}$;

$V_1(H^2)$ = $\{<x, y>; x$ ist durch y teilbar$\}$;

$V_1(F^3)$ = $\{<x, y, z>; x = y + z\}$.

Die Interpretation der übrigen Individuenkonstanten und Prädikatbuchstaben sei beliebig.

Wenn es um den Begriff der Wahrheit bzgl. einer Interpretation I geht, können wir zunächst auch auf die Überlegungen
des Kapitels 17 verweisen. Für atomare Sätze gilt (in der neuen
Schreibweise):

- Ein Satz der Form $\Phi^n \tau_1 \ldots \tau_n$ ist bzgl. einer Interpretation $I =$
  $<D, V>$ genau dann wahr, wenn $<V(\tau_1), \ldots, V(\tau_n)>$ Element
  von $V(\Phi^n)$ ist.

Und für die Wahrheit *komplexer*, d.h. mit Hilfe von Junktoren gebildeter Sätze gilt:

- Ein Satz der Form $\neg A$ ist wahr bzgl. einer Interpretation I
  genau dann, wenn der Satz A bzgl. I nicht wahr ist.

- Ein Satz der Form $A \wedge B$ ist wahr bzgl. einer Interpretation I
  genau dann, wenn die Sätze A und B bzgl. I beide wahr
  sind.

- Ein Satz der Form $A \vee B$ ist wahr bzgl. einer Interpretation I
  genau dann, wenn von den Sätzen A und B mindestens einer
  wahr ist bzgl. I.

- Ein Satz der Form $A \rightarrow B$ ist wahr bzgl. einer Interpretation
  I genau dann, wenn der Satz A falsch ist bzgl. I und/oder der
  Satz B wahr ist bzgl. I.

- Ein Satz der Form $A \leftrightarrow B$ ist wahr bzgl. einer Interpretation
  I genau dann, wenn die Sätze A und B entweder beide wahr
  sind bzgl. I oder beide falsch sind bzgl. I.

Die Einführung der Wahrheitsbedingungen für quantifizierte
Sätze wollen wir mit der folgenden Überlegung beginnen. Betrachten wir als Beispiel den Satz

(1) $\forall x\, G^2 xc$.

Wann ist dieser Satz wahr bzgl. der angegebenen Interpretation
I_1? Wir erinnern uns, dass für I_1 gilt:

D_1 = die Menge der natürlichen Zahlen;

$V_1(c)$ = 3;

$V_1(G^2)$ = $\{<x, y>; x$ ist größer als $y\}$.

Intuitiv ist (1) also genau dann wahr bzgl. I_1, wenn alle natürlichen Zahlen größer sind als 3. Wie kann dieser intuitive Ge-

danke in eine präzise Formulierung gegossen werden? Offenbar gilt zunächst einmal, dass alle natürlichen Zahlen genau dann größer als 3 sind, *wenn* Folgendes der Fall ist:

(2)   Für jede natürliche Zahl n gilt: Das geordnete Paar $<n,3>$ ist Element der Menge $\{<x, y>; x$ ist größer als $y\}$.

Betrachten wir nun den Satz

(3) G^2ac.

Dieser Satz ist genau dann wahr bzgl. I_1, wenn das geordnete Paar $<V_1(a), 3>$ Element der Menge $\{<x, y>; x$ ist größer als $y\}$ ist. Wenn aber alle natürlichen Zahlen größer als 3 sind, d.h., wenn die Bedingung (2) erfüllt ist, dann ist der Satz (3) wahr bzgl. der Interpretation I_1 – *völlig unabhängig davon*, welche Zahl die Abbildung V_1 der Individuenkonstanten 'a' zuordnet. Wir können also festhalten: Der Satz (1) ist genau dann wahr bzgl. I_1, wenn der Satz (3) wahr ist bzgl. I_1 – unabhängig davon, welche Zahl die Funktion V_1 der Individuenkonstanten 'a' zuordnet. Um dieses Ergebnis angemessen verallgemeinern zu können, benötigen wir einen weiteren Hilfsbegriff.

Definition 24.3

Sind $I = <D, V>$ und $I' = <D', V'>$ zwei Interpretationen und ist τ eine Individuenkonstante von PL, dann ist I' eine **τ-Variante** von I (symbolisch: $I' \underset{\tau}{=} I$) genau dann, wenn sich I' von I höchstens bzgl. der Interpretation von τ unterscheidet, d.h. wenn gilt:

(a) $D = D'$,

(b) V' ordnet allen Prädikatbuchstaben dieselben Werte zu wie V und

(c) V' ordnet allen Individuenkonstanten – außer möglicherweise τ – dieselben Werte zu wie V.

Mit Hilfe dieses Begriffs können wir das bisher Gesagte auch anders ausdrücken. Denn zu jeder natürlichen Zahl n gibt es eine a-Variante I' zu I_1, für die gilt: $V'(a) = n$. Die Bedingung, dass der Satz 'G^2ac' wahr ist bzgl. I_1 – unabhängig davon, welche Zahl die Funktion V_1 der Individuenkonstanten 'a' zuordnet, ist also äquivalent zu der Bedingung, dass 'G^2ac' wahr ist *bzgl. aller a-Varianten von* I_1. Die Wahrheitsbedingungen für den Satz (1) können wir deshalb auch so formulieren:

(4)   Der Satz '$\forall x\, G^2xc$' ist genau dann wahr bzgl. I_1, wenn der Satz 'G^2ac' ($=[G^2xc]_x^a$) wahr ist bzgl. aller a-Varianten von I_1.

Und da für dieses Beispiel entscheidend ist, dass die Individuenkonstante 'a' in '$\forall x\, G^2xc$' nicht vorkommt, kann man dieses Ergebnis so verallgemeinern:

- Ein Satz der Form $\forall\alpha A$ ist genau dann wahr bzgl. einer Interpretation I, wenn der Satz $[A]_\alpha^\tau$ wahr ist bzgl. aller τ-Varianten I' von I, wobei τ eine Individuenkonstante ist, die in A nicht vorkommt.

Für Existenzaussagen gilt entsprechend:

- Ein Satz der Form $\exists\alpha A$ ist genau dann wahr bzgl. einer Interpretation I, wenn der Satz $[A]_\alpha^\tau$ wahr ist bzgl. zumindest einer τ-Variante I' von I, wobei τ eine Individuenkonstante ist, die in A nicht vorkommt.

Wenn wir das bisher Gesagte zusammentragen, ergibt sich somit die folgende Definition für den Begriff der Wahrheit der Sätze der Sprache PL:

Definition 24.4

Ist $I = <D, V>$ eine Interpretation der Sprache PL, dann ist ein Satz A von PL genau dann **wahr bezüglich** I, wenn eine der folgenden Bedingungen erfüllt ist:

(i) A ist atomar, d.h., A hat die Form $\Phi^n\tau_1\ldots\tau_n$, und das n-Tupel $<V(\tau_1), \ldots, V(\tau_n)>$ ist Element von $V(\Phi^n)$;

$\Rightarrow$

(ii) A ist eine Negation, d.h., A hat die Form $\neg B$, und B ist falsch bzgl. I;

(iii) A ist eine Konjunktion, d.h., A hat die Form $(B \wedge C)$, und die Sätze B und C sind beide wahr bzgl. I;

(iv) A ist eine Adjunktion, d.h., A hat die Form $(B \vee C)$, und von den Sätzen B und C ist mindestens einer wahr bzgl. I;

(v) A ist eine Subjunktion, d.h., A hat die Form $(B \rightarrow C)$, und B ist nicht wahr bzgl. I oder C ist wahr bzgl. I oder beides;

(vi) A ist eine Bisubjunktion, d.h., A hat die Form $(B \leftrightarrow C)$, und die Sätze B und C sind beide wahr oder beide falsch bzgl. I.

(vii) A ist ein Allsatz, d.h., A hat die Form $\forall \alpha B$ (B ist eine Satzfunktion von PL, in der nur die Variable α frei vorkommt), und $[B]_\alpha^\tau$ ist wahr bzgl. aller τ-Varianten I' von I, wobei τ eine Individuenkonstante von PL ist, die in B nicht vorkommt;

(viii) A ist ein Existenzsatz, d.h., A hat die Form $\exists \alpha B$ (B ist eine Satzfunktion von PL, in der nur die Variable α frei vorkommt), und $[B]_\alpha^\tau$ ist wahr bzgl. mindestens einer τ-Variante I' von I, wobei τ eine Individuenkonstante von PL ist, die in B nicht vorkommt.

Beispiele

Die folgenden Sätze von PL sind wahr bzgl. I_1:

(1) $G^1 a$

Es gilt: $V_1(a) = 1$ und $V_1(G^1) = \{x; x \text{ ist eine ungerade natürliche Zahl}\}$; der Satz '$G^1 a$' ist also wahr bzgl. I_1, da 1 zur Menge der ungeraden natürlichen Zahlen gehört.

(2) $F^1c \to \neg G^1a$

Es gilt: $V_1(c) = 3$ und $V_1(F^1) = \{x; x$ ist eine gerade natürliche Zahl$\}$; also ist der Satz 'F^1c' falsch bzgl. I_1, da 3 keine gerade natürliche Zahl ist; damit ergibt sich sofort auf Grund von (v), dass '$F^1c \to \neg G^1a$' wahr ist bzgl. I_1.

(3) F^2ac

Es gilt: $V_1(a) = 1$, $V_1(c) = 3$ und $V_1(F^2) = \{<x, y>; x$ ist kleiner als $y\}$. Der Satz 'F^2ac' ist also nach (i) wahr bzgl. I_1. Denn 1 ist kleiner als 3; und das bedeutet, dass das geordnete Paar $<1, 3>$ Element der Menge $\{<x, y>; x$ ist kleiner als $y\}$ ist.

(4) F^3baa

Es gilt: $V_1(a) = 1$, $V_1(b) = 2$ und $V_1(F^3) = \{<x, y, z>; x = y + z\}$; also ist der Satz '$F^3baa$' wahr bzgl. I_1, da $2 = 1 + 1$.

(5) $\neg \forall x G^2xc$

Es gilt: $V_1(c) = 3$ und $V_1(G^2) = \{<x, y>; x$ ist größer als $y\}$; außerdem ist 'a' eine Individuenkonstante, die in 'G^2xc' nicht vorkommt. Auf Grund von (vii) ist '$\forall x G^2xc$' also genau dann wahr bzgl. I_1, wenn 'G^2ac' wahr ist bzgl. aller a-Varianten I' von I_1. Betrachten wir nun die a-Variante I' von I_1, für die gilt: $V'(a) = 2$. Nach (ii) ist 'G^2ac' falsch bzgl. I', da 2 nicht größer als 3 ist; also ist '$\forall x G^2xc$' falsch bzgl. I_1. Und daher ist nach (ii) '$\neg \forall x G^2xc$' wahr bzgl. I_1. (Anmerkung: Da I_1 selbst ebenfalls eine a-Variante von I_1 ist, hätte auch die Tatsache, dass 'G^2ac' falsch ist bzgl. I_1 ausgereicht, um zu zeigen, dass '$\forall x G^2xc$' falsch ist bzgl. I_1.)

(6) $\exists x(H^1x \wedge G^2xb)$

Es gilt: $V_1(b) = 2$, $V_1(H^1) = \{x; x$ ist eine Primzahl$\}$ und $V_1(G^2) = \{<x, y>; x$ ist größer als $y\}$; 'a' ist wieder eine Individuenkonstante, die in '$H^1x \wedge G^2xb$' nicht vorkommt. Auf Grund von (viii) ist '$\exists x(H^1x \wedge G^2xb)$' also genau dann wahr bzgl. I_1, wenn es wenigstens eine a-

Variante I' von I_1 gibt, für die gilt: '$H^1a \wedge G^2ab$' ist wahr bzgl. I'. Betrachten wir nun die a-Variante I' von I_1, für die gilt: $V'(a) = 7$. Offenbar sind 'H^1a' und 'G^2ab' beide wahr bzgl. I'. Also ist nach (iii) auch '$H^1a \wedge G^2ab$' wahr bzgl. I'. Und deshalb ist '$\exists x(H^1x \wedge G^2xb)$' wahr bzgl. I_1.

(7) $\forall x \exists z F^2 xz$

Es gilt: $V_1(F^2) = \{<x, y>;\ x$ ist kleiner als $y\}$; außerdem ist 'a' eine Individuenkonstante, die in '$\exists z F^2 xz$' nicht vorkommt. Der Satz (14) ist nach (vii) also genau dann wahr bzgl. I_1, wenn '$\exists z F^2 az$' wahr ist bzgl. aller a-Varianten I' von I_1. Sei nun I' eine beliebige a-Variante von I_1 mit $V'(a) = n$; dann gilt nach (viii), da 'b' eine Individuenkonstante ist, die in '$F^2 az$' nicht vorkommt, dass '$\exists z F^2 az$' genau dann wahr ist bzgl. I', wenn es eine b-Variante I'' zu I' gibt, für die gilt: '$F^2 ab$' ist wahr bzgl. I''. Nun gibt es zu jedem I' eine solche b-Variante – nämlich die b-Variante I'' von I', für die gilt: $V''(a) = $ n + 1. Denn n ist kleiner als n + 1; also ist '$F^2 ab$' wahr bzgl. I''. Also gibt es zu jeder beliebigen a-Variante I' von I_1 eine b-Variante I'', für die gilt: '$F^2 ab$' ist wahr bzgl. I''; also ist '$\exists z F^2 az$' wahr bzgl. aller a-Varianten I' von I_1; also ist (13) wahr bzgl. I_1.

Auf der Grundlage der Definition 24.4 können die Begriffe der logischen Wahrheit und der logischen Folgerung jetzt so präzisiert werden.

Definition 24.5

Ein Satz A der Sprache PL ist genau dann **logisch wahr** (symbolisch: $\models_{PL} A$), wenn sich allein aus den Bedingungen der Definition 24.4 ergibt, dass A bzgl. aller Interpretationen von PL wahr ist.

Definition 24.6

Ist A ein Satz von PL und M eine Menge von Sätzen von PL, dann **folgt** der Satz A genau dann **logisch** aus M (symbolisch: $M \vDash_{PL} A$), wenn sich allein aus den Bedingungen der Definition 24.4 ergibt, dass für alle Interpretationen I von PL gilt: Sind die Sätze von M alle wahr bzgl. I, dann ist auch A wahr bzgl. I.

Damit lässt sich jetzt der folgende Satz beweisen:

Satz 24.7

Sind A und B Satzfunktionen der Sprache PL, in denen nur die Individuenvariable α frei vorkommt, dann gilt:

1. $\vDash_{PL} \forall\alpha(A \rightarrow B) \rightarrow (\forall\alpha A \rightarrow \forall\alpha B)$
2a. $\forall\alpha A \vDash_{PL} \neg\exists\alpha\neg A$
2b. $\neg\exists\alpha\neg A \vDash_{PL} \forall\alpha A$
3a. $\exists\alpha A \vDash_{PL} \neg\forall\alpha\neg A$
3b. $\neg\forall\alpha\neg A \vDash_{PL} \exists\alpha A$
4a. $\forall\alpha\neg A \vDash_{PL} \neg\exists\alpha A$
4b. $\neg\exists\alpha A \vDash_{PL} \forall\alpha\neg A$
5a. $\exists\alpha\neg A \vDash_{PL} \neg\forall\alpha A$
5b. $\neg\forall\alpha A \vDash_{PL} \exists\alpha\neg A$
6. $\vDash_{PL} A \rightarrow (B \rightarrow A)$
7. $\vDash_{PL} (A \rightarrow (B \rightarrow C)) \rightarrow$
    $\qquad\qquad ((A \rightarrow B) \rightarrow (A \rightarrow C))$
8. $\vDash_{PL} (\neg B \rightarrow \neg A) \rightarrow (A \rightarrow B)$

Beweis

1. Angenommen, es gäbe zwei Satzfunktionen A und B, in denen nur die Individuenvariable α frei vorkommt, und eine Interpretation I, bzgl. deren der Satz

(i) $\forall\alpha(A \to B) \to (\forall\alpha A \to \forall\alpha B)$

falsch ist. Dann würde gelten:

(ii) $\forall\alpha(A \to B)$ ist wahr bzgl. I,

(iii) $\forall\alpha A$ ist wahr bzgl. I

und

(iv) $\forall\alpha B$ ist falsch bzgl. I.

Aus (iv) folgt, dass es eine geeignete τ-Variante I' zu I gibt, für die gilt:

(v) $[B]_\alpha^\tau$ ist falsch bzgl. I'.

Aus (iii) folgt aber

(vi) $[A]_\alpha^\tau$ ist wahr bzgl. I'.

Und aus (v) und (vi) ergibt sich

(vii) $[A]_\alpha^\tau \to [B]_\alpha^\tau \ (= [A \to B]_\alpha^\tau)$ ist falsch bzgl. I'.

Aus (ii) dagegen folgt

(viii) $[A \to B]_\alpha^\tau$ ist wahr bzgl. I'.

Also folgt aus der Annahme ein Widerspruch, d.h., die Annahme muss falsch sein.

2a. Angenommen, $\neg\exists\alpha\neg A$ folgt nicht logisch aus $\forall\alpha A$, dann gibt es eine Interpretation I, für die gilt:

(i) $\forall\alpha A$ ist wahr bzgl. I

und

(ii) $\neg\exists\alpha\neg A$ ist falsch bzgl. I.

Aus (ii) folgt

(iii) $\exists\alpha\neg A$ ist wahr bzgl. I.

Und dies bedeutet, dass es eine geeignete τ-Variante I' von I gibt mit:

(iv) $[\neg A]_\alpha^\tau$ ist wahr bzgl. I'.

bzw.

(v) $[A]_\alpha^\tau$ ist falsch bzgl. I'.

Aus (i) folgt aber

(vi) $[A]_\alpha^\tau$ ist wahr bzgl. I'

im Widerspruch zu (v).

2b. Angenommen, $\forall\alpha A$ folgt nicht logisch aus $\neg\exists\alpha\neg A$, dann gibt es eine Interpretation I, für die gilt:

(i) $\neg\exists\alpha\neg A$ ist wahr bzgl. I

und

(ii) $\forall\alpha A$ ist falsch bzgl. I.

Aus (ii) folgt, dass es eine τ-Variante I' von I gibt mit:

(iii) $[A]_\alpha^\tau$ ist falsch bzgl. I'.

bzw.

(iv) $[\neg A]_\alpha^\tau$ ist wahr bzgl. I'.

Aus (iv) folgt aber

(v) $\exists\alpha\neg A$ ist wahr bzgl. I

im Widerspruch zu (i).

Die Beweise von 3a., 3b., 4a., 4b., 5a. und 5b. erfolgen analog. Die Beweise für 6.–8. ergeben sich in einfacher Weise aus den Bedingungen (ii) und (v) der Definition 24.4.

Im Folgenden benötigen wir zwei weitere wichtige Sätze – das Koinzidenztheorem und das Überführungstheorem.

Satz 24.8 (Koinzidenztheorem)

Ist A ein Satz der Sprache PL, ist die Interpretation I' eine τ-Variante der Interpretation I und kommt die Individuenkonstante τ in A nicht vor, dann ist A genau dann wahr bzgl. I', wenn A wahr ist bzgl. I.

Beweis

Der Beweis dieses Satzes erfolgt durch vollständige Induktion über den **Grad** von A, wobei der Grad einer Satzfunktion der Sprache PL definiert sein soll als die Anzahl der Vorkommnisse von Junktoren und Quantoren in A.

Wir nehmen an, dass für alle Sätze A mit Grad$(A) < n$ Satz 24.8 gilt, und zeigen, dass dieser Satz dann auch für alle Sätze A mit Grad$(A) = n$ gilt.

Wenn der Grad$(A) = n$ ist, gibt es acht Möglichkeiten: a) A ist eine atomare Aussage, b) eine Negation, c) eine Konjunktion, d) eine Adjunktion, e) eine Subjunktion, f) eine Bisubjunktion, g) ein Allsatz oder h) ein Existenzsatz.

a) A ist eine atomare Aussage, d.h. A hat die Form $\Phi^n \tau_1 \dots \tau_n$. Da τ voraussetzungsgemäß in $\Phi^n \tau_1 \dots \tau_n$ nicht vorkommt, gilt deshalb:

(i) $\quad V(\Phi^n) = V'(\Phi^n)$

und

(ii) $\quad V(\tau_i) = V'(\tau_i) \qquad$ für alle $1 \le i \le n$.

Also gilt auch:

(iii) $\quad <V(\tau_1), \dots, V(\tau_n)>$ ist genau dann Element von $V(\Phi^n)$, wenn $<V'(\tau_1), \dots, V'(\tau_n)>$ Element von $V'(\Phi^n)$ ist.

Und hieraus folgt sofort

(iv) $\quad A$ ist genau dann wahr bzgl. I', wenn A wahr ist bzgl. I.

b) A ist eine Negation, d.h., es gibt einen Satz B von PL, für den gilt:

(i) $A = \neg B$

(ii) $\mathrm{Grad}(B) < n$

(iii) I und I' erfüllen in Bezug auf B die Voraussetzungen des Koinzidenztheorems.

Wegen (ii) und (iii) gilt auf Grund der Induktionsvoraussetzung:

(iv) B ist genau dann wahr bzgl. I', wenn B wahr ist bzgl. I.

Und hieraus folgt sofort:

(v) A $(= \neg B)$ ist genau dann wahr bzgl. I', wenn A wahr ist bzgl. I.

c) A ist eine Konjunktion, d.h., es gibt zwei Sätze B und C von PL, für die gilt:

(i) $A = B \wedge C$

(ii) $\mathrm{Grad}(B) < n$ und $\mathrm{Grad}(C) < n$

(iii) B und C erfüllen die Voraussetzungen des Koinzidenztheorems.

Wegen (ii) und (iii) gilt auf Grund der Induktionsvoraussetzung:

(iv) B ist genau dann wahr bzgl. I', wenn B wahr ist bzgl. I

und

(v) C ist genau dann wahr bzgl. I', wenn C wahr ist bzgl. I.

Auch hieraus folgt sofort:

(vi) A $(= B \wedge C)$ ist genau dann wahr bzgl. I', wenn A wahr ist bzgl. I.

Der Beweis für die Fälle d), e) und f) erfolgt ganz analog.

g) A ist ein Allsatz, d.h., es gibt eine Satzfunktion B, in der nur die Individuenvariable α frei vorkommt und für die gilt:

(i) $A = \forall \alpha B$.

Wenn A falsch ist bzgl. I, dann gibt es eine σ-Variante I^* von I (wobei σ in A nicht vorkommt und gilt: $\sigma \neq \tau$) mit:

(ii) $[B]_\alpha^\sigma$ ist falsch bzgl. I^*.

Wir definieren nun die folgende Interpretation I^{**}:

$D^{**} = D\ [= D\ ']$

$V^{**}(t) = V'(t)$ für alle Satzbuchstaben, Indivi-
                            duenkonstanten und Prädikat-
                            buchstaben t außer der Indivi-
                            duenkonstante σ

$V^{**}(\sigma) = V^*(\sigma)$.

Offenbar gilt dann:

(iii) I^{**} ist eine σ-Variante von I'

(iv) I^{**} ist eine τ-Variante von I^* und I^* und I^{**} erfüllen
        bzgl. $[B]_\alpha^\sigma$ die Voraussetzung des Koinzidenz-
        theorems

(v) $\mathrm{Grad}([B]_\alpha^\sigma) < n$.

Also ist auf Grund der Induktionsvoraussetzung und wegen
(ii) $[B]_\alpha^\sigma$ falsch bzgl. I^{**}, und daher wegen (iii) A falsch
bzgl. I'.

Umgekehrt folgt aus der Falschheit von A bzgl. I' auf dieselbe Weise die Falschheit von A bzgl. I.

Der Beweis für den Fall h) erfolgt analog.

                                                        q.e.d.

Trotz des etwas umständlich anmutenden Beweises ist der intuitive Grundgedanke des Koinzidenztheorems leicht verständlich: Ob ein Satz A bzgl. einer Interpretation I wahr ist oder
nicht, hängt – außer vom Bereich D von I – nur davon ab, wie
die in A vorkommenden Individuenkonstanten und Prädikatbuchstaben interpretiert werden. Die Interpretation der übrigen
Individuenkonstanten und Prädikatbuchstaben ist für diese
Frage belanglos.

Als Nächstes beweisen wir das Überführungstheorem.

Satz 24.9 (Überführungstheorem)

Ist A ein Satz und sind τ und σ Individuenkonstanten der Sprache PL, ist I' eine τ-Variante der Interpretation I und gilt: $V'(\tau) = V(\sigma)$, dann ist A genau dann wahr bzgl. I', wenn $[A]_\tau^\sigma$ wahr ist bzgl. I.

Beweis

Der Beweis erfolgt wieder durch Induktion über den Grad von A. Wir nehmen an, dass für alle Sätze A mit Grad$(A) < n$ Satz 24.9 gilt, und zeigen, dass dieser Satz dann auch für alle Sätze A mit Grad$(A) = n$ gilt.

Wenn der Grad$(A) = n$ ist, gibt es acht Möglichkeiten: a) A ist eine atomare Aussage, b) eine Negation, c) eine Konjunktion, d) eine Adjunktion, e) eine Subjunktion, f) eine Bisubjunktion, g) ein Allsatz oder h) ein Existenzsatz.

a) Wenn A eine atomare Aussage von PL ist, hat A die Form $\Phi^n\tau_1...\tau_n$, und es gilt:

(i) $V(\Phi^n) = V'(\Phi^n)$

und

(ii)   für alle $1 \le i \le n$: $V([\tau_i]_\tau^\sigma) = V'(\tau_i)$.[†]

Daher gilt auch:

(iii) $<V([\tau_1]_\tau^\sigma),..., V([\tau_n]_\tau^\sigma)>$ ist genau dann Element von $V(\Phi^n)$, wenn $<V'(\tau_1),..., V'(\tau_n)>$ Element von $V'(\Phi^n)$ ist.

Und hieraus folgt wegen

(iv) $[A]_\tau^\sigma = \Phi^n[\tau_1]_\tau^\sigma ... [\tau_n]_\tau^\sigma$

sofort

[†] Sind τ, σ und ρ Individuenkonstanten, dann soll gelten:

$[\tau]_\sigma^\rho = \tau$, falls $\tau \ne \sigma$

$[\tau]_\sigma^\rho = \rho$, falls $\tau = \sigma$.

(v) A ist genau dann wahr bzgl. I', wenn $[A]^\sigma_\tau$ wahr ist bzgl. I.

In den Fällen b)–f) erhält man die Behauptung in einfacher Weise aus der Induktionsvoraussetzung.

g) Falls A ein Allsatz ist, gibt es eine Satzfunktion B, in der nur die Individuenvariable α frei vorkommt und für die gilt:

(i) $A = \forall\alpha B$.

Wenn A falsch ist bzgl. I', dann gibt es eine ρ-Variante I^{**} von I' (wobei ρ in B nicht vorkommt und gilt: $\rho \neq \tau$ und $\rho \neq \sigma$) mit:

(ii) $[B]^\rho_\alpha$ ist falsch bzgl. I^{**}.

Wir definieren nun die folgende Interpretation I^*:

$$D^* = D \ [= D^{**}]$$

$V^*(t) = V(t)$ für alle Satzbuchstaben, Individuenkonstanten und Prädikatbuchstaben t außer der Individuenkonstante ρ

$$V^*(\rho) = V^{**}(\rho).$$

Offenbar gilt dann:

(iii) I^* ist eine ρ-Variante von I

(iv) I^{**} und I^* erfüllen die Voraussetzungen des Überführungstheorems (I^{**} ist eine τ-Variante von I^* und es gilt: $V^{**}(\tau) = V^*(\sigma)$; denn auf Grund der Konstruktion von I^* und I^{**} gilt: $V^{**}(\tau) = V'(\tau)$ und $V^*(\sigma) = V(\sigma)$)

(v) $\mathrm{Grad}([B]^\rho_\alpha) < n$.

Auf Grund der Induktionsvoraussetzung gilt also:

(vi) $[B]^\rho_\alpha$ ist genau dann wahr bzgl. I^{**}, wenn $[[B]^\rho_\alpha]^\sigma_\tau$ wahr ist bzgl. I^*.

Auf Grund von (ii) und (vi) ist $[[B]^\rho_\alpha]^\sigma_\tau$ also falsch bzgl. I^*. Und das bedeutet wegen

(vii) $[[B]^\rho_\alpha]^\sigma_\tau = [[B]^\sigma_\tau]^\rho_\alpha$, dass es eine ρ-Variante von I gibt, bzgl. deren $[[B]^\sigma_\tau]^\rho_\alpha$ falsch ist. Also ist $\forall\alpha[B]^\sigma_\tau$ falsch bzgl. I. Und das bedeutet wegen

(viii) $\quad \forall\alpha[B]^\sigma_\tau = [\forall\alpha B]^\sigma_\tau$,

dass auch $[A]^\sigma_\tau$ falsch ist bzgl. I.

Umgekehrt folgt auf dieselbe Weise aus der Falschheit von $[A]^\sigma_\tau$ bzgl. I auch die Falschheit von A bzgl. I'.

Der Beweis für den Fall h) erfolgt analog.

q.e.d.

Mit Hilfe des Überführungstheorems können wir den folgenden Satz beweisen.

Satz 24.10

Ist M eine Menge von Sätzen von PL, A eine Satzfunktion, in der nur die Individuenvariable α frei vorkommt, B ein Satz und τ eine beliebige Individuenkonstante, dann gilt:

1. $\quad \models_{PL} \quad \forall\alpha A \rightarrow [A]^\tau_\alpha$

2. $\quad \models_{PL} \quad [A]^\tau_\alpha \rightarrow \exists\alpha A$

3. $\quad$ Wenn $\models_{PL} B \rightarrow [A]^\tau_\alpha$,

$\qquad\qquad$ dann auch $\models_{PL} B \rightarrow \forall\alpha A$,

$\quad$ falls τ weder in A noch in B vorkommt.

Beweis

1. Angenommen, der Satz $\forall\alpha A \rightarrow [A]^\tau_\alpha$ ist nicht logisch wahr, dann gibt es eine Interpretation I mit

(i) $\quad \forall\alpha A$ ist wahr bzgl. I

(ii) $\quad [A]^\tau_\alpha$ ist falsch bzgl. I.

Sei nun σ eine Individuenkonstante, die in A nicht vorkommt, und I' die folgende Interpretation:

$D' = D$

$V'(t) = V(t)$ für alle Satzbuchstaben, Individuenkonstanten und Prädikatbuchstaben t außer der Individuenkonstante σ

$V'(\sigma) = V(\tau)$.

Dann gilt:

(iii) I' ist eine σ-Variante von I

(iv) I' und I erfüllen bzgl. $[A]_\alpha^\sigma$ die Bedingungen des Überführungstheorems.

Also gilt auf Grund von (ii) und wegen $[[A]_\alpha^\sigma]_\sigma^\tau = [A]_\alpha^\tau$:

(v) $[A]_\alpha^\sigma$ ist falsch bzgl. I'.

Also gibt es eine σ-Variante von I, bzgl. deren $[A]_\alpha^\sigma$ falsch ist, im Widerspruch zu (i).

2. Sei I eine beliebige Interpretation, für die gilt

(i) $[A]_\alpha^\tau$ ist wahr bzgl. I

und σ eine Individuenkonstante, die in A nicht vorkommt. Dann definieren wir die Interpretation I' wie folgt:

$D' = D$

$V'(t) = V(t)$ für alle Satzbuchstaben, Individuenkonstanten und Prädikatbuchstaben t außer der Individuenkonstante σ.

$V'(\sigma) = V(\tau)$.

Offenbar gilt:

(ii) I' ist eine σ-Variante von I

und

(iii) I' und I erfüllen bzgl. $[A]_\alpha^\sigma$ die Bedingungen des Überführungstheorems.

Aus (i) folgt also wegen $[[A]_\alpha^\sigma]_\sigma^\tau = [A]_\alpha^\tau$:

(iv) $[A]_\alpha^\sigma$ ist wahr bzgl. I'.

D.h., wenn $[A]_\alpha^\tau$ wahr ist bzgl. einer Interpretation I, dann gibt es eine σ-Variante I' zu dieser Interpretation, bzgl. deren $[A]_\alpha^\sigma$ wahr ist. Also gilt: Wenn $[A]_\alpha^\tau$ wahr ist bzgl. einer Interpretation I, dann ist auch $\exists\alpha A$ wahr bzgl. I. Und hieraus folgt die Behauptung.

3. Angenommen, es gälte:

(i) $B \to [A]_\alpha^\tau$ ist logisch wahr

und

(ii) $B \to \forall\alpha A$ ist nicht logisch wahr,

dann gibt es eine Interpretation I mit:

(iii) $B \to \forall\alpha A$ ist falsch bzgl. I.

Aus (iii) folgt

(iv) B ist wahr bzgl. I

und

(v) $\forall\alpha A$ ist falsch bzgl. I.

Und da τ voraussetzungsgemäß in $\forall\alpha A$ nicht vorkommt, folgt aus (v) weiter, dass es eine τ-Variante I' zu I gibt mit:

(vi) $[A]_\alpha^\tau$ ist falsch bzgl. I'.

Außerdem folgt, da τ auch in B nicht vorkommt, aus (iv) auf Grund des Koinzidenztheorems

(vii) B ist wahr bzgl. I'.

Und aus (vi) und (vii) folgt

(viii) $B \to [A]_\alpha^\tau$ ist falsch bzgl. I'

im Widerspruch zu (i).

q.e.d.

Aus Satz 24.10.1 ergibt sich sofort der folgende Satz.

> **Satz 24.11**
>
> Ist A eine Satzfunktion, in der nur die Individuen-
> variable α frei vorkommt, und ist $\forall \alpha A$ wahr bzgl.
> einer Interpretation I, dann gilt für alle Individu-
> enkonstanten τ: $[A]_\alpha^\tau$ ist wahr bzgl. I.

25 Korrektheit und Vollständigkeit von AK

Zu Beginn des Kapitels 14 ging es um die Frage, ob es rein
syntaktische Begriffe gibt, die nachweisbar auf dieselben Sätze
bzw. Satzmengen von AL′ zutreffen wie die semantischen Begriffe der logischen Wahrheit und der logischen Folgerung.
Dass dies für die beiden Begriffe der Beweisbarkeit in AK und
der Ableitbarkeit in AK tatsächlich zutrifft, ergibt sich aus den
folgenden beiden Sätzen.

> **Satz 25.1**
>
> Der Kalkül AK ist **korrekt**, d. h., ist A ein Satz
> von AL′ und M eine Menge von Sätzen von AL′,
> dann gilt:
>
> (a) Wenn A in AK beweisbar ist, dann ist A lo-
> gisch wahr;
> d. h., wenn $\vdash_{AK} A$, dann auch $\models_{AL} A$.
>
> (b) Wenn A in AK aus M ableitbar ist, dann folgt
> A logisch aus M;
> d. h., wenn $M \vdash_{AK} A$, dann auch $M \models_{AL} A$.

Satz 25.2

Der Kalkül AK ist **vollständig**, d.h., ist A ein Satz von AL' und M eine Menge von Sätzen von AL', dann gilt:

(a) Wenn A logisch wahr ist, dann ist A in AK beweisbar;

   d.h., wenn $\vDash_{AL} A$, dann auch $\vdash_{AK} A$.

(b) Wenn A logisch aus M folgt, dann ist A in AK aus M ableitbar;

   d.h., wenn $M \vDash_{AL} A$, dann auch $M \vdash_{AK} A$.

Beweis von Satz 25.1

(a)   Wenn A in AK beweisbar ist, dann ist A logisch wahr;
       d.h., wenn $\vdash_{AK} A$, dann auch $\vDash_{AL} A$.

Wenn A in AK beweisbar ist, dann gibt es einen Beweis $B_1, \ldots, B_n$ von A in AK. Wir zeigen durch vollständige Induktion, dass für alle i mit $1 \leq i \leq n$ gilt:

(*) $\vDash_{AL} B_i$.

Hieraus folgt die Behauptung wegen $A = B_n$.

Wir nehmen an, dass für alle Sätze B_i des Beweises mit $i < j$ (*) gilt, und zeigen, dass dann auch für B_j (*) gilt.

Wir gehen alle Möglichkeiten durch.

A B_j ist ein Axiom von AK. In diesem Fall ergibt sich die Behauptung aus Satz 12.1 (9.–11.).

B B_j wurde durch eine Anwendung der Regel (MP) gewonnen.

   In diesem Fall gibt es zwei frühere Sätze der Folge B_k und B_l mit $k, l < j$ und $B_l = B_k \to B_j$, und es gilt auf Grund der Induktionsvoraussetzung:

   (i) $\vDash_{AL} B_k$

   und

(ii) $\vDash_{AL} B_k \to B_j$.

Nach Satz 12.2 (1.) gilt weiter

(iii) $A \to B, A \vDash_{AL} B$.

Und aus (i), (ii) und (iii) folgt

(iv) $\vDash_{AL} B_j$.

Denn (iii) besagt, dass für alle Bewertungen V gilt: Wenn A und $A \to B$ beide wahr sind bzgl. V, dann ist auch B wahr bzgl. V. Und (i) und (ii) besagen, dass die Sätze B_k und $B_k \to B_j$ wahr sind bzgl. aller Bewertungen V. Also muss in diesem Fall auch B_j wahr sein bzgl. aller Bewertungen V.

(b) Wenn A in AK aus M ableitbar ist, dann folgt A logisch aus M; d.h., wenn $M \vdash_{AK} A$, dann auch $M \vDash_{AL} A$.

Wenn A in AK aus den Sätzen der Menge M ableitbar ist, dann gibt es eine Ableitung von A aus M. In dieser Ableitung kommen höchsten endliche viele Sätze $A_1, \ldots, A_n$ von M vor. Also gilt auch:

(i) $A_1, \ldots, A_n \vdash_{AK} A$.

Hieraus folgt auf Grund des Deduktionstheorems

(ii) $\vdash_{AK} A_1 \to (A_2 \to \ldots (A_n \to A) \ldots)$.

Und hieraus ergibt sich auf Grund der gerade bewiesenen Behauptung (a)

(iii) $\vDash_{AL} A_1 \to (A_2 \to \ldots (A_n \to A) \ldots)$.

Daraus ergibt sich

(iv) $A_1, \ldots, A_n \vDash_{AL} A$.

Und hieraus folgt wegen $\{A_1, \ldots, A_n\} \subseteq M$ die Behauptung

(v) $M \vDash_{AL} A$.

q.e.d.

Der Beweis von 25.2, d.h. der Beweis der Vollständigkeit von AK, ist erheblich schwieriger. Wir beginnen mit Teil (b);

denn daraus ergibt sich Teil (a) als Spezialfall für $M = \emptyset$. Für Teil (b) müssen wir zeigen: Wenn A logisch aus M folgt, dann ist A in AK aus M ableitbar; d.h., wenn $M \vDash_{AL} A$, dann auch $M \vdash_{AK} A$. Dazu nehmen wir an, dass A in AK *nicht* aus M ableitbar ist, und zeigen, dass in diesem Fall A *auch nicht* logisch aus M folgt. Unsere Annahme ist also, dass gilt

(i)   nicht: $M \vdash_{AK} A$.

Als Erstes zeigen wir, dass in diesem Fall auch gilt:

(ii)   Die Menge $M \cup \{\neg A\}$ ist in bestimmter Weise konsistent.

Als Zweites zeigen wir:

(iii)   Zu jeder in dieser Weise konsistenten Menge von Sätzen von AL′ gibt es eine Bewertung V, bzgl. deren alle Sätze der Menge wahr sind.

Damit ist gezeigt: Wenn A in AK nicht aus M ableitbar ist, dann gibt es eine Bewertung V mit

(iv)   Alle Sätze von $M \cup \{\neg A\}$ sind wahr bzgl. V.

Und das bedeutet

(v)   Alle Sätze von M sind wahr bzgl. V, und A ist falsch bzgl. V.

Wenn es eine Bewertung gibt, für die (v) zutrifft, heißt das aber auf Grund der Definition der logischen Folgerung

(vi)   nicht: $M \vDash_{AL} A$.

Um diesen Beweis im Detail durchführen zu können, müssen wir noch einige Definitionen einführen und einige Hilfssätze beweisen.

Definition 25.3

Eine Menge M von Sätzen von AL′ ist **AK-konsistent**, wenn es keinen Satz A von AL′ gibt, für den gilt:

(a) $M \vdash_{AK} A$ und

(b) $M \vdash_{AK} \neg A$.

Satz 25.4

Ist A ein Satz von AL′ und M eine Menge von Sätzen von AL′ und ist A nicht aus M in AK ableitbar, dann ist die Menge $M \cup \{\neg A\}$ AK-konsistent.

Beweis

Angenommen, $M \cup \{\neg A\}$ ist nicht AK-konsistent. Dann gibt es einen Satz B von AL′ mit

(i) $M \cup \{\neg A\} \vdash_{AK} B$

und

(ii) $M \cup \{\neg A\} \vdash_{AK} \neg B$.

D.h., dann gibt es eine Ableitung $C_1, ..., C_n$ $(C_n = B)$ von B aus $M \cup \{\neg A\}$ und eine Ableitung $D_1, ..., D_m$ $(D_m = \neg B)$ von $\neg B$ aus $M \cup \{\neg A\}$ in AK. Wenn das so ist, ist aber die folgende Folge eine Ableitung von A aus $M \cup \{\neg A\}$:

1.	C_1	
...		
n.	C_n $(= B)$	
$n+1$.	D_1	
...		
$n+m$.	D_m $(= \neg B)$	
$n+m+1$.	$\neg B \rightarrow (B \rightarrow A)$	T5
$n+m+2$.	$B \rightarrow A$	MP $(n+m, n+m+1)$
$n+m+3$.	A	MP $(n, n+m+2)$

D.h., wenn $M \cup \{\neg A\}$ nicht AK-konsistent ist, gilt

(iii) $M \cup \{\neg A\} \vdash_{AK} A$.

Aus (iii) folgt auf Grund des Deduktionstheorems aber

(iv) $M \vdash_{AK} \neg A \rightarrow A$.

D.h., es gibt eine Ableitung E_1, ..., E_0 von $\neg A \to A$ aus M. Wenn das so ist, ist aber die folgende Folge eine Ableitung von A aus M:

1.	E_1	
...		
o.	E_0 $(= \neg A \to A)$	
$o+1$.	$(\neg A \to A) \to A$	T12.a
$o+2$.	A	MP $(o, o+1)$

Wenn $M \cup \{\neg A\}$ nicht AK-konsistent ist, ist A also in AK aus M ableitbar. Wenn A in AK nicht aus M ableitbar ist, muss $M \cup \{\neg A\}$ also AK-konsistent sein.

q.e.d.

Nun wollen wir beweisen, dass es für jede AK-konsistente Menge von Sätzen von AL' eine Bewertung V gibt, bzgl. deren jeder Satz der Menge wahr ist. Dazu beweisen wir erstens, dass jede AK-konsistente Menge M Teilmenge einer maximal konsistenten Menge ist, und zweitens, dass es für jede maximal konsistente Menge von Sätzen von AL' eine Bewertung V gibt, bzgl. deren jeder Satz der Menge wahr ist.

Definition 25.5

Eine Menge M von Sätzen von AL' ist **maximal AK-konsistent**, wenn M AK-konsistent ist und außerdem für jeden Satz A von AL', der nicht Element von M ist, gilt: $M \cup \{A\}$ ist nicht AK-konsistent.

Satz 25.6

Ist M eine AK-konsistente Menge von Sätzen von AL', dann gibt es eine maximal AK-konsistente Menge M^* von Sätzen von AL' mit $M \subseteq M^*$.

Beweis

Da es nur abzählbar unendlich viele Sätze von AL' gibt, können diese durchnummeriert und entsprechend geordnet werden: $A_1, ..., A_n, A_{n+1}, ...$ Ausgehend von der Menge M konstruieren wir eine Folge von Mengen $M_0, M_1, ..., M_n, ...$ nach der folgenden Vorschrift:

$M_0 = M$

$$M_n = \begin{cases} M_{n-1} \cup \{A_n\} & \text{falls } M_{n-1} \cup \{A_n\} \text{ AK-konsistent ist} \\ M_{n-1} & \text{sonst} \end{cases}$$

Offenbar gilt:

(*)   Jede Menge M_i dieser Folge ist AK-konsistent.

Wir definieren als Nächstes M^* als Vereinigung aller Mengen M_i dieser Folge.

Offenbar gilt:

1. $M \subseteq M^*$.

Außerdem gilt auch:

2. M^* ist AK-konsistent.

Wäre M^* nämlich nicht AK-konsistent, dann gäbe es einen Satz A von AL' mit

(i) $M^* \vdash_{AK} A$

und

(ii) $M^* \vdash_{AK} \neg A$.

Da jede Ableitung nur endlich viele Sätze enthält, müsste es dann aber auch eine Menge M_i der oben konstruierten Folge geben mit

(iii) $M_i \vdash_{AK} A$

und

(iv) $M_i \vdash_{AK} \neg A$

im Widerspruch zu (*).

Und schließlich gilt:

3. M^* ist maximal AK-konsistent.

Denn nehmen wir an, der Satz A_n ist nicht Element von M^*. Dann gilt auf Grund der Konstruktionsvorschrift für M^*: $M_{n-1} \cup \{A_n\}$ ist nicht AK-konsistent. Da alle Sätze, die zu M_{n-1} gehören, auch Elemente von M^* sind, muss deshalb in diesem Fall auch gelten: $M^* \cup \{A_n\}$ ist nicht AK-konsistent.

M^* erfüllt also die Bedingungen des Satzes 25.6.

                                                          q.e.d.

Satz 25.7

Ist M^* eine maximal AK-konsistente Menge von Sätzen von AL′ und A ein Satz von AL′, dann gilt:

Wenn $M^* \vdash_{AK} A$, dann $A \in M^*$.

Beweis

Angenommen, A ist in AK aus M^* ableitbar, aber nicht Element von M^*. Dann ist $M^* \cup \{A\}$ nicht AK-konsistent, d.h., dann gibt es einen Satz B mit

(i) $M^* \cup \{A\} \vdash_{AK} B$

und

(ii) $M^* \cup \{A\} \vdash_{AK} \neg B$.

Aus (i) und (ii) folgt aber (vgl. den Beweis von Satz 25.4)

(iii) $M^* \cup \{A\} \vdash_{AK} \neg A$.

Und hieraus ergibt sich auf Grund des Deduktionstheorems

(iv) $M^* \vdash_{AK} A \to \neg A$.

Wenn A in AK aus M^* ableitbar ist, gilt aber auch

(v) $M^* \vdash_{AK} A$.

Und aus (iv) und (v) ergibt sich

(vi) $M^* \vdash_{AK} \neg A$.

D.h., wenn A in AK aus M^* ableitbar, aber nicht Element von M^* ist, dann ist M^* im Widerspruch zur Voraussetzung des Satzes nicht AK-konsistent.

q.e.d.

Satz 25.8

Ist M^* eine maximal AK-konsistente Menge von Sätzen von AL', dann gilt für jeden Satz A von AL':

$A \in M^*$ genau dann, wenn $\neg A \notin M^*$.

Beweis

Die Sätze A und $\neg A$ können nicht beide Elemente von M^* sein, da M^* dann nicht AK-konsistent wäre. Es gilt also: Wenn $A \in M^*$, dann $\neg A \notin M^*$. Wir brauchen deshalb nur noch zu zeigen, dass auch gilt: Wenn $\neg A \notin M^*$, dann $A \in M^*$, bzw.:

Wenn $A \notin M^*$, dann $\neg A \in M^*$.

Wenn A nicht Element von M^* ist, dann ist $M^* \cup \{A\}$ nicht AK-konsistent, d.h., dann gibt es einen Satz B mit

(i) $M^* \cup \{A\} \vdash_{AK} B$

und

(ii) $M^* \cup \{A\} \vdash_{AK} \neg B$.

Hieraus folgt wieder

(iii) $M^* \cup \{A\} \vdash_{AK} \neg A$.

Und aus (iii) ergibt sich auf Grund des Deduktionstheorems

(iv) $M^* \vdash_{AK} A \rightarrow \neg A$.

Auf Grund von T12 gilt weiter

(v) $\vdash_{AK} (A \rightarrow \neg A) \rightarrow \neg A$.

Und aus (iv) und (v) ergibt sich

(vi) $M^* \vdash_{AK} \neg A$.

Und hieraus folgt schließlich nach Satz 25.7

(vii) $\neg A \in M^*$.

q.e.d.

Satz 25.9

Ist M^* eine maximal AK-konsistente Menge von
Sätzen von AL' und sind A und B Sätze von AL',
dann gilt:

$A \rightarrow B \notin M^*$ genau dann,
  wenn $A \in M^*$ und $B \notin M^*$.

Beweis

1. Wir zeigen zunächst:

Wenn $A \rightarrow B \notin M^*$, dann $A \in M^*$ und $B \notin M^*$.

Wenn $A \rightarrow B$ nicht Element von M^* ist, dann gilt auf Grund
von Satz 25.8

(i) $\neg(A \rightarrow B) \in M^*$,

und hieraus folgt

(ii) $M^* \vdash_{AK} \neg(A \rightarrow B)$.

Weiter gilt auf Grund von T9a und T10a

(iii) $\vdash_{AK} \neg(A \rightarrow B) \rightarrow A$

und

(iv) $\vdash_{AK} \neg(A \rightarrow B) \rightarrow \neg B$.

Aus (ii) und (iii) folgt weiter

(v) $M^* \vdash_{AK} A$,

und aus (ii) und (iv) folgt

(vi) $M^* \vdash_{AK} \neg B$.

Aus (v) ergibt sich auf Grund von Satz 25.7

(vii) $A \in M^*$.

Und aus (vi) entsprechend

(viii) $\neg B \in M^*$.

Schließlich folgt aus (viii) nach Satz 25.8

(ix) $B \notin M^*$.

2. Wir zeigen nun:

   Wenn $A \in M^*$ und $B \notin M^*$, dann $A \to B \notin M^*$.

Wir nehmen an, dass gilt

(i) $A \in M^*$

und

(ii) $B \notin M^*$.

Aus (ii) folgt auf Grund von Satz 25.8

(iii) $\neg B \in M^*$.

Und aus (i) und (iii) folgen

(iv) $M^* \vdash_{AK} A$

und

(v) $M^* \vdash_{AK} \neg B$.

Weiter gilt auf Grund von T11a

(vi) $\vdash_{AK} A \to (\neg B \to \neg(A \to B))$.

Aus (iv) und (vi) ergibt sich

(vii) $M^* \vdash_{AK} \neg B \to \neg(A \to B)$,

und aus (v) und (vii)

(viii) $M^* \vdash_{AK} \neg(A \to B)$.

Hieraus folgt schließlich nach Satz 25.7

(ix) $\neg(A \to B) \in M^*$.

Und hieraus wieder auf Grund von Satz 25.8

(x) $A \to B \notin M^*$.

                  q.e.d.

Der nächste Schritt beim Beweis der Vollständigkeit von AK ist der Beweis des folgenden zentralen Satzes.

Satz 25.10

Ist M^* eine maximal AK-konsistente Menge von Sätzen von AL', dann gibt es eine Bewertung V, so dass für alle Sätze A von AL' gilt: A ist wahr bzgl. V genau dann, wenn $A \in M^*$.

Beweis

Sei M^* eine maximal AK-konsistente Menge von Sätzen von AL', dann definieren wir die Bewertung V folgendermaßen:

Ist A ein Satzbuchstabe von AL', dann sei

$V(A) = 4$ ist durch 2 teilbar   falls $A \in M^*$

$V(A) = 4$ ist durch 3 teilbar   falls $A \notin M^*$.

(D. h., jedem Satzbuchstaben von AL', der Element von M^* ist, werden erfüllte und jedem Satzbuchstaben von AL', der nicht Element von M^* ist, nicht erfüllte Wahrheitsbedingungen zugeordnet. Die Möglichkeit dieser Bewertung ergibt sich aus Satz 25.8.)

Wir beweisen jetzt durch vollständige Induktion über den Grad von A, dass für alle Sätze A von AL' gilt:

(*) A ist wahr bzgl. V genau dann, wenn $A \in M^*$.

Wir nehmen an, dass (*) für alle Sätze A mit Grad(A) $< n$ gilt, und zeigen, dass (*) dann auch für alle Sätze A mit Grad(A) $= n$ gilt.

Wenn der Grad(A) $= n$ ist, gibt es drei Möglichkeiten: a) A ist ein Satzbuchstabe, b) eine Negation oder c) eine Subjunktion.

a) Falls A ein Satzbuchstabe ist, ergibt sich die Behauptung (*) aus der Definition von V.

b) Falls A eine Negation ist, gibt es einen Satz B von AL′, für den gilt

(i) $A = \neg B$

und

(ii)   Grad$(B) < n$.

Auf Grund der Induktionsvoraussetzung gilt daher weiter

(iii) B ist wahr bzgl. V genau dann, wenn $B \in M^*$.

Und hieraus folgt auf Grund der Definition 24.4 sofort

(iv) $\neg B$ ist wahr bzgl. V genau dann, wenn $B \notin M^*$.

Auf Grund von Satz 25.8 gilt jedoch

(v) $\neg B \in M^*$ genau dann, wenn $B \notin M^*$.

Und hieraus und aus (iv) folgt die Behauptung

(vi) A $(= \neg B)$ ist wahr bzgl. V genau dann, wenn $A \in M^*$.

c) Falls A eine Subjunktion ist, gibt es zwei Sätze B und C von AL′, für die gilt

(i) $A = B \rightarrow C$

(ii)   Grad$(B) < n$ und Grad$(C) < n$.

Auf Grund der Induktionsvoraussetzung gilt daher

(iii) B ist wahr bzgl. V genau dann, wenn $B \in M^*$

und

(iv) C ist falsch bzgl. V genau dann, wenn $C \notin M^*$.

Aus (iii) und (iv) folgt weiter

(v) B ist wahr und C ist falsch bzgl. V genau dann, wenn $B \in M^*$ und $C \notin M^*$.

Und hieraus folgt auf Grund der Definition 24.4

(vi) A ist falsch bzgl. V genau dann, wenn $B \in M^*$ und $C \notin M^*$.

Weiter gilt auf Grund von Satz 25.9

(vii) $B \rightarrow C \notin M^*$ genau dann, wenn $B \in M^*$ und $C \notin M^*$.

Und hieraus und aus (vi) folgt

(viii) A ($= B \rightarrow C$) ist falsch bzgl. V genau dann, wenn
         $A \notin M^*$

bzw. die Behauptung

(ix) A ist wahr bzgl. V genau dann, wenn $A \in M^*$.

                                                        q.e.d.

Nun können wir endlich die Vollständigkeit von AK, d.h. den
Satz 25.2, beweisen.

Satz 25.2

Der Kalkül AK ist **vollständig**, d.h., ist A ein Satz
von AL′ und M eine Menge von Sätzen von AL′,
dann gilt:

(a) Wenn A logisch wahr ist, dann ist A in AK
     beweisbar;
     d.h., wenn $\vDash_{AL} A$, dann auch $\vdash_{AK} A$.

(b) Wenn A logisch aus M folgt, dann ist A in AK
     aus M ableitbar;
     d.h., wenn $M \vDash_{AL} A$, dann auch $M \vdash_{AK} A$.

Beweis

(b) Wenn A logisch aus M folgt, dann ist A in AK aus M
     ableitbar; d.h., wenn $M \vDash_{AL} A$, dann auch $M \vdash_{AK} A$.

Wir zeigen:

     Wenn A nicht aus M in AK ableitbar ist, dann folgt A
     nicht logisch aus M, d.h., dann gibt es eine Bewertung
     V, bzgl. deren die Sätze von M alle wahr sind, bzgl. de-
     ren A aber falsch ist.

Wenn A nicht aus M in AK ableitbar ist, dann ist auf Grund
von Satz 25.4 die Menge $M \cup \{\neg A\}$ AK-konsistent. Somit gibt
es nach Satz 25.6 eine maximal AK-konsistente Menge M^* mit

(i) $M \cup \{\neg A\} \subseteq M^*$,

und d.h. auch

(ii) $\neg A \in M^*$.

Aus (ii) ergibt sich nach Satz 25.8

(iii) $A \notin M^*$.

Weiter gibt es nach Satz 25.10 zu M^* eine Bewertung V, für die gilt

(iv) A ist wahr bzgl. V genau dann, wenn $A \in M^*$.

Also gilt wegen (i) und (iii)

(v)   alle Sätze vom M sind wahr bzgl. V

und

(vi) A ist falsch bzgl. V.

Wenn es eine Bewertung V gibt, bzgl. deren alle Sätze von M wahr sind, bzgl. deren A aber falsch ist, dann folgt A nicht logisch aus M.

(a) ergibt sich als Sonderfall für $M = \varnothing$.

q.e.d.

26   Korrektheit und Vollständigkeit von PK

In diesem Abschnitt soll die Korrektheit und Vollständigkeit von PK bewiesen werden.

Satz 26.1

PK ist **korrekt**, d.h., ist A ein Satz von PL′ und M eine Menge von Sätzen von PL′, dann gilt:

(a) Wenn A in PK beweisbar ist, dann ist A logisch wahr;
    d.h., wenn $\vdash_{PK} A$, dann auch $\models_{PL} A$.

(b) Wenn A in PK aus den Sätzen der Menge M ableitbar ist, dann folgt A logisch aus M; d.h., es gilt: Wenn $M \vdash_{PK} A$, dann auch $M \models_{PL} A$.

Satz 26.2

Der Kalkül PK ist *vollständig*, d.h., ist A ein Satz von PL′ und M eine Menge von Sätzen von PL′, dann gilt:

(a) Wenn A logisch wahr ist, dann ist A in PK beweisbar;

d.h., wenn $\models_{PL} A$, dann auch $\vdash_{PK} A$.

(b) Wenn A logisch aus M folgt, dann ist A in PK aus M ableitbar;

d.h., wenn $M \models_{PL} A$, dann auch $M \vdash_{PK} A$.

Beweis von Satz 26.1

(a) Wenn A in PK beweisbar ist, dann ist A logisch wahr; d.h., wenn $\vdash_{PK} A$, dann auch $\models_{PL} A$.

Wenn A in PK beweisbar ist, dann gibt es einen Beweis $B_1, \dots B_n$ von A in PK. Wir beweisen durch vollständige Induktion, dass für alle Sätze B_j dieses Beweises gilt:

(*) $\models_{PL} B_j$.

Hieraus folgt die Behauptung wegen $A = B_n$.

Wir nehmen an, dass (*) für alle Sätze B_i des Beweises mit $i < j$ gilt, und zeigen, dass (*) dann auch für B_j gilt.

Wir gehen alle Möglichkeiten durch.

A B_j ist ein Axiom von PK. In diesem Fall ergibt sich die Behauptung aus Satz 24.7 (6.–8.) und 24.10 (1.)

B B_j wurde durch eine Anwendung der Regel (MP) gewonnen. In diesem Fall gibt es zwei frühere Sätze der Folge B_k und B_l mit $k, l < j$ und $B_l = B_k \to B_j$, und es gilt auf Grund der Induktionsvoraussetzung:

(i) $\models_{PL} B_k$

und

(ii) $\models_{PL} B_k \to B_j$.

Analog zu Satz 12.2 (1.) gilt weiter

(iii) $A \to B, A \models_{PL} B$.

Und aus (i), (ii) und (iii) folgt

(iv) $\models_{PL} B_j$.

Denn (iii) besagt, dass für alle Interpretationen I gilt: Wenn A und $A \to B$ beide wahr sind bzgl. I, dann ist auch B wahr bzgl. I. Und (i) und (ii) besagen, dass die Sätze B_k und $B_k \to B_j$ wahr sind bzgl. aller Interpretationen I. Also muss in diesem Fall auch B_j wahr sein bzgl. aller Interpretationen I.

C B_j wurde durch eine Anwendung der Regel (HG) gewonnen. In diesem Fall gibt es einen früheren Satz der Folge B_k mit $k < j$, $B_k = C \to [D]_\alpha^\tau$ und $B_j = C \to \forall \alpha D$, wobei τ weder in C noch in D vorkommt. Außerdem gilt auf Grund der Induktionsvoraussetzung:

(i) $\models_{PL} C \to [D]_\alpha^\tau$.

Hieraus folgt nach Satz 24.10 (3.) aber sofort

(ii) $\models_{PL} C \to \forall \alpha D$.

(b) Wenn A in PK aus den Sätzen der Menge $\boldsymbol{M}$ ableitbar ist, dann folgt A logisch aus $\boldsymbol{M}$; d.h., es gilt: Wenn $\boldsymbol{M} \vdash_{PK} A$, dann auch $\boldsymbol{M} \models_{PL} A$.

In der Ableitung $B_1, \ldots, B_n$ von A kommen höchstens endlich viele Sätze $A_1, \ldots, A_n$ von $\boldsymbol{M}$ vor. Also gilt in diesem Fall auch

(i) $B_1, \ldots, B_n$ ist eine Ableitung von A aus $A_1, \ldots, A_n$.

Auf Grund des Deduktionstheorems gilt deshalb auch

(ii) $\vdash_{PK} A_1 \to (A_2 \to \ldots (A_n \to A) \ldots)$.

Hieraus folgt auf Grund der gerade bewiesenen Behauptung (a)

(iii) $\models_{PL} A_1 \to (A_2 \to \ldots (A_n \to A) \ldots)$.

Daraus ergibt sich

(iv) $A_1, \ldots, A_n \models_{PL} A$.

Denn es gilt: Wenn $\vDash_{PL} A \to B$, dann auch $A \vDash_{PL} B$. Aus (iv) folgt dann wegen $\{A_1, \ldots, A_n\} \subseteq M$ die Behauptung

(v) $M \vDash_{PL} A$.

q.e.d.

Der Beweis von Satz 26.2, d.h. der Beweis der Vollständigkeit von PK, ist wieder erheblich aufwändiger. Die Grundidee ist aber dieselbe wie beim Beweis der Vollständigkeit von AK. Wir nehmen an, dass A in PK *nicht* aus M ableitbar ist, und folgern aus dieser Annahme, dass es eine Interpretation I gibt, bzgl. deren alle Sätze von M wahr sind, bzgl. deren der Satz A aber falsch ist. Damit ist gezeigt, dass die Annahme, dass A in PK *nicht* aus M ableitbar ist, impliziert, dass A *nicht* logisch aus M folgt. Der Nachweis, dass aus der Annahme, dass A in PK nicht aus M ableitbar ist, folgt, dass es eine Interpretation I gibt, bzgl. deren alle Sätze von M wahr sind, bzgl. deren der Satz A aber falsch ist, erfolgt in zwei Schritten. Wir zeigen erstens, dass aus der Annahme

(i)   nicht: $M \vdash_{PK} A$

folgt:

(ii)   Die Menge $M \cup \{\neg A\}$ ist PK-konsistent (Satz 26.4).

Als Zweites zeigen wir:

(iii)   Zu jeder PK-konsistenten Menge von Sätzen von PL′ gibt es eine Interpretation I, bzgl. deren alle Sätze dieser Menge wahr sind (Sätze 26.10 und 26.11).

Damit ist insgesamt gezeigt: Wenn A in PK nicht aus M ableitbar ist, dann gibt es eine Interpretation I mit

(iv)   Alle Sätze von $M \cup \{\neg A\}$ sind wahr bzgl. I.

Und das bedeutet

(v)   Alle Sätze von M sind wahr bzgl. I, und A ist falsch bzgl. I.

Wenn es eine Bewertung gibt, für die (v) zutrifft, heißt das aber auf Grund der Definition der logischen Folgerung

(vi)   nicht: $M \vDash_{PL} A$.

Um diesen Beweis im Detail durchführen zu können, müssen wir noch einige Begriffe definieren und einige Hilfssätze beweisen.

Definition 26.3

Eine Menge M von Sätzen von PL′ ist genau dann **PK-konsistent**, wenn es keinen Satz A von PL′ gibt, für den gilt:

(a) $M \vdash_{PK} A$ und

(b) $M \vdash_{PK} \neg A$.

Satz 26.4

Ist A ein Satz von PL′ und M eine Menge von Sätzen von PL′ und ist A nicht aus M in PK ableitbar, dann ist die Menge $M \cup \{\neg A\}$ PK-konsistent.

Beweis analog zum Beweis von Satz 25.4.

Definition 26.5

Eine Menge M von Sätzen von PL′ ist genau dann **maximal PK-konsistent**, wenn M PK-konsistent ist und außerdem für jeden Satz A von PL′, der nicht Element von M ist, gilt: $M \cup \{A\}$ ist nicht PK-konsistent.

Satz 26.6

Ist M eine maximal PK-konsistente Menge von Sätzen von PL′ und A ein Satz von PL′, dann gilt:

Wenn $M \vdash_{PK} A$, dann $A \in M$.

Beweis analog zum Beweis von Satz 25.7.

Satz 26.7

Ist M eine maximal PK-konsistente Menge von Sätzen von PL′, dann gilt für jeden Satz A von PL′:

$A \in M$ genau dann, wenn $\neg A \notin M$.

Beweis analog zum Beweis von Satz 25.8.

Satz 26.8

Ist M eine maximal PK-konsistente Menge von Sätzen von PL′ und sind A und B Sätze von PL′, dann gilt:

$A \to B \notin M$ genau dann,
    wenn $A \in M$ und $B \notin M$.

Beweis analog zum Beweis von Satz 25.9.

Entsprechend der oben angegebenen Skizze des Vollständig-keitsbeweises für PK bleibt noch zu zeigen, dass es zu jeder PK-konsistenten Menge eine Interpretation I gibt, bzgl. deren alle Sätze der Menge wahr sind. Dafür brauchen wir – anders als beim Vollständigkeitsbeweis für AK – jedoch nicht nur den Begriff der maximal PK-konsistenten Menge, sondern auch den Begriff der ω-vollständigen Menge. Denn nur für maximal PK-konsistente, ω-vollständige Mengen von Sätzen von PL′ lässt sich relativ leicht zeigen, dass es zu jeder solchen Menge eine Interpretation I gibt, bzgl. deren alle Sätze der Menge wahr sind.

Definition 26.9

Eine Menge M von Sätzen von PL′ ist genau dann **ω-vollständig**, wenn für alle Sätze der Form $\forall \alpha A$ von PL′ gilt: $\forall \alpha A \in M$, wenn für alle Individuenkonstanten τ von PL′ gilt: $[A]_\alpha^\tau \in M$.

Satz 26.10

Ist M^*_ω eine maximal PK-konsistente, ω-vollständige Menge von Sätzen von PL′, dann gibt es eine Interpretation I, so dass für alle Sätze A von PL′ gilt: A ist wahr bzgl. I genau dann, wenn $A \in M^*_\omega$.

Beweis

Wir definieren die Interpretation $I = \langle D, V \rangle$ folgendermaßen:

D = die Menge alle Individuenkonstanten von PL′

$V(\tau)$ = τ für alle Individuenkonstanten τ von PL′

$V(\Phi^n)$ = $\{ \langle \tau_1, \ldots, \tau_n \rangle ; \Phi^n \tau_1 \ldots \tau_n \in M^*_\omega \}$

(Unter der Interpretation I beziehen sich alle Sätze von PL′ auf Ausdrücke von PL′.)

Wir zeigen nun durch vollständige Induktion über den Grad von A, dass für alle Sätze A von PL′ gilt:

(*) A ist genau dann wahr bzgl. I, wenn $A \in M^*_\omega$.

Wir nehmen an, dass für alle Sätze A mit Grad$(A) < n$ (*) gilt, und zeigen, dass dann auch für alle Sätze A mit Grad$(A) = n$ (*) gilt.

Wenn der Grad$(A) = n$ ist, gibt es vier Möglichkeiten: a) A ist ein atomarer Satz, b) eine Negation, c) eine Subjunktion oder d) ein Allsatz.

a) Wenn A ein atomarer Satz von PL′ ist, gibt es einen Prädikatbuchstaben Φ^n und n Individuenkonstanten $\tau_1, ..., \tau_n$ mit
$A = \Phi^n\tau_1...\tau_n$. Auf Grund von Definition 23.4 (i) gilt:

(i) A ist genau dann wahr bzgl. I, wenn gilt:
$$<V(\tau_1), ..., V(\tau_n)> \in V(\Phi^n).$$

Auf Grund der Definition von I gilt aber

(ii) $<V(\tau_1), ..., V(\tau_n)> \in V(\Phi^n)$ genau dann,
wenn $\Phi^n\tau_1...\tau_n \in M^*_\omega$.

Und hieraus und aus (i) folgt

(iii) A ist genau dann wahr bzgl. I,
wenn $\Phi^n\tau_1...\tau_n \in M^*_\omega$.

In den Fällen b) und c) ergibt sich die Behauptung analog zum
Beweis von Satz 25.10 aus den Sätzen 26.7 und 26.8.

d) Falls A ein Allsatz ist, gibt es eine Individuenvariable α und
eine Satzfunktion B von PL′, in der nur α frei vorkommt, so
dass gilt: $A = \forall\alpha B$.

Wir zeigen nun zuerst:

(*)   Wenn $\forall\alpha B \in M^*_\omega$, dann ist $\forall\alpha B$ wahr bzgl. I.

Angenommen, es gilt

(i) $\forall\alpha B \in M^*_\omega$.

Sei nun τ eine Individuenkonstante, die in B nicht vorkommt, und $I′$ eine beliebige τ-Variante von I, dann gibt es
auf Grund der Definition von I eine Individuenkonstante σ
von PL′ mit

(ii) $V′(\tau) = \sigma = V(\sigma)$.

Hieraus folgt auf Grund des Überführungstheorems

(iii) $[B]^\tau_\alpha$ ist genau dann wahr bzgl. $I′$, wenn $[[B]^\tau_\alpha]^\sigma_\tau$ wahr
ist bzgl. I.

Da M^*_ω ω-vollständig ist, folgt aus (i) weiter

(iv) $[B]^\sigma_\alpha \in M^*_\omega$.

Und hieraus folgt auf Grund der Induktionsvoraussetzung

(v) $[B]^\sigma_\alpha$ ist wahr bzgl. I.

Aus (iii) und (v) folgt schließlich wegen $[[B]_\alpha^\tau]_\tau^\sigma = [B]_\alpha^\sigma$

(vi) $[B]_\alpha^\tau$ ist wahr bzgl. I'.

Für beliebige τ-Varianten I' von I folgt aus (i) also (vi). Also folgt aus (i) auch

(vii)   Für alle τ-Varianten I' von I gilt: $[B]_\alpha^\tau$ ist wahr bzgl. I'.

Und hieraus ergibt sich auf Grund der Bedingung (vii) der Definition 23.4

(viii) $\forall \alpha B$ ist wahr bzgl. I.

Zweitens zeigen wir:

(**)   Wenn $\forall \alpha B$ wahr ist bzgl. I, dann $\forall \alpha B \in \boldsymbol{M^*}_\omega$.

Angenommen, es gilt

(i) $\forall \alpha B$ ist wahr bzgl. I,

dann bedeutet das auf Grund der Bedingung (vii) der Definition 23.4

(ii)   Für alle τ-Varianten I' von I gilt: $[B]_\alpha^\tau$ ist wahr bzgl. I', wobei τ eine Individuenkonstante von PL$'$ ist, die in B nicht vorkommt.

Sei nun σ eine beliebige Individuenkonstante von PL$'$ und die Interpretation I^0 definiert durch

$$I^0 \stackrel{=}{\tau} I \text{ und}$$
$$V^0(\tau) = \sigma.$$

Dann ist I^0 eine τ-Variante von I und auf Grund von (ii) gilt daher

(iii) $[B]_\alpha^\tau$ ist wahr bzgl. I^0.

Weiter gilt wegen $V(\sigma) = \sigma$ auch

(iv) $V^0(\tau) = V(\sigma)$.

Und hieraus ergibt sich auf Grund des Überführungstheorems

(v) $[B]_\alpha^\tau$ ist genau dann wahr bzgl. I^0, wenn $[[B]_\alpha^\tau]_\tau^\sigma$ $(=[B]_\alpha^\sigma)$ wahr ist bzgl. I.

Weiter gilt auf Grund der Induktionsvoraussetzung

(vi) $[B]_\alpha^\sigma$ ist genau dann wahr bzgl. I, wenn $[B]_\alpha^\sigma \in \boldsymbol{M^*}_\omega$.

Aus (iii), (v) und (vi) folgt schließlich

(vii) $[B]_\alpha^\sigma \in M^*_\omega$.

Da für beliebige Individuenkonstanten σ (vii) aus (i) folgt, folgt aus (i) auch:

(viii)   Für alle Individuenkonstanten σ gilt: $[B]_\alpha^\sigma \in M^*_\omega$.

Und hieraus ergibt sich wegen der ω-Vollständigkeit von M^*_ω

(ix) $\forall \alpha B \in M^*_\omega$.

q.e.d.

Wir haben nun gezeigt:

(1) Wenn ein Satz A in PK nicht aus einer Satzmenge M ableitbar ist, dann ist die Satzmenge $M \cup \{\neg A\}$ PK-konsistent.

(2) Für jede maximal PK-konsistente, ω-vollständige Menge M^*_ω von Sätzen von PL' gibt es eine Interpretation I mit: A ist wahr bzgl. I genau dann, wenn $A \in M^*_\omega$.

Aus diesen beiden Sätzen folgt aber offenbar nur dann unmittelbar, dass es eine Interpretation gibt, bzgl. deren alle Sätze von $M \cup \{\neg A\}$ wahr sind, wenn wir außerdem – analog zu Satz 25.6 – zeigen können:

(3) Ist M eine PK-konsistente Menge von Sätzen von PL', dann gibt es eine maximal PK-konsistente, ω-vollständige Menge M^*_ω von Sätzen von PL' mit $M \subseteq M^*_\omega$.

Leider lässt sich dies jedoch nur in eingeschränkter Form beweisen.

Satz 26.11

Ist M eine PK-konsistente Menge von Sätzen von PL', *in der unendlich viele Individuenkonstanten nicht vorkommen*, dann gibt es eine maximal PK-konsistente, ω-vollständige Menge M^*_ω von Sätzen von PL' mit $M \subseteq M^*_\omega$.

Beweis

Da es nur abzählbar unendlich viele Sätze von PL' gibt, können diese durchnummeriert und entsprechend geordnet werden: A_1, ..., A_n, A_{n+1}, ... Ausgehend von M konstruieren wir eine Folge von Mengen M_0, M_1, ..., M_n, ... nach der folgenden Vorschrift:

$$M_0 = M$$

$$M_n = \begin{cases} M_{n-1} \cup \{[B]_\alpha^\tau \to \forall \alpha B\} & \text{falls } A_n = \forall \alpha B \\ M_{n-1} & \text{sonst} \end{cases}$$

Dabei sei τ die erste Individuenkonstante von PL', die weder in A_n noch in einem der Sätze von M_{n-1} vorkommt. Eine solche Individuenkonstante muss es geben, da voraussetzungsgemäß in M unendlich viele Individuenkonstanten nicht vorkommen. M^* sei die Vereinigung aller Mengen M_i dieser Folge.

Wir zeigen nun zunächst durch vollständige Induktion, dass für alle natürlichen Zahlen n gilt:

(1) M_n ist PK-konsistent.

1. $n = 0$

In diesem Fall ist $M_n = M$, und M ist laut Voraussetzung PK-konsistent.

2.   Wir zeigen: Falls die Behauptung (1) für M_n gilt, dann gilt sie auch für M_{n+1}.

Für M_{n+1} gilt:

$$M_{n+1} = M_n \text{ oder } M_{n+1} = M_n \cup \{[B]_\alpha^\tau \to \forall \alpha B\}.$$

1. Fall: $M_{n+1} = M_n$

Wenn $M_{n+1} = M_n$, dann ist M_{n+1} auf Grund der Induktionsvoraussetzung PK-konsistent.

2. Fall: $M_{n+1} = M_n \cup \{[B]_\alpha^\tau \to \forall \alpha B\}$

Nehmen wir an, dass $M_{n+1} = M_n \cup \{[B]_\alpha^\tau \to \forall \alpha B\}$ nicht PK-konsistent ist, d.h., dass es einen Satz A von PL' gibt mit

(i) $M_n \cup \{[B]_\alpha^\tau \to \forall\alpha B\} \vdash_{PK} A$

(ii) $M_n \cup \{[B]_\alpha^\tau \to \forall\alpha B\} \vdash_{PK} \neg A.$

Dann gilt wegen (iii) auf Grund des Deduktionstheorems

(iii) $M_n \vdash_{PK} ([B]_\alpha^\tau \to \forall\alpha B) \to A$

(iv) $M_n \vdash_{PK} ([B]_\alpha^\tau \to \forall\alpha B) \to \neg A.$

Aus (iii) und (iv) folgt aber auf Grund von Satz 20.7

(v) $M_n \vdash_{PK} \neg([B]_\alpha^\tau \to \forall\alpha B).$

Und hieraus wieder auf Grund von Satz 20.7

(vi) $M_n \vdash_{PK} [B]_\alpha^\tau$

und

(vii) $M_n \vdash_{PK} \neg\forall\alpha B.$

(vi) bedeutet, dass es eine Ableitung $C_1, \ldots, C_m$ von $[B]_\alpha^\tau$ aus M_n gibt. Auf Grund der Konstruktion von M_n und M_{n+1} kommt τ weder in M_n noch in B vor. Wenn wir D so wählen, dass τ auch in D nicht vorkommt, ist die folgende Satzfolge also eine Ableitung von $\forall\alpha B$ aus M_n.

1.	C_1	
...		
m.	$[B]_\alpha^\tau$ ($=C_m$)	
$m+1$.	$[B]_\alpha^\tau \to ((D \to D) \to [B]_\alpha^\tau)$	A1
$m+2$.	$(D \to D) \to [B]_\alpha^\tau$	MP (m, $m+1$)
$m+3$.	$(D \to D) \to \forall\alpha B$	HG ($m+2$)
$m+4$.	$D \to D$	TT
$m+5$.	$\forall\alpha B$	MP ($m+3$, $m+4$)

D.h., es gilt auch:

(viii) $M_n \vdash_{PK} \forall\alpha B.$

Und hieraus und aus (vii) folgt

(ix) M_n ist nicht PK-konsistent

im Widerspruch zur Induktionsvoraussetzung.

Aus (1) ergibt sich

(2) M^* ist PK-konsistent.

Wenn nämlich M^* nicht PK-konsistent wäre, dann würde es einen Satz A geben mit

(i) $\quad M^* \vdash_{PK} A$

und

(ii) $\quad M^* \vdash_{PK} \neg A$.

In diesem Fall gäbe es also Ableitungen von A aus M^* und von $\neg A$ aus M^*. Da Ableitungen endliche Folgen von Sätzen sind, kommen in beiden Ableitungen jeweils nur endlich viele Sätze von M^* vor. Wenn M' die Menge aller Sätze von M^* ist, die in der ersten oder der zweiten Ableitung vorkommen, ist also auch M' endlich. D.h., es gibt eine natürliche Zahl i, so dass keine Satz A_n mit $n > i$ (gemäß der angegebenen Ordnung der Sätze von PL') Element von M' ist. Also ist M' eine Teilmenge von M_i, und es gilt:

(iii) $\quad M_i \vdash_{PK} A$

und

(iv) $\quad M_i \vdash_{PK} \neg A$.

im Widerspruch zu (1).

Nachdem gezeigt wurde, dass M^* PK-konsistent ist, konstruieren wir ausgehend von M^* und der schon angeführten Aufzählung $A_1, \ldots, A_n, A_{n+1}, \ldots$ aller Sätze von PL' die folgende Folge von Mengen $M^*_0, \ldots, M^*_n, \ldots$ nach der Vorschrift:

$$M^*_0 = M^*$$

$$M^*_n = \begin{cases} M^*_{n-1} \cup \{A_n\} & \text{falls } M^*_{n-1} \cup \{A_n\} \text{ PK-konsistent ist} \\ M^*_{n-1} & \text{sonst} \end{cases}$$

Weiter definieren wir M^*_ω als die Vereinigung aller Mengen M^*_i dieser Folge.

Behauptung:

M^*_ω erfüllt die Bedingungen von Satz 26.11, d.h., es gilt:

(1) $M \subseteq M^*_\omega$

(2) M^*_ω ist maximal PK-konsistent

(3) M^*_ω ist ω-vollständig.

(1) $M \subseteq M^*_\omega$ ergibt sich trivialerweise aus der Konstruktion von M^* und M^*_ω.

(2)   Da wir die PK-Konsistenz von M^* schon bewiesen haben, ergibt sich die maximale PK-Konsistenz von M^*_ω analog zum Beweis von Satz 25.6.

(3)   Wir zeigen, dass für beliebige Sätze der Form $\forall\alpha B$ von PL' gilt:

   (*)   Wenn für alle Individuenkonstanten τ von PL' gilt: $[B]^\tau_\alpha \in M^*_\omega$, dann gilt auch: $\forall\alpha B \in M^*_\omega$.

   Nehmen wir an, dass gilt

   (i)   Für alle Individuenkonstanten τ von PL': $[B]^\tau_\alpha \in M^*_\omega$.

   Auf Grund der Konstruktion von M^* und M^*_ω gibt es eine Individuenkonstante τ von PL' mit

   (ii) $([B]^\tau_\alpha \to \forall\alpha B) \in M^*_\omega$.

   Und hieraus folgt

   (iii) $M^*_\omega \vdash_{PK} [B]^\tau_\alpha \to \forall\alpha B$.

   Aus (i) folgt weiter

   (iv) $[B]^\tau_\alpha \in M^*_\omega$.

   Und hieraus folgt wieder

   (v) $M^*_\omega \vdash_{PK} [B]^\tau_\alpha$.

   Aus (iii) und (v) ergibt sich nun

   (iii) $M^*_\omega \vdash_{PK} \forall\alpha B$.

   und hieraus folgt wieder nach Satz 26.6

   (iv) $\forall\alpha B \in M^*_\omega$.

                                                                                    q.e.d.

Wir haben jetzt gezeigt:

(1) Wenn ein Satz A in PK nicht aus einer Satzmenge M ableitbar ist, dann ist die Satzmenge $M \cup \{\neg A\}$ PK-konsistent.

(2) Für jede maximal PK-konsistente, ω-vollständige Menge M^*_ω von Sätzen von PL' gibt es eine Interpretation I mit: A ist wahr bzgl. I genau dann, wenn $A \in M^*_\omega$.

(3) Ist M eine PK-konsistente Menge von Sätzen von PL', in der unendlich viele Individuenkonstanten nicht vorkommen, dann gibt es eine maximal PK-konsistente, ω-vollständige Menge M^*_ω von Sätzen von PL' mit $M \subseteq M^*_\omega$.

Aus (1)–(3) folgt zunächst aber nur, dass es eine Interpretation gibt, bzgl. deren alle Sätze von $M \cup \{\neg A\}$ wahr sind, *wenn* in $M \cup \{\neg A\}$ unendlich viele Individuenkonstanten nicht vorkommen. Und das kann sicher nicht allgemein vorausgesetzt werden. Wie sich im jetzt folgenden Beweis der Vollständigkeit von PK zeigen wird, kommen wir mit einem kleinen Umweg aber doch ans gewünschte Ziel.

Satz 26.2

Der Kalkül PK ist *vollständig*, d.h., ist A ein Satz von PL' und M eine Menge von Sätzen von PL', dann gilt:

(a) Wenn A logisch wahr ist, dann ist A in PK beweisbar; d.h., wenn $\models_{PL} A$, dann auch $\vdash_{PK} A$.

(b) Wenn A logisch aus M folgt, dann ist A in PK aus M ableitbar; d.h., wenn $M \models_{PL} A$, dann auch $M \vdash_{PK} A$.

Beweis

(b) Wenn A logisch aus M folgt, dann ist A in PK aus M ableitbar; d.h., wenn $M \models_{PL} A$, dann auch $M \vdash_{PK} A$.

Wir zeigen:

Wenn A nicht aus M in PK ableitbar ist, dann folgt A nicht logisch aus M, d.h., dann gibt es eine Interpretation I, bzgl. deren die Sätze von M alle wahr sind, bzgl. deren A aber falsch ist.

Da es in PL′ nur abzählbar unendlich viele Individuenkonstanten gibt, können diese durchnummeriert und entsprechend geordnet werden: τ_1, ..., τ_n, τ_{n+1}, ... Wir ersetzen nun in allen Sätzen von M und in A jede Individuenkonstante τ_i durch die Individuenkonstante τ_{2i} und erhalten so die Menge M^+ und den Satz A^+. Voraussetzungsgemäß lässt sich A nicht aus M ableiten; also lässt sich auch A^+ nicht aus M^+ ableiten. (Denn aus einer solchen Ableitung ließe sich eine Ableitung von A aus M konstruieren.)

Wenn A^+ in PK nicht aus M^+ ableitbar ist, dann ist auf Grund von Satz 26.4 die Menge $M^+ \cup \{\neg A^+\}$ PK-konsistent. Somit gibt es, da nach Konstruktion in $M^+ \cup \{\neg A^+\}$ unendlich viele Individuenkonstanten nicht vorkommen, nach Satz 26.11 eine maximal PK-konsistente, ω-vollständige Menge $M^{+*}{}_\omega$ mit

(i) $M^+ \cup \{\neg A^+\} \subseteq M^{+*}{}_\omega$,

und d.h. auch

(ii) $\neg A^+ \in M^{+*}{}_\omega$.

Aus (ii) ergibt sich nach Satz 26.7

(iii) $A^+ \notin M^{+*}{}_\omega$.

Weiter gibt es nach Satz 26.10 zu $M^{+*}{}_\omega$ die Interpretation I^+

D^+ = die Menge aller Individuenkonstanten von PL′

$V^+(\tau)$ = τ für alle Individuenkonstanten τ von PL′

$V^+(\Phi^n)$ = $\{<\tau_1, ..., \tau_n>; \Phi^n \tau_1 ... \tau_n \in M^{+*}{}_\omega\}$,

so dass für alle Sätze B gilt:

(iv) B ist wahr bzgl. I^+ genau dann, wenn $B \in M^{+*}{}_\omega$.

Also gilt wegen (i) und (iii):

(v)   alle Sätze vom M^+ sind wahr bzgl. I^+

und

(vi) A^+ ist falsch bzgl. I^+.

Wenn wir jetzt die Interpretation I so definieren:

D = die Menge aller Individuenkonstanten von PL′

$V(\tau_i)$ = τ_{2i} für alle Individuenkonstanten τ von PL′

$V(\Phi^n)$ = $\{<\tau_1, \dots, \tau_n>; \Phi^n\tau_1\dots\tau_n \in M^{+*}{}_\omega\}$,

gilt auf Grund eines verallgemeinerten Überführungstheorems

(vii)   alle Sätze vom M sind wahr bzgl. I

und

(viii) A ist falsch bzgl. I.

I ist also die gesuchte Interpretation.

(a) ergibt sich als Sonderfall für $M = \varnothing$.

q.e.d.

Die Vollständigkeit von PK hat zwei sehr bedeutende Konsequenzen:

Satz 26.12 (Kompaktheit)

Ist A ein Satz von PL′ und M eine Menge von Sätzen von PL′ und gilt: $M \vDash_{PL} A$, dann gibt es eine endliche Menge $M' \subseteq M$: $M' \vDash_{PL} A$.

Beweis

Angenommen, es gilt: $M \vDash_{PL} A$, dann gilt wegen Satz 26.2 auch: $M \vdash_{PK} A$, d.h., dann gibt es in PK eine Ableitung von A aus M. In dieser Ableitung kommen aber nur endlich viele Sätze von M vor. Wenn wir diese in der Menge M' zusammenfassen, gilt also auch: $M' \vdash_{PK} A$. Und hieraus folgt nach Satz 26.1: $M' \vDash_{PL} A$.

q.e.d.

> **Satz 26.13 (Skolem-Löwenheim Theorem)**
>
> Ist M eine Menge von Sätzen von PL′ und I eine
> Interpretation, bzgl. deren alle Sätze von M wahr
> sind, dann sind alle Sätze von M auch wahr bzgl.
> einer Interpretation $I′$, deren Bereich höchstens so
> viele Elemente enthält, wie es Individuenkonstan-
> ten von PL′ gibt.

Beweis

Angenommen es gilt:

(i)   Alle Sätze von M sind wahr bzgl. I

und

(ii) $A \in M$.

(Falls M leer ist, gilt 26.13 trivialerweise.) Dann gilt auch:

(iii)   nicht: $M \models_{PL} \neg A$.

Denn andernfalls müssten sowohl A als auch $\neg A$ wahr sein
bzgl. I. Aus (iii) folgt wegen Satz 26.1

(iv)   nicht: $M \vdash_{PK} \neg A$.

Hieraus ergibt sich auf Grund von Satz 26.4

(v) $M \cup \{\neg\neg A\}$ ist PK-konsistent.

Also gibt es auf Grund der Sätze 26.10 und 26.11 eine Interpretation $I′$, bzgl. deren alle Sätze von $M \cup \{\neg\neg A\}$, also erst recht
alle Sätze von M wahr sind.

Wie der Beweis von Satz 26.10 zeigt, enthält der Bereich dieser Interpretation $I′$ aber nur Individuenkonstanten von PL′.

                                                    q.e.d.

Satz 26.13 mag nicht besonders interessant erscheinen, denn
schließlich gibt es in PL′ – ebenso wie in PL – unendlich viele
Individuenkonstanten. In der Logik und Mathematik unterscheidet man jedoch verschiedene Stufen von Unendlichkeit;
die Anzahl der Individuenkonstanten von PL fällt dabei in die

unterste Stufe, die der **Abzählbarkeit**. Satz 26.13 impliziert daher eine wesentliche Beschränkung von PL: Man kann in dieser Sprache keinen Satz formulieren, der ausdrückt, dass es mehr als abzählbar unendlich viele Gegenstände gibt, der also nur wahr ist bzgl. einer Interpretation mit überabzählbarem Bereich.

27 Korrektheit und Vollständigkeit der Wahrheitsbaumverfahren für AL und PL

27.1 Korrektheit und Vollständigkeit des Wahrheitsbaumverfahrens für AL

Zum Abschluss dieses Kapitels soll noch nachgetragen werden, was im Kapitel 13 angekündigt wurde – Beweise für die Sätze 13.1 und 13.2. Wir wollen also beweisen, dass gilt:

Satz 27.1

Das Wahrheitsbaumverfahren für AL ist *korrekt*, d.h., für beliebige Sätze $A, A_1, ..., A_n$ von AL gilt:

(a) Wenn jeder Ast eines Wahrheitsbaumes des Satzes $\neg A$, der nur mit den in Kapitel 13 angegebenen Regeln entwickelt wurde, mit einem 'x' geschlossen werden kann, da in ihm ein Satz von AL sowohl in negierter wie in nicht negierter Form vorkommt, dann ist A logisch wahr.

(b) Wenn jeder Ast eines Wahrheitsbaumes, dessen Stamm aus den Sätzen $A_1, ..., A_n$ und dem Satz $\neg A$ gebildet wird und der nur mit den in Kapitel 13 angegebenen Regeln entwickelt wurde, mit einem 'x' geschlossen werden kann, da in ihm ein Satz von AL sowohl in negierter wie in nicht negierter Form vorkommt, dann folgt A logisch aus $A_1, ..., A_n$.

Satz 27.2

Das Wahrheitsbaumverfahren für AL ist *vollständig*, d.h., für beliebige Sätze $A, A_1, \ldots, A_n$ von AL gilt:

(a) Wenn A logisch wahr ist, dann gibt es einen Wahrheitsbaum für den Satz $\neg A$, der nur mit den in Kapitel 13 angegebenen Regeln entwickelt wurde und dessen Äste alle mit einem 'x' geschlossen werden können, da in jedem dieser Äste ein Satz von AL sowohl in negierter wie in nicht negierter Form vorkommt.

(b) Wenn A logisch aus $A_1, \ldots, A_n$ folgt, dann gibt es einen Wahrheitsbaum, dessen Stamm aus den Sätzen $A_1, \ldots, A_n$ und dem Satz $\neg A$ gebildet wird, der nur mit den in Kapitel 13 angegebenen Regeln entwickelt wurde und dessen Äste alle mit einem 'x' geschlossen werden können, da in jedem dieser Äste ein Satz von AL sowohl in negierter wie in nicht negierter Form vorkommt.

Beweis von Satz 27.1 (b) (der Beweis von Satz 27.1 (a) ist völlig analog):

Satz 27.1 (b) ist offenbar äquivalent mit der Behauptung:

Wenn A *nicht* logisch aus $A_1, \ldots, A_n$ folgt, dann bleibt in jedem Wahrheitsbaum, dessen Stamm aus den Sätzen $A_1, \ldots, A_n$ und dem Satz $\neg A$ gebildet wird und der nur mit den in Kapitel 13 angegebenen Regeln entwickelt wurde, mindestens ein Ast offen.

Wenn A *nicht* logisch aus $A_1, \ldots, A_n$ folgt, gibt es eine Bewertung V, bzgl. deren die Sätze $A_1, \ldots, A_n$ wahr sind, bzgl. deren A aber falsch ist. In diesem Fall gibt es also eine Bewertung V mit:

(i)   Die Sätze $A_1, \ldots, A_n$ und $\neg A$ sind alle wahr bzgl. V.

Wenn es eine Bewertung gibt, bzgl. deren die Sätze $A_1, \ldots, A_n$ und $\neg A$ alle wahr sind, muss aber in jedem Wahrheitsbaum, dessen Stamm aus diesen Sätzen gebildet wird, mindestens ein Ast offen bleiben. Denn es gilt:

(ii)   Wenn alle Sätze, die den Stamm eines Wahrheitsbaums bilden, bzgl. einer Bewertung V wahr sind, gibt es in diesem Baum mindestens einen Ast, in dem alle Sätze wahr sind bzgl. V.

Also kann in diesem Ast kein Satz A von AL negiert und nicht negiert vorkommen; denn sonst müssten die Sätze A und $\neg A$ beide wahr sein bzgl. V, was nicht möglich ist. Aus (i) und (ii) folgt die Behauptung. Also müssen wir nur noch zeigen, dass (ii) wahr ist. Dies ergibt sich aus den beiden Behauptungen:

(iii) Wenn in einem Ast eines Wahrheitsbaums ein Satz A, der wahr ist bzgl. V, mit Hilfe einer nicht verzweigenden Regel entwickelt wird, dann sind auch alle Sätze, die bei dieser Regelentwicklung an den Ast angehängt werden, wahr bzgl. V.

Und

(iv)   Wenn in einem Ast eines Wahrheitsbaums ein Satz A, der wahr ist bzgl. V, mit Hilfe einer verzweigenden Regel entwickelt wird, dann gilt für mindestens einen der beiden neuen Äste: Alle Sätze, die bei dieser Regelentwicklung an diesen neuen Ast angehängt werden, sind wahr bzgl. V.

Die Wahrheit von (iii) ergibt sich aus der Betrachtung der Regeln (DN), (K), (NA) und (NS):

(v)   Wenn an einen Ast, auf dem der Satz $\neg\neg A$ vorkommt, auf Grund einer Anwendung der Regel (DN) der Satz A angehängt wird, gilt auf Grund von Definition 24.4 (ii): Wenn $\neg\neg A$ wahr ist bzgl. V, dann ist auch A wahr bzgl. V.

(vi)   Wenn an einen Ast, auf dem der Satz $A \wedge B$ vorkommt, auf Grund einer Anwendung der Regel (K) die Sätze A und B angehängt werden, gilt auf Grund von Definition 24.4 (iii): Wenn $A \wedge B$ wahr ist bzgl. V, dann sind auch A und B wahr bzgl. V.

(vii) Wenn an einen Ast, auf dem der Satz $\neg(A \lor B)$ vorkommt, auf Grund einer Anwendung der Regel (NA) die Sätze $\neg A$ und $\neg B$ angehängt werden, gilt auf Grund von Definition 24.4 (ii) und (iv): Wenn $\neg(A \lor B)$ wahr ist bzgl. V, dann sind auch $\neg A$ und $\neg B$ wahr bzgl. V.

(viii) Wenn an einen Ast, auf dem der Satz $\neg(A \to B)$ vorkommt, auf Grund einer Anwendung der Regel (NS) die Sätze A und $\neg B$ angehängt werden, gilt auf Grund von Definition 24.4 (ii) und (v): Wenn $\neg(A \to B)$ wahr ist bzgl. V, dann sind auch A und $\neg B$ wahr bzgl. V.

Die Wahrheit von (iv) ergibt sich aus der Betrachtung der Regeln (A), (S), (NK), (B) und (NB):

(ix)   Wenn man einen Ast, auf dem der Satz $A \lor B$ vorkommt, auf Grund einer Anwendung der Regel (A) verzweigt und dabei auf der einen Seite den Satz A und auf der anderen Seite den Satz B anhängt, gilt auf Grund von Definition 24.4 (iv): Wenn $A \lor B$ wahr ist bzgl. V, dann ist von den Sätzen A und B mindestens einer wahr bzgl. V.

(x)   Wenn man einen Ast, auf dem der Satz $A \to B$ vorkommt, auf Grund einer Anwendung der Regel (S) verzweigt und dabei auf der einen Seite $\neg A$ und auf der anderen Seite B anhängt, gilt auf Grund von Definition 24.4 (v): Wenn $A \to B$ wahr ist bzgl. V, dann ist von den Sätzen $\neg A$ und B mindestens einer wahr bzgl. V.

(xi)   Wenn man einen Ast, auf dem der Satz $\neg(A \land B)$ vorkommt, auf Grund einer Anwendung der Regel (NK) verzweigt und dabei auf der einen Seite $\neg A$ und auf der anderen Seite $\neg B$ anhängt, gilt auf Grund von Definition 24.4 (ii) und (iii): Wenn $\neg(A \land B)$ wahr ist bzgl. V, dann ist von den Sätzen $\neg A$ und $\neg B$ mindestens einer wahr bzgl. V.

(xii) Wenn man einen Ast, auf dem der Satz $A \leftrightarrow B$ vorkommt, auf Grund einer Anwendung der Regel (B) verzweigt und dabei auf der einen Seite die Sätze A und B und auf der anderen Seite die Sätze $\neg A$ und $\neg B$ anhängt, gilt auf Grund von Definition 24.4 (vi): Wenn $A \leftrightarrow B$

wahr ist bzgl. V, dann sind entweder die Sätze A und B oder die Sätze $\neg A$ und $\neg B$ beide wahr bzgl. V.

(xiii) Wenn man einen Ast, auf dem der Satz $\neg(A \leftrightarrow B)$ vorkommt, auf Grund einer Anwendung der Regel (NB) verzweigt und dabei auf der einen Seite die Sätze A und $\neg B$ und auf der anderen Seite die Sätze $\neg A$ und B anhängt, gilt auf Grund von Definition 24.4 (ii) und (vi): Wenn $\neg(A \leftrightarrow B)$ wahr ist bzgl. V, dann sind entweder die Sätze A und $\neg B$ oder die Sätze $\neg A$ und B beide wahr bzgl. V.

q.e.d.

Beweis von Satz 27.2 (b) (der Beweis von Satz 27.2 (a) ist völlig analog):

Satz 27.2 (b) ist offenbar äquivalent mit der Behauptung:

Wenn es einen vollständig entwickelten Wahrheitsbaum gibt, dessen Stamm aus den Sätzen A_1, ..., A_n und dem Satz $\neg A$ gebildet wird und bei dem mindestens ein Ast offen bleibt, dann gibt es eine Bewertung, bzgl. deren die Sätze A_1, ..., A_n und $\neg A$ alle wahr sind. In diesem Fall folgt A also nicht logisch aus A_1, ..., A_n.

Die gesuchte Bewertung V sieht so aus, dass sie jedem Satzbuchstaben, der allein auf dem offenen Ast vorkommt, eine wahre Aussage zuweist, allen anderen dagegen eine falsche.

Wir zeigen nun:

(*) Alle Sätze, die auf dem offenen Ast vorkommen, sind wahr bzgl. V.

Daraus folgt, dass insbesondere die Sätze A_1, ..., A_n und $\neg A$ im Stamm des Baums alle wahr sind bzgl. V.

Beweis durch vollständige Induktion über die **Länge** von A (d.h. die Anzahl der in A vorkommenden Zeichen; dabei zählen Individuenkonstanten, Individuenvariablen und Prädikatbuchstaben jeweils als ein Zeichen):

Wir nehmen an, dass (*) für alle Sätze A mit Länge(A) < n gilt, und zeigen, dass (*) dann auch für alle Sätze A mit Länge(A) = n gilt.

Für alle Sätze A mit Länge (A) = n gibt es die folgenden elf Möglichkeiten: a) A ist ein Satzbuchstabe, b) ein negierter Satzbuchstabe, c) ein doppelt negierter Satz, d) eine Konjunktion, e) eine negierte Konjunktion, f) eine Adjunktion, g) eine negierte Adjunktion, h) eine Subjunktion, i) eine negierte Subjunktion, j) eine Bisubjunktion oder k) eine negierte Bisubjunktion.

a) Falls A ein Satzbuchstabe ist, ergibt sich die Behauptung aus der Definition von V.

b) Falls A ein negierter Satzbuchstabe ist, kann der Satzbuchstabe selbst nicht auf dem offenen Ast vorkommen (sonst wäre der Ast nicht offen). Also weist V diesem Satzbuchstaben eine falsche Aussage zu; und daher ist A als die Negation dieses Satzbuchstabens wahr bzgl. V.

c) Falls A ein doppelt negierter Satz ist (also $A = \neg\neg B$), kommt, da der Baum vollständig entwickelt ist, auf dem offenen Ast auch der Satz B vor. Da B eine geringere Länge hat als A, ist auf Grund der Induktionsvoraussetzung B wahr bzgl. V; also ist auf Grund von Definition 24.4 (ii) auch A (= $\neg\neg B$) wahr bzgl. V.

d) Falls A eine Konjunktion ist (also $A = B \wedge C$), kommen, da der Baum vollständig entwickelt ist, auf dem offenen Ast sowohl der Satz B als auch der Satz C vor. Da beide Sätze eine geringere Länge haben als A, sind auf Grund der Induktionsvoraussetzung B und C beide wahr bzgl. V; also ist auf Grund von Definition 24.4 (iii) auch A (= $B \wedge C$) wahr bzgl. V.

e) Falls A eine negierte Konjunktion ist (also $A = \neg(B \wedge C)$), kommen, da der Baum vollständig entwickelt ist, auf dem offenen Ast entweder der Satz $\neg B$ oder der Satz $\neg C$ vor. Da beide Sätze eine geringere Länge haben als A, ist auf Grund der Induktionsvoraussetzung also $\neg B$ oder $\neg C$ wahr bzgl.

V; in beiden Fällen ist auf Grund von Definition 24.4 (ii) und (iii) auch A (= $\neg(B \wedge C)$) wahr bzgl. V.

In den Fällen f)–k) ergibt sich die Behauptung durch analoge Überlegungen.

q.e.d.

27.2 Korrektheit und Vollständigkeit des Wahrheitsbaumverfahrens für PL

Zum Schluss soll gezeigt werden, dass auch das Wahrheitsbaumverfahren für PL korrekt und vollständig ist.

Satz 27.3

Das Wahrheitsbaumverfahren für PL ist *korrekt*, d.h., für beliebige Sätze $A, A_1, \ldots, A_n$ von PL gilt:

(a) Wenn jeder Ast eines Wahrheitsbaums von $\neg A$, der nur mit den in Kapitel 19 angegebenen Regeln entwickelt wurde, mit einem 'x' geschlossen werden kann, da in ihm ein Satz von PL sowohl in negierter wie in nicht negierter Form vorkommt, dann ist A logisch wahr.

(b) Wenn jeder Ast eines Wahrheitsbaums, dessen Stamm aus den Sätzen $A_1, \ldots, A_n$ und $\neg A$ gebildet wird und der nur mit den in Kapitel 19 angegebenen Regeln entwickelt wurde, mit einem 'x' geschlossen werden kann, da in ihm ein Satz von PL sowohl in negierter wie in nicht negierter Form vorkommt, dann folgt A logisch aus $A_1, \ldots, A_n$.

Satz 27.4

Das Wahrheitsbaumverfahren für PL ist *vollständig*, d. h., für beliebige Sätze A, A_1, ..., A_n von PL gilt:

(a) Wenn A logisch wahr ist, dann gibt es einen Wahrheitsbaum für den Satz $\neg A$, der nur mit den in Kapitel 19 angegebenen Regeln entwickelt wurde und dessen Äste alle mit einem 'x' geschlossen werden können, da in jedem dieser Äste ein Satz von PL sowohl in negierter wie in nicht negierter Form vorkommt.

(b) Wenn A logisch aus A_1, ..., A_n folgt, dann gibt es einen Wahrheitsbaum, dessen Stamm aus den Sätzen A_1, ..., A_n und dem Satz $\neg A$ gebildet wird, der nur mit den in Kapitel 19 angegebenen Regeln entwickelt wurde und dessen Äste alle mit einem 'x' geschlossen werden können, da in jedem dieser Äste ein Satz von PL sowohl in negierter wie in nicht negierter Form vorkommt.

Beweis von Satz 27.3 (b) (der Beweis von Satz 27.3 (a) ist völlig analog):

Satz 27.3 (b) ist offenbar äquivalent mit der Behauptung:

> Wenn A *nicht* logisch aus A_1, ..., A_n folgt, dann bleibt in jedem Wahrheitsbaum, dessen Stamm aus den Sätzen A_1, ..., A_n und dem Satz $\neg A$ gebildet wird und der nur mit den in Kapitel 19 angegebenen Regeln entwickelt wurde, mindestens ein Ast offen.

Wenn A *nicht* logisch aus A_1, ..., A_n folgt, gibt es eine Interpretation $I = <D, V>$, bzgl. deren die Sätze A_1, ..., A_n wahr sind, bzgl. deren A aber falsch ist. In diesem Fall gibt es also eine Interpretation I mit:

(i)   Die Sätze $A_1, ..., A_n$ und $\neg A$ sind alle wahr bzgl. I.

Wenn es eine Interpretation gibt, bzgl. deren die Sätze $A_1, ...,$ A_n und $\neg A$ alle wahr sind, muss aber in jedem Wahrheitsbaum, dessen Stamm aus diesen Sätzen gebildet wird, mindestens ein Ast offen bleiben. Denn es gilt:

(ii)   Wenn eine Interpretation I alle Sätze, die den Stamm eines Wahrheitsbaums bilden, wahr macht, gibt es in diesem Baum mindestens einen Ast, in dem alle Sätze wahr sind bzgl. I.

Also kann in diesem Ast kein Satz A von PL in negierter und nicht negierter Form vorkommen; denn sonst müssten die Sätze A und $\neg A$ beide wahr sein bzgl. I, was nicht möglich ist. Aus (i) und (ii) folgt unmittelbar die Behauptung. Also müssen wir nur noch zeigen, dass (ii) wahr ist. Dies ergibt sich aus den beiden Behauptungen:

(iii)   Wenn in einem Ast eines Wahrheitsbaums alle Sätze wahr sind bzgl. einer Interpretation I und ein Satz A auf diesem Ast mit Hilfe einer nicht verzweigenden Regel entwickelt wird, dann sind alle Sätze dieses Astes – also auch die Sätze, die bei dieser Regelentwicklung an den Ast angehängt werden – wahr bzgl. einer Interpretation I'.

Und:

(iv)   Wenn in einem Ast eines Wahrheitsbaums alle Sätze wahr sind bzgl. einer Interpretation I und ein Satz A auf diesem Ast mit Hilfe einer verzweigenden Regel entwickelt wird, dann gilt für mindestens einen der beiden neuen Äste: Alle Sätze, die bei dieser Regelentwicklung an diesen neuen Ast angehängt werden, sind wahr bzgl. I.

Die Wahrheit von (iii) ergibt sich aus der Betrachtung der Regeln (DN), (K), (NA), (NS), (U), (E), (NU) und (NE). Bzgl. der Regeln (DN), (K), (NA), (NS) vgl. den Beweis von 27.1. (I' ist hier jeweils mit I identisch.) Wir betrachten zuerst die Regeln (U), (NU) und (NE).

(v)   Wenn an den Satz $\forall \alpha A$ der Satz $[A]_\alpha^\tau$ angehängt wird (wobei τ eine beliebige Individuenkonstante ist), gilt auf Grund von Satz 23.11: Wenn $\forall \alpha A$ wahr ist bzgl. I, dann ist auch $[A]_\alpha^\tau$ wahr bzgl. I.

(vi)   Wenn an den Satz $\neg \forall \alpha A$ der Satz $\exists \alpha \neg A$ angehängt wird, gilt auf Grund von Satz 24.7 5b: Wenn $\neg \forall \alpha A$ wahr ist bzgl. I, dann ist auch $\exists \alpha \neg A$ wahr bzgl. I.

(vii)   Wenn an den Satz $\neg \exists \alpha A$ der Satz $\forall \alpha \neg A$ angehängt wird, gilt auf Grund von Satz 24.7 4b: Wenn $\neg \exists \alpha A$ wahr ist bzgl. I, dann ist auch $\forall \alpha \neg A$ wahr bzgl. I.

Bleibt die Betrachtung der Regel (E).

(viii) Wenn an den Satz $\exists \alpha A$ der Satz $[A]_\alpha^\tau$ angehängt wird (wobei τ eine Individuenkonstante ist, die in dem Ast bisher nicht vorgekommen ist), gibt es auf Grund der Bedingung (viii) der Definition 23.4 mindestens eine τ-Variante I' von I, bzgl. deren $[A]_\alpha^\tau$ wahr ist. Nun kommt τ nach Voraussetzung in allen anderen Sätzen des Astes nicht vor. Also gilt auf Grund des Koinzidenztheorems 23.8: Alle diese Sätze sind ebenfalls wahr bzgl. I'.

Die Wahrheit von (iv) ergibt sich aus der Betrachtung der Regeln (A), (S), (NK), (B) und (NB). Vgl. hierzu den Beweis von Satz 27.1. (I' ist hier jeweils mit I identisch.)

q.e.d.

Beweis von Satz 27.4 (b) (der Beweis von Satz 27.4 (a) ist völlig analog):

Satz 27.4 (b) ist offenbar äquivalent mit der Behauptung:

> Wenn es einen vollständig entwickelten Wahrheitsbaum gibt, dessen Stamm aus den Sätzen A_1, ..., A_n und dem Satz $\neg A$ gebildet wird und bei dem mindestens ein Ast offen bleibt, dann gibt es eine Interpretation I, bzgl. deren die Sätze A_1, ..., A_n und $\neg A$ alle wahr sind. In diesem Fall folgt A also nicht logisch aus A_1, ..., A_n.

Bei dieser Formulierung gibt es zwei Probleme: Erstens können in PL manche Wahrheitsbäume nicht vollständig entwickelt werden, da man die Regel (U) unendlich oft anwenden darf. Zweitens ist in PL – anders als in AL – die Reihenfolge der Regelanwendungen nicht gleichgültig. Jeder vollständig entwickelte Wahrheitsbaum muss deshalb auch ein **kanonischer Wahrheitsbaum** sein, d. h. ein Wahrheitsbaum, bei dem die Entwicklungsregeln in der folgenden streng festgelegten Reihenfolge entwickelt wurden:

1. Zuerst werden alle aussagenlogisch komplexen Sätze so lange entwickelt, bis keine der Regeln für die aussagenlogischen Operatoren mehr anwendbar ist.

2. Dann werden alle negierten Quantifikationen mit Hilfe der Regeln (NE) und (NU) entwickelt.

3. Anschließend wird die Regel (E) auf alle existenzquantifizierten Sätze angewandt.

4. Schließlich werden mit (U) alle allquantifizierten Sätze entwickelt, und zwar für jede Individuenkonstante, die bereits auf dem Baum vorkommt – es sei denn, es kommt noch gar keine vor, dann darf eine (einzige) neue Konstante eingeführt werden.

Wenn nach Schritt 4 noch nicht alle Äste geschlossen sind, geht es wieder von vorne los bei Schritt 1, usw. Auch ein kanonischer Wahrheitsbaum kann deshalb unendlich lang geraten. In einem solchen Fall ist unter einem 'vollständig entwickelten kanonischen Baum' ein Baum zu verstehen, in dem die Schritte unendlich oft angewandt werden, der also unendlich lange Äste hat. Falls wir es mit einem solchen Baum zu tun haben, folgt A sicher nicht aus A_1, ..., A_n. Denn wenn diese Folgerungsbeziehung besteht, kann jeder Ast in einem vollständig entwickelten, kanonischen Wahrheitsbaum, dessen Stamm aus den Sätzen A_1, ..., A_n und dem Satz $\neg A$ gebildet wird, geschlossen werden. Dies soll nun bewiesen werden, indem gezeigt wird, dass für jeden offenen Ast eines kanonischen Wahrheitsbaums eine Interpretation I konstruiert werden kann, bzgl. deren alle Sätze auf dem Ast wahr sind. Solche Interpretationen heißen 'kanonische Interpretationen'.

Als Bereich D der kanonischen Interpretation $I = <D, V>$ wählen wir die Menge der auf dem Ast vorkommenden Individuenkonstanten. Alle diese Individuenkonstanten werden durch V auf sich selbst abgebildet. Für alle Prädikatbuchstaben Φ^n gilt:

$V(\Phi^n) = \{<\tau_1, ..., \tau_n>;$ '$\Phi^n\tau_1 ... \tau_n$' steht auf dem Ast$\}$.

Wir zeigen nun:

(**) Alle Sätze, die auf dem offenen Ast vorkommen, sind wahr bzgl. I.

Daraus folgt, dass insbesondere die Sätze $A_1, ..., A_n$ und $\neg A$ im Stamm des Baums alle wahr sind bzgl. I.

Beweis durch vollständige Induktion über die Länge von A:

Wir nehmen an, dass (**) für alle Sätze A mit Länge$(A) < n$ gilt, und zeigen, dass (**) dann auch für alle Sätze A mit Länge$(A) = n$ gilt.

Für alle Sätze A mit Länge $(A) = n$ gibt es die folgenden fünfzehn Möglichkeiten: a) A ist ein atomarer Satz, b) ein negierter atomarer Satz, c) ein doppelt negierter Satz, d) eine Konjunktion, e) eine negierte Konjunktion, f) eine Adjunktion, g) eine negierte Adjunktion, h) eine Subjunktion, i) eine negierte Subjunktion, j) eine Bisubjunktion, k) eine negierte Bisubjunktion, l) ein Allsatz, m) ein Existenzsatz, n) ein negierter Allsatz oder o) ein negierter Existenzsatz.

a) Wenn A ein atomarer Satz ist, d.h., es gilt $A = \Phi^n\tau_1 ... \tau_n$, ergibt sich die Behauptung aus der Definition von I.

b) Falls gilt: $A = \neg\Phi^n\tau_1 ... \tau_n$, falls A also ein negierter atomarer Satz ist, kann der atomare Satz $\Phi^n\tau_1 ... \tau_n$ selbst nicht auf dem offenen Ast vorkommen (sonst wäre der Ast nicht offen). Also gilt in diesem Fall: $<V(\tau_1), ..., V(\tau_n)> \notin V(\Phi^n)$. Und das heißt: $\Phi^n\tau_1 ... \tau_n$ ist falsch bzgl. I, und damit ist A $(= \neg\Phi^n\tau_1 ... \tau_n)$ wahr bzgl. I.

Für die Fälle c)–k) vgl. den Beweis von Satz 27.1.

l) Falls A ein Allsatz ist (also $A = \forall\alpha B$), steht, da es sich um einen kanonischen Baum handelt, auch für alle $\tau \in D$ der Satz $[B]^\tau_\alpha$ auf dem offenen Ast. Da alle diese Sätze nach Induktionsvoraussetzung wahr sind bzgl. I, ist auf Grund der Bedingung (vii) der Definition 23.4 auch A (= $\forall\alpha B$), wahr bzgl. I. Denn D umfasst ja genau die auf dem Ast vorkommenden Individuenkonstanten.

m) Falls A ein Existenzsatz ist (also $A = \exists\alpha B$), steht, da der Baum kanonisch und vollständig ist, auf dem offenen Ast auch der Satz $[B]_\alpha^\tau$ mit einer Individuenkonstanten τ. Da $[B]_\alpha^\tau$ eine kleinere Länge hat als A, ist auf Grund der Induktionsvoraussetzung $[B]_\alpha^\tau$ wahr bzgl. I; also ist auf Grund der Bedingung (viii) der Definition 23.4 auch A (= $\exists\alpha B$) wahr bzgl. I.

n) Falls A ein negierter Allsatz ist (also $A = \neg\forall\alpha B$), steht, da der Baum vollständig entwickelt ist, auf dem offenen Ast auch der Satz $\exists\alpha\neg B$. Wie gerade gezeigt, ist $\exists\alpha\neg B$ wahr bzgl. I. Und damit ist nach Satz 24.7 5a auch A (= $\neg\forall\alpha B$) wahr bzgl. I.

o) Falls A ein negierter Existenzsatz ist (also $A = \neg\exists\alpha B$), steht, da der Baum vollständig entwickelt ist, auf dem offenen Ast auch der Satz $\forall\alpha\neg B$. Wie unter l) gezeigt, ist $\forall\alpha\neg B$ wahr bzgl. I. Und damit ist nach Satz 24.7 4a auch A (= $\neg\exists\alpha B$) wahr bzgl. I.

q.e.d.

V Anhang

Lösungen *ausgewählter* Übungsaufgaben

Die Lösungen *aller* Aufgaben finden sich im Internet unter der Adresse http://www.uni-bielefeld.de/philosophie/personen/beckermann/logikaufgaben.html

Lösungen zu Kapitel 2

1. Die Texte (b), (d) und (e) enthalten keine Argumente. (In (e) gibt Aristoteles zwar einen *Grund* an, warum Gerüche undeutlicher sind als Farben und Töne, aber er will den Leser damit nicht von dieser These überzeugen. Vielmehr setzt er sie als bekannt voraus.)

   a) Es ist möglich, dass das Seiende wirklich vorhanden ist.
      Das Nichtseiende ist unmöglich.
      Also: Nur das Seiende gibt es.

   c) Wenn der Determinismus wahr ist, dann sind unsere Handlungen durch die Naturgesetze und längst vergangene Ereignisse bestimmt.
      Längst vergangene Ereignisse hängen nicht von uns ab.
      Die Naturgesetze hängen nicht von uns ab.
      Also: Unsere gegenwärtigen Handlungen hängen nicht von uns ab.

   f) Alle Menschen streben, zum Guten zu gelangen.
      Man wird gut durch Erlangung des Guten.
      Würden die Bösen das Gute erreichen, dann wären sie nicht böse.
      Also: Die Guten erlangen, was sie erstreben, die Bösen aber nicht.
      Also: Die Guten sind mächtig, die Bösen aber schwach.

   Nach dieser Rekonstruktion – es ist nicht die einzig mögliche – besteht das Argument aus zwei Teilargumenten: Zuerst argumentiert Boethius für die These, dass die Guten erlangen, was sie erstreben, die Bösen aber nicht. Dann folgert er daraus, dass nur die Guten mächtig sind.

g) Wäre der Äquator eine menschliche Erfindung, so könnten wir nichts Positives von ihm aussagen in Bezug auf eine Zeit, bevor Menschen vom Äquator redeten.
Also: Der Äquator ist keine menschliche Erfindung.

Frege setzt dabei voraus, dass wir selbstverständlich etwas Positives über den Äquator sagen können auch in Bezug auf Zeiten, bevor Menschen vom Äquator redeten. Häufig ist es hilfreich, solche versteckten Prämissen ausdrücklich in die Normalform aufzunehmen:

g') Wäre der Äquator eine menschliche Erfindung, so könnten wir nichts Positives von ihm aussagen in Bezug auf eine Zeit, bevor Menschen vom Äquator redeten.
Wir können etwas Positives vom Äquator aussagen in Bezug auf eine Zeit, bevor Menschen vom Äquator redeten.
Also: Der Äquator ist keine menschliche Erfindung.

Zusatzaufgabe: Finden Sie die versteckte Prämisse in Argument (c)!

Lösungen zu Kapitel 3

1. (b), (c) und (f) sind Aussagesätze, (a), (d) und (e) nicht.

2. Zum Beispiel: „Im Jahr 1856 fiel auf das Gebiet des heutigen Bielefeld eine ungerade Zahl von Regentropfen."

3. In (a): 'Heute', 'wir' (zweimal), 'hier', 'morgen', 'dort'.
In (b): 'Sie' (zweimal), 'dies'.
In (c) kommt kein indexikalischer Ausdruck vor. (Der Satz ist wahr, egal in welchem Kontext er geäußert wird.)
In (d): 'Jetzt'.

4. Das Buch enthält fast eine halbe Million *Vorkommnisse* (*Token*) der 30 Buchstaben-*Typen* des deutschen Alphabets.

5. a) Dieser Satz enthält zwar keine indexikalischen Ausdrücke, trotzdem hängt seine Wahrheit davon ab, in welchem Kontext er geäußert wird.
b) 'Groß' ist ein vages Prädikat, und vielleicht ist Bielefeld gerade ein Grenzfall: weder eindeutig groß noch eindeutig nicht groß. Der Satz ist dann weder eindeutig wahr noch eindeutig falsch.
c) Wenn dieser Satz wahr ist, dann müsste das, was er sagt, tatsächlich der Fall sein, d.h., er müsste falsch sein. Also kann

der Satz nicht wahr sein. Wenn er aber falsch ist, dann ist er wahr – denn genau das sagt er! Manche Logiker meinen, dass paradoxe Sätze wie dieser in der Tat sowohl wahr als auch falsch sind, oder weder wahr noch falsch.

d) Gemäß den Erzählungen von Arthur Conan Doyle wohnte Sherlock Holmes tatsächlich in der Baker Street. Doch in Wirklichkeit wohnte dort nie ein Mensch dieses Namens. In einem gewissen Sinn ist der Satz also wahr, in einem anderen falsch. Wichtig ist, dass man sich hier auf eine Lesart festlegt, und nicht mitten in einem Argument zur anderen wechselt.

Lösungen zu Kapitel 4

1. Bei gültigen, aber nicht schlüssigen Argumenten ist mindestens eine der Prämissen falsch. Sofern es sich bei den Prämissen nicht um Aussagen zur Logik handelt, fällt es nicht in den Bereich der Logik, über ihre Wahrheit oder Falschheit zu entscheiden. In der Logik geht es deshalb vor allem um die Gültigkeit von Argumenten.

2. a) Das Argument ist ungültig.

   b) Auch dieses Argument ist ungültig.

   c) Das Argument ist gültig, vorausgesetzt dass man nur etwas wissen kann, was tatsächlich wahr ist. Es ist allerdings fragwürdig, ob die erste Prämisse stimmt, und damit, ob das Argument schlüssig ist.

   d) Das Argument ist gültig: Weil die Konklusion unmöglich falsch sein kann, ist es in jedem Fall rational, sie für wahr zu halten, auch dann, wenn die Prämisse wahr ist. Da diese in der Tat wahr ist, ist das Argument nicht nur gültig, sondern schlüssig. Gut ist es trotzdem nicht, weil Prämisse und Konklusion nichts miteinander zu tun haben.

   e) Das Argument ist gültig und schlüssig, aber uninformativ.

Lösungen zu Kapitel 5

1. Die Aussagen (b) und (e) sind wahr. (a) und (d) gelten nicht allgemein, (c) ist sinnlos, weil der Ausdruck 'wahr' auf Argumente nicht anwendbar ist.

Lösungen zu Kapitel 6

1. Der erste Satz stimmt, der zweite aber nicht: Ein Argument kann weder deduktiv noch nicht-deduktiv gültig sein.

2. Das Argument ist nicht-deduktiv, aber nicht deduktiv gültig, weil die Konklusion nicht wahr sein muss, wenn die Prämisse wahr ist. Es könnte zum Beispiel heute Nacht ein großer Meteorit die Erde aus dem Sonnensystem heraus in die Leere des interstellaren Raums schleudern.

3. Das Argument ist nicht gültig: Sofern nicht eine merkwürdige Verschwörung im Gange ist, hängt der Ausgang von Fußballspielen nicht davon ab, wer im Fernsehen zuschaut. Die Prämisse stützt also nicht die Konklusion.

   Interessant ist, dass dieses Argument formal genau gleich aussieht wie das induktiv gültige Argument aus Aufgabe 2. Es ist deshalb sehr schwer, allgemeine Kriterien für nicht-deduktive Gültigkeit zu formulieren.

4. Das Argument ist nicht-deduktiv gültig, wenn man zum Beispiel diese Prämisse hinzunimmt:
   Die meisten Kugeln in der Urne sind grün.
   Deduktiv gültig wird es zum Beispiel durch diese Prämisse:
   Die Urne enthält außer 10 roten nur grüne Kugeln.

Lösungen zu Kapitel 7

1. Die Argumente (a), (c) und (d) haben dieselbe Form, nämlich
   Kein S ist M
   Einige P sind M
   Also: Nicht alle P sind S.

Lösungen zu Kapitel 8

1. (a), (d) und (g) sind analytisch, (b) und (c) synthetisch, (d) ist logisch determiniert. (e) ist überhaupt nicht wahr. Dass dieser Satz falsch ist, liegt jedoch nicht nur an der Bedeutung der in ihm vorkommenden Ausdrücke, sondern vor allem daran, dass Bleistifte eben in Wirklichkeit nicht aus Blei sind. Solche Sätze könnte man 'synthetisch falsch' nennen. (f) ist ein Grenzfall: Gehört es zur Bedeutung von 'Blei', dass Blei ein Metall ist? Wenn ja, ist der Satz analytisch, wenn nicht, synthetisch.

2. Ja.

3. Es gibt keine scharfe und allgemein akzeptierte Abgrenzung zwischen logischen und deskriptiven Ausdrücken. 'Fagott', 'heilig', 'Logik' und 'zwischen' sind wohl eher deskriptiv, 'alle' und 'oder' logisch. 'trotzdem' und 'weil' haben sowohl deskriptive als auch logische Aspekte. Der Status von 'identisch' und 'wahr' ist umstritten.

Lösungen zu Kapitel 9

1. a) Hans ist schneller als der Bote des Königs.
   Also: Jemand ist schneller als der Bote des Königs.
   b) Computer sind schwer durchschaubar.
   Deep Blue ist ein Computer.
   Also: Deep Blue ist schwer durchschaubar.
   c) Kurt Gödel und Gerhard Gentzen sind nicht reich.
   Also: Kurt Gödel ist nicht reich.
   d) Suppe ist besser als trockenes Brot.
   Ein Butterbrot ist besser als Suppe.
   Also: Ein Butterbrot ist besser als trockenes Brot.

2. Der Hofnarr argumentierte:
   Wenn es stimmt, was der König in seiner Ankündigung sagte, dann gibt es ein schlüssiges Argument, welches beweist, dass der König nicht immer die Wahrheit sagte. Die Konklusion eines (deduktiv) schlüssigen Arguments muss wahr sein. In diesem Fall sagte der König also tatsächlich nicht immer die Wahrheit. Wenn es aber nicht stimmt, was der König sagte, dann war seine Ankündigung falsch, folglich sagte er auch dann nicht immer die Wahrheit. Also, egal ob es stimmt oder nicht, der König sagte in jedem Fall nicht immer die Wahrheit.

3. Nach der Argumentation des Hofnarren ist mindestens einer der Sätze in der Ankündigung des Königs falsch. Der erste Satz kann es nicht sein, denn der Hofnarr hatte ja das Argument gefunden. Also war der zweite Satz falsch. Der zweite Satz aber lautete: „Dieser wird mein Königreich erben."

Lösungen zu Kapitel 10

Abschnitt 10.1

1. a) 'Die Tüte' enthält sieben Buchstaben.
   b) „Alle metaphysischen Sätze sind sinnlos" ist ein metaphysischer Satz.
   c) 'Berlin' bezeichnet Berlin, aber Bielefeld bezeichnet nicht Bielefeld.
      Es gibt einige andere Lösungen, etwa:
      'Berlin' bezeichnet Berlin, aber 'Bielefeld' bezeichnet nicht 'Bielefeld'.
   d) 'Suppe' angehängt an 'Erbsen' ergibt 'Erbsensuppe'. (Genau genommen ergibt es 'ErbsenSuppe'.)
   e) „'angehängt an sein eigenes Zitat' angehängt an sein eigenes Zitat" ist ein Ausdruck, der sich selbst bezeichnet.
      Oder: 'angehängt an sein eigenes Zitat' angehängt an sein eigenes Zitat ist ein Ausdruck, der sich selbst bezeichnet.
2. Wenn zum Beispiel in einem deutschen Buch über die deutsche Sprache geschrieben wird, dann ist Deutsch gleichzeitig Objekt- und Metasprache. (Einige der wichtigsten Ergebnisse der neueren Logik beruhen darauf, dass so etwas auch in formalen Sprachen möglich ist.)

Abschnitt 10.2

1. (b), (c), (e), (f), (h), (j), (l), (n), (q), (r) sind Sätze von AL.
2. (e) $p \wedge q$
   (f) $r \vee s$
   (h) $q \leftrightarrow t$
   (l) $t \wedge \neg q$
   (q) $p \rightarrow q \vee p$
   (r) $(\neg(\neg p \rightarrow s) \vee p) \wedge (t \leftrightarrow \neg q)$
3. So sehen die Sätze mit voller Klammerung aus. (Es gibt keine anderen richtigen Lösungen!)
   (a) $(\neg p \rightarrow q)$
   (b) $\neg\neg q$
   (c) $((p \wedge q) \rightarrow p)$
   (d) $((\neg p \leftrightarrow \neg q) \leftrightarrow ((p \leftrightarrow q) \vee r))$
   (e) $((p \vee \neg((p \wedge p) \rightarrow (p \vee \neg\neg\neg p))) \rightarrow \neg\neg p)$

4. (a), (c) und (e) sind Subjunktionen, (b) ist eine Negation, (d) eine Bisubjunktion.

Abschnitt 10.3

1. a) $(A \rightarrow B)$ ist genau dann falsch bzgl. einer Bewertung V, wenn A wahr und B falsch ist bzgl. V.

   b) $(A \leftrightarrow B)$ ist genau dann falsch bzgl. einer Bewertung V, wenn A wahr und B falsch ist bzgl. V oder wenn A falsch und B wahr ist bzgl. V.

2. (b), (e), (f) und (g) sind wahr bzgl. V_1, (a), (c), (d) falsch.

3. Der Satz '$\neg(p \wedge q) \rightarrow p \wedge \neg q$' ist wahr bzgl. jeder Bewertung, bzgl. deren p wahr ist, und falsch bzgl. jeder Bewertung, bzgl. deren p falsch ist. Die folgende Bewertung V_2 ist zum Beispiel eine Bewertung, bzgl. deren der Satz wahr ist:

   $V_2(p)$ = In der Schweiz gibt es Berge;
   $V_2(q)$ = Alle Berge sind vulkanischen Ursprungs.

   Dagegen ist der Satz falsch bzgl. der Bewertung V_3:

   $V_3(p)$ = In der Schweiz gibt es keine Berge;
   $V_3(q)$ = Alle Berge sind vulkanischen Ursprungs.

5. Wahrheitstafel für '|':

A	B	$A \mid B$
W	W	F
W	F	W
F	W	W
F	F	W

Lösungen zu Kapitel 11

1. (b), (c) und (d) treffen zu. Die Aussagen (a) und (e) sind falsch, (f) und (g) sinnlos: Nur Argumente können gültig sein, und Sätze von AL sind, für sich allein, weder wahr noch falsch – sie sind wahr oder falsch immer nur bzgl. einer bestimmten Bewertung.

2. Bedingung (e).

3. Ja.

4. (a) Wenn *A* eine Tautologie ist, dann ergibt sich allein aus den Bedingungen der Definition 10.3, dass *A* bzgl. aller Bewertungen von AL wahr ist. Folglich ist *A* auch bzgl. all jener Bewertungen wahr, bzgl. deren *B* wahr ist. D.h., es ergibt sich allein aus den Bedingungen der Definition 10.3, dass für alle Bewertungen *V* gilt: Ist *B* wahr bzgl. *V*, dann ist auch *A* wahr bzgl. *V*. Also folgt *A* logisch aus *B*.

(b) Wenn *A* eine Tautologie ist, dann ist *A* wahr bzgl. aller Bewertungen von AL. Wenn außerdem $A \vDash_{AL} B$, dann ist *B* wahr bzgl. aller Bewertungen, bzgl. deren *A* wahr ist – d.h. bzgl. ausnahmslos aller Bewertungen (beides ergibt sich aus Definition 10.3). Folglich ist *B* in diesem Fall ebenfalls eine Tautologie.

Lösungen zu Kapitel 12

1. Die Sätze (a), (d) und (e) sind Tautologien, (b) ist eine Kontradiktion, (c) und (f) sind keins von beidem.

2. (b) und (c) sind wahr, (a), (d) und (e) falsch.

3. Wie die Wahrheitstafel von '$p \to \neg((p \lor q) \land \neg q)$' zeigt, ist dieser Satz falsch bzgl. aller Bewertungen, bzgl. deren 'p' wahr und 'q' falsch ist. Zum Beispiel:

$V(p)$ = Kühe sind Säugetiere;
$V(q)$ = Kühe können fliegen.

'$(p \to r) \lor (q \to r) \to (p \lor q \to r)$' ist falsch bzgl. aller Bewertungen, bzgl. deren 'p' wahr ist und 'q' und 'r' falsch, sowie bzgl. aller Bewertungen, bzgl. deren 'q' wahr ist, 'p' und 'r' dagegen falsch. Zum Beispiel:

$V(p)$ = Kühe können fliegen;
$V(q)$ = Kühe sind Säugetier;
$V(r)$ = Kühe können fliegen.

4. Der kürzeste mit '$(p \land q) \lor \neg(\neg p \to q)$' logisch äquivalente Satz ist '$p \leftrightarrow q$'.

5. Es gibt mehrere Lösungen. Die einfachsten sind:
$\neg(A \land B)$, $(\neg A \lor \neg B)$, $(A \to \neg B)$ sowie $(B \to \neg A)$.

7. Wie die Lösung zu Aufgabe 5 zeigt, lässt sich '|' wahlweise durch '$\neg$' und '$\land$', durch '$\neg$' und '$\lor$' oder durch '$\neg$' und '$\to$' definieren. Da '|' funktional vollständig ist, gilt das also auch für diese Paare von Operatoren.

Lösungen zu Kapitel 13

1. Der Satz ist eine Subjunktion. Nur die Regel (S) darf deshalb zur Entwicklung verwendet werden. Versuchen Sie nie, Entwicklungsregeln auf Teilsätze eines Satzes anzuwenden! Dies führt oft zu falschen Ergebnissen und ist mit unseren Regeln unvereinbar. Wenn Sie über die anzuwendende Regel unsicher sind, setzen Sie zuerst alle nach den Klammerersparnisregeln weggelassenen Klammern ein. Der Beispielsatz sieht dann so aus: '$((p \wedge \neg q) \to (\neg\neg(p \wedge q) \vee s))$'. Die Form dieses Satzes ist offenbar $(A \to B)$.

2. (a), (b) und (d) sind Tautologien, (c) nicht.

   Wahrheitsbaum für (b):

1. √	$\neg((p \wedge \neg q) \vee (q \vee \neg p))$	A
2. √	$\neg(p \wedge \neg q)$	(1)
3. √	$\neg(q \vee \neg p)$	(1)
4.	$\neg q$	(3)
5.	$\neg\neg p$	(3)

$$
\begin{array}{ccc}
 & & \\
6. \quad \neg p & & 7. \quad \neg\neg q \qquad (2)\\
\text{x} & & \text{x}
\end{array}
$$

   Wahrheitsbaum für (c):

1. √	$\neg(((p \to q) \to (q \to r)) \to (p \to r))$	A
2. √	$(p \to q) \to (q \to r)$	(1)
3. √	$\neg(p \to r)$	(1)
4.	p	(3)
5.	$\neg r$	(3)

$$
\begin{array}{ll}
6. \surd \quad \neg(p \to q) & 7. \surd \quad q \to r \qquad (2)\\
8. \quad\ p \qquad\qquad (6) & \\
9. \quad \neg q \qquad\qquad (6) & \\
 & 10. \ \neg q \quad 11. \quad r \qquad (7)\\
 & \qquad\qquad\qquad \text{x}
\end{array}
$$

3. (a), (b) und (e) sind wahr, (c) und (d) falsch.
   Wahrheitsbaum für (a):

1. √	$(p \vee q) \wedge r$	A
2. √	$\neg((p \wedge q) \vee r)$	A
3.	$p \vee q$	(1)
4.	r	(1)
5.	$\neg(p \wedge q)$	(2)
6.	$\neg r$	(2)
	x	

   Wahrheitsbaum für (d):

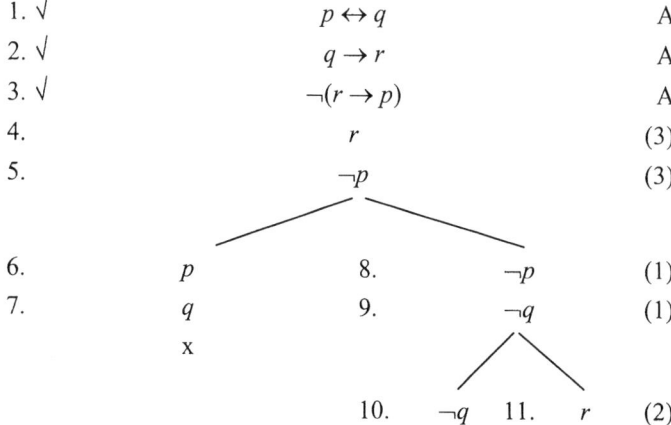

5. Auf dem offenen Ast des Wahrheitsbaums stehen die Sätze '$\neg q$'
   und '$\neg p$'. Jede Bewertung, bzgl. deren 'p' und 'q' falsch sind, ist
   also ein Gegenbeispiel. Etwa:
   $V(p) = 10$ ist eine Primzahl;
   $V(q) = 20$ ist eine Primzahl.

Lösungen zu Kapitel 14

2. Beweis von A1

    1. A Ann.

ist eine Ableitung von A aus $\{A, B\}$. Daher gilt:

(i) $A, B \vdash_{AK} A$.

Und hieraus ergibt sich durch zweimalige Anwendung des Deduktionstheorems

(ii) $\vdash_{AK} A \to (B \to A)$.

Beweis von A2

    1. $A \to (B \to C)$ Ann.
    2. $A \to B$ Ann.
    3. A Ann.
    4. $B \to C$ MP (1, 3)
    5. B MP (2, 3)
    6. C MP (4, 5)

ist eine Ableitung von C aus $\{A \to (B \to C), A \to B, A\}$. Daher gilt:

(i) $A \to (B \to C), A \to B, A \vdash_{AK} C$.

Und hieraus ergibt sich durch dreimalige Anwendung des Deduktionstheorems

(ii) $\vdash_{AK} (A \to (B \to C)) \to ((A \to B) \to (A \to C))$.

4. Ein Beweis von F3 mit Hilfe des Deduktionstheorems, also mit F1 und F2 (vgl. Aufgabe 2):

    1. $A \to (B \to C)$ Ann.
    2. B Ann.
    3. A Ann.
    4. $B \to C$ MP (1, 3)
    5. C MP (2, 4)

ist eine Ableitung von C aus $\{A \to (B \to C), B, A\}$. Daher gilt:

(i) $A \to (B \to C), B, A \vdash_{AK} C$.

Und hieraus ergibt sich durch dreimalige Anwendung des Deduktionstheorems

(ii) $\vdash_{AK} (A \to (B \to C)) \to (B \to (A \to C))$.

Lösungen zu Kapitel 15

1. a)   Paul Celan ist der Sänger einer Heavy-Metal-Band.
   b)   Afghanistan ist ein großes Land.
   c)   Einen Urlaubstag zu bekommen ist möglich.
   d)   Jeder bedeutende Philosoph war ein guter Logiker.
   e)   Pilze sind Tiere oder sie betreiben Photosynthese.

2. k) $p \leftrightarrow \neg q$
     p: Gott ist tot;
     q: Nietzsche irrte sich.

   l) $p \leftrightarrow q$
     p: A ist eine adäquate Übersetzung von A';
     q: A und A' besitzen dieselben Wahrheitsbedingungen.

   m) $\neg(\neg p \wedge q) \wedge (\neg r \wedge s)$
     p: Die mathematischen Gesetze sind problematisch;
     q: Die mathematischen Gesetze sind gewiss;
     r: Die Gesetze der Logik sind problematisch;
     s: Die Gesetze der Logik sind gewiss.

   n) $(p \wedge q) \rightarrow \neg r \wedge \neg s$
     p: Die Maxwellschen Gleichungen sind linear;
     q: Die Maxwellschen Gleichungen sind homogen;
     r: Im betrachteten Raum befinden sich Ströme;
     s: Im betrachteten Raum befinden sich Ladungen.

   o) $p \wedge q$
     p: Der Weg ist der Weg;
     q: Der Weg ist das Ziel.

   p) p
     p: Jenseits der Kastanien ist alles, was man sagen kann, falsch.

3. a) Die Erde ist rund. Also: Wenn die Erde eine Scheibe ist, dann ist die Erde rund.
   b) Die Erde ist rund. Also: Wenn die Erde nicht rund ist, dann ist 7 kleiner als 5.
   c) Es nicht der Fall, dass ein Weltkrieg ausbricht, wenn alle Menschen gleichzeitig niesen. Also: Wenn ein Weltkrieg ausbricht, niesen alle Menschen gleichzeitig.

Lösungen zu Kapitel 16

1. (a), (b), (d) und (e) sind wahr, (c) und (f) falsch.

2. (a) Übersetzung:

    (a.1′) $p \wedge q \rightarrow \neg r$

    (a.2′) r

    (a.3′) $\neg p \wedge \neg q$

    p: Gott ist gütig;

    q: Gott ist allmächtig;

    r: Es gibt Leiden in der Welt.

Wie die folgende Wahrheitstafel zeigt, ist das Argument (a) nicht aussagenlogisch gültig:

p	q	r	$p \wedge q$	$\rightarrow$	$\neg r$	r	$\neg p$	$\wedge$	$\neg q$
W	W	W	W	F	F	W	F	F	
W	W	F	W	W	W	F	F	F	
W	F	W	F	W		W	F	F	
W	F	F	F	W		F	F	F	
F	W	W	F	W		W	W	F	F
F	W	F	F	W		F	W	F	F
F	F	W	F	W		W	W	W	W
F	F	F	F	W		F	W	W	W

(c) Übersetzung:

    (c.1′) $\neg p \wedge q \rightarrow r$

    (c.2′) $\neg r$

    (c.3′) q

    (c.4′) p

    p: Gott existiert wirklich;

    p: Gott existiert im Verstand;

    r: Es kann etwas Größeres als Gott gedacht werden.

Wie die folgende Wahrheitstafel zeigt, ist das Argument (c) aussagenlogisch gültig:

p	q	r		$\neg p \wedge q$	$\to$	r	$\neg r$	q	p
W	W	W		F	W		F	W	W
W	W	F		F	W		W	W	W
W	F	W		F	W		F	F	W
W	F	F		F	W		W	F	W
F	W	W		W	W	W	F	W	F
F	W	F		W	F	F	W	W	F
F	F	W		F	W		F	F	F
F	F	F		F	W		W	F	F

3. (b) Übersetzung:

    (b.1′) $\neg(p \leftrightarrow \neg p)$

    (b.2′) $\neg p \to q$

    (b.3′) $r \to \neg q \wedge \neg p$

    (b.4′) $\neg r$

    p: Menschliches Handeln ist determiniert;

    q: Menschliches Handeln ist zufällig;

    r: Menschliches Handeln ist frei.

Wie der folgende Wahrheitsbaum zeigt, ist das Argument (b) aussagenlogisch gültig:

1. $\neg(p \leftrightarrow \neg p)$ A

2. √ $\neg p \to q$ A

3. √ $r \to \neg q \wedge \neg p$ A

4. $\neg\neg r$ A

5. $\neg r$ 6. √ $\neg q \wedge \neg p$ (3)

          x   7. $\neg q$ (6)

               8. $\neg p$ (6)

          10. $\neg\neg p$ 11. q (2)

               x   x

(d) Übersetzung:

(d.1′) $p \lor q$

(d.2′) p

(d.3′) $\neg q$

p: Frege wurde in Wismar geboren;

q: Frege wurde in Weimar geboren.

Wie der folgende Wahrheitsbaum zeigt, ist das Argument (d) nicht aussagenlogisch gültig:

1. √		$p \lor q$		A
2.		p		A
3.		$\neg\neg q$		A
4.	p	5.	q	(1)

5. Angenommen, jemand tut etwas, was sich adäquat mit '$\neg(p \lor \neg p)$' übersetzen lässt. Wir übersetzen ferner 'die Welt geht unter' mit 'q'. Wie der folgende Wahrheitsbaum zeigt, gilt: $\neg(p \lor \neg p) \models_{\mathrm{AL}} q$.

1. √	$\neg(p \lor \neg p)$	A
2.	$\neg q$	A
3.	$\neg p$	(1)
4.	$\neg\neg p$	(1)
	x	

Wenn Sie das beunruhigt, beweisen Sie, dass aus der angegebenen Prämisse auch folgt, dass die Welt *nicht* untergeht!

Lösungen zu Kapitel 17

Abschnitt 17.1

1. (a), (f), (h), (k) und (p) sind Sätze von PL, Satzfunktionen sind (a), (f), (g), (h), (j), (k), (n), (p) und (q).

2. (a) ist ein atomarer Satz, (f) eine Subjunktion, (h) ein Allsatz, (k) eine Adjunktion und (p) ein Existenzsatz.

3. Die freien Variablen sind unterstrichen:

g) $G^1\underline{x} \lor \forall x G^1 x$

j) $\exists z(F^2 az \land H^1\underline{x}) \leftrightarrow H^1\underline{y}$

n) $H^3 aaa \lor \neg\neg\neg\forall x H^3 xxx \to H^3\underline{xxx}$

q) $\forall y(\forall y(\forall y F^1 y \land F^1 y) \land F^1 y) \land F^1\underline{y}$

Abschnitt 17.2

1. (a) ist wahr bzgl. I_1; denn 5 ist größer als 2.
    (b) ist wahr bzgl. I_1; denn 1 ist keine gerade natürliche Zahl, also ist das Vorderglied der Subjunktion falsch.
    (c) ist falsch bzgl. I_1; denn nicht alle geraden natürlichen Zahlen sind ungerade.
    (d) ist wahr bzgl. I_1; denn es gibt Primzahlen, die kleiner sind als 4.
    (e) ist falsch bzgl. I_1; denn es gibt eine natürliche Zahl kleiner 1, nämlich 0.
    (f) ist wahr bzgl. I_1; denn es gibt eine Zahl x, nämlich 0, so dass für alle y gilt: $y = y + x$.
    (g) ist falsch bzgl. I_1; denn x kann nicht nur kleiner oder größer als y sein, sondern auch gleich groß, wenn nämlich $x = y$.
    (h) ist falsch bzgl. I_1; denn es gibt keine Primzahl, die größer ist als alle Zahlen.
    (i) ist wahr bzgl. I_1; denn wenn x durch y teilbar ist, ist $x \geq y$; und in diesem Fall gibt es eine Zahl z mit $y + z = x$.

2. (a) $G^2ec \wedge G^2ca$
    (b) $\exists x H^1 x$
    (c) $\forall x G^2 xc$
    (d) $\forall x (G^2 xc \vee F^2 xd)$
    (e) $\forall x (H^1 x \rightarrow \exists y (H^1 y \wedge G^2 yx))$

3. Zum Beispiel:
    D = die Menge aller Elefanten;
    F^1: … ist ein Fisch;
    G^1: … ist ein Säugetier.

4. Hier die jeweils einfachste Lösung:
    Es gibt höchstens zwei Gegenstände: $\exists x \exists y \forall z ((z = x) \vee (z = y))$.
    Es gibt genau zwei Gegenstände: $\exists x \exists y \forall z ((z = x) \leftrightarrow \neg(z = y))$.
    Es gibt mindestens drei Gegenstände:
    $$\exists x \exists y \exists z (\neg(x = y) \wedge \neg(x = z) \wedge \neg(y = z)).$$

Lösungen zu Kapitel 18

1. (a), (c), (d) und (e) sind wahr, (b) und (f) falsch.

2. I ist ein Gegenbeispiel gegen (a) und (d).

3. Zum Beispiel:
    a) D = die Menge aller Fahrräder;
        F^1: … ist ein Krokodil.

b) D = die Menge aller Philosophen;
     a: Plato;
     b: Sokrates;
     F^2:   … ist der Schüler von ---.

c) D = die Menge aller Schauspieler;
     F^2:   … ist bekannter als ---.

d) D = die Menge aller Staaten;
     a: Schweiz;
     F^2:   … befindet sich im Krieg mit ---.

4. Zum Beispiel:

a) D = die Menge aller Beeren;
     F^1:   … ist eine Himbeere.

b) D = die Menge aller Vögel;
     F^1:   … ist ein Kolibri;
     G^1:   … ist ein Orang-Utan.

c) D = die Menge aller Menschen;
     a: Kurt Gödel;
     F^2:   … ist verheiratet mit ---.

d) D = die Menge aller Städte;
     F^2:   … hat mindestens doppelt so viele Einwohner wie ---.

Lösungen zu Kapitel 19

1. (a), (c) und (e) sind logisch wahr, (b) und (d) nicht.

Wahrheitsbaum für (b) siehe nächste Seite.

Wahrheitsbaum für (c):

1. $\sqrt{}$	$\neg\exists x\forall y(F^1y \to (G^1x \to F^1y))$	A
2.	$\forall x\neg\forall y(F^1y \to (G^1x \to F^1y))$	(1)
3. $\sqrt{}$	$\neg\forall y(F^1y \to (G^1a \to F^1y))$	(2)
4. $\sqrt{}$	$\exists y\neg(F^1y \to (G^1a \to F^1y))$	(3)
5. $\sqrt{}$	$\neg(F^1b \to (G^1a \to F^1b))$	(4)
6.	F^1b	(5)
7. $\sqrt{}$	$\neg(G^1a \to F^1b)$	(5)
8.	G^1a	(7)
9.	$\neg F^1b$	(7)

$$\times$$

Wahrheitsbaum für (b):

1. √	$\neg(\exists x(F^1x \wedge G^1x) \vee \exists x(\neg F^1x \wedge \neg G^1x))$	A
2. √	$\neg\exists x(F^1x \wedge G^1x)$	(1)
3. √	$\neg\exists x(\neg F^1x \wedge \neg G^1x)$	(1)
4.	$\forall x\neg(F^1x \wedge G^1x)$	(2)
5.	$\forall x\neg(\neg F^1x \wedge \neg G^1x)$	(3)
6. √	$\neg(F^1a \wedge G^1a)$	(4)
7. √	$\neg(\neg F^1a \wedge \neg G^1a)$	(5)

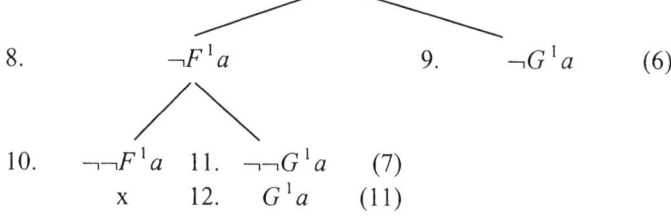

8.	$\neg F^1a$	9.	$\neg G^1a$	(6)
10.	$\neg\neg F^1a$	11.	$\neg\neg G^1a$	(7)
	x	12.	G^1a	(11)

2. (b), (c), (d), (e) und (h) sind wahr, (a), (f), (g), (i) und (j) sind falsch.

Gegenbeispiel für (a) siehe nächste Seite.

Wahrheitsbaum für (b):

1. √	$F^1a \vee F^1b$	A
2. √	$\neg((F^1a \rightarrow F^1b) \rightarrow F^1b)$	A
3. √	$F^1a \rightarrow F^1b$	(2)
4.	$\neg F^1b$	(2)

5.	F^1a	6.	F^1b	(1)
			x	
7.	$\neg F^1a$	8.	F^1b	(3)
	x		x	

Gegenbeispiel für (a):

D = die Menge der natürlichen Zahlen;
a: 2;
F^1:   … ist eine ungerade natürliche Zahl.

Lösungen zu Kapitel 20

2. Wie die folgende Ableitung zeigt, könnte man ohne die Beschränkung z.B. aus dem harmlosen Satz '$F^1a \land \neg F^1b$' den Widerspruch '$F^1a \land \neg F^1a$' ableiten.

1.	$F^1a \land \neg F^1b$	Ann.
2.	$F^1a \to \neg F^1b$	AF (1)
3.	$F^1a \to \forall x \neg F^1x$	HG (2)*
4.	$\forall x \neg F^1x \to \neg F^1a$	A4
5.	$F^1a \to \neg F^1a$	AF (3, 4)
6.	$\neg F^1a$	AF (5)
7.	$F^1a \land \neg F^1a$	AF (1, 6)

3. a) Sei τ eine Individuenkonstante, die in A und D nicht vorkommt, dann ist das Folgende eine Ableitung von $A \to \forall\alpha D$ aus
$\forall\alpha(A \to D)$.

1.	$\forall\alpha(A \to D)$	Ann.
2.	$\forall\alpha(A \to D) \to (A \to [D]^\tau_\alpha)$	A4
3.	$A \to [D]^\tau_\alpha$	MP (1, 2)
4.	$A \to \forall\alpha D$	HG (3)

Also gilt:

(i) $\forall\alpha(A \to D) \vdash_{AK} A \to \forall\alpha D$.

Hieraus ergibt sich durch einmalige Anwendung des Deduktionstheorems A5.

b) Angenommen, mit der Regel (G) wird von $[D]^\tau_\alpha$ auf $\forall\alpha D$
geschlossen. In diesem Fall kommt τ in den Prämissen der Ableitung (falls vorhanden) und in D nicht vor. Sei nun C ein Satz von
PL, in dem τ ebenfalls nicht vorkommt, dann ist das Folgende eine Ableitung von $\forall\alpha D$ aus $[D]^\tau_\alpha$:

1.	$[D]^\tau_\alpha$	Ann.
2.	$[D]^\tau_\alpha \to ((C \to (C \to C)) \to [D]^\tau_\alpha)$	A1
3.	$(C \to (C \to C)) \to [D]^\tau_\alpha$	MP (1, 2)
4.	$(C \to (C \to C)) \to \forall\alpha D$	HG (3)

5. $C \rightarrow (C \rightarrow C)$ A1

6. $\forall \alpha D$ MP (4, 5)

c) Angenommen, mit der Regel (HG) wird von $A \rightarrow [D]_\alpha^\tau$ auf $A \rightarrow \forall \alpha D$ geschlossen. In diesem Fall kommt τ in den Prämissen der Ableitung (falls vorhanden) sowie in A und D nicht vor. Es gilt also $A \rightarrow [D]_\alpha^\tau = [A \rightarrow D]_\alpha^\tau$; und deshalb ist das Folgende eine Ableitung von $A \rightarrow \forall \alpha D$ aus $A \rightarrow [D]_\alpha^\tau$:

1. $A \rightarrow [D]_\alpha^\tau$ Ann.

2. $\forall \alpha (A \rightarrow D)$ G (1)

3. $\forall \alpha (A \rightarrow D) \rightarrow (A \rightarrow \forall \alpha D)$ A5

4 $A \rightarrow \forall \alpha D$ MP (2, 3)

Lösungen zu Kapitel 21

1. a) $\forall x F^2 ax$
   D = die Menge aller Menschen;
   a: Hans;
   F^2: ... liebt ---.

   b) $\forall x F^2 xa$
   Interpretation wie bei a).

   c) $\neg \forall x (F^1 x \rightarrow G^1 x)$
   D = die Menge aller materiellen Dinge;
   F^1: ... glänzt;
   G^1: ... ist Gold.

   d) $\forall x (F^1 x \rightarrow \neg G^1 x)$
   D = die Menge aller Hunde;
   F^1: ... bellt;
   G^1: ... beißt.

   e) $\forall x (F^1 x \rightarrow \neg G^1 x)$
   D = die Menge aller Löwen;
   F^1: ... schläft;
   G^1: ... ist gefährlich.

   f) $\forall x (F^1 x \rightarrow \forall y (G^1 y \wedge H^1 y \rightarrow F^2 xy))$
   D = die Menge aller Lebewesen;
   F^1: ... ist ein Mensch;
   G^1: ... ist ein Hund;
   H^1: ... ist klein;
   F^2: ... mag ---.

Bzw.

$\forall x \forall y (F^1x \to (G^1y \wedge H^1y \to F^2xy))$

Interpretation wie bei f).

Bzw.

$\forall x \forall y (F^1x \wedge G^1y \wedge H^1y \to F^2xy)$

Interpretation wie bei f).

g) $\forall x \forall y (F^2xy \to G^2xy)$

D = die Menge aller Menschen;

F^2: … ist mit --- befreundet;

G^2: … kennt ---.

h) $\forall x (F^1x \to F^2xa \wedge F^2xx)$

D = die Menge der natürlichen Zahlen;

a: 1;

F^1: … ist eine Primzahl;

F^2: … ist durch --- teilbar.

i) $\forall x (F^1x \to (F^2xa \to G^1x))$

D = die Menge der natürlichen Zahlen;

a: 2;

F^1: … ist eine Primzahl;

G^1: … ist ungerade;

F^2: … ist größer als ---.

Bzw.

$\forall x (F^1x \wedge F^2xa \to G^1x)$

Interpretation wie bei i).

j) $\forall x F^1x \to \neg \forall x G^1x$

D = die Menge aller Raben;

F^1: … ist schwarz;

G^1: … ist weiß.

k) $\forall x \forall y \forall z (F^3xyz \to F^2xy \wedge F^2xz)$

D = die Menge der natürlichen Zahlen;

F^2: … ist größer als ---;

F^3: … ist die Summe von --- und ***.

l) $\forall x \neg (F^2xa \wedge G^2xa)$

D = die Menge der natürlichen Zahlen;

a: 1;

F^2: … ist größer als ---;

G^2: … ist kleiner als ---.

Bzw.

$\neg\exists x(F^2xa \land G^2xa)$

Interpretation wie bei l).

m) $\exists x(F^1x \land F^2ax \land \forall y(G^2ya \to F^3yax))$

    D = die Menge aller Menschen und aller materiellen
           Gegenstände;

    a: Hans;

    F^1:   ... ist ein Haus;

    F^2:   ... ist der Eigentümer von ---;

    G^2:   ... ist ein Nachbar von ---;

    F^3:   ... beneidet --- um ***.

n) $\exists xF^1x \to \neg\forall xG^1x$

    D = die Menge aller Schwäne;

    F^1:   ... ist schwarz;

    G^1:   ... ist weiß.

o) $\forall x\forall y\exists zF^3zxy$

    D = die Menge der rationalen Zahlen;

    F^3:   ... liegt zwischen --- und ***.

p) $\forall x\forall y(F^2xy \leftrightarrow \exists zF^3xyz)$

    D = die Menge der natürlichen Zahlen;

    F^2:   ... ist durch --- teilbar;

    F^3:   ... ist das Produkt von --- und ***.

q) $\forall x\forall y(F^2xy \to \neg(G^2xy \leftrightarrow F^1x \land F^1y))$

    D = die Menge aller Menschen;

    F^1:   ... ist unglücklich;

    F^2:   ... ist mit --- verheiratet;

    G^2:   ... und --- lieben sich.

2. Weil Satz (1) nicht behauptet, dass die Väter aller Schweden ebenfalls Schweden sind.

Lösungen zu Kapitel 22

1. (b), (d), (e) und (g) sind wahr, (a), (c) und (f) falsch.
2. (b) Übersetzung:

   (b.1') $\forall x(F^1x \to G^1x)$
   (b.2') $\forall x(\exists y(F^1y \wedge F^2xy) \to \exists y(G^1y \wedge F^2xy))$

   D =   die Menge aller Tiere und aller Teile von Tieren;
   F^1:   ... ist ein Pferd;
   G^1:   ... ist ein Tier;
   F^2:   ... ist ein Kopf von ---.

Wie der folgende Wahrheitsbaum zeigt, ist das Argument gültig:

1.	$\forall x(F^1x \to G^1x)$	A
2. √	$\neg\forall x(\exists y(F^1y \wedge F^2xy) \to \exists y(G^1y \wedge F^2xy))$	A
3. √	$\exists x\neg(\exists y(F^1y \wedge F^2xy) \to \exists y(G^1y \wedge F^2xy))$	(2)
4. √	$\neg(\exists y(F^1y \wedge F^2ay) \to \exists y(G^1y \wedge F^2ay))$	(3)
5. √	$\exists y(F^1y \wedge F^2ay)$	(4)
6. √	$\neg\exists y(G^1y \wedge F^2ay)$	(4)
7. √	$F^1b \wedge F^2ab$	(5)
8.	F^1b	(7)
9.	F^2ab	(7)
10.	$\forall y\neg(G^1y \wedge F^2ay)$	(6)
11. √	$\neg(G^1b \wedge F^2ab)$	(10)
12. √	$F^1b \to G^1b$	(1)

13. $\neg F^1b$ 14. G^1b (12)
                  x

                        15. $\neg G^1b$ 16. $\neg F^2ab$ (11)
                                   x   x

(d) Übersetzung:

   (d.1') $\exists y\forall x(\neg F^2xx \to F^2yx)$
   (d.2') $\exists xF^2xx$

   D =   die Menge aller Männer von X;
   F^2:   ... rasiert ---.

Wie der folgende Wahrheitsbaum zeigt, ist das Argument gültig:

1. √	$\exists y \forall x(\neg F^2 xx \to F^2 yx)$	A
2. √	$\neg\exists x F^2 xx$	A
3.	$\forall x(\neg F^2 xx \to F^2 ax)$	(1)
4.	$\forall x \neg F^2 xx$	(2)
5. √	$\neg F^2 aa \to F^2 aa$	(3)
6. √	$\neg F^2 aa$	(4)

7.	$\neg\neg F^2 aa$	8.	$F^2 aa$	(5)
	x		x

3. Alle Bewohner von X fürchten den Mörder. Wenn der Mörder also ein Bewohner von X ist, dann fürchtet er sich selbst. Tatsächlich ist der Mörder ein Bewohner von X, denn er wohnt ja in der Marktgasse, in der Altstadt von X. Also fürchtet der Mörder sich selbst. Angeblich fürchtet der Mörder jedoch nur die Kommissare Müller und Meier. D.h., einer von diesen muss der Mörder sein. Kommissar Müller kann es nicht sein, denn der Mörder wohnt nicht im selben Haus wie Kommissar Müller. Also ist Kommissar Meier der Mörder. Da der Mörder in der Marktgasse 27 oder 29 wohnt, aber nicht im selben Haus wie Müller, d.h. nicht in Hausnummer 27, wohnt Kommissar Meier, der Mörder, in der Marktgasse 29.

Quellennachweise für die Beispielargumente

Anselm von Canterbury, *Proslogion*. Übers. und hrg. von P. Franciscus Salesius Schmitt O.S.B. Stuttgart: Friedrich Frommann Verlag 1962, S. 85ff.

Aristoteles, *Lehre vom Schluß oder Erste Analytik (Organon III)*. Übersetzt und mit Anmerkungen versehen von Eugen Rolfes. Hamburg: Felix Meiner [1]1921, 1975, S. 142.

Aristoteles, *Über die Seele*. Übersetzt von Willy Theiler. Darmstadt: Wissenschaftliche Buchgesellschaft [5]1979, S. 41.

Ayer, Alfred, *Sprache, Wahrheit und Logik*. Aus dem Englischen übersetzt und herausgegeben von Herbert Herring. Stuttgart: Reclam 1970, S. 52.

Berkeley, George, *Drei Dialoge zwischen Hylas und Philonous*. Übersetzt von Raoul Richter, bearbeitet von Erwin Pracht, mit Einleitung, Anmerkungen und Register versehen und herausgegeben von Wolfgang Breidert. Hamburg: Felix Meiner 1980, Zusammenfassung des Dialogs auf S. 16.

Boethius, *Trost der Philosophie*. Übersetzt und herausgegeben von Karl Büchner, mit einer Einführung von Friedrich Klingner. Stuttgart: Reclam 1976, S. 121.

Chisholm, Roderick, *Die erste Person*. Übersetzt von Dieter Münch. Frankfurt am Main: Suhrkamp 1992, S. 21.

Descartes, René, *Meditationes de prima philosophia*, lt./dt. Aufgrund der Ausgabe von Artur Buchenau neu herausgegeben von Lüder Gäbe, durchgesehen von Hans Günter Zekl. Hamburg 1977, S. 57.

Frege, Gottlob, *Die Grundlagen der Arithmetik*. Auf der Grundlage der Centenarausgabe herausgegeben von Christian Thiel. Hamburg: Felix Meiner 1988, S. 40.

Hume, David, *Ein Traktat über die menschliche Natur. Buch I-III*. Deutsch mit Anmerkungen und Register von Theodor Lipps. Mit einer Einführung neu herausgegeben von Rainer Brandt. Hamburg: Felix Meiner 1973, Drittes Buch, S. 197.

Inwagen, Peter van, *An Essay on Free Will*. Oxford: Clarendon Press 1983, S. 16.

Parmenides, *Lehrgedicht*. In: *Die Vorsokratiker*. Übersetzt und eingeleitet von Wilhelm Capelle. Stuttgart, Kröner 1968, S. 165.

Sextus Empiricus, *Grundriß der pyrrhonischen Skepsis*. Einleitung und Übersetzung von Malte Hossenfelder. Frankfurt am Main: Suhrkamp 1968, S. 244.

Weiterführende Literatur

Bostock, D., *Intermediate Logic*. Oxford: Clarendon Press 1997.

Eine sorgfältige Diskussion von Syntax und Semantik der klassischen Logik (d.h. Aussagen- und Prädikatenlogik) und verschiedener Beweisverfahren.

Mendelson, E., *Introduction to Mathematical Logic*. Chapman & Hall [4]1997.

Eine umfassende Einführung in weite Bereiche der mathematischen Logik.

Boolos, G., R. Jeffrey & J. Burgess, *Computability and Logic*. Cambridge: Cambridge University Press [4]2002.

Eine ausgezeichnete Einführung in Rekursionstheorie und klassische Ergebnisse der Metalogik, einschließlich Gödels Unvollständigkeitstheoremen, Tarskis Theorem, Churchs Theorem, Craigs Lemma und die Gödel-Löb-Beweisbarkeitslogik.

Sainsbury, M., *Logical Forms. An Introduction to Philosophical Logic*. Oxford: Blackwell 1991.

Diskutiert Schwierigkeiten bei der Übersetzung umgangssprachlicher (englischer) Aussagen in logische Sprachen.

Hughes, G.E. & M.J. Cresswell, *A New Introduction to Modal Logic*. London/New York: Routledge 1996.

Eine Einführung in die Logik von Möglichkeit und Notwendigkeit.

Priest, G., *An Introduction to Non-Classical Logic*. Cambridge: Cambridge University Press 2001.

Eine Einführung in verschiedene Alternativen und Erweiterungen zur Aussagen- und Prädikatenlogik: Modallogik, Konditionallogik, intuitionistische Logik, mehrwertige Logik, Relevanzlogik, Fuzzy Logic.

Smullyan, R., *Satan, Cantor und die Unendlichkeit. Und 200 weitere verblüffende Tüfteleien.* Frankfurt am Main: Insel Verlag 1997.

Unterhaltsame Sammlung von Logik-Rätseln, nebenbei auch eine leicht zugängliche Einführung in Gödels Unvollständigkeitstheoreme.

Register

Philosophische Studienliteratur

Theodor G. Bucher
■ Einführung in die angewandte Logik
2. erw. Aufl. 1998. 530 S. Br.
ISBN 3-11-015279-7
(Sammlung Göschen 2231)

Leigh S. Cauman
■ First Order-Logic
An Introduction
1998. VII, 343 S. Br.
ISBN 3-11-015766-7

■ Der moralische Status menschlicher Embryonen
Pro und contra Spezies-, Kontinuums-, Identitäts- und Potentialitäts-argument
Herausgegeben von Gregor Damschen und Dieter Schönecker
2003. VIII, 331 S. Br.
ISBN 3-11-017365-4
(de Gruyter Studienbuch)

Ansgar Beckermann
■ Analytische Einführung in die Philosophie des Geistes
2. überarbeitete Auflage 2001.
XVIII, 497 S. Br.
ISBN 3-11-017065-5
(de Gruyter Studienbuch)

Dieter Birnbacher
■ Analytische Einführung in die Ethik
2002. XIII, 456 S. Br.
ISBN 3-11-017625-4
(de Gruyter Studienbuch)

■ Seele, Denken, Bewußtsein
Zur Geschichte der Philosophie des Geistes
Herausgegeben von Uwe Meixner und Albert Newen
2003. IX, 401 S. Br.
ISBN 3-11-017405-7
(de Gruyter Studienbuch)

de Gruyter
Berlin · New York

Bitte bestellen Sie bei Ihrer Buch-handlung oder direkt beim Verlag.

www.deGruyter.de

de Gruyter Philosophie

Ideen & Argumente

Wilfried Hinsch
■ Gerechtfertigte Ungleichheiten
Grundsätze sozialer Gerechtigkeit
2002. XIX, 341 S. Br.
ISBN 3-11-017626-2
(Ideen & Argumente)

John Rawls
■ Das Recht der Völker
Enthält: „Nochmals: Die Idee der öffentlichen Vernunft"
Übersetzt von Wilfried Hinsch
2002. IX, 285 S. Br.
ISBN 3-11-016935-5
(Ideen & Argumente)

Ursula Wessels
■ Die gute Samariterin
Zur Struktur der Supererogation
2002. XIV, 280 S. Geb.
ISBN 3-11-017490-1
(Ideen & Argumente)

Susanne Boshammer
■ Gruppen, Rechte, Gerechtigkeit
Die moralische Begründung der Rechte von Minderheiten
2003. Ca. XII, 284 S. Geb.
ISBN 3-11-017848-6
(Ideen & Argumente)

Marco Iorio
■ Karl Marx: Geschichte, Gesellschaft, Politik
Eine Ein- und Weiterführung
2003. Ca. 416 S. Geb.
ISBN 3-11-017849-4
(Ideen & Argumente)

Holger Klärner
■ Der Schluß auf die beste Erklärung
2003. Ca. X, 358 S. Geb.
ISBN 3-11-017721-8
(Ideen & Argumente)

de Gruyter Philosophie

de Gruyter
Berlin · New York

Bitte bestellen Sie bei Ihrer Buchhandlung oder direkt beim Verlag.

www.deGruyter.de